Evangelho segundo João

CLÁUDIO VIANNEY MALZONI

Evangelho segundo João

Dados Internacionais de Catalogação na Publicação (CIP)
(Câmara Brasileira do Livro, SP, Brasil)

Malzoni, Cláudio Vianney Evangelho segundo João / Cláudio Vianney Malzoni. -- São Paulo : Editora Paulinas, 2018. -- (Comentário bíblico)

ISBN 978-85-356-4406-7

1. Bíblia N.T. Evangelhos - Comentários 2. Bíblia N.T. Evangelho de João I. Título II. Série.

18-15347 CDD-226.506

Índice para catálogo sistemático:
1. Evangelho de João : Teologia 226.506
Maria Alice Ferreira - Bibliotecária - CRB-8/7964

Direção-geral:
Flávia Reginatto

Editora responsável:
Vera Ivanise Bombonatto

Copidesque:
Anoar J. Provenzi

Revisão:
Mônica Elaine G. S. da Costa

Gerente de produção:
Felício Calegaro Neto

Produção de arte:
Tiago Filu

1ª edição – 2018
1ª reimpressão – 2020

Nenhuma parte desta obra poderá ser reproduzida ou transmitida por qualquer forma e/ou quaisquer meios (eletrônico ou mecânico, incluindo fotocópia e gravação) ou arquivada em qualquer sistema ou banco de dados sem permissão escrita da Editora. Direitos reservados.

Paulinas
Rua Dona Inácia Uchoa, 62
04110-020 – São Paulo – SP (Brasil)
Tel.: (11) 2125-3500
http://www.paulinas.com.br – editora@paulinas.com.br
Telemarketing e SAC: 0800-7010081

© Pia Sociedade Filhas de São Paulo – São Paulo, 2018

O Evangelho segundo João e as cartas joaninas formam uma tradição que tem origem numa comunidade cristã fundada por um discípulo de Jesus.
Esta comunidade tinha consciência de uma missão muito importante: *ser testemunha do amor, pois o amor não morre jamais.*

Sumário

	Apresentação	11
	Prefácio	15
	Introdução	19
	Questões preliminares ao Evangelho segundo João	19
	Chaves de leitura para o Evangelho segundo João	32
1,1-18	O prólogo do Evangelho	53
1,19–2,12	A semana inaugural	65
1,19-34	O testemunho de João Batista	65
1,35-51	Os primeiros discípulos	71
2,1-12	As bodas de Caná	76
2,13–4,54	As festas judaicas: I – A primeira Páscoa dos judeus	81
2,13-22	Jesus se apresenta como o novo santuário	81
2,23-25	Jesus em Jerusalém durante a Páscoa	86
3,1-10	Nicodemos procura Jesus	87
3,11-21	Reflexões a partir do diálogo de Jesus com Nicodemos	91
3,22-30	Novo testemunho de João Batista	95
3,31-36	Reflexões a respeito do testemunho	97
4,1-42	Jesus na Samaria	99
4,43-54	O segundo sinal de Jesus em Caná	108
5,1-47	As festas judaicas: II – Uma festa em Jerusalém	113
5,1-18	Jesus cura um enfermo em Jerusalém	113
5,19-30	Jesus afirma sua autoridade de Filho	119
5,31-47	Jesus fala sobre os testemunhos que tem a seu favor	122
6,1-71	As festas judaicas: III – A segunda Páscoa dos judeus	125
6,1-15	Jesus sacia a multidão	125
6,16-21	Jesus caminha sobre o mar	129
6,22-59	O discurso do Pão da Vida	130
6,60-71	Crise entre os discípulos de Jesus	138

7,1–10,21	As festas judaicas: IV – A festa das Cabanas	143
7,1-10	Jesus e seus irmãos antes da festa	144
7,11-36	Jesus em Jerusalém durante a festa	147
7,37-52	O último dia da festa	153
7,53–8,11	Jesus e a mulher surpreendida em adultério	158
8,12-59	Novo confronto de Jesus com as autoridades judaicas	161
9,1-41	Jesus abre os olhos do cego de nascença	176
10,1-21	A alegoria do Bom Pastor	184
10,22-42	As festas judaicas: V – A festa da Dedicação do Templo	191
11,1-54	As festas judaicas: VI – Jesus ressuscita Lázaro e é condenado à morte	197
11,1-46	Jesus chama Lázaro de volta à vida	198
11,47-54	O Sinédrio se reúne	206
11,55–12,50	As festas judaicas: VII – A terceira Páscoa dos judeus	211
11,55-57	A preparação para a Páscoa	211
12,1-8	A unção de Jesus em Betânia	212
12,9-11	Uma multidão vem a Betânia para ver Lázaro	215
12,12-19	A entrada de Jesus em Jerusalém	216
12,20-36	Os gregos querem ver Jesus	219
12,37-50	A incredulidade diante de Jesus	223
13,1–17,26	A Páscoa de Jesus: I – A ceia de Jesus com seus discípulos	229
13,1-20	A ceia do lava-pés	229
13,21-30	Anúncio da traição de Judas	235
13,31-35	O novo mandamento	238
13,36-38	Predição da negação de Pedro	239
14,1-14	Jesus anuncia sua partida para o Pai	240
14,15-31	A promessa do Espírito Santo	244
15,1-17	A videira e os ramos	249
15,18–16,4	O testemunho dos discípulos	253
16,5-15	O Espírito conduz na verdade	257
16,16-33	Novo anúncio da partida	259
17,1-26	A oração de Jesus pelos que creem	263

18,1–19,42	**A Páscoa de Jesus: II – A paixão de Jesus**	271
18,1-14	A prisão de Jesus	271
18,15-27	Os interrogatórios de Jesus e de Pedro	275
18,28–19,16a	Jesus diante de Pilatos	279
19,16b-24	A crucifixão	287
19,25-27	Jesus, sua mãe e o discípulo que Jesus amava	289
19,28-30	A morte de Jesus	290
19,31-37	O golpe da lança	291
19,38-42	O sepultamento do corpo de Jesus	294
20,1–21,25	**A Páscoa de Jesus: III – Jesus ressuscitado**	299
20,1-10	O Discípulo Amado testemunha a ressurreição de Jesus	299
20,11-18	Maria de Mágdala testemunha a ressurreição de Jesus	302
20,19-29	Tomé testemunha a ressurreição de Jesus	306
20,30-31	Conclusão do Evangelho	310
21,1-14	A pesca abundante	311
21,15-19	O diálogo de Jesus com Simão Pedro	316
21,20-25	O Discípulo Amado	318

Considerações finais 323
Referências bibliográficas 325
Índice 331

Apresentação

Tenho a alegria e a satisfação, a pedido do próprio professor Cláudio Vianney, de apresentar este seu sugestivo livro *"Evangelho segundo João"*. Como seu ex-aluno e amigo aceitei este enorme desafio, já que não é algo habitual um ex-aluno apresentar um livro do seu ex-professor. Na antiga Escola Dominicana de Teologia, em São Paulo, tive o privilégio de ser bem introduzido por ele em uma leitura teológica, exegética e crítica do Evangelho segundo Marcos, do prólogo de São João e do próprio Evangelho segundo São João, além de suas cartas e do Apocalipse. Foram aulas que me inspiraram a me aventurar pelas reflexões teológicas na perspectiva ético-moral em minha pesquisa doutoral sobre a consciência.

O presente livro segue a trilha de um mestre da Escritura por seu rigor acadêmico amadurecido em sua pesquisa doutoral junto à École Biblique em Jerusalém, mas que se conjuga à simplicidade e à didática da linguagem, entusiasmando-nos a saborear a vida de Jesus e da comunidade primitiva narrada pelo quarto evangelista. Cláudio, com o seu livro, nos ajuda, com fineza e síntese, a compreendermos o coração de Deus pulsando com toda sua força pela prática real de Jesus, segundo João.

A cristologia e a eclesiologia que encontramos em João são comumente caracterizadas pelo envolvimento do divino na história humana e em seus conflitos. Tendo presente essa perspectiva, e com certo requinte literário, o próprio Cláudio busca ajudar os estudantes de teologia e, principalmente, as comunidades cristãs a percorrer um itinerário de amadurecimento da fé, ainda mais no contexto hodierno, marcado por interpretações de tendências individualistas, fundamentalistas e moralizantes. São João sempre inspira a Igreja e o leitor comum a alargar os horizontes da fé pela prática infindável da caridade com uma esperança teologal, no conhecimento profundo de Deus, pelo testemunho de seu Filho Jesus Cristo, com a força do Espírito de Amor.

A opção metodológica e sua fonte de inspiração, neste livro, são sugestivas. Primeiramente, apresenta-nos uma parte introdutória para posteriormente nos ajudar a aprofundar as perícopes, mediante as minúcias próprias do olhar exegético. Ainda nesta parte, desenvolve a crítica textual com o escopo de introduzir o leitor no significado mais preciso do texto. Num segundo momento, por meio do recurso da intertextualidade, tão bem praticada em suas aulas, ajuda o leitor a ampliar seu raio de atenção para perspectivas teológicas de outros textos bíblicos, método este já realizado pelos Padres da Igreja, em tempos ulteriores, mas muito atual e necessário.

Na esteira de quatro comentadores, especialistas em João, dentre artigos e estudos específicos – Charles Harold Dodd, Raymond Brown, Johan Konings e Johannes Beutler –, muito utilizados em suas aulas, indicam-nos já a envergadura e a profundidade do seu comentário bíblico. Como o próprio Cláudio diz no seu Prefácio, "este comentário ao Evangelho segundo João não se pretende completo e acabado. Quer ser a busca pelo sentido das unidades textuais – as perícopes". Buscar o significado das palavras, dos gestos, dos sinais e das coisas é o que caracteriza marcadamente o ser humano. Ao exegeta cabe encontrar este sentido nos textos, mediante um rico e exigente procedimento de retorno às fontes. Ao teólogo, também comentador da Escritura, é de grande proveito apropriar-se do significado encontrado pelo exegeta para propor uma forma sistemático-racional e transformá-la em linguagem própria para a fé. Para o autor, essa fonte é o próprio Jesus Cristo, seguindo a tradição da comunidade do discípulo de Jesus. O retorno ao essencial é sempre guiado por uma paixão que se desabrocha numa experiência amorosa. Quando a vida tende a se afastar daquilo que unifica e integra o ser humano, cabe o retorno ao sentido para buscar o amor, centro da vida humana.

Como teólogo moralista que busca nas fontes sinóticas e, particularmente, na fonte joanina esse sentido, vejo com bons olhos o esforço intelectual e, por que não dizer também, místico-contemplativo do autor. Para ele, seguindo seu comentário, apenas algo é necessário: "Ser testemunha do amor, pois o amor não morre jamais". Este foi o centro e o destino da pregação de Jesus e do sentido unificador do discipulado em João. O amor é o epicentro do modo de ser da Igreja e de todos nós, discípulos de Jesus. Toda a pregação e a atividade de Jesus foram profundamente marcadas pelo amor irradiado no coração dos destinatários da Boa-Nova. Esse amor, ressignificado e vivido de modo real, foi sempre transformador. Todas as perícopes comentadas com profundidade comprovam que o sentido de Deus transmitido por João é atualizado por nós no amor a ser gestado por todas as pessoas impulsionadas pela força do Espírito, dado a nós por Jesus Cristo.

Quero parabenizar o amigo e mestre Cláudio por este relevante e recomendável livro editado por Paulinas Editora. A tese de fundo do livro talvez

APRESENTAÇÃO

pudesse ser sintetizada nesta máxima: "Da experiência de fé, João convida-nos a uma experiência espiritual e a um evangelho do amor". Da "fé professada" (crer), à "fé vivida" (ética), Cláudio motiva os leitores a percorrer um caminho necessário nos dias de hoje. Acredito, enfim, que o livro chega em um momento propício no qual o Papa Francisco convida a Igreja a estar em saída. O grande tema teológico em João é a saída de Deus de si mesmo, embora em constante comunhão trinitária, para encontrar-se com a humanidade sedenta de sentido. Que este livro propicie a todo leitor ávido sair de si mesmo para manifestar o fruto do amor aos irmãos e irmãs.

André Luiz Boccato de Almeida, OP

Prefácio

Este comentário ao Evangelho segundo João não se pretende completo e acabado, desses em que cada palavra em cada versículo é comentada ou que depois de tê-lo escrito o autor já desse por encerrada sua pesquisa. Ao contrário, trata-se de um comentário em que o autor buscou mais o sentido das unidades textuais, chamadas em exegese de "perícopes", e que representa mais uma etapa concluída de sua pesquisa, mas não a conclusão da pesquisa.

O comentário começa com duas seções introdutórias. A primeira trata de questões preliminares ao Evangelho segundo João: sua autoria, composição, datação e relações com os demais escritos bíblicos e, de modo especial, com os outros escritos evangélicos. A segunda seção da Introdução, mais longa, oferece algumas chaves de leitura para o Evangelho. Só então começa o comentário perícope por perícope.

O Evangelho é apresentado, primeiramente, em suas grandes unidades ou seções. Determinante para a identificação dessas unidades é o quadro das festas dado pelo próprio evangelista. As seções, por sua vez, são divididas em perícopes, apresentadas a seguir. A maioria das perícopes é facilmente identificável, ainda que haja dúvidas quanto à delimitação de algumas delas. De modo especial, isso ocorre quando surgem, na narrativa, breves textos redacionais que tanto podem ser considerados como parte da perícope que se encerra como parte da perícope que se inicia, ou ainda como breves perícopes independentes. Um exemplo pode ser encontrado em Jo 2,12.

As perícopes, por sua vez, são primeiramente introduzidas. Nessa introdução, são postos em destaque alguns elementos de análise literária a partir da identificação do gênero literário do texto. Quando se trata de um texto narrativo, são apresentadas as personagens do relato, as anotações de tempo e de espaço. Se as anotações de espaço referem-se a dados geográficos, esses dados são identificados tanto quanto possível, uma vez que algumas localidades mencionadas no Evangelho segundo João já não são mais identificáveis quanto à sua localização.

Segue a apresentação do texto traduzido. O Evangelho segundo João foi escrito em grego, e sua tradução foi feita a partir da quarta edição de

O Novo Testamento grego, publicado no Brasil em 2009 pela Sociedade Bíblica do Brasil (para a transliteração de termos gregos, seguiu-se P. H. Alexander et al. *The SBL Handbook of Style*, p. 29). Uma vez apresentada a tradução, passa-se à crítica textual e às notas à tradução. A crítica textual compreende o estudo do texto nos manuscritos antigos, que são testemunhos diretos (manuscritos bíblicos) ou indiretos (manuscritos de obras de escritores patrísticos que citam o texto bíblico). Dentre todos esses manuscritos, foram privilegiados os manuscritos mais antigos e o acordo entre as três grandes tradições textuais: a Bizantina (em grego), a Vulgata (em latim) e a Pechita (em siríaco). Esse também é o lugar para apresentar diferentes possibilidades de tradução que o texto grego pode oferecer. Esse trabalho é preliminar ao comentário propriamente dito, mas pode acontecer que o comentário de uma perícope esteja tão ligado às possibilidades de tradução de um texto que, então, não há por que separar as notas à tradução do próprio comentário.

Normalmente, após a apresentação do texto traduzido e das notas de crítica textual e à tradução, vem o comentário da perícope propriamente dito. Esse comentário é feito por unidades de sentido ou grupos de versículos. Ainda que haja algo a ser comentado em cada versículo, não é a compreensão do versículo que se busca, mas sim a compreensão das unidades de sentido e, a partir delas, das perícopes, das seções e do Evangelho como um todo.

O passo seguinte é a intertextualidade, ou seja, a explicitação dos textos paralelos à perícope do Evangelho segundo João que está sendo comentada. Essa intertextualidade é primeiramente com os evangelhos sinóticos. Quando esses textos paralelos comportarem perícopes inteiras, a intertextualidade será apresentada juntamente com o comentário, no qual serão colocadas em destaque as particularidades do relato joanino em face dos relatos paralelos dos evangelhos sinóticos. Também se dará atenção aos paralelos temáticos entre o Evangelho segundo João e as cartas joaninas. Outros paralelos temáticos com outros escritos do Novo Testamento também serão apresentados, mas sem a pretensão de esgotar o assunto. Como regra geral, onde há, no Evangelho segundo João, uma citação ou referência a um texto do Antigo Testamento, essa citação ou referência será apresentada no corpo do comentário. Algumas propostas de aprofundamento de um tema são dadas em notas de rodapé, com a indicação de bibliografia consultada em que esse tema encontra-se tratado mais detalhadamente ou em outra perspectiva que não a adotada neste comentário.

Como tal, este comentário é devedor de três atividades realizadas ao longo dos últimos anos: o ensino, a tradução e a leitura.

PREFÁCIO

O ensino diz respeito às aulas de Literatura Joanina ministradas na Escola Dominicana de Teologia, em São Paulo, no Instituto de Teologia João Paulo II, em Sorocaba, e na Universidade Católica de Pernambuco, no Recife, além de cursos e palestras a diversos grupos em diversos lugares. A atividade de preparar e ministrar aulas, ano após ano, me ajudou a aprofundar a leitura do Evangelho segundo João e das cartas joaninas. As questões levantadas pelos alunos em sala de aula me ajudaram a aprofundar os conhecimentos e indicaram novas perspectivas de leitura desse conjunto de escritos do Novo Testamento.

Um novo desafio se colocou com a participação na equipe de tradutores de *A Bíblia – Novo Testamento*, de Paulinas Editora. O trabalho sistemático de tradução do Evangelho segundo João e das cartas joaninas, a preparação das notas e a indicação de textos paralelos intensificaram o contato com os escritos joaninos.

Vem, enfim, a leitura de comentários do Evangelho segundo João e de artigos temáticos relacionados a este Evangelho. Dentre os comentários, aqueles que foram mais amplamente utilizados foram quatro. O primeiro deles é o de Charles Harold Dodd: *A interpretação do quarto evangelho*. Trata-se de um comentário publicado em inglês na década de 1950. Sua tradução ao português é da década de 1970, por José Raimundo Vidigal. Em 2003, houve uma reedição em português. Trata-se de um clássico, válido pelas profundas reflexões do autor. Não é um livro inteiramente acessível ao grande público devido às citações textuais em grego, embora transliterado. Se fossem dadas as traduções dessas citações, o livro alcançaria um público maior. O segundo comentário lido e utilizado é o de Raymond Edward Brown, publicado primeiramente em inglês, em dois volumes, na coleção Anchor Bible: *The Gospel according to John*. Esse comentário foi publicado no final da década de 1960 e início da década de 1970, sendo traduzido em diversas línguas, mas não em português. O texto aqui utilizado foi o da tradução italiana, *Giovanni*, publicada em um só volume. O terceiro foi um comentário publicado no Brasil, escrito por Johan Konings: *Evangelho segundo João: amor e fidelidade*. Esse comentário foi publicado em 2000, pela Editora Vozes, e, novamente, em 2005, segunda edição, pelas Edições Loyola. Aqui, foi utilizada a segunda edição. Enfim, o comentário de Johannes Beutler, *Evangelho segundo João: comentário*, publicado na Alemanha, em 2013, traduzido por Johan Konings e publicado no Brasil em 2015. Trata-se de uma obra impressionante pela quantidade de referências que traz, as quais revelam a dedicação à leitura de seu autor. Também impressiona pelo respeito e delicadeza com que trata alguns temas polêmicos que emergem, de modo especial da leitura contextualizada da Bíblia.

Esses são os quatro comentários mais importantes. Além deles, outros estudos foram utilizados, publicados em livros ou artigos, conforme se pode conferir pelo elenco final de referências. Diversas edições do texto do Evangelho segundo João foram utilizadas, em grego, siríaco e português.

Grande parte da literatura aqui utilizada foi sugerida por meus professores de escritos joaninos, se não por eles mesmos escrita. É a eles que dedico este livro: ao professor Johan Konings, da Faculdade Jesuíta de Filosofia e Teologia; ao professor Jesús Luzarraga, em memória, do Pontifício Instituto Bíblico, e ao professor Luc Devillers, da Escola Bíblica de Jerusalém.

Introdução

Esta introdução é composta de duas partes. Na primeira, serão apresentadas algumas questões preliminares ao Evangelho segundo João. São questões que suscitaram e ainda suscitam polêmicas, com as quais se está no campo do debate das hipóteses formuladas pelos estudiosos. Na segunda parte, serão apresentadas chaves de leitura para o Evangelho, tomadas do próprio Evangelho, com o objetivo de ajudar o leitor a prestar atenção a certas características típicas do texto joanino. Essas chaves são dadas logo no início, e o leitor atento, ao final de sua leitura, deveria estar em condições de completar essa lista com outras chaves de leitura que ele próprio chegou a perceber, ajudando, assim, outros leitores que virão.

Questões preliminares ao Evangelho segundo João

O Evangelho segundo João sempre suscitou polêmicas, mais do que os outros escritos evangélicos. Essas polêmicas, que serão tratadas nesta introdução, giram em torno de quatro temas:

a) a autoria do escrito;
b) a composição do escrito ou sua história redacional;
c) a data da composição, e
d) suas relações com os evangelhos sinóticos e com os demais escritos bíblicos.

A autoria do Evangelho segundo João[1]

Quando se vai tratar da autoria do Evangelho segundo João, é preciso começar com uma distinção que vale também hoje, e que valia ainda mais na Antiguidade: o conceito de "autor" não coincide exatamente com o conceito de escritor. O conceito de autor está mais próximo do conceito de autoridade, isto é, autor é quem dá autoridade a um escrito e não necessariamente quem o escreveu.

---

[1] Sobre este assunto, pode-se ver R. E. BROWN, *Giovanni*, p. CIII-CXXIII; J. KONINGS, *Evangelho segundo João*, p. 27-30; J. BEUTLER, *Evangelho segundo João*, p. 31-32.

Levando em consideração a distinção entre autor e escritor, a autoria do Evangelho segundo João será tratada em duas etapas. A primeira está relacionada aos testemunhos externos sobre o tema. A segunda pesquisa as evidências internas sobre o tema, ou seja, no próprio texto do Evangelho.

Entre os testemunhos externos, os mais importantes são os de Irineu de Lião, do Cânon de Muratori e de Clemente de Alexandria. Quanto a Irineu, eis o que escreveu: "E, depois, João, o discípulo do Senhor, aquele que recostara a cabeça ao peito dele, também publicou o seu Evangelho, quando morava em Éfeso, na Ásia" (*Adversus haereses* III,1,1).[2]

Irineu se refere a "João, o discípulo do Senhor, aquele que recostara a cabeça ao peito dele". Essa referência tem sido relacionada a João, o irmão de Tiago e filho de Zebedeu, um do grupo dos Doze, muito embora Irineu não explicite nenhuma dessas informações. Por outro lado, ele nomeia o discípulo que reclinou a cabeça ao peito de Jesus, o que o próprio Evangelho não faz.[3]

Entre os testemunhos antigos também há textos que foram usados – ainda que indiretamente – para colocar em dúvida a afirmação de que João, o irmão de Tiago, tenha sido o autor do Evangelho. Um deles se encontra na História Eclesiástica, de Eusébio de Cesareia, que cita Papias:

> No entanto, se vinha a determinado lugar algum dos companheiros dos presbíteros, informava-me sobre as palavras dos presbíteros: o que dissera André ou Pedro, ou Felipe, ou Tomé, ou Tiago, ou João, ou Mateus, ou qualquer outro dos discípulos do Senhor; o que dizem Aristion e o presbítero João, discípulos do Senhor (História Eclesiástica III,39,4).[4]

Esse texto alude a duas pessoas chamadas João, um nomeado com outros do grupo dos Doze, e outro cognominado "o presbítero". Não poderia ter sido esse João e não o irmão de Tiago o autor do Evangelho? Também

---

[2] IRINEU DE LIÃO, *Contra as heresias*, p. 247.

[3] Dentre os testemunhos antigos, R. E. Brown atribui maior importância ao testemunho de Irineu, uma vez que seria possível estabelecer uma ligação entre este e Policarpo de Esmirna, e deste com o próprio evangelista (*Giovanni*, p. CV). Já J. O. Tuñí Vancells permanece crítico quanto a essas ligações. Segundo ele, "Policarpo não deixa entrever conhecimento do evangelho de João em sua carta aos filipenses e, em vez disso, se apoia claramente no evangelho de Mateus" (*O testemunho do Evangelho de João*, p. 171).

[4] EUSÉBIO DE CESAREIA, *História eclesiástica*, p. 166.

haveria que se levar em consideração uma antiga tradição segundo a qual Tiago e João teriam sido martirizados juntos, como faz supor Mc 10,38-39.

Esses exemplos mostram que a tradição que coloca a autoridade do Evangelho sob a figura de João, o irmão de Tiago, filho de Zebedeu, um dos Doze, não foi unânime nem mesmo na Antiguidade. Ela, contudo, tornou-se amplamente majoritária.[5]

O outro conjunto de dados é aquele que surge do próprio Evangelho. São as evidências internas, isto é, como o autor se deixa mostrar por intermédio de sua obra. Há algumas passagens em que o autor fala de si explicitamente e outras em que fala implicitamente.

O texto mais importante a esse respeito está em Jo 21,24: "Esse é o discípulo que testemunha a respeito dessas coisas, e que as escreveu. Sabemos que é verdadeiro seu testemunho". A forma verbal "sabemos" mostra claramente que se trata não de uma afirmação do autor do Evangelho, mas sim de uma afirmação a respeito do autor do Evangelho, acrescentada posteriormente, que atesta o testemunho daquele que escreveu o Evangelho. É possível levantar a dúvida sobre se "essas coisas" colocadas por escrito às quais o texto se refere sejam os últimos relatos do capítulo 21 ou todo o Evangelho. O mais provável é que a expressão "essas coisas" se refira a todo o Evangelho.

O texto de Jo 21,24 está inserido em uma passagem que se refere ao discípulo que Jesus amava, atribuindo-lhe a autoria do Evangelho. Os textos que a ele se referem são: Jo 13,23-26; 19,25-27; 20,2-10; 21,7; 21,20-24. Em geral, juntam-se a esses textos outros dois que dizem respeito a "outro discípulo" sem nomeá-lo, mas também sem identificá-lo com o discípulo que Jesus amava. Esses textos são: Jo 1,37-40; 18,15-16.

Sobre a identidade desse discípulo muita coisa já foi escrita. Por um lado, ele poderia ser visto somente como uma figura simbólica. Mas essa não é a maneira como, em geral, este Evangelho trabalha com símbolos, ou seja, sem conexão alguma com a realidade, de modo que seria melhor buscar uma figura concreta à qual a expressão "o discípulo que Jesus amava" se refere.

Para alguns, o Discípulo Amado é Lázaro.[6] A hipótese, porém, mais amplamente aceita é aquela que o identifica com João, filho de Zebedeu. O

---

[5] Para uma leitura mais detalhada sobre este assunto, pode-se consultar A. WIKENHAUSER, *El Evangelio según san Juan*, p. 11-23.

[6] Essa hipótese é sustentada por F. V. Filson, em um artigo por ele escrito: Who was the Beloved Disciple? p. 83-88. A questão é apresentada por L. Devillers, embora, ele mesmo, não se alinhe a essa posição: Les trois témoins, p. 66, n. 49.

principal argumento que sustenta essa hipótese é que o Discípulo Amado não é um discípulo qualquer, visto que ele está quase sempre em igualdade com Pedro. Dentre os discípulos de Jesus conhecidos pela tradição sinótica, o que melhor se apresenta como candidato a preencher os requisitos básicos do Discípulo Amado é João, filho de Zebedeu. Permanece, contudo, o fato de que o evangelista preferiu manter a identidade do Discípulo Amado em segredo.[7]

Em resumo:

a) A tradição a respeito da autoria deste Evangelho é majoritária em atribuí-la a João, filho de Zebedeu; mas quanto à tradição antiga é necessário dizer que ela pensa em autor como autoridade.

b) Certas passagens do Evangelho referem-se a um discípulo identificado com a expressão "o discípulo que Jesus amava", ao qual se atribui a condição de testemunha sobre a qual repousa a autoridade neste Evangelho. Esse discípulo, porém, preferiu tornar-se conhecido com essa expressão, não revelando seu nome.

A composição do Evangelho segundo João[8]

Feitas essas primeiras considerações a respeito da autoria do Evangelho segundo João, ainda se pode perguntar se este Evangelho é obra de um só autor ou de vários autores, se por trás deste Evangelho encontra-se uma só pessoa ou uma comunidade à qual se deveria atribuir sua composição.

Para responder a essa questão, antes de tudo, é preciso excluir Jo 7,53–8,11, o relato da mulher perdoada por Jesus. Esta perícope não aparece em antigos testemunhos do Evangelho e, certamente, depois de ter existido de maneira independente, foi encaixada após Jo 7,52. Esse relato, portanto, não pode ser atribuído ao mesmo autor do restante do Evangelho, seja ele obra de uma só pessoa ou de uma comunidade. Não levando em consideração

---

[7] Quanto à identidade do Discípulo Amado, R. E. Brown foi um, mas não o único, estudioso que mudou de opinião. Em seu livro "A comunidade do Discípulo Amado", ele se mostrava inclinado a mudar a posição que sustentara anteriormente de que o Discípulo Amado era João, um dos Doze, posição a qual tinha chegado pela combinação de informações do Evangelho segundo João com informações dos evangelhos sinóticos. À época, ele se mostrava propenso à hipótese de que o Discípulo Amado era estranho ao grupo dos Doze (*A comunidade do Discípulo Amado*, p. 31-35).

[8] Sobre este assunto, pode-se ver R. E. BROWN, *Giovanni*, p. XXII-XXIV; B. MAGGIONI, Evangelho de João, p. 261-262; J. KONINGS, *Evangelho segundo João*, p. 31-34.

esta perícope, novamente se coloca a pergunta: o Evangelho segundo João é obra de um só autor?

A resposta a essa pergunta tem como ponto de partida as questões de estilo literário. Tais questões dizem respeito ao uso da linguagem, isto é, às estruturas gramaticais empregadas com mais frequência, ao vocabulário mais comum, às figuras de linguagem típicas etc. No Evangelho segundo João, a análise desses elementos pende mais para a uniformidade que para a diversidade. Há, contudo, duas exceções. A primeira é Jo 21. Para esse capítulo, há diversos estudiosos que insistem mais nas diferenças de estilo com o restante do Evangelho que nas semelhanças.[9] A segunda é Jo 1,1-18, o prólogo do Evangelho, que também apresenta diferenças de estilo com o restante do Evangelho, diferenças que podem ser explicadas no conjunto de outras particularidades desses versículos introdutórios a todo o Evangelho.

Outro campo de investigação é a crítica redacional. No Evangelho segundo João, a sequência narrativa corre linearmente ou há certas rupturas difíceis de explicar? Certas rupturas podem facilmente ser constatadas no texto. Eis alguns exemplos:

a) Em Jo 2,11, o narrador se refere ao primeiro sinal realizado por Jesus, que ocorreu em Caná da Galileia. Em Jo 4,54, o narrador se refere ao segundo sinal realizado por Jesus, que também ocorreu em Caná. Mas, entre um e outro, são mencionados outros sinais que Jesus realizou em Jerusalém (Jo 2,23).

b) Em Jo 3,22, é dito que Jesus foi com seus discípulos para a Judeia. Pela sequência narrativa do Evangelho, contudo, Jesus já está na Judeia desde Jo 2,13.

c) Em Jo 7,21-23, há a referência a uma obra realizada por Jesus. Essa referência se harmoniza bem com o relato da cura de um doente que está em Jo 5,1-18, mas entre a referência e o relato em si há

---

[9] Ver a esse respeito W. G. KÜMMEL, *Introdução ao Novo Testamento*, p. 263-265. C. H. Dodd refere-se ao capítulo 21 como apêndice (*A interpretação do quarto Evangelho*, p. 553-554). Em um artigo sobre a estrutura do Evangelho segundo João, L. Devillers apresenta alguns autores que buscaram integrar o capítulo 21 ao conjunto do Evangelho, são eles: E. Wyller, G. Østenstad, H. Thyen, E. Delebecque, I. de la Potterie, W. S. Vorster, U. Busse e G. Korting. Ele próprio, no entanto, se alinha ao grupo de biblistas que prefere ver no capítulo 21 a obra de outro autor, possivelmente um discípulo de João evangelista, como sugere M.-E. Boismard. Devillers cita ainda nesse grupo J. Zumstein e R. T. Fortna (L. DEVILLERS, *Les trois témoins*, p. 45-61).

muitas outras coisas. No capítulo 5, Jesus está em Jerusalém durante uma festa. No capítulo 6, está na Galileia, por ocasião de uma Páscoa; no capítulo 7, está novamente em Jerusalém para a festa das Cabanas. Esses dados fazem pensar que pode ter havido uma mudança na sequência original desses capítulos e que, em um estágio redacional mais antigo, o material do capítulo 7 viria logo após o material do capítulo 5.[10]

d) No final do capítulo 14, estão as palavras de Jesus: "Levantai-vos, vamo-nos daqui" (Jo 14,31). Essas palavras pressupõem que terminou o diálogo de Jesus com seus discípulos que vinha desde o capítulo 13. Na sequência, porém, ninguém parte e Jesus ainda continua falando num longo discurso que abrange os capítulos 15 a 17.

e) Colocados numa mesma sequência narrativa, os versículos Jo 13,36; 14,5 e 16,5 são contraditórios entre si:

> Disse-lhe Simão Pedro: "Senhor, para onde vais?" Respondeu-lhe Jesus: "Para onde vou não podes agora me seguir; mas depois me seguirás" (Jo 13,36).
> Disse-lhe Tomé: "Senhor, não sabemos para onde vais. Como podemos conhecer o caminho?" (Jo 14,5).
> "Agora, no entanto, vou para junto daquele que me enviou, e nenhum de vós me pergunta: 'Para onde vais?'" (Jo 16,5).

Um leitor atento não teria como não se interrogar se, afinal de contas, os discípulos perguntaram ou não a Jesus para onde ele iria.

Além dessas rupturas, ainda haveria certas repetições, como as duas conclusões do Evangelho em Jo 20,30-31 e em Jo 21,24-25, e os discursos muito semelhantes em Jo 5,19-25 e em Jo 5,26-30, ou ainda em Jo 14,1-31 e em Jo 16,4-33. São, sobretudo, esses dados que levantam a dúvida sobre a unicidade da autoria do Evangelho. Várias soluções já foram propostas para explicar as rupturas e repetições presentes no Evangelho segundo João. Eis três dentre elas.

---

[10] Para J. Beutler, o capítulo 6 foi inserido posteriormente, o que, de certo modo, interrompeu a sequência original dos capítulos 5 e 7, e do calendário das festas judaicas: Páscoa: Jo 2–4; Pentecostes: Jo 5; Cabanas: Jo 6–10,21; Dedicação, a partir de Jo 10,22, para voltar novamente à Páscoa, a partir do final do capítulo 11 (*Evangelho segundo João*, p. 161.197).

A teoria das três fontes, de Rudolf K. Bultmann

Segundo R. Bultmann, o Evangelho segundo João passou por um processo redacional complexo que teve como ponto de partida a utilização de três fontes escritas:

a) A fonte dos sinais: o evangelista teria utilizado uma coleção mais ampla de narrativas de milagres de Jesus. Nessa coleção, que estaria escrita em um grego influenciado por uma sintaxe semítica, os milagres estariam numerados.

b) A fonte dos discursos de revelação: de onde o evangelista tirou os discursos atribuídos a Jesus. Daí viria também o prólogo. Essa fonte estava em aramaico. Ao passar para o grego, manteve-se a forma poética. R. Bultmann caracterizou a teologia desse escrito como gnóstico-oriental primitiva. Segundo ele, o evangelista teria demitologizado e cristianizado esses discursos.

c) O relato da paixão e ressurreição: também escrito em um grego influenciado por semitismos. Trata-se de um relato independente daquele utilizado pelos evangelhos sinóticos.

Para R. Bultmann, o evangelista teria combinado essas fontes fazendo, porém, um trabalho original para veicular seu próprio pensamento. Ele mesmo teria participado de um grupo gnóstico de discípulos de João Batista, tendo-se convertido ao cristianismo. Depois, seu Evangelho teria passado por certas alterações que mudaram sua ordem primeira. Enfim, num estágio posterior, o Evangelho passou pelas mãos de um redator eclesiástico que lhe deu sua forma final literária e teológica. Mais importante teria sido seu trabalho no campo teológico. Ele teria remodelado passagens de cunho excessivamente gnóstico e teria aproximado este Evangelho dos evangelhos sinóticos, preparando-o, assim, para ser aceito como um evangelho canônico pela Igreja.[11]

A teoria de R. Bultmann não foi recebida sem críticas. Uma das principais dificuldades apontadas está em que alguns discursos de Jesus no Evangelho

---

[11] O comentário de R. Bultmann (*Das Evangelium des Johannes*. Göttingen: Vandenhoeck & Ruprecht, 1957) também pode ser encontrado em inglês (*The Gospel of John*: a Commentary. Oxford: Blackwell, 1971). Esse comentário exerceu uma forte influência nos estudos joaninos, seja por aqueles que o aceitaram, seja por aqueles que o contestaram. Dois dos mais importantes comentários lidos para a elaboração deste presente comentário dialogam primeiramente com R. Bultmann: o de R. E. Brown, a partir do ponto de vista da credibilidade das informações históricas transmitidas pelo Evangelho segundo João, e o de J. Beutler, a partir do ponto de vista da plausibilidade da leitura sincrônica do Evangelho segundo João.

segundo João encontram paralelos nos evangelhos sinóticos e poderiam remontar a uma fonte de discursos de Jesus não necessariamente gnóstica ou pré-cristã, nem mesmo distinta da fonte dos sinais. Ademais, não só para R. Bultmann, como também para outros que levantam hipóteses desse tipo, fica sempre a crítica de que eles trabalham com certos pressupostos que não são explicitados, de modo especial, quanto aos aspectos teológicos.[12]

A teoria das múltiplas redações, de M.-Émile Boismard

Além de M.-É. Boismard, outros estudiosos levantaram a possibilidade de que o Evangelho segundo João teria passado por diversos estágios redacionais. O essencial dessas teorias está em pressupor um trabalho de redações sucessivas do material que compõe o Evangelho. No entanto, não há acordo entre os que postulam teorias desse tipo nem quanto ao número de redações pelas quais o Evangelho teria passado, nem se elas foram feitas por uma só ou por várias pessoas. Há, contudo, certo consenso de que um dos redatores do Evangelho segundo João é o mesmo autor das cartas joaninas. Outro ponto em que falta consenso é a respeito da profundidade desse trabalho de reelaboração redacional: o leque vai daqueles que postulam um trabalho de simples retoques da parte de um segundo redator àqueles que postulam várias redações que, a cada vez, trouxeram mudanças significativas ao texto.

De acordo com M.-É. Boismard, o Evangelho segundo João teria passado por quatro etapas redacionais. A primeira etapa é a que ele chama de João I ou Documento C, que seria aquela da primeira redação do Evangelho, feita na Palestina. Nessa etapa, ainda não apareciam os grandes discursos de Jesus e eram narrados cinco sinais. Esse documento, que também teria sido utilizado no processo redacional do Evangelho segundo Lucas e do Evangelho segundo Marcos, estava marcado pelo pensamento samaritano.

Na segunda etapa ou João II-A, a primeira redação foi retomada e ampliada por um novo autor, ainda na Palestina. Posteriormente, esse mesmo autor transferiu-se para a Ásia Menor, onde fez uma nova redação do Evangelho. Essa é a terceira etapa ou João II-B. O motivo dessa nova redação foram os problemas que encontrou na Ásia Menor, de modo especial,

---

[12] Uma apresentação da argumentação de R. Bultmann, seguida de uma avaliação, pode ser encontrada em R. E. BROWN, *Giovanni*, p. XXVIII-XXXII. Também se pode ver J. BEUTLER, *Evangelho segundo João*, p. 24-25. J. Beutler também apresenta os trabalhos de H. Becker, E. Schweizer e S. Schulz, alunos e continuadores de R. Bultmann, a respeito dos discursos de Jesus no Evangelho segundo João (*Evangelho segundo João*, p. 29-30).

aqueles causados pelo conflito com os cristãos judaizantes. Nessa etapa, ele introduziu novos materiais, tomados, sobretudo, dos evangelhos sinóticos, mudou a ordem primitiva do Evangelho e enquadrou sua redação com as festas judaicas, colocando no primeiro plano a festa da Páscoa. O Evangelho segundo João teria ainda recebido a influência das cartas paulinas, dos escritos de Lucas e de textos de Qumrã. É nessa etapa que o Evangelho demonstra maior proximidade com as cartas joaninas.

A quarta etapa ou João III já é o trabalho de outro autor que continuou a obra. Ele juntou textos paralelos de João II-A e João II-B, inverteu a ordem dos capítulos 5-6, inseriu novas glosas e material tanto de procedência joanina como de outra procedência. Ele atenuou uma tendência antijudaica do material que retomou das etapas anteriores.[13]

A teoria de M.-É. Boismard está longe de ser aceita e a maior crítica que recebeu foi a de ter detalhado demais a identificação de quais materiais seriam provenientes de cada uma das etapas redacionais por ele postuladas.

A teoria dos cinco estágios redacionais, de Raymond E. Brown

Tal como a proposta de M.-É. Boismard, a solução proposta por R. E. Brown para o problema das rupturas no Evangelho segundo João também pressupõe diversos estágios redacionais. Em resumo, a teoria de R. E. Brown é apresentada a seguir.

O primeiro estágio é a existência de um corpo de material concernente a palavras e gestos de Jesus, semelhante àquele que foi utilizado para a composição dos evangelhos sinóticos, mas de origem independente. O segundo estágio é a elaboração desse material em ambiente joanino. Tal elaboração ocorreu, primeiramente, através da pregação e do ensino oral, passando, depois, a uma fase de formas escritas, sob a orientação de um líder espiritual. Desse mesmo ambiente joanino proviriam as cartas de João e o Apocalipse.

O terceiro estágio é a organização do material proveniente do estágio anterior em um Evangelho. Essa seria, de fato, a primeira redação do Evangelho. Ela teria sido feita pelo mesmo líder (pregador, teólogo ou superior) da comunidade ou sob sua direção. Como é principalmente sobre ele que recai a responsabilidade do Evangelho, é a ele que se dá o nome de evangelista. O quarto estágio é uma segunda redação do Evangelho feita pelo próprio evangelista, que teve como finalidade responder a novos problemas que haviam aparecido.

---

[13] M.-É. BOISMARD; LAMOUILLE, A., *Synopse des quatre évangiles*, Tome III – *L'évangile de Jean*, p. 10-11.

O quinto estágio é uma edição final da parte de um editor diferente do evangelista, mas, provavelmente, próximo a ele, talvez seu discípulo. Esse editor teria retomado material do segundo estágio, que o evangelista teria deixado de fora, para reinseri-lo no Evangelho. Ele também teria inserido outro tipo de material joanino, não proveniente do evangelista. Enfim, ele pode ter tomado alguns detalhes da tradição sinótica, de modo especial do Evangelho segundo Marcos.[14]

Tentativa de síntese

Pode-se tomar como certo que o Evangelho segundo João tenha passado por etapas redacionais. Não é fácil, porém, identificar quantas foram essas etapas, nem a profundidade do trabalho realizado em cada uma delas.

O estudo do estado textual do Evangelho segundo João nos manuscritos antigos deixa transparecer um texto no qual foram feitos alguns acréscimos, o que, aliás, é próprio da atividade dos copistas na Antiguidade. Ademais, os três biblistas mencionados acima (R. Bultmann, M.-É. Boismard e R. E. Brown) postulam que Evangelho segundo João teria sido retrabalhado em todo o seu conjunto por um editor. Indo para trás, chega-se ao trabalho mais importante, que foi aquele do evangelista. Teria o próprio evangelista feito duas redações de sua obra, como pretendem M.-É. Boismard e R. E. Brown? Não se pode afirmar com certeza.

De acordo com R. E. Brown, este Evangelho se formou em uma comunidade na qual surgiu e foi sendo interpretado e escrito. Essa comunidade também deve ser considerada como autora desse Evangelho, pois também ela dá autoridade ao escrito. É essa comunidade que R. E. Brown chama de "a comunidade do Discípulo Amado".[15]

A data da composição do Evangelho segundo João

Para estabelecer a data da composição final do Evangelho, levam-se em conta três tipos de argumentos ou critérios. O primeiro reúne os argumentos

---

[14] R. E. BROWN, *Giovanni*, p. XXXV-XLII. Posteriormente, R. E. Brown retomou sua hipótese dos estágios redacionais, identificando, porém, quatro estágios (Evangelho segundo João, p. 507-510).

[15] É esse o título de um de seus livros mais conhecidos: R. E. BROWN. *A comunidade do Discípulo Amado*. 7. ed. São Paulo: Paulus, 2013. A possibilidade de falar em uma comunidade do Discípulo Amado foi recentemente negada por H. Thyen (L. DEVILLERS, Les trois témoins, p. 50). Para J. Beutler, os estudos que demonstram a dependência da tradição joanina em relação à tradição sinótica também enfraquecem a hipótese de uma comunidade joanina como mediadora dessa mesma tradição (*Evangelho segundo João*, p. 26).

de tipo teológico. Aqui, são mencionadas as teses de que a teologia do Evangelho segundo João é a mais desenvolvida de todo o Novo Testamento e de que seus ensinamentos sobre o Batismo e a Eucaristia pressupõem uma teologia mais evoluída e, portanto, posterior àquela presente nos evangelhos sinóticos. Não é necessário dizer que essas teses não são universalmente aceitas. Por outro lado, ainda nesse campo, entrariam as considerações sobre a perspectiva da escatologia realizada, presente no Evangelho, que pressuporia a diminuição da expectativa de uma parusia iminente. Ora, esse tipo de abordagem não seria possível ao menos antes dos anos 70.

Outro grupo de argumentos tenta se basear em dados históricos que o escrito deixaria transparecer. Entre eles, o tema da expulsão dos cristãos da sinagoga (Jo 9,22; 12,42). Para alguns estudiosos, entre os quais R. E. Brown, esse tema entrou na fase final da composição do Evangelho, situada, assim, segundo o estudioso, não antes dos anos 80 e, possivelmente, em torno dos anos 90. Outro argumento proveniente do campo da história é que Jo 21,18-19 pressupõe a morte de Pedro, que teria ocorrido pelo final dos anos 60. Aliás, Jo 21,22-23 parece pressupor também a morte do Discípulo Amado e o desaparecimento da primeira geração de testemunhas de Jesus, o que leva a datar a redação final desse Evangelho dentre os anos 90 e 100.[16]

Enfim, há os indícios externos, ou seja, as referências a esse Evangelho por parte de outros escritos. As primeiras evidências do uso do Evangelho segundo João por escritores patrísticos datam do século II.[17] Em si, esse argumento não pode ser determinante, mas ele parece indicar que o Evangelho segundo João teria chegado a seu estágio final de redação não muito antes desse tempo.

Os mais antigos testemunhos manuscritos do Evangelho segundo João são quatro papiros gregos:

$\mathfrak{P}^{52}$ datado dentre 135 e 150, o mais antigo dentre todos os manuscritos conhecidos do Novo Testamento, mas do qual se conservou uma porção muito limitada de texto, a saber: Jo 18,31-33.37-38;

---

[16] R. E. BROWN, *Giovanni*, p. XCIII-CI.

[17] Por volta de 175, Taciano utilizou o Evangelho segundo João para compor sua harmonia evangélica. Alguns estudos mostram que os escritos de Inácio de Antioquia, por volta de 110, e de Justino Mártir, por volta de 150, dependem do Evangelho segundo João. Esses estudos são citados por R. E. BROWN, *Giovanni*, p. XCIV-XCV. Podem-se ver também as considerações de J. BEUTLER, *Evangelho segundo João*, p. 32-33.

𝔓⁶⁶ datado de cerca do ano 200, um manuscrito em estado fragmentário, que traz apenas o Evangelho segundo João;

𝔓⁷⁵ também datado de cerca do ano 200, em melhor estado de conservação, que traz o Evangelho segundo Lucas e o Evangelho segundo João; e

𝔓⁴⁵ datado do século III, que contém os quatro evangelhos e os Atos dos Apóstolos.[18]

O mais antigo comentário do Evangelho segundo João conservado integralmente é o de Orígenes († 254), mas ele cita um comentário anterior, de Heracleão, que viveu no século II. Na patrística, há ainda os comentários de Crisóstomo († 407) e de Agostinho († 430), dentre os mais importantes, e, desde então, inúmeros comentários a este Evangelho foram escritos.

O Evangelho segundo João e suas relações com os evangelhos sinóticos e com os demais escritos bíblicos

Primeiramente, o Evangelho segundo João deve ser posto em relação com o Evangelho segundo Marcos, o Evangelho segundo Mateus e o Evangelho segundo Lucas, chamados de evangelhos sinóticos por apresentarem grande semelhança entre si. Quando o Evangelho segundo João é comparado com esses evangelhos, aparecem semelhanças e diferenças. Quanto à estrutura, há basicamente um esquema comum: pregação de João Batista, ministério de Jesus na Galileia, subida de Jesus a Jerusalém, morte e ressurreição, ainda que João se diferencie ao dar um espaço maior ao ministério de Jesus em Jerusalém. Quanto ao material narrativo, há várias informações sobre Jesus de Nazaré que aparecem apenas no Evangelho segundo João e, mesmo nas passagens paralelas com os sinóticos, há diferenças de detalhes e diversidade no tratamento dos temas.

Diferenças e semelhanças podem ser compreendidas a partir de dois modelos. Ou se postula que o evangelista conheceu os evangelhos sinóticos e os retrabalhou a seu modo, inclusive os combinando com suas próprias fontes, ou se postula que o processo redacional que produziu o Evangelho segundo João aconteceu quase inteiramente à parte do processo redacional que deu origem aos outros escritos evangélicos. A primeira hipótese é

---

[18] J. Beutler cita estes e mais alguns outros papiros que contêm, em estado fragmentário, o texto do Evangelho segundo João (*Evangelho segundo João*, p. 33-34). Embora esses papiros estejam em estado fragmentário, juntos cobrem uma boa extensão de texto do Evangelho segundo João, que é, assim, o escrito do Novo Testamento mais bem representado pela tradição manuscrita mais antiga.

menos evidente, mas ela aparece com mais força quanto mais se trabalha com o Evangelho segundo João. É nesse trabalho mais detalhado que aparecem os inúmeros paralelos entre o Evangelho segundo João e os evangelhos sinóticos.[19]

Além dos evangelhos, há também certos paralelos entre o Evangelho segundo João e a literatura paulina. Esses paralelos são de tipo temático, o que leva a supor que esses dois grupos de escritos do Novo Testamento – escritos joaninos e escritos paulinos – estiveram às voltas com problemas semelhantes, de modo especial com o problema das relações entre o cristianismo nascente e o judaísmo.[20]

O Evangelho segundo João também está repleto de citações, alusões e referências que remetem ao Antigo Testamento. A questão acaba deslocada para qual foi a versão do Antigo Testamento utilizada na composição deste Evangelho. A primeira possibilidade é que tenha sido a Septuaginta, versão grega do Antigo Testamento, se não no todo, ao menos em grande parte. A segunda possibilidade é que tenha sido utilizado o Antigo Testamento em hebraico e, mais ainda, em aramaico, segundo as tradições targúmicas. Somente numa etapa posterior da composição do Evangelho é que a utilização da Septuaginta teria passado a predominar, de modo que essas duas possibilidades não chegam a se excluir mutuamente.[21]

Quanto à sua maneira de utilizar o Antigo Testamento, este Evangelho serve-se menos da citação explícita e mais das alusões. Ao se referir ao Antigo Testamento, utiliza, sobretudo, as técnicas da reinterpretação, ampliação e substituição. De um modo geral, essas técnicas dependem do esquema "figura e realização", largamente empregado em todo o Novo Testamento, segundo o qual o Cristo leva à plena realização o que o Antigo Testamento já traz em figura.

---

[19] Sobre esse tema, pode-se ver R. E. BROWN, *Giovanni*, p. XLVII-LI; R. E. BROWN, Evangelho segundo João, p. 496-497; J. KONINGS, *Evangelho segundo João*, p. 23-27; B. MAGGIONI, O Evangelho de João, p. 259-261. C. H. Dodd trata da questão somente de passagem e se inclina pela independência do Evangelho segundo João em relação aos sinóticos (*A interpretação do quarto evangelho*, p. 577-578). Para J. Beutler, o evangelista conheceu e utilizou de modo criativo os evangelhos sinóticos (*Evangelho segundo João*, p. 25-27).

[20] Para C. H. Dodd, o pensamento joanino não escapou da influência da teologia paulina, mas o alcance dessa influência não deve ser exagerado (*A interpretação do quarto evangelho*, p. 19-20).

[21] Pode-se ver o modo como R. E. Brown trata da questão (*Giovanni*, p. LXVIII-LXX).

O evangelista também demonstra conhecer a exegese rabínica dos textos bíblicos que se fazia em seu tempo, chamada de *haggadá*. Essa exegese demonstra sua afinidade com a tradição targúmica, uma vez que ambas provêm do ambiente sinagogal. Certas passagens do Evangelho segundo João que retomam textos do Antigo Testamento dependem desse tipo de interpretação.[22]

Outras questões ainda poderiam ser tratadas nesta introdução. Aquelas que foram apresentadas são as principais. O próximo passo será entrar nas questões teológicas que a leitura do Evangelho segundo João desperta, o que será feito no item a seguir.

Chaves de leitura para o Evangelho segundo João

Nas páginas seguintes, serão apresentadas quatro chaves de leitura que ajudam a compreender o Evangelho segundo João. A primeira é seu estilo literário próprio; a segunda é seu vocabulário típico; a terceira são seus temas teológicos fundamentais; a quarta é o quadro das festas mencionadas no Evangelho, que também lhe dá uma estrutura.[23]

O estilo literário do Evangelho segundo João

Cada um dos escritores do Novo Testamento tem seu estilo, e o do autor do Evangelho segundo João é muito próprio. As características de seu estilo literário são:

a) o uso de uma linguagem simbólica,
b) a alternância dos gêneros literários poético e narrativo,
c) a introdução de parênteses ou interferências do narrador,
d) o jogo de palavras com duplo significado e a recorrência a mal-entendidos,
e) a ironia,
f) o uso de inclusões, e
g) o modo de expressão que se caracteriza pela antítese.

---

[22] Para uma visão mais global das relações entre o Evangelho segundo João e o judaísmo rabínico, pode-se ver C. H. DODD, *A interpretação do quarto evangelho*, p. 107-136.
[23] Podem-se ver também as chaves de leituras indicadas por J. KONINGS. *Evangelho segundo João*, p. 63-70.

Linguagem simbólica[24]

Uma característica marcante do Evangelho segundo João é sua dimensão simbólica. Os símbolos usados pelo evangelista provêm fundamentalmente de dois campos: do cotidiano e do Antigo Testamento. Eles podem ser encontrados no Evangelho inteiro e estão presentes em diversas palavras e expressões, como na palavra "luz"; em determinadas personagens, como Nicodemos, a Samaritana, Lázaro, o Discípulo Amado, e em diversas situações, como na falta de vinho em Caná ou na cena de Jesus lavando os pés de seus discípulos. A maneira como este Evangelho se serve do simbolismo também está ligada às analogias presentes nos discursos de Jesus, tal como na afirmação "Sou eu o Pão da Vida" (Jo 6,35), e na apresentação que o evangelista faz de certos gestos de Jesus caracterizados como sinais.

A relação entre o símbolo e seu significado é muito estreita. O símbolo surge como a base material de significado, e o significado, como a apropriação espiritual da realidade. O cotidiano aparece, assim, como um grande depósito de significados que pedem para ser interpretados. Essa maneira de se servir do simbolismo é relevante para compreender a visão mística presente neste Evangelho, uma vez que as realidades espirituais são alcançadas pela mediação das realidades sensíveis. É assim que a encarnação da Palavra de Deus torna-se paradigma, para falar das coisas espirituais.

Poesia e narrativa

A alternância entre os gêneros poético e narrativo não é exclusividade do Evangelho segundo João, mas é digno de nota o modo como o evangelista se serve desses dois expedientes literários. Logo no início, o Evangelho se abre com alguns versículos em poesia (Jo 1,1-5), que logo cedem lugar à prosa narrativa (Jo 1,6-8), para voltar ao ritmo poético (Jo 1,9-14) etc. Depois, ao longo do Evangelho, as narrativas aparecem, sobretudo, nos relatos dos sinais realizados por Jesus. É comum que esses relatos sejam seguidos de discursos diretos de Jesus, nos quais volta a aparecer o ritmo poético. Há narrativas no Evangelho segundo João que são longas ou, ao menos, mais longas do que geralmente são as narrativas nos outros escritos evangélicos, como, por exemplo, o relato da ressurreição de Lázaro. Também há discursos de Jesus que são longos, mas, nisso, o Evangelho segundo João não se distingue dos demais escritos evangélicos. Por outro lado, há narrativas

---

[24] Sobre a linguagem simbólica, pode-se ver C. H. DODD, *A interpretação do quarto evangelho*, p. 181-193; J. KONINGS, *Evangelho segundo João*, p. 21; B. MAGGIONI, *O Evangelho de João*, p. 299-300.

muito breves como, por exemplo, Jo 2,12, versículo que, em si, forma uma perícope, uma unidade literária. Em geral, esses relatos breves ou brevíssimos se apresentam como unidades de transição entre outros relatos mais longos.

Tanto nos relatos quanto nos discursos, há diálogos. Alguns são, realmente, diálogos nos quais tanto Jesus como seus interlocutores tomam a palavra; outros se caracterizam por longas porções de discurso direto de Jesus, interrompidos apenas eventualmente por alguma fala de seus interlocutores. São nessas porções mais longas de discurso direto de Jesus que aparece, preferencial mas não exclusivamente, o gênero literário poético. Esse formato poético atribui maior solenidade às palavras de Jesus.

De acordo com R. E. Brown, o estilo poético é mais evidente no prólogo (Jo 1,1-18) e no capítulo 17. O traço característico dessa poesia é o "ritmo, ou seja, linhas da mesma extensão, aproximadamente, cada uma constituindo uma oração". Ainda segundo R. E. Brown, o estilo poético dos discursos de Jesus no Evangelho segundo João segue um padrão já presente no Antigo Testamento, em discursos nos livros dos profetas ou em discursos da Sabedoria personificada nos escritos sapienciais.[25]

Introdução de parênteses ou interferências do narrador

Nas porções narrativas do Evangelho segundo João, é muito comum achar aquilo que em análise narrativa é chamado de intromissão ou interferência do narrador, que aparece como parênteses no interior do relato. É comum, em uma narrativa, que o narrador apareça para criar o cenário, para dar a palavra às personagens quando há diálogos, para dar explicações ao leitor para que este compreenda mais facilmente a narrativa. No Evangelho segundo João, no entanto, as interferências do narrador são frequentes e se prestam a diversas finalidades. Algumas vezes, elas explicam o significado de um termo ou de um nome semítico, como é o caso de Messias (Jo 1,41), Cefas (Jo 1,42), Siloé (Jo 9,7) e Tomé (Jo 11,16; 20,24). Outras vezes, servem para esclarecer que o significado de um gesto de Jesus somente foi compreendido pelos discípulos após a ressurreição (Jo 2,22; 12,16) ou para especificar a dimensão teológica de uma fala de Jesus (Jo 7,39).[26] Há ainda casos em que o narrador se apresenta para dar sua própria opinião a respeito do que está narrando. Nesses casos, o narrador entra na narrativa. Um exemplo desse tipo de interferência do narrador pode ser visto em Jo 12,6,

---

[25] R. E. BROWN, Evangelho segundo João, p. 459-460.

[26] R. E. BROWN, Evangelho segundo João, p. 463.

na perícope da unção de Jesus em Betânia (Jo 12,1-8). O narrador entra na narrativa e desqualifica a crítica que Judas faz ao desperdício de perfume, antes mesmo que Jesus faça a defesa da mulher que o ungiu.

Por outro lado, nos discursos de Jesus, o narrador interfere muito pouco e, com frequência, chega a desaparecer. Isso acontece várias vezes nos discursos de Jesus na última ceia com seus discípulos. O trecho mais longo de discurso direto de Jesus sem nenhuma interferência do narrador vai de Jo 14,23 até 16,16. Todavia, não é apenas a extensão desses discursos que chama a atenção, mas, sobretudo, a mudança de tema sem interferência do narrador, como, por exemplo, se dá na passagem de Jo 13,38 para Jo 14,1. Algo semelhante ocorre na passagem de Jo 3,27-30, um discurso de João Batista, para Jo 3,31-36, sem que fique claro se se trata da continuação do discurso de João ou não.

Jogos de palavras e mal-entendidos

Um procedimento literário típico da literatura joanina, compreendendo evangelho e cartas, é o recurso ao jogo de palavras, que inclui expressões com duplo significado, a variação de vocabulário e o paradoxo, que, ao contrário da antítese, não exclui, mas une sentidos opostos. Seja dado um exemplo de cada um desses jogos de palavras. Em Jo 3,3, o advérbio grego *ánōthen* é usado em seu duplo significado de "do alto" e "de novo". Os verbos *agapáō* e *philéō*, embora possam ter matizes distintos de significado nos dicionários, no Evangelho segundo João, assumem indistintamente o significado de "amar". Assim também os verbos *apostéllō* e *pémpō*, com o significado de "enviar". Para o paradoxo, o melhor exemplo é o mandamento que é, ao mesmo tempo, antigo e novo, em 1Jo 2,7-8.

Alia-se a esses jogos de palavras um procedimento literário típico do Evangelho segundo João: o aprofundamento de uma palavra dita, uma maiêutica joanina. Quem conduz esse aprofundamento é o próprio Jesus. Ele pode ocorrer em duas direções. Ou é Jesus que pronuncia uma palavra que seu interlocutor (ou interlocutores) não compreende ou compreende de um modo superficial e então, num diálogo com Jesus, vai aprofundando o sentido dessa palavra, ou é o interlocutor de Jesus que diz uma palavra cujo significado mais profundo ele próprio desconhece. Também nesse caso, o diálogo com Jesus faz irromper as possibilidades de sentido da palavra pronunciada.[27]

---

[27] Ver o modo como R. E. Brown trata dessas questões (Evangelho segundo João, p. 460.462).

Ironia

A ironia também é uma característica do estilo literário do evangelista, o que, em si, não chega a ser louvável, uma vez que a ironia fere as pessoas com facilidade. No Evangelho, ela aparece diversas vezes e é muito clara em passagens como Jo 7,47-52 e Jo 9,26-34. De acordo com R. E. Brown, a ironia também aparece combinada com o duplo significado e com o mal-entendido em passagens em que os opositores de Jesus fazem sobre ele afirmações incrédulas ou sarcásticas, mas que terminam por ser verdadeiras, embora não no sentido em que esses interlocutores de Jesus as pretendiam. Esse é o caso, por exemplo, de Jo 7,35.[28]

Inclusões

A inclusão é uma técnica redacional frequente nos escritos bíblicos, que consiste em repetir uma palavra, uma expressão, uma ideia ou um motivo, no início e no final de um texto. Há inclusões que delimitam uma perícope, outras que abrangem uma seção ou todo um escrito bíblico. No Evangelho segundo João, as referências à mãe de Jesus, em Jo 2,1 e em Jo 19,25, formam uma inclusão que abrange todo o Evangelho. Já as referências à Páscoa dos judeus em Jo 2,13 e em Jo 4,45 delimitam uma seção: Jo 2,13–4,54. Por outro lado, a referência, em Jo 4,54, ao segundo sinal realizado por Jesus reenvia ao primeiro dos sinais (Jo 2,11), de modo que também seria possível delimitar uma seção em Jo 2,1–4,54. Inclusões que delimitam uma perícope são encontradas com maior frequência, como, por exemplo, a menção da glória de Deus em Jo 11,4 e Jo 11,40.[29]

Antíteses

Uma característica marcante do Evangelho segundo João é o uso de determinados grupos de palavras que formam campos semânticos, com substantivos, verbos, adjetivos e advérbios. Dentro de um grupo semântico aparecem termos com significados contrários entre si, formando as antíteses, tão presentes na literatura joanina. Essas antíteses podem ser vistas como o modo de se expressar de um temperamento radical, para o qual luz e trevas opõem-se totalmente (1Jo 1,5), ou como a linguagem característica de uma comunidade que atravessa uma situação-limite.

Como as antíteses estão intimamente ligadas ao vocabulário típico do Evangelho segundo João, elas continuarão sendo tratadas na seção seguinte.

---

[28] R. E. BROWN, Evangelho segundo João, p. 462.
[29] R. E. BROWN, Evangelho segundo João, p. 462-463.

O vocabulário típico do Evangelho segundo João

Uma característica marcante do Evangelho segundo João é o uso de algumas palavras que se repetem ao longo de todo o escrito e que têm seu significado posto ainda mais em evidência pela repetição, também constante, de outras palavras de significado contrário. Entre elas, está a palavra "vida", repetida inúmeras vezes no decorrer do Evangelho, mas também a palavra "morte". E assim acontece com os termos "luz" e "trevas"; "verdade" e "falsidade"; "amor" e "ódio".

Essa lista não traz somente substantivos; ela inclui também verbos, adjetivos e advérbios, tais como: vivificar e matar; manifestar e esconder; amar e odiar; verdadeiro e falso; palavras que, entre si, formam um mesmo campo semântico. Essas antíteses mostram como se move o pensamento do evangelista. Trata-se de um pensamento radical, sem meias medidas e que coloca o leitor diante da opção: ou pela vida, ou pela morte; ou pela luz, ou pelas trevas; ou pela verdade, ou pela mentira; ou pelo amor, ou pelo ódio.

A seguir será apresentado um elenco, que não se pretende completo, das principais palavras que formam o vocabulário típico do Evangelho segundo João, acompanhado das ocorrências dessas palavras nas três cartas de João.[30]

"Vida"[31]

O substantivo "vida" (em grego *zōé*) ocorre diversas vezes no Evangelho segundo João e na Primeira Carta de João, como se pode ver pela tabela a seguir, com o quantitativo de ocorrências no Novo Testamento, no Evangelho segundo João e em cada uma das cartas de João, com o percentual de ocorrências na literatura joanina em relação ao Novo Testamento.

No Evangelho, o substantivo "vida" é usado sozinho ou na expressão "vida eterna". O que o evangelista quer dizer quando usa essa palavra ou essa expressão? É vida? É vida futura? É vida sem fim? É vida na era futura? Trata-se de uma questão de quantidade ou de qualidade de vida? De fato, a expressão "vida eterna" indica uma qualidade diferente de vida, independentemente de se tratar da vida presente ou futura. O Evangelho propõe que se viva dessa maneira: uma vida em plenitude (Jo 10,10).

---

[30] Uma apresentação do vocabulário típico dos escritos joaninos pode ser encontrada em R. E. BROWN, *Giovanni*, p. 1.437-1.463.

[31] Sobre a palavra "vida" e a expressão "vida eterna" no Evangelho segundo João, pode-se ver C. H. DODD, *A interpretação do quarto evangelho*, p. 195-203.

Deus, o Pai, é fonte da vida. É Deus que modela Adão do barro da terra e insufla em suas narinas um sopro de vida (Gn 2,7). Em outras palavras: vida é dom de Deus. Nesse sentido, ganha destaque na literatura joanina o verbo *gennáō*, que pode significar tanto "gerar" quanto "nascer". Os "filhos de Deus" são aqueles que são gerados de Deus (Jo 1,13).

Ademais, em aramaico, o idioma falado por Jesus e por seus discípulos, o substantivo "vida" era utilizado para significar "salvação", de modo que estar vivo é estar salvo (Jo 11,12). No mesmo campo semântico do substantivo "vida", está o verbo "vivificar" (*zōopoiéō*, em grego), que ocorre três vezes no Evangelho, duas em Jo 5,21 e uma em Jo 6,63.

O oposto da vida é a "morte" (*thánatos*); outra palavra frequente no Evangelho, à qual se acrescentam as formas verbais: "morrer" (*apothnéiskō*), "matar" (*apokteívō*) e "perecer" (*apóllymi*), conforme também se pode ver na tabela abaixo. Há ainda o substantivo "homicida" (*anthrōpoktóvos*), que ocorre uma vez no Evangelho (Jo 8,44) e duas vezes na Primeira Carta de João (1Jo 3,15, as duas no mesmo versículo).

Em grego	Em português	Total de ocorrências[32]					Porcentual no NT
		NT	Jo	1Jo	2Jo	3Jo	
zōé	"vida"	135	36	13	-	-	36%
záō	"viver"	140	17	1	-	-	13%
gennáō	"gerar", "nascer"	97	18	10	-	-	29%
thánatos	"morte"	120	8	6	-	-	12%
apothnéiskō	"morrer"	111	28	-	-	-	25%
apokteívō	"matar"	74	12	-	-	-	16%
apóllymi	"perecer"	91	10	-	1	-	12%

"Luz"[33]

O substantivo "luz" (em grego *fós*) aparece diversas vezes no Evangelho segundo João e na Primeira Carta de João, de modo que a literatura joanina concentra boa parte de suas ocorrências no Novo Testamento. Além do substantivo "luz", há outras palavras que lhe são relacionadas: "trevas",

---

[32] As estatísticas de frequência dos termos gregos foram tomadas de (THE) INSTITUTE FOR NEW TESTAMENT TEXTUAL RESEARCH AND THE COMPUTER CENTER OF MÜNSTER UNIVERSITY, *Concordance to the Novum Testamentum Graece of Nestle-Aland*, 26th edition, and to the *Greek New Testament*, 3rd edition.

[33] Ver as reflexões de C. H. Dodd sobre esse tema em um capítulo de seu livro intitulado "A luz, a glória, o juízo" (*A interpretação do quarto evangelho*, p. 269-282). Ver também a apresentação de Jo 8,12 de B. MAGGIONI, *O Evangelho de João*, p. 364-365.

"dia", "noite", "ocultar", "brilhar". O verbo *faveróō* ("manifestar") também pertence ao vocabulário típico da literatura joanina.

"Sou eu a *luz* do mundo" (Jo 8,12), diz Jesus. Ser "luz do mundo" exprime a missão do Filho-Palavra que é enviado ao mundo para iluminá-lo. Na literatura do Oriente Antigo, a luz é uma imagem clássica da Sabedoria. Esse tema está relacionado com os temas do "conhecimento de Deus" e da "glória".

"Glória" (em grego *dóksa*) é esplendor e honra. Não se pode ver Deus, mas Deus torna-se visível por sua glória. No Filho, brilha a glória de Deus. Não há um relato de transfiguração neste Evangelho, mas a glória de Deus vai se manifestando aos poucos nas obras que Jesus realiza. Essas obras dão testemunho de que ele vem do Pai. De maneira ainda mais intensa, a glória de Jesus se manifesta na cruz, quando, num ato supremo, o Filho glorifica o Pai para ser por ele glorificado na ressurreição. Assim, o verbo "glorificar" (em grego, *doksázō*) é um dos preferidos do evangelista para se referir à morte, à ressurreição e à volta de Jesus para o Pai.

Em grego	Em português	\multicolumn{4}{c}{Total de ocorrências}	Porcentual no NT
		NT	Jo	1Jo	2Jo	3Jo	
fós	"luz"	73	23	6	-	-	39%
faveróō	"manifestar"	49	9	9	-	-	36%
dóksa	"glória"	166	19	-	-	-	11%
doksázō	"glorificar"	61	23	-	-	-	37%

"Água"[34]

A substantivo "água" (em grego *hýdōr*) também apresenta uma alta frequência na literatura joanina, em relação ao conjunto do Novo Testamento. Do mesmo campo semântico, aparecem, no Evangelho, as palavras "piscina", "poço", "jarro", "bacia", "lavar-se", "ter sede".

A água é a imagem do Espírito Santo. Essa simbologia tem sua origem no Antigo Testamento: a água era a imagem da Lei. A nova Lei é o Espírito. Assim como a Lei foi dada por intermédio de Moisés, o Espírito é dado pelo Filho. O momento em que o Filho dá o Espírito é o momento de sua morte na cruz, quando de seu lado jorrou sangue e água.

---

[34] A esse respeito pode-se ver o artigo de L. DEVILLERS, O tema da água no Evangelho de João, p. 31-50, que apresenta todo o campo semântico da água no Evangelho. Para um tratamento mais limitado à palavra água, ver J. MATEOS; J. BARRETO, *Vocabulário teológico do Evangelho de são João*, p. 18-22.

Além da "água", o Espírito é visto pela imagem do "vento" (Jo 3,8). Tanto em aramaico, a língua de Jesus, quanto em grego, a mesma palavra pode significar "espírito" e "vento" (em aramaico, *rûḥa'*; em grego, *pneúma*). Esse "vento" mostra o dinamismo do Espírito.

Em grego	Em português	Total de ocorrências					Porcentual no NT
		NT	Jo	1Jo	2Jo	3Jo	
hýdōr	*"água"*	78	23	4	-	-	35%

"Conhecer"[35]

O Evangelho segundo João propõe como meta da vida cristã "conhecer a Deus". Sua perspectiva de conhecer, no entanto, não é a perspectiva grega da contemplação, e sim a perspectiva semítica da experiência. Ora, o gnosticismo pregava a libertação pelo conhecimento. Mesmo sem afirmar que o Evangelho segundo João se inscreva em alguma corrente gnóstica, pode-se dizer que a libertação pelo conhecimento é uma ideia válida também para este Evangelho. No entanto, é necessário compreender que, se o conhecimento é visto como teórico, a libertação que ele alcança também será teórica. Se o conhecimento é visto como vivencial, também a libertação por ele trazida o será.

O conhecimento vivencial tem seu término na transformação da conduta. Seu início se dá com um "não sei". No Evangelho segundo João, essa frase aparece algumas vezes. Ela é o bom princípio de um processo de conhecimento cuja meta é a mudança de vida.

No Evangelho segundo João, dois verbos são utilizados para expressar a ideia de conhecer: *ginóskō* e *oída* (pronuncia-se *guinôsco* e *ôida*). Também em português há dois verbos: "conhecer" e "saber", usados ora um ora outro pelos tradutores do Evangelho. Há ainda o verbo "reconhecer", que algumas vezes é a melhor opção do português para traduzir o texto grego.

Em grego	Em português	Total de ocorrências					Porcentual no NT
		NT	Jo	1Jo	2Jo	3Jo	
ginóskō	*"conhecer", "saber"*	222	57	25	1	-	37%
oída	*"conhecer", "saber"*	318	84	15	-	1	31%

---

[35] Sobre esse tema pode-se ver o belíssimo capítulo "O conhecimento de Deus", em C. H. DODD, *A interpretação do quarto evangelho*, p. 205-228.

"Permanecer"

Deus conhece seu povo porque o acompanha. O conhecimento implica pertença: "Aqueles que são de *x* conhecem *x*". Por isso, para chegar a conhecer, é preciso "permanecer". Esse verbo (em grego *ménō*) é de suma importância na literatura joanina, que concentra mais da metade de suas ocorrências no Novo Testamento. Quem não permanece não chega a conhecer. O verbo "permanecer" traz consigo o tema da comunhão, que também aparece na expressão "ser de", valorizada pelo evangelista (Jo 8,23; 17,14; 1Jo 3,4-6). A "comunhão com Deus" é um tema particularmente importante na visão mística deste Evangelho.[36]

Em primeiro lugar, a comunhão ou união serve para caracterizar a relação entre o Pai e o Filho. Essa união se expressa no amor e na obediência, que se revelam na maneira como o Filho cumpre a missão que recebeu do Pai. A relação do Pai com o Filho torna-se modelo para a relação do Filho com os seus, ou seja, de Jesus com seus discípulos. Nesse sentido, o modelo de discípulo é dado pelo Discípulo Amado. Assim como o Filho vem da intimidade do Pai (Jo 1,18), o Discípulo Amado repousa na intimidade de Jesus (Jo 13,23).

Em grego	Em português	Total de ocorrências					Porcentual no NT
		NT	Jo	1Jo	2Jo	3Jo	
ménō	"permanecer"	118	40	24	3	-	56%

"Crer"[37]

O campo semântico desse verbo é próximo do verbo "conhecer". Em grego, o verbo "crer" é *pisteúō* (pronuncia-se *pistéuo*).[38] Esse verbo ocorre 243 vezes no Novo Testamento, sendo que quase metade dessas atestações encontra-se na literatura joanina, como se pode ver pela tabela a seguir. Por outro lado, para o substantivo *pístis* ("fé"), também há 243 ocorrências no

---

[36] Ver as reflexões de C. H. Dodd a esse respeito em seu capítulo: "A união com Deus" (*A interpretação do quarto evangelho*, p. 251-267).

[37] Também sobre esse tema pode-se ver um capítulo de C. H. Dodd: "A fé" (*A interpretação do quarto evangelho*, p. 241-250). Sua reflexão se centra na possibilidade do uso do verbo "crer" em modo absoluto, sem predicado, a partir de um substrato semítico que se revelaria na tentativa de exprimir, em grego, o *hifil* da raiz *aman*. Estranhamente, o capítulo se chama "A fé". O título mais apropriado seria "O crer".

[38] A diferença da posição do acento se deve ao fato de que, em um ditongo, o grego acentue a segunda vogal, enquanto o português acentua a primeira. A pronúncia, no entanto, nas duas línguas será sempre a de um ditongo.

Novo Testamento, das quais apenas uma se encontra na literatura joanina, em 1Jo 5,4. Por si só, esse dado já é revelador: na literatura joanina, o crer, enquanto processo, se sobrepõe à fé, enquanto resultado.

No Evangelho, o verbo "crer" é usado de diversos modos, em uma variedade quase desconcertante. Entre esses usos, predomina aquele em que o verbo é seguido da preposição grega *eis*, podendo ser traduzido por "crer em", "entregar a confiança a".[39] Junte-se a esse uso aquele em que o complemento vem expresso em dativo. Outro uso é aquele quando o verbo vem seguido pela conjunção *hóti*, "que", e uma oração relativa objetiva, que expressa o conteúdo do que se crê. A esse uso vem juntar-se um único caso em que o complemento é expresso em acusativo, em Jo 11,26, também para expressar o conteúdo em que se crê.[40]

Em grego	Em português	Total de ocorrências					Porcentual no NT
		NT	Jo	1Jo	2Jo	3Jo	
pisteúō	"crer"	243	98	9	-	-	44%

"Julgar"[41]

O verbo "julgar" (em grego *krínō*) e o substantivo "julgamento" (em grego *krísis*) também são importantes no Evangelho segundo João, ainda que, proporcionalmente, a frequência desses termos não seja tão alta quanto a de outros termos já apresentados. Ainda seria preciso levar em consideração que o verbo "condenar" (em grego *katakrínō*) ocorre apenas duas vezes na literatura joanina, em Jo 8,10.11, na perícope da mulher pega em adultério, que foi perdoada por Jesus, ou seja, em um texto que foi acrescentado ao Evangelho segundo João.

O campo semântico de "julgamento" aponta para duas direções. A primeira é o discernimento. Nesse sentido, a missão do Filho é proporcionar

---

[39] Escreve B. Maggioni a propósito da ocorrência do verbo crer em Jo 2,11: "A construção gramatical (*eis* + acusativo) exprime que a fé é um elã, uma atitude dinâmica. Não se trata aqui de acreditar em alguma coisa, alguma doutrina, mas de ter fé numa pessoa. O discípulo se fia em Jesus, entrega-se a ele, deixa-se conduzir por ele" (O Evangelho de João, p. 303).

[40] Em português, o verbo "crer" também é bitransitivo, com complemento indireto para expressar "em quem/que se crê", e complemento direto para expressar "o que se crê".

[41] Sobre o tema pode-se ver B. MAGGIONI, O Evangelho de João, p. 375-377. C. H. Dodd trata do tema juntamente com a luz (*A interpretação do quarto evangelho*, p. 278-282).

um discernimento em relação ao mundo. A segunda direção é o ato de julgar. Nesse sentido, a missão do Filho não é condenar, mas sim salvar o mundo.

Ademais, o Evangelho segundo João pode ser lido, todo ele, como a dramatização de um julgamento. Há diversas testemunhas que se apresentam. Nesse sentido, ganham importância o verbo "testemunhar" (em grego *martyréō*) e o substantivo "testemunho" (em grego *martyría*), que expressa o conteúdo testemunhado.[42]

Num primeiro plano, há um processo contra Jesus, apresentado pelas autoridades judaicas. Num segundo plano, porém, quem deseja julgar Jesus é o mundo, que age pelas autoridades judaicas. O mundo vive nas trevas e não suporta a presença da luz. Seu representante é o Príncipe deste mundo. Assim, as palavras "mundo" (em grego *kósmos*) e "judeus" (em grego *ioudaiós*), no Evangelho segundo João, também entram no campo semântico do julgamento. Para essas duas palavras, porém, coloca-se o problema de que nem sempre elas são usadas com o mesmo matiz de significado.

A palavra "judeus", na maioria dos casos, representa as autoridades judaicas hostis a Jesus, mas, em determinadas passagens, representa apenas os habitantes da Judeia. O próprio Jesus é identificado com judeu (Jo 4,9). Ainda é possível pensar que, em alguns casos, o evangelista esteja se referindo ao judaísmo em seu próprio contexto, com o qual está em polêmica. De acordo com J. O. Tuñí Vancells, "não há, no quarto evangelho, um interesse em identificar o grupo constituído pelos judeus de uma maneira clara e inequívoca. Exatamente nessa indeterminação está o indicador mais claro de seu sentido fundamental: a atitude de se fechar, da autossuficiência e da segurança".[43] Por sua vez, R. E. Brown põe em destaque o sentido hostil que o termo adquire no Evangelho segundo João na maioria das vezes em que é usado, talvez como uma resposta à perseguição que a comunidade joanina vinha sofrendo da parte da sinagoga judaica.[44]

---

[42] De acordo com R. E. Brown, "algo da tradição joanina foi modelado num contexto forense, possivelmente numa sinagoga onde os cristãos eram interrogados sobre sua fé em Jesus" (Evangelho segundo João, p. 465-466). J. O Tuñí Vancells elenca ainda algumas outras palavras do campo semântico do julgamento presentes no Evangelho segundo João: *katēgoréō*, "acusar" (Jo 5,45), *katēgoría*, "acusação" (Jo 18,29), *homologéō*, "confessar" (Jo 1,20; 9,22; 12,42); *elégcho*, "declarar culpado" (Jo 3,20; 8,46; 19,29); *paráklētos*, "advogado", "defensor" (Jo 14,16.26; 15,26; 16,7); e outras (*O testemunho do Evangelho de João*, p. 74-75).

[43] J. O. TUÑÍ VANCELLS, *O testemunho do Evangelho de João*, p. 155.

[44] R. E. BROWN, *A comunidade do Discípulo Amado*, p. 42-45. A respeito da palavra "judeus" no Evangelho segundo João, há ampla bibliografia. Pode-se ver, para começar, R. E. BROWN, Evangelho segundo João, p. 465, n. 13.

Quanto à palavra "mundo", ela designa o âmbito e a realidade para os quais Deus enviou seu Filho, mas que assume uma atitude de fechamento e oposição ao Enviado de Deus. Em sentido positivo, a palavra "mundo" aparece em passagens que revelam o alcance universal da missão de Jesus, como na expressão "Cordeiro de Deus que tira o pecado do mundo" (Jo 1,29), ou na confissão de fé dos samaritanos de que Jesus é o "Salvador do mundo" (Jo 4,42). Em sentido negativo, aparece uma personificação do "mundo", que odeia Jesus (Jo 7,7) e seus discípulos (Jo 17,14). Representativa desse sentido negativo é a expressão "o Príncipe deste mundo" (Jo 12,31; 14,30; 16,11). A morte de Jesus, contudo, resulta na condenação do Príncipe deste mundo (Jo 12,31; 16,11).[45]

Em grego	Em português	Total de ocorrências					Porcentual no NT
		NT	Jo	1Jo	2Jo	3Jo	
krínō	"julgar"	115	19	-	-	-	17%
krísis	"julgamento"	47	11	1	-	-	26%
martyréō	"testemunhar"	76	33	6	-	4	56%
martyría	"testemunho"	37	14	6	-	1	56%
kósmos	"mundo"	186	78	23	1	-	55%
ioudaiós	"judeu"	195	71	-	-	-	36%

"Amor" e "verdade"

O campo semântico da "verdade" é dado, em grego, pelo substantivo *alétheia* ("verdade"), pelos adjetivos *alēthés* ("verdadeiro") e *alēthinós* ("verídico") e pelo advérbio *alēthós* ("verdadeiramente"). A literatura joanina – Evangelho e cartas – concentra cerca de 50% das ocorrências desses termos no Novo Testamento.

Onde se encontra a "verdade"? Não é na aparência, mas na profundidade. Não na representação, mas na realidade. Não é no palavreado, mas no agir. A verdade se exprime no comportamento reto. No Evangelho segundo João, há expressões como "praticar a verdade" (Jo 3,21), "ser libertado pela verdade" (Jo 8,32) e "ser da verdade" (Jo 18,37).[46]

---

[45] J. O. TUÑÍ VANCELLS, *O testemunho do Evangelho de João*, p. 155-159. A propósito da palavra "mundo" podem-se ver as reflexões de J. KONINGS, *Evangelho segundo João*, p. 37.392.

[46] Sobre o tema, pode-se ver o capítulo "A verdade", em C. H. DODD, *A interpretação do quarto evangelho*, p. 229-239. A perspectiva de C. H. Dodd ao abordar

O companheiro da verdade é o "amor". O vocabulário do amor, na literatura joanina, é variado. De um lado, há o verbo *agapáō* ("amar"), o substantivo *agápē* ("amor") e o adjetivo *agapētós* ("amado"), e o verbo *filéō* ("amar") e o substantivo *fílos* ("amigo").[47] Do outro lado, está o verbo com o significado oposto: *miséō* ("odiar"). No Evangelho, o principal sujeito dos verbos "amar" é o "Pai", o principal sujeito do verbo "odiar" é o "mundo".

No prólogo do Evangelho, aparece a expressão "graça e verdade" (em grego *cháris kaì alḗtheia*; Jo 1,14.17). Seu substrato hebraico é *ḥesed wĕ'emet*, que também pode ser traduzido por "misericórdia e verdade", ou ainda "amor verdadeiro", ou seja, em Jo 1,14.17, o substantivo *cháris* ("graça"), também entra no campo semântico do "amor" no Evangelho segundo João.[48]

Em grego	Em português	Total de ocorrências					Porcentual no NT
		NT	Jo	1Jo	2Jo	3Jo	
alḗtheia	"verdade"	109	25	9	5	6	41%
alēthḗs	"verdadeiro"	26	14	2	-	1	65%
alēthinós	"verídico"	28	9	4	-	-	46%
alēthṓs	"verdadeiramente"	18	7	1	-	-	44%
agapáō	"amar"	143	37	28	2	1	47%
agápē	"amor"	116	7	18	2	1	24%
agapētós	"amado"	61	-	6	-	4	16%
filéō	"amar"	25	13	-	-	-	52%
fílos	"amigo"	29	6	-	-	2	27%
miséō	"odiar"	40	12	5	-	-	42%

---

o tema difere um pouco do modo como aqui é apresentado. Em vez de vincular amor e verdade, C. H. Dodd aborda o tema do amor no final de seu capítulo sobre a união com Deus (C. H. DODD, *A interpretação do quarto evangelho*, p. 266-267).

[47] Há alguma diferença de significado entre os verbos *agapáō* e *filéō*? Ambos significam "amar", e *filéō* tem um matiz de significado de "demonstrar afeto", "ser amigo". No Novo Testamento, o verbo *agapáō* passou a ser utilizado para expressar o amor gratuito de Deus e dos cristãos. Na literatura joanina, as nuanças de significado entre esses dois verbos desaparecem (C. J. P. de OLIVEIRA, Le verbe ΔΙΔÓΝΑΙ, p. 97; R. E. BROWN, *Giovanni*, p. 1.438-1.439).

[48] O substantivo *cháris* aparece ainda outras duas vezes em Jo 1,16. No total, são cinco atestações do termo na literatura joanina: quatro no prólogo do Evangelho e uma em 2Jo 3.

"De onde?" e "para onde?"

No Evangelho segundo João, aparecem, com certa frequência, os advérbios interrogativos: *póthen*, "de onde?", e *poú*, "onde?", "para onde?". Nas bodas de Caná, o mestre de cerimônia não sabia de onde procedia o bom vinho, que começou a ser servido no final da festa (Jo 2,9), nem a Samaritana sabia de onde Jesus tiraria a água viva (Jo 4,11). Do mesmo modo, Tomé não sabe para onde Jesus vai (Jo 14,5).

Em última instância, essas perguntas apontam sempre para Jesus, de onde vem e para onde vai, e as respostas são sempre as mesmas: ele procede do Pai (Jo 3,31-32) e volta para o Pai (Jo 13,1).

Em conexão com as perguntas "de onde?", "onde?" e "para onde?", aparece o verbo *zētéō* ("buscar"). Em geral, o objeto direto desse verbo é Jesus, ou seja, é Jesus que se busca. Em sua primeira atestação no Evangelho, esse verbo aparece em um discurso direto de Jesus dirigido a seus dois primeiros discípulos: "Que buscais?" (Jo 1,38). Por outro lado, em sua última atestação, também aparece em discurso direto de Jesus, dirigido a Maria de Mágdala: "Quem buscas?" (Jo 20,15). Assim, a pergunta pelo quê desemboca na busca por quem.

Em grego	Em português	Total de ocorrências					Porcentual no NT
		NT	Jo	1Jo	2Jo	3Jo	
zētéō	"buscar"	117	34	-	-	-	29%
póthen	"de onde?"	109	25	9	5	6	41%
poú	"onde?", "para onde?"	26	14	2	-	1	65%

"Sinais" e "obras"

Enquanto enviado ao mundo, o Filho Jesus realiza gestos acompanhados de palavras que o evangelista caracteriza ora como "sinal" (em grego *sēmeíon*, pronuncia-se *seméion*), ora como "obra" (em grego *érgon*), termos utilizados tanto no singular como no plural. Os sinais credenciam o enviado. Para "enviar", há dois verbos na literatura joanina: *apostéllō* e *pémpō*. J. O. Tuñí Vancells observa que o verbo *apostéllō* é comum a todos os evangelistas; já o verbo *pémpō* é usado muito mais por João que pelos outros evangelistas, quase sempre no particípio aoristo e frequentemente na expressão *ho pempsas me (pater)*. Ele escreve: "É, portanto, o ato de enviar do Pai que é sublinhado. Mas é sublinhado a partir de Jesus (o que me enviou)".[49]

---

[49] J. O. TUÑÍ VANCELLS, *O testemunho do Evangelho de João*, p. 103.

Também é importante o verbo "trabalhar" (em grego *ergazómai*, cognato de *érgon*, "obra" ou "trabalho").

Para R. E. Brown, as palavras "sinal" e "obra" estão relacionadas, de modo especial, com os relatos da saída de Israel do Egito e sua caminhada pelo deserto. O êxodo é obra de Deus; os sinais, Deus os realiza por intermédio de Moisés.[50] Se este, de fato, parece ser o substrato básico do uso joanino dessas palavras, contudo, também é preciso estar atento para a diversidade de matizes e até mesmo de significado que essas duas palavras adquirem ao longo do Evangelho.

Em geral, se enfatiza que, no Evangelho segundo João, usa-se a palavra "sinal" para caracterizar os milagres de Jesus, atos que, nos evangelhos sinóticos, são caracterizados com a palavra *dýnamis*, "atos poderosos".[51] Também se tem enfatizado a relação entre as narrativas dos sinais que Jesus realiza e os discursos que acompanham essas narrativas. De acordo com J. O. Tuñí Vancells, é nesses discursos que Jesus, ao se referir aos sinais que realiza, os chama de obras.[52]

Este último feixe de palavras tem uma ligação direta com a cristologia do Evangelho segundo João e serve de vínculo para o próximo passo, que são os principais temas teológicos presentes no Evangelho.

Em grego	Em português	Total de ocorrências					Porcentual no NT
		NT	Jo	1Jo	2Jo	3Jo	
apostéllō	"enviar"	132	28	3	-	-	23%
pémpō	"enviar"	79	32	-	-	-	40%
sēmeíon	"sinal"	77	17	-	-	-	22%
érgon	"obra"	169	27	3	1	1	18%
ergazómai	"trabalhar"	41	8	-	1	1	24%

---

[50] R. E. BROWN, Evangelho segundo João, p. 466, n. 15. Em seu amplo comentário ao Evangelho segundo João, R. E. Brown dedica um apêndice aos sinais e obras (*Giovanni*, p. 1.472-1.481).

[51] De acordo com J. O. Tuñí Vancells, nem no Evangelho segundo João nem nos evangelhos sinóticos é usada a palavra mais comum em grego para se referir a "milagre", que seria *thauma* (*O testemunho do Evangelho de João*, p. 26). Se essa observação procede, então nenhum dos evangelistas quis caracterizar os gestos de Jesus como "milagres".

[52] J. O. TUÑÍ VANCELLS, *O testemunho do Evangelho de João*, p. 39-40. J. O. Tuñí Vancells vê os sinais realizados por Jesus, sobretudo, como manifestação de sua glória, fazendo a ligação desse tema com o da glória de Deus, como aparece em determinados textos do Antigo Testamento (*O testemunho do Evangelho de João*, p. 36-39). Sobre a relação entre discursos e sinais, também se pode ver B. MAGGIONI, O Evangelho de João, p. 321-325.

Temas teológicos principais no Evangelho segundo João

O Evangelho segundo João já foi reputado como o mais teológico de todos os escritos evangélicos. Atualmente, poucos seriam capazes de sustentar tal afirmação, graças aos estudos realizados a respeito dos aspectos teológicos do Evangelho segundo Marcos, Evangelho segundo Mateus e Evangelho segundo Lucas. Tais estudos demonstraram que esses escritos são tão teológicos quanto o Evangelho segundo João.

Se todos os escritos evangélicos são teológicos, cada um o é a seu modo. O Evangelho segundo João, também por trazer material distinto daquele dos evangelhos sinóticos, apresenta uma perspectiva teológica inteiramente particular. A seguir, são elencados os temas teológicos mais relevantes no Evangelho segundo João, que são: a cristologia, a pneumatologia, tratada juntamente com a eclesiologia, e a escatologia.[53]

Cristologia[54]

A cristologia do Evangelho segundo João pode ser abordada a partir dos títulos cristológicos presentes neste Evangelho. Dentre eles, os principais são estes apresentados a seguir.

a) *Apóstolo do Pai*. O ponto alto da cristologia do Evangelho segundo João é a apresentação de Jesus como o "Enviado do Pai". Os sinais que Jesus realiza são para atestar que ele é o enviado (Jo 3,2; 9,16; 11,42); as obras que realiza são as obras que o Pai lhe concedeu para que as realizasse como enviado (Jo 4,34; 5,36; 9,4); as palavras que diz são as palavras daquele que o Pai enviou (Jo 7,17; 12,49; 14,10). Em grego, "enviado" se diz "apóstolo". Jesus é, portanto, o "Apóstolo do Pai".

b) *Messias*. O termo "Messias" (do hebraico) ou "Cristo" (do grego) quer dizer "ungido" e, de fato, significa "rei". O termo expressa a missão de Jesus de reunir e conduzir um povo para Deus. A origem do termo está na esfera política e, nesse sentido, permanece

---

[53] De acordo com J. Mateos e J. Barreto, há duas linhas mestras na teologia do Evangelho: a criação e a Páscoa-aliança (*Vocabulário teológico do Evangelho de são João*, p. 9-12).

[54] Um estudo aprofundado sobre o tema pode ser encontrado em C. H. DODD, *A interpretação do quarto evangelho*, p. 303-375. B. Maggioni trata o tema a partir de uma perspectiva inteiramente diferente, apresentando os estudos sobre a cristologia do Evangelho segundo João de R. Bultmann, O. Cullmann, E. Käsemann e F. Mussner (Evangelho de João, p. 265-268).

ambíguo. Nem sempre Jesus o assumiu (Jo 6,15; 18,37). Por outro lado, ele atribuiu a si o título de "Pastor" (Jo 10,11), que também tem um conteúdo político. Todavia, da esfera política, enquanto realeza ligada a um poder temporal, o evangelista passa à esfera sapiencial, na qual Jesus aparece como o "Messias-Pastor" que orienta (Jo 4,25-26) e conduz ao Pai (Jo 10,16). Em certas passagens em que o tema do messianismo de Jesus aparece, o evangelista parece refutar certas crenças a respeito do Messias correntes em seu tempo. Seriam elas: a de que o Messias deveria vir de algum lugar escondido (Jo 7,27) e a de que o Messias deveria permanecer para sempre (Jo 12,34).

c) *O Profeta*. O título de "*o* Profeta" está relacionado com Dt 18,15-19. Não se trata apenas de mais um profeta (Jo 4,19; 9,17), mas daquele profeta prometido por Moisés, que, como este, tem a missão de guiar o povo. Por isso, sua figura se parece com a do Messias (Jo 1,21; 6,14; 7,40).

d) *Filho do Homem*. O Evangelho segundo João, assim como os outros evangelhos, mostra Jesus referindo-se a si mesmo com a expressão "Filho do Homem". No Evangelho segundo João, essa expressão tem um conteúdo específico, referindo-se àquele que foi enviado ao mundo pelo Pai e que, depois de ter cumprido sua missão, volta para o Pai (Jo 3,13; 5,27; 6,62; 8,28). Em relação ao Antigo Testamento, a figura do Filho do Homem aproxima-se da figura do Filho do Homem do livro de Daniel (Dn 7,13-14).[55]

e) *Filho de Deus*. A noção de filiação divina é rara no Antigo Testamento. Na Bíblia Hebraica, ela está presente no Sl 2,7, onde exprime mais a ideia de adoção que de filiação. Ela também aparece no livro da Sabedoria, onde o justo é apresentado como filho de Deus (Sb 2,18). Por outro lado, no mundo pagão, essa ideia era comum. No Egito, o faraó era considerado filho dos deuses; no Império Romano, Otávio Augusto deu a si mesmo o título de Filho de Deus, depois que o senado votou a concessão do título de deus a seu predecessor César Augusto. Na Grécia antiga, havia uma diversidade de filhos de deus nascidos, segundo a mitologia grega, de mulheres e deuses. No Evangelho segundo João, tudo é diferente e o que se quer significar com a expressão "Filho de Deus" é a igualdade do Filho

---

[55] Ver, a esse respeito, as observações de R. E. BROWN, *Giovanni*, p. 112, e as de B. MAGGIONI, Evangelho de João, p. 352-353.

com Pai (Jo 10,30; 17,21), uma vez que o Filho vem de junto do Pai (Jo 1,1; 14,28). O Pai tem o poder de dar a vida e de realizar o julgamento, e deu ao Filho autoridade para também realizá-lo (Jo 5,21-22).[56]

Pneumatologia e eclesiologia

O Espírito Santo aparece em destaque no Evangelho segundo João, sendo chamado de "Paráclito", ou seja, *Defensor* (Jo 14,16-17.26; 15,26; 16,7). Presente em todo o Evangelho, é mencionado com mais frequência nos capítulos 14 a 16. Diferente da perspectiva sinótica, em que Jesus é conduzido pelo Espírito, no Evangelho segundo João, é Jesus, enquanto Filho, que dá o Espírito, que, como ele, também procede do Pai (Jo 7,39; 15,26; 18,30; 20,22).

A missão do Espírito é a mesma que a missão do Filho, mas começa quando termina a missão do Filho e não está circunscrita pela encarnação. O Espírito é, assim, dom que Jesus deixa a seus discípulos (Jo 4,10). Pelo Espírito, eles recordam as palavras que Jesus disse e as compreendem em profundidade, superam o medo, vencem o mundo e testemunham a comunidade de amor, que é a Igreja (Jo 14,26; 16,13).

A Igreja, no Evangelho segundo João, é a comunidade daqueles que guardam as palavras de Jesus e seu mandamento do amor mútuo (Jo 14,21.23; 15,10; 17,6). Eles vivenciam, assim, a comunhão com o Filho que está sempre em comunhão com o Pai (Jo 17,21) e, nesse sentido, a comunidade ideal é aquela do Discípulo Amado (Jo 13,23; 21,24).

Na vivência intraeclesial, adquirem importância o Batismo e a Eucaristia, presentes de modo mais explícito em determinadas passagens, como Jo 3,1-10 (Batismo) e Jo 6,51-58 (Eucaristia), ou como pano de fundo em muitas outras. Essas passagens referem-se diretamente à vida do Cristo em sua relação com seus discípulos ou, de um modo mais geral, com aqueles que creem nele.[57]

Escatologia[58]

Deus amou o mundo e enviou seu Filho ao mundo para salvá-lo (Jo 3,16). A última palavra de Deus para o mundo não é de condenação, mas de

---

[56] C. H. DODD, *A interpretação do quarto evangelho*, p. 338.
[57] Sobre a eclesiologia e os sacramentos no Evangelho segundo João, podem-se ver as reflexões de B. MAGGIONI, Evangelho de João, p. 268-270.
[58] Sobre esse tema, podem-se ver as observações de B. MAGGIONI, Evangelho de João, p. 271-272, e de J. KONINGS, *Evangelho segundo João*, p. 56-57.

salvação. O Filho vem ao mundo como luz (Jo 8,12; 9,5); as pessoas, contudo, podem escolher vir para a luz ou esconder-se nas trevas (Jo 3,19-21).

A salvação ou a vida consiste em escolher a luz ou, de acordo com o Evangelho, em crer naquele que foi enviado ao mundo como luz para o mundo (Jo 12,46). Quem crê, nem sequer vem a julgamento; quem não crê, já está julgado (Jo 3,18). Crer é, portanto, neste Evangelho, uma escolha de vida; por isso, aquele que crê tem a vida em nome de Jesus Cristo, Filho de Deus (Jo 20,31).

Isso tudo também está relacionado com a tão debatida questão do tipo de escatologia presente no Evangelho segundo João: a escatologia realizada ou a escatologia futura? No Evangelho, há textos que pressupõem uma escatologia realizada, como, por exemplo, Jo 3,16-18, e outros que pressupõem uma escatologia futura, como, por exemplo, Jo 6,39-40.[59] A compreensão da "vida eterna" como "vida em plenitude" (Jo 10,10) poderia proporcionar um terceiro termo capaz de unir as duas concepções de escatologia: a vida eterna é para a era futura, mas aquele que crê começa a vivê-la desde já.

O quadro das festas do Evangelho segundo João

Ao longo de seu escrito, o evangelista vai narrando a revelação de Jesus como o enviado do Pai em relatos sucessivos, quase sempre emoldurados por uma festa judaica. Esses enquadramentos são:

2,13–4,54	A primeira Páscoa dos judeus
5,1-47	Uma festa dos judeus
6,1-71	A segunda Páscoa dos judeus
7,1–10,21	A festa das Cabanas
10,22-42	A festa da Dedicação do Templo
11,55–12,50	A terceira Páscoa dos judeus
13,1–20,29	A Páscoa de Jesus

---

[59] R. E. Brown identifica dois textos muito próximos com diferentes visões de escatologia: em Jo 5,19-25, a perspectiva é a da escatologia realizada, enquanto, em Jo 5,26-30, a perspectiva é a da escatologia futura (*Giovanni*, p. 194-195). Segundo C. H. Dodd, esses dois aspectos, da escatologia presente e futura, perpassam, como uma tensão, os escritos do Novo Testamento. No Evangelho segundo João, a balança pende para a escatologia presente, mas não faltam textos que apontam para a escatologia futura (*A interpretação do quarto evangelho*, p. 22-23).

Esse conjunto de festas dá uma estrutura para o Evangelho.[60] Assim, a partir dessas referências, é possível encontrar o seguinte esquema para a leitura deste Evangelho:

1,1-18	**O prólogo do Evangelho**
1,19–2,12	**A semana inaugural**
2,13–12,50	**As festas judaicas**
2,13–4,54	A primeira Páscoa dos judeus
5,1-47	Uma festa em Jerusalém
6,1-71	A segunda Páscoa dos judeus
7,1–10,21	A festa das Cabanas
10,22-42	A festa da Dedicação do Templo
11,1-54	Jesus ressuscita Lázaro e é condenado à morte
11,55–12,50	A terceira Páscoa dos judeus
13,1–21,25	**A Páscoa de Jesus**
13,1–17,26	A ceia de Jesus com seus discípulos
18,1–19,42	A paixão de Jesus
20,1–21,25	Jesus ressuscitado

Nas páginas a seguir, o Evangelho segundo João será apresentado a partir dessa estrutura dada principalmente pelas festas.

---

[60] De acordo com J. Beutler, "as viagens de Jesus às festas de peregrinação judaicas têm significado estruturante para o Evangelho segundo João" (*Evangelho segundo João*, p. 14). No início de seu comentário, J. Beutler passa em revista as formas de estruturação do Evangelho segundo João dos grandes comentadores do século XX, a partir da proposta apresentada por R. Bultmann (J. BEUTLER, *Evangelho segundo João*, p. 16-20).

1,1-18

O prólogo do Evangelho

O Evangelho segundo João abre-se com um prólogo, de modo solene. O gênero literário é poético, intercalado de partes narrativas. Nas partes em forma de poesia, é usada a técnica da repetição de palavras ou da formação de frases paralelas repetindo uma mesma ideia. Essa técnica é típica da poesia semítica. Como um todo, o poema celebra a Palavra.

O texto traduzido: "No princípio era a Palavra"

> **1** ¹ No princípio, era a Palavra,
> e a Palavra estava voltada para Deus,
> e a Palavra era Deus.
> ² Esta estava, no princípio, voltada para Deus.
> ³ Tudo por ela veio a ser,
> e fora dela nem uma só coisa veio a ser.
> O que veio a ser ⁴ nela era vida,
> e a vida era a luz dos homens.
> ⁵ E a luz brilha nas trevas,
> e as trevas não a apagaram.
>
> ⁶ Houve um homem enviado por Deus, seu nome era João.
> ⁷ Ele veio para testemunho, a fim de dar testemunho da luz, a fim de que todos cressem por intermédio dele.
> ⁸ Ele não era a luz, mas veio a fim de dar testemunho da luz.
>
> ⁹ Era a luz verdadeira que ilumina todo homem que vem ao mundo.

¹⁰ Estava no mundo, e o mundo por intermédio dela veio a ser,

mas o mundo não a conheceu.

¹¹ Veio para o que é seu, mas os seus não a acolheram.

¹² A quantos, porém, a acolheram,

deu-lhes autoridade para tornarem-se filhos de Deus:

aqueles que creem em seu nome.

¹³ Esses, nem de sangue,

nem da vontade da carne,

nem da vontade de homem,

mas de Deus foram gerados.

¹⁴ E a Palavra se fez carne

e armou sua tenda entre nós,

e vimos sua glória,

glória como do Unigênito do Pai,

pleno de graça e verdade.

¹⁵ João testemunha a respeito dele e tem clamado dizendo: "Este é de quem eu disse: 'Aquele que vem depois de mim, passou à minha frente, porque existia antes de mim'".

¹⁶ Porque de sua plenitude todos nós recebemos graça sobre graça.

¹⁷ Porque a lei foi dada por intermédio de Moisés;

a graça e a verdade vieram por intermédio de Jesus Cristo.

¹⁸ Ninguém jamais viu a Deus.

O Unigênito Deus, que está na intimidade do Pai,

ele deu a conhecer.

Anotações de crítica textual e notas à tradução

Em Jo 1,1 o termo grego *lógos*, do gênero masculino, está sendo traduzido por "palavra", termo do gênero feminino em português. Essa mudança de gênero de uma língua para outra provoca algumas alterações na tradução do gênero de alguns pronomes que virão a seguir, que, em grego, estão no masculino, mas que, em português, estão no feminino. Isso não implica alteração de sentido do texto.

A passagem de Jo 1,3 a 1,4 pode ser pontuada de duas maneiras. Acima, na tradução do texto, foi apresentada a seguinte pontuação: "³ Tudo por ela veio a ser, e fora dela nem uma só coisa veio a ser. O que veio a ser ⁴ nela era vida, e a vida era a luz dos homens". A outra maneira de pontuar esse texto é: "³ Tudo por ela veio a ser, e fora dela nem uma só coisa veio a ser do que veio a ser. ⁴ Nela era vida, e a vida era a luz dos homens". Isso é possível porque os manuscritos antigos não eram divididos em capítulos e versículos como as atuais edições da Bíblia, e os mais antigos dentre eles não apresentam pontuação.

Em Jo 1,5, o verbo usado pelo evangelista (em grego *katalambánō*) pode significar tanto "agarrar", num sentido pejorativo, quanto "apreender", "compreender", num sentido positivo. Sua tradução por "apagar" leva em consideração uma noção de rejeição da luz por parte das trevas.[1]

O texto grego de Jo 1,9 permite duas traduções: "Era a luz verdadeira que ilumina todo homem que vem ao mundo", conforme foi apresentado acima, ou também: "Era a luz verdadeira que, vinda ao mundo, ilumina todo homem".

Em Jo 1,10.11.12, aparece o pronome *autós* (nas formas *autoû* [genitivo] e *autón* [acusativo]), que, em grego, está no gênero masculino e, portanto, não pode se referir à luz (*fós*), que, em grego, é do gênero neutro. Ele deve se referir, portanto, a *lógos* ("Palavra"), do gênero masculino em grego. Na tradução portuguesa acima, essa distinção não fica clara, uma vez que, em português, tanto "Palavra" quanto "luz" são do gênero feminino, levando o artigo para o feminino. Essas ocorrências são: "¹⁰ Estava no mundo, e o mundo por intermédio *dela* veio a ser, mas o mundo não *a* conheceu. ¹¹ Veio para o que é seu, mas os seus não *a* acolheram. ¹² A quantos, porém, *a* aco-lheram...". Todos esses casos, portanto, referem-se à "Palavra".

Em Jo 1,18, a leitura "Unigênito Deus" é bem atestada por manuscritos antigos e por escritores patrísticos. A tradição textual Bizantina e a Vulgata, contudo, trazem a leitura "Filho Unigênito", talvez numa tentativa de tornar

---

[1] Para J. Beutler, o sentido do verbo *katalambánō* em Jo 1,5 é "compreender" (*Evangelho segundo João*, p. 49-50).

o texto mais fácil. Na mesma direção, vai a leitura "Filho de Deus Unigênito", encontrada em uns poucos testemunhos textuais.[2]

Ainda em Jo 1,18, "na intimidade do Pai" seria traduzido literalmente por "para o colo do Pai" ou "para o lado do Pai", o que significa "proximidade" e, daí, "intimidade" e "honra". Em um banquete, era a posição mais próxima do anfitrião, reservada a seu convidado mais ilustre (Lc 16,22; Jo 13,25).

Enfim, há no prólogo uma alternância entre os verbos *eimi* e *gínomai* (pronuncia-se *guínomai*), usados o primeiro para o que sempre "é", e o segundo para o que "vem a ser". Na tradução, essa distinção nem sempre se percebe, dada a necessidade de criar um texto fluente em português que ora exige a tradução de *eimi* por "ser", ora por "estar". Para *gínomai*, além de "vir a ser", também se usou "existir", e "se fez", em Jo 1,14, uma tradução já consagrada, para a Palavra que "se fez" carne.[3]

Comentário

Para compor o prólogo, é possível que o evangelista tenha partido de um poema já existente, talvez em aramaico, que celebrava a "Palavra de Deus", o qual ele teria retrabalhado nas seguintes direções:

a) identificou a Palavra com Cristo;

b) fez do poema a introdução de seu Evangelho, insinuando o jogo de antíteses que está por trás de sua trama narrativa, e

c) inseriu as partes referentes a João Batista.[4]

Em todo caso, mesmo que ele não tenha se servido de um poema já existente, a ideia força do poema ("a Palavra") não deixa de ser típica do judaísmo. A importância da "Palavra" de Deus já aparece no Antigo Testamento, de modo especial nos seguintes textos:

> Is 55,10-11
>
> [10] Como a chuva e a neve descem do céu e para lá não voltam, sem terem regado a terra, tornando-a fecunda e fazendo-a

---

[2] *O Novo Testamento grego*, p. 270-271.

[3] Em seu breve comentário ao Evangelho segundo João, Frank Kermode toma esses dois verbos (*eimi* e *gínomai*) como paradigmáticos não somente para o prólogo, como também para todo o Evangelho: o que é e o que vem a ser. Aí ele inclui, por exemplo, as proposições *Ego eimi*, "Eu sou", importantes ao longo do Evangelho (F. KERMODE, João, p. 473-499).

[4] Sobre a formação do prólogo, pode-se ver R. E. BROWN, *Giovanni*, p. 31-33, para quem o ponto de partida do prólogo é um hino cristológico da própria comunidade joanina.

germinar, dando semente ao semeador e pão ao que come, ¹¹ tal ocorre com a palavra que sai da minha boca: ela não torna a mim sem fruto; antes, ela cumpre a minha vontade e assegura o êxito da missão para a qual a enviei.⁵

O texto refere-se à palavra que sai da boca do *Senhor*, realiza sua missão e volta para o *Senhor* que a enviou. Esse é o mesmo movimento realizado pelo Filho do Homem no Evangelho segundo João (Jo 3,13; 13,3).

Pr 8,22-31
²² O *Senhor* me criou, primícias de sua obra, de seus feitos mais antigos. ²³ Desde a eternidade fui estabelecida, desde o princípio, antes da origem da terra. ²⁴ Quando os abismos não existiam, eu fui gerada, quando não existiam os mananciais das águas. ²⁵ Antes que as montanhas fossem implantadas, antes das colinas, eu fui gerada; ²⁶ ele ainda não havia feito a terra e a erva, nem os primeiros elementos do mundo. ²⁷ Quando firmava os céus, lá eu estava, quando traçava a abóbada sobre a face do abismo; ²⁸ quando condensava as nuvens no alto, quando se enchiam as fontes do abismo; ²⁹ quando punha um limite ao mar: e as águas não ultrapassavam o seu mandamento, quando assentava os fundamentos da terra. ³⁰ Eu estava junto com ele como o mestre de obras, eu era o seu encanto todos os dias, todo o tempo brincava em sua presença: ³¹ brincava na superfície da terra, e me alegrava com os homens.⁶

Esse texto trata da Sabedoria como a primeira de todas as criaturas, criada antes de qualquer outra criatura, desde a eternidade (Pr 8,22-26), e de sua presença, com o Criador, em toda a obra da criação (Pr 8,27-29). Em forma de poesia, o texto tem um toque de leveza ao afirmar que a Sabedoria "brincava" na presença do *Senhor* (Pr 8,30).

Eclo 24,1-12.16-17.19-22
¹ A sabedoria faz o seu próprio elogio, ela se exalta no meio de seu povo. ² Na assembleia do Altíssimo abre a boca, ela se exalta diante do Poder. ³ "Saí da boca do Altíssimo e como a neblina cobri a terra. ⁴ Armei a minha tenda nas alturas, e

---

⁵ Texto extraído de *A Bíblia de Jerusalém*, p. 1.453.
⁶ Texto extraído de *A Bíblia de Jerusalém*, p. 1.128-1.129, com a mudança do nome divino para *Senhor*.

meu trono era uma coluna de nuvens. ⁵ Só eu rodeei a abóbada celeste, eu percorri a profundeza dos abismos, ⁶ as ondas do mar, a terra inteira, reinei sobre todos os povos e nações. ⁷ Junto de todos estes procurei onde pousar e em qual herança pudesse habitar. ⁸ Então o Criador de todas as coisas deu-me uma ordem, aquele que me criou armou a minha tenda e disse: 'Instala-te em Jacó, em Israel terás a tua herança'. ⁹ Criou-me antes dos séculos, desde o princípio, e para sempre não deixarei de existir. ¹⁰ Na Tenda santa, em sua presença, oficiei deste modo, estabeleci-me em Sião ¹¹ e na cidade amada encontrei repouso, meu poder está em Jerusalém. ¹² Enraizei-me num povo cheio de glória, na porção do Senhor, no seu patrimônio. [...] ¹⁶ Estendi os meus ramos como o terebinto, meus ramos, ramos de glória e graça. ¹⁷ Eu, como a videira, fiz germinar graciosos sarmentos, e minhas flores são frutos de glória e riqueza. [...] ¹⁹ Vinde a mim todos os que me desejais, fartai-vos de meus frutos. ²⁰ Porque a minha lembrança é mais doce do que o mel, minha herança mais doce do que o favo de mel. ²¹ Os que me comem terão ainda fome, os que me bebem terão ainda sede. ²² O que me obedece não se envergonhará, os que fazem as minhas obras não pecarão".[7]

Nesse texto do Eclesiástico, a Sabedoria faz seu próprio elogio. Merece destaque a ordem que recebeu do Criador de que se instale em Jacó, na tenda que ele mesmo armou para ela (Eclo 24,8) e ainda sua criação desde antes dos séculos (Eclo 24,9).

> Sb 7,22–8,1
> ²² Nela há um espírito inteligente, santo, único, múltiplo, sutil, móvel, penetrante, imaculado, lúcido, invulnerável, amigo do bem, agudo, ²³ incoercível, benfazejo, amigo dos homens, firme, seguro, sereno, tudo podendo, tudo abrangendo, que penetra todos os espíritos inteligentes, puros, os mais sutis. ²⁴ A Sabedoria é mais móvel que qualquer movimento e, por sua pureza, tudo atravessa e penetra. ²⁵ Ela é um eflúvio do poder de Deus, uma emanação puríssima da glória do Onipotente, pelo que nada de impuro nela se introduz. ²⁶ Pois ela é um

---

[7] Texto extraído de *A Bíblia de Jerusalém*, p. 1.278-1.279.

reflexo da luz eterna, um espelho nítido da atividade de Deus e uma imagem de sua bondade. ²⁷ Sendo uma só, tudo pode; sem nada mudar, tudo renova e, entrando nas almas boas de cada geração, prepara os amigos de Deus e os profetas; ²⁸ pois Deus ama só quem habita com a Sabedoria. ²⁹ Ela é mais bela que o sol, supera todas as constelações: comparada à luz do dia, sai ganhando, ³⁰ pois a luz cede lugar à noite, ao passo que sobre a Sabedoria não prevalece o mal. 8 ¹ Alcança com vigor de um extremo ao outro e governa o universo retamente. ⁸

Esse texto, presente na Bíblia grega, versão da Septuaginta, trata a Sabedoria como uma emanação que procede de Deus, reflexo de sua luz e imagem de sua bondade.

Os três últimos textos não tratam da "Palavra", mas da "Sabedoria". No modo, porém, como o evangelista apresenta a "Palavra", no início do prólogo (Jo 1,1-4), ele lhe atribui características antes atribuídas à "Sabedoria" de Deus, assim como aparecem nos textos citados dos livros dos Provérbios, do Eclesiástico e da Sabedoria.[9] Falta considerar a tradição targúmica, a tradução do Antigo Testamento ao aramaico, na qual a expressão "Palavra do Senhor" aparece inúmeras vezes, onde o texto hebraico refere-se a Deus, seja com o tetragrama divino, seja com o termo *ĕlohîm*. É assim, por exemplo, com o texto de Gn 1,1, que, segundo o Targum, traz: "Desde o começo, a Palavra do *Senhor*, com sabedoria, criou e concluiu os céus e a terra".[10]

---

[8] Texto extraído de *A Bíblia de Jerusalém*, p. 1.215-1.216.

[9] Em seu comentário ao Evangelho, R. E. Brown dedica algumas páginas a demostrar que o evangelista identifica "Jesus com a Sabedoria divina personificada como é descrita no Antigo Testamento" (*Giovanni*, p. CXLVIII-CLIII). C. H. Dodd, por sua vez, mostra como, em diversos textos rabínicos, a Torá era identificada com a Sabedoria. Ele pressupõe que o autor do Evangelho contrapõe essa identificação com a identificação da Sabedoria com o *Lógos* (*A interpretação do quarto evangelho*, p. 121-123). N. R. Petersen, em um estudo sobre a linguagem do Evangelho segundo João, afirma que a ausência da Sabedoria neste Evangelho se explica porque Jesus toma seu lugar (*The Gospel of John and the Sociology of Light*, p. 110-132, especialmente, p. 114). Além dos textos mencionados acima, Petersen menciona Br 3,29–4,4 e 1Henoc 42,1-2. Enfim, para J. Beutler, a aproximação do prólogo dos textos sapienciais acima aludidos fica comprometida pelo uso da palavra "Sabedoria" nesses textos e pelo uso de "Palavra" (*Lógos*) no prólogo. Ele também vê funções diferentes da Sabedoria e da Palavra na criação, segundo esses textos. Por fim, J. Beutler aproxima o prólogo da doutrina do *Lógos* em Fílon de Alexandria (*Evangelho segundo João*, p. 50-51).

[10] *Targum du Pentateuque*, Tome I: *Genèse*, p. 74. Trata-se do Targum Neophyti 1.

No contexto do judaísmo antigo, portanto, em hebraico, grego e aramaico, a "Palavra de Deus" já era vista como criadora, origem da vida, revelação de Deus e sabedoria de Deus.[11] O novo que o evangelista traz para o poema é sua afirmação de que "a Palavra se fez carne", acrescentando qual foi a receptividade que a "Palavra", vinda ao mundo, encontrou. Essa afirmação está no centro do prólogo. O prólogo divide-se, assim, em cinco partes:

A)	A Palavra no princípio e na criação	1,1-5
B)	João Batista: testemunha da Luz	1,6-8
C)	A Palavra e sua presença no mundo	1,9-14
D)	João Batista: testemunha que clama	1,15
E)	A Palavra revela e conduz	1,16-18

Os cinco primeiros versículos (parte A) são aqueles que melhor conservam o ritmo de poesia, formando uma unidade em si. Ao todo são dez versos. No primeiro verso, "No princípio" é a mesma expressão que abre o poema da criação no livro do Gênesis.

Os três primeiros versos tratam da Palavra junto de Deus, desde um princípio anterior à criação. Os três versos seguintes tratam da Palavra na criação: estando com Deus, tudo quanto existe foi feito por seu intermédio. Esses versos lembram o papel criador da Palavra de Deus: "E disse Deus... e foi assim", frase tantas vezes repetida no poema da criação (Gn 1,1–2,3). Os quatro versos seguintes evocam a vida e a luz. No poema da criação, a "luz" é criada por Deus no primeiro dia (Gn 1,3-5), sendo a primeira de todas as criaturas. Assim, essa primeira parte do prólogo une "a Palavra", "a Vida" e "a Luz".

A cristologia desses versos celebra o Filho a quem se referem como "a Palavra". Neles, é afirmada a existência do Filho junto do Pai antes da criação e como atuante na criação, num papel que alguns escritos do Antigo Testamento atribuem à Sabedoria. A imagem da Sabedoria é "a Luz". Os dois últimos versos afirmam que "a Luz" brilha nas trevas, e que as trevas não a puderam apagar. Assim, a primeira parte do prólogo termina evocando o tema da recusa em deixar-se iluminar, ou seja, a recusa em deixar-se guiar pela Sabedoria de Deus.

---

[11] Segundo J. Konings, a teologia judaica chegou a considerar a Palavra como "uma 'hipóstase' de Deus, uma *realidade em que Deus se torna presente*. Tais hipóstases são, além da Palavra (Memrá), a Sabedoria, o Trono, a Voz, a Morada (Shekiná), a Lei/Instrução (Torá)" (*Evangelho segundo João*, p. 77).

Duas partes do prólogo referem-se a João Batista. A primeira delas (parte B) segue o esquema poético dos primeiros versículos, mas usando frases mais longas. Há duas ideias-chave nesses versículos: "testemunho" e "luz". João Batista é aquele que veio para dar testemunho da "Luz". Essa "Luz" é "a Palavra-Sabedoria" de Deus que já apareceu no início do prólogo.

Vem, em seguida, a parte central do prólogo (parte C). Em parte, ela segue a mesma estrutura poética do início do poema; e, em parte, ela segue uma estrutura narrativa. Em Jo 1,9, é afirmado algo mais sobre "a Luz": ela ilumina todo homem que vem ao mundo, ou seja, todo homem que vem ao mundo traz consigo a marca da Sabedoria de Deus no íntimo de seu ser. Nesse mesmo versículo, encontra-se a primeira atestação de um termo frequente no Evangelho: *kósmos*, "mundo". Esse termo aparece, neste Evangelho, em uma pluralidade de sentidos, como se pode notar em Jo 1,9-10. É comum uma personificação do "mundo", como ocorre na última parte de Jo 1,10, em que "mundo" é o sujeito do verbo "conhecer". Quando se dá essa personificação, o mundo representa toda realidade hostil à missão de Jesus como enviado do Pai.

Na sequência, é evocada a rejeição à Sabedoria de Deus presente no mundo, o que dá um efeito dramático ao prólogo (Jo 1,10-11). Tal rejeição, contudo, não é compartilhada por todas as pessoas. Aqueles que acolhem a Sabedoria de Deus tornam-se filhos de Deus, sendo gerados de Deus. Essa geração não é pela descendência humana, o que mostra que, em todos os povos e em todas as situações, aqueles que creem em Deus são gerados seus filhos.[12]

Continuando, chega-se ao ponto central: Jo 1,14, um versículo, também ele, construído em forma de poesia, seguindo o ritmo de frases breves entremeadas de repetições, típico do prólogo. Reaparece o termo "Palavra" e se afirma a novidade da encarnação: "A Palavra se fez carne".

O verso "E a Palavra se fez carne" é o centro e ápice do prólogo. Já foi assinalado que a noção de Palavra-Luz ou Palavra-Sabedoria de Deus já estava presente na Bíblia Hebraica, na Septuaginta e no Targum. A novidade do prólogo joanino é a afirmação radical de que, agora, a "Palavra" se fez

---

[12] Para uma compreensão diferente, pode-se ver o comentário de R. E. Brown, para quem Jo 1,10-12b já trata da Palavra encarnada no ministério de Jesus (*Giovanni*, p. 40-42). Posição semelhante é assumida por B. MAGGIONI, Evangelho de João, p. 277.

carne. O termo "carne" (em grego *sárks*) evoca, neste contexto, a natureza humana, que o Deus-Palavra assume plenamente.[13]

Segue a forma verbal *eskḗnōsen*, do verbo *skēnóō*, que significa literalmente "armar uma tenda". A Palavra, portanto, "armou sua tenda entre nós". Esse modo de se expressar lembra a maneira como o autor do Eclesiástico se referia à Sabedoria que vai habitar em meio a Israel, vivendo em uma tenda que o Criador armou para ela (Eclo 24,8). A referência pode ser também à Tenda de Reunião, que, segundo as tradições do êxodo, acompanhava o povo na travessia do deserto (Ex 33,7-11); ou, ainda, à festa das Cabanas, quando se faziam cabanas nas quais se pernoitava nos dias da festa. Nesses dois últimos casos, também seria evocado o Templo, com o culto e as festas que nele eram celebradas. Nesse mesmo versículo, o evangelista se refere à "glória", o que remete à presença de Deus no Templo (1Rs 8,10-13). Há, pois, um novo templo e um novo culto que se anunciam no prólogo do Evangelho. A glória de Deus doravante tornou-se visível na Palavra que se fez carne.[14]

Não menos importante em Jo 1,14 é o surgimento de um "nós". Ele aparece primeiramente na afirmação de que a Palavra "armou sua tenda entre *nós*" e, na sequência, como sujeito da forma verbal "vimos". Esse "nós" refere-se à comunidade que acolhe o Deus-Palavra em sua encarnação.

A estrofe formada por Jo 1,15 (parte D) interrompe o ritmo de poesia do prólogo, evoca novamente o testemunho de João Batista e retoma um elemento essencial da terceira e, sobretudo, da primeira estrofe: a existência do Deus-Palavra antes da criação. Esse versículo pode ter sido construído a partir de uma duplicação de seu paralelo em Jo 1,30.

A última parte do prólogo (parte E) é composta de um feixe de afirmações a respeito de Jesus Cristo e de seu papel na redenção da humanidade. Em Jo 1,14, deu-se uma passagem da criação para o êxodo. Agora, o Antigo Testamento é evocado a partir da figura de Moisés. Moisés e Jesus são colocados em paralelo. Por meio de Moisés, veio a Lei, por meio de Jesus Cristo

---

[13] Essa maneira de compreender o prólogo, considerando Jo 1,14 como seu clímax, também é a de C. H. Dodd, para quem "a Palavra se fez carne" é uma frase que "nos conduz para além da ordem das ideias judaicas, e não devemos esperar coisa alguma sobre isso no Antigo Testamento", muito embora para tudo o que vem a seguir nesse mesmo versículo já seja possível encontrar ressonâncias nas concepções judaicas (*A interpretação do quarto evangelho*, p. 358).

[14] R. E. Brown chama a atenção para a semelhança entre o radical *skn* que está na base do verbo grego para "armar uma tenda" e a raiz hebraica *škn*, que significa "habitar" e de onde é derivado o nome *shekinah* para expressar a presença de Deus que habita em meio a seu povo (*Giovanni*, p. 46).

vieram a graça e a verdade (Jo 1,17). A expressão "graça e verdade" é uma hendíadis e significa "graça verdadeira", em correlação com a expressão "misericórdia e verdade" (Ex 34,6).[15] Afirmar que é por Jesus que vem a graça verdadeira não significa dizer que a graça da Lei que veio por Moisés não seja verdadeira, mas que, na perspectiva do evangelista, a graça que vem por Jesus plenifica a graça que veio por Moisés. É nesse sentido que se compreende a afirmação anterior: "De sua plenitude todos nós recebemos *graça por graça*" (Jo 1,16). Esse "nós" que aparece em Jo 1,16 está em relação com o "nós" de Jo 1,14. Em Jo 1,14, referia-se à comunidade que acolheu o Deus-Palavra. Em Jo 1,16, seu significado se amplia para incluir também os destinatários do Evangelho.[16]

O último versículo do prólogo abre a porta para todo o Evangelho. Ele apresenta uma dificuldade de tradução, quanto à sua última palavra: a forma verbal *eksēgésato*, do verbo *eksēgéomai*. Esse verbo significa "revelar", "dar a conhecer", como também "conduzir". É desse verbo que vem a palavra "exegese". Em uma primeira possibilidade de sentido, está que o Filho, que está na intimidade do Pai, deu a conhecer. Essa tem sido a possibilidade mais escolhida pelos tradutores, que também suprem a falta do objeto direto, acrescentando à tradução: "Revelou *o Pai*" ou simplesmente: "*O* revelou". Na segunda possibilidade de sentido, está que o Filho conduz para a intimidade do Pai. Nesse caso, também seria preciso acrescentar, para fins de clareza, um objeto indireto, tal como "nos". Como um todo, o versículo ficaria assim traduzido: "O Unigênito Deus, Aquele que é, para a intimidade do Pai ele *nos* conduziu". Nessa perspectiva, o novo êxodo é para a intimidade do Pai, de onde o Deus-Palavra provém e para onde retorna, levando consigo os seus.

A criação (primeira estrofe) e o êxodo (última estrofe) são os dois polos do prólogo. A encarnação do Deus-Palavra (terceira estrofe) é seu ponto central.

Intertextualidade

Além dos textos do Antigo Testamento já citados, com os quais o prólogo guarda estreita ligação, há também alguns textos do Novo Testamento, dos

---

[15] Hendíadis é uma figura de linguagem que consiste em exprimir uma só ideia por meio de dois termos. Essa figura de linguagem é bastante comum em hebraico e aramaico.

[16] Em seu comentário, H. N. Ridderbos chama a atenção para o "nós" de Jo 1,14, que se refere àqueles que testemunharam a manifestação da glória do Unigênito, enquanto, no "nós" de Jo 1,16, o evangelista também inclui seus leitores (*The Gospel according to John*, p. 2).

quais o prólogo está muito próximo, seja pela mesma forma poética, seja pela mesma temática alusiva à preexistência do Filho e sua encarnação. Esses textos são: os hinos cristológicos das cartas aos Filipenses (Fl 2,6-11) e aos Colossenses (Cl 1,15-20) e os prólogos da Carta aos Hebreus (Hb 1,1-3) e da Primeira Carta de João (1Jo 1,1-4).

O prólogo é a abertura do Evangelho segundo João, o qual inúmeras vezes já foi comparado a uma sinfonia musical. Na sequência, vêm as narrativas e discursos de Jesus que compõem a trama do Evangelho em seu conjunto (Jo 1,19–21,25) e, de modo especial, uma nova abertura, em forma narrativa, que forma uma semana inaugural no ministério de Jesus (Jo 1,19–2,12).

1,19–2,12

A semana inaugural

Terminado o prólogo, tem início a narrativa evangélica com uma primeira semana inaugural do ministério de Jesus, compondo uma seção no Evangelho segundo João. Essa semana fica delimitada por algumas anotações de tempo que, juntas, formam sete dias. Essas anotações ocorrem nos seguintes versículos: Jo 1,29; 1,35; 1,43 e 2,1. Em seu conjunto, a seção compreende o testemunho de João Batista (Jo 1,19-34), o encontro com os primeiros discípulos (Jo 1,35-51) e as bodas de Caná (Jo 2,1-12). A seguir, cada uma dessas partes será apresentada.

1,19-34 O testemunho de João Batista

Nessa primeira parte, predomina a figura de João Batista, que dá testemunho de Jesus. Esses versículos podem ser agrupados em duas perícopes. A primeira abrange Jo 1,19-28. João dá testemunho de Jesus para aqueles que lhe são enviados de Jerusalém. Jesus ainda não está presente. A segunda perícope abrange Jo 1,29-34. Jesus está presente, e João dá testemunho a seu respeito.

1,19-28 O testemunho de João Batista – primeira parte

O gênero literário desses versículos é narrativo, e a técnica literária é o diálogo. As personagens que interagem são: João Batista e sacerdotes e levitas de Jerusalém. Também são mencionados: Elias, o Profeta, o profeta Isaías, os judeus, os fariseus e o Cristo. Uma anotação de lugar informa que isso se passou do outro lado do Jordão, onde João batizava. Como localidade, também a cidade de Jerusalém é mencionada, porque de lá os mensageiros são enviados a João. Ora se afirma que eles foram enviados pelos judeus, ora pelos fariseus.

O texto traduzido: "Voz que clama no deserto"

> [19] Este é o testemunho de João, quando os judeus lhe enviaram de Jerusalém sacerdotes e levitas para lhe perguntarem: "Tu, quem és?"

²⁰ Ele reconheceu e não negou. Reconheceu: "Eu não sou o Cristo".

²¹ Eles lhe perguntaram: "Quem és então? Tu és Elias?"

Ele disse: "Não sou".

"És tu o Profeta?"

Ele respondeu: "Não".

²² Disseram-lhe, então: "Quem és? Dize-nos para que possamos dar uma resposta àqueles que nos enviaram. Que dizes de ti mesmo?"

²³ Ele disse: *"Eu sou uma voz de alguém que clama no deserto: 'Endireitai o caminho do Senhor'*, como disse o profeta Isaías".

²⁴ Aqueles tinham sido enviados pelos fariseus.

²⁵ Eles lhe perguntaram: "Por que então batizas se tu não és o Cristo, nem Elias, nem o Profeta?"

²⁶ João lhes respondeu: "Eu batizo com água; no meio de vós está quem não conheceis, ²⁷ aquele que vem depois de mim, de quem não sou digno de desatar a correia de sua sandália".

²⁸ Isso aconteceu em Betânia, do outro lado do Jordão, onde João estava batizando.

Anotação de crítica textual e nota à tradução

Há dois modos como Jo 1,24 pode ser traduzido. Ou: "Aqueles tinham sido enviados pelos fariseus". Ou: "Aqueles que tinham sido enviados eram dos fariseus". Gramaticalmente, a segunda maneira de traduzir parece preferível, mas a primeira está em melhor acordo com Jo 1,19.

Em Jo 1,28, para o nome da localidade, em vez de "Betânia", um número significativo de manuscritos traz a leitura "Betabara", nome que pode ser compreendido como *"casa* ou *lugar* de passagem". Além de alguns manuscritos antigos, essa leitura é atestada pelos seguintes escritores patrísticos: Orígenes, Eusébio de Cesareia, Epifânio e Crisóstomo.[1] Tomando a leitura "Betânia", não se deve confundir essa localidade com a Betânia nas

---

[1] *O Novo Testamento grego*, p. 272.

proximidades de Jerusalém, mencionada em todos os evangelhos e que, neste Evangelho, é o lugar onde moram Lázaro, Maria e Marta (Jo 11,1).[2]

Comentário

O tema central da passagem é o testemunho de João Batista: o que diz de si mesmo (Jo 1,19-23) e o que diz de sua missão (Jo 1,25-27). João diz que ele não é o Cristo, não é Elias e não é o Profeta (Jo 1,20-21). Então quem é João (Jo 1,22)? Quando diz quem é, João cita Is 40,3: *"Eu sou uma voz de alguém que clama no deserto: 'Endireitai o caminho do Senhor'"* (Jo 1,23). Em relação ao prólogo: enquanto Jesus é a "Palavra", João é a "voz".

Em Jo 1,21, como em outras passagens do Evangelho segundo João, não se trata de "um" profeta, mas de "o" Profeta, aquele anunciado por Moisés, conforme se lê em Dt 18,15-19:

> [15] O *Senhor* teu Deus suscitará um profeta como eu no meio de ti, dentre os teus irmãos, e vós o ouvireis. [16] É o que tinhas pedido ao *Senhor* teu Deus no Horeb, no dia da Assembleia: "Não vou continuar ouvindo a voz do *Senhor* meu Deus, nem vendo este grande fogo, para não morrer", [17] e o *Senhor* me disse: "Eles falaram bem. [18] Vou suscitar para eles um profeta como tu, do meio de seus irmãos. Colocarei minhas palavras em sua boca, e ele lhes comunicará tudo o que eu lhes ordenar. [19] Caso haja alguém que não ouvir minhas palavras, que este profeta pronunciar em meu nome, eu próprio irei acertar contas com ele".[3]

No Evangelho segundo João, a figura desse Profeta também assume características messiânicas, como se vê em Jo 6,14-15. Na presente perícope, também aparecem o Cristo e o Profeta, uma vez que João responde que ele não é nem o Cristo, nem Elias, nem o Profeta. Na perspectiva do Evangelho segundo João, Jesus é o Cristo e o Profeta.

João também responde uma pergunta sobre sua missão de batizar (Jo 1,25). Ele batiza em preparação para a acolhida de outro que vem. Esse outro é "alguém que está no meio de vós, mas que não conheceis" (Jo 1,26),

---

[2] Não se sabe onde se situava essa localidade de nome Betânia ou Betabara, além do Jordão.

[3] Texto extraído de *A Bíblia de Jerusalém*, p. 300-301, com a mudança do nome divino para *Senhor*.

é, pois, próximo, mas desconhecido. Ele vem depois de João, mas João o reconhece como superior a si (Jo 1,27).

Enfim, essa passagem é importante por citar uma personagem que aparecerá diversas vezes neste Evangelho. Trata-se de uma personagem coletiva: os judeus-fariseus. O termo "judeus", frequente neste Evangelho, aparece pela primeira vez em Jo 1,19. Ao longo deste escrito, o termo é usado em uma variedade de significados. Aqui, ele significa as autoridades religiosas judaicas, o que, aliás, será seu significado mais comum. Nesse mesmo versículo, também são mencionados os sacerdotes e levitas, figuras ligadas ao Templo situado em Jerusalém. Essas figuras não terão destaque ao longo da trama do Evangelho.

O termo "fariseus", em Jo 1,24, é usado em paralelo com o termo "judeus" em Jo 1,19. É a primeira vez que os fariseus aparecem neste Evangelho e voltarão a aparecer diversas outras vezes. De fato, no Evangelho segundo João, os fariseus são os mais importantes representantes das autoridades religiosas judaicas, o que talvez reflita melhor a situação da comunidade joanina na diáspora que propriamente a situação da Palestina, no tempo de Jesus, conforme se nota pelos evangelhos sinóticos, nas vezes em que se referem a esse grupo. Nos evangelhos sinóticos, os confrontos de Jesus com os fariseus são frequentes, mas esses não são mencionados entre os responsáveis pela morte de Jesus, que são os saduceus, os chefes dos sacerdotes e os presbíteros, como se vê, por exemplo, em Mt 26,13. No Evangelho segundo João, os conflitos de Jesus com os fariseus serão sempre mais acirrados.[4]

Intertextualidade

Esta perícope está centrada na apresentação da figura de João Batista, que, no Evangelho segundo João, se dá em forma de um diálogo entre o próprio João e aqueles que lhe são enviados de Jerusalém. No Evangelho segundo Marcos, essa apresentação é tomada pelo evangelista (Mc 1,2-8). No Evangelho segundo Mateus, além da apresentação do evangelista, há um discurso direto de João dirigido a fariseus e saduceus (Mt 3,1-12). No Evangelho segundo Lucas, a perícope correspondente é ainda mais longa, abrangendo, além dos elementos presentes nos escritos de Marcos e Mateus, um diálogo de João com as multidões, com os publicanos e com soldados (Lc 3,1-18).

---

[4] Para J. Beutler, a identificação dos fariseus com "os judeus" no Evangelho segundo João é um indício da data tardia da composição deste Evangelho, quando os outros grupos judaicos mencionados nos evangelhos sinóticos tinham se tornado irrelevantes (*Evangelho segundo João*, p. 14).

1,29-34 O testemunho de João Batista – segunda parte

O gênero literário desses versículos é discursivo. Trata-se de um discurso de João Batista que está dividido em duas partes (Jo 1,29-31 e Jo 1,32-34). No início, há uma anotação temporal ("no dia seguinte"), o que significa que, contando a partir de Jo 1,19, chega-se a um segundo dia. O que suscita o discurso de João é o aparecimento de Jesus. Todavia, não há especificação de auditório, o que significa que esse é o testemunho de João como tal e não apenas o que disse diante dessa ou daquela pessoa.

O texto traduzido: "Eis o cordeiro de Deus"

> [29] No dia seguinte, João viu Jesus vindo em sua direção e disse: "Eis o Cordeiro de Deus que tira o pecado do mundo. [30] Ele é aquele de quem eu disse: 'Depois de mim vem um homem, que passou à minha frente, porque existia antes de mim'. [31] Eu não o conhecia, mas, para que fosse manifestado a Israel, eu vim batizando com água".
>
> [32] João testemunhou dizendo: "Vi o Espírito descer do céu como uma pomba e permanecer sobre ele. [33] Eu não o conhecia, mas aquele que me enviou para batizar com água, este me disse: 'Sobre quem vires o Espírito descer e permanecer sobre ele, ele é aquele que batiza com o Espírito Santo'. [34] E eu tenho visto e dado testemunho de que ele é o Filho de Deus".

Anotação de crítica textual

Para esta perícope, há uma questão de crítica textual em Jo 1,34. A grande maioria dos manuscritos antigos traz, para este versículo, a leitura: "E eu tenho visto e dado testemunho de que ele é *o Filho* de Deus". Alguns testemunhos textuais, no entanto, pouco numerosos, mas importantes por sua antiguidade, trazem a leitura: "E eu tenho visto e dado testemunho de que ele é *o eleito* de Deus", o que parece evocar Is 42,1: "Eis o meu servo, que eu sustento, meu eleito, em quem minha alma se compraz". Entre esses manuscritos estão o códex Sinaítico (ℵ), em sua leitura original, alguns manuscritos da Antiga Versão Latina (*Vetus Latina*), os manuscritos da Antiga Versão Siríaca (*Vetus Syra*) e Ambrósio, padre da Igreja, quando cita este versículo.[5]

---

[5] *O Novo Testamento grego*, p. 272.

Comentário

Esta perícope tem uma densidade cristológica. João dá seu testemunho sobre Jesus. Duas vezes é repetida a frase "Eu não o conhecia" (Jo 1,31.33). Neste Evangelho, o reconhecimento do não saber-conhecer é o primeiro passo em direção ao conhecer. João recebe um sinal de Deus para reconhecer Jesus, de modo semelhante a Samuel, que recebeu um sinal para reconhecer que Saul era o ungido de Deus (1Sm 9,15-16). João viu cumprir-se, em Jesus, o sinal que lhe fora dado por quem o enviou a batizar com água: nele, o Espírito desceu e permaneceu. Esse é aquele que batiza com o Espírito Santo (Jo 1,32-33). Por isso, João se torna testemunha (Jo 1,34).

Duas expressões marcam a cristologia desta perícope. São elas: "Cordeiro de Deus que tira o pecado do mundo" e "Filho de Deus". A primeira provém do mundo judaico e remete tanto à figura do cordeiro pascal (Ex 12,1-14) quanto à figura do Servo Sofredor (Is 53,7.12). Ele é imolado para tirar o pecado do "mundo", o que significa que seu sacrifício redentor se dá em favor de toda a humanidade. O termo "pecado" é usado no singular, o que pode ser interpretado como se referindo não apenas aos atos de pecado, mas também à própria condição pecadora. A imagem também pode ser vista na perspectiva da releitura das tradições do antigo Israel: do antigo cordeiro pascal (figura) para o novo cordeiro pascal (realização), em substituição do antigo culto pascal.[6] A expressão "Filho de Deus", que encerra esta perícope, tem uma importância singular no Evangelho segundo João, conforme já foi ressaltado na introdução, quando se tratou da cristologia do Evangelho. Ela se refere à própria identidade do Filho, em relação com o Pai.

Intertextualidade

Esses versículos correspondem, no Evangelho segundo João, ao relato do batismo de Jesus nos evangelhos sinóticos (Mc 1,9-11; Mt 3,13-17; Lc 3,21-22). No Evangelho segundo João, no entanto, não há um relato do batismo de Jesus. À voz que veio do céu atestando a Jesus: "Tu/Este é meu Filho",

---

[6] Para C. H. Dodd, a imagem do Cordeiro de Deus que tira o pecado do mundo não remete nem à vítima do sacrifício pelo pecado, que não era um cordeiro, nem ao cordeiro pascal, que não era uma vítima expiatória pelo pecado, nem ao cordeiro de Is 53, comparado à figura do Servo, uma vez que o ponto de comparação – o silêncio do cordeiro e do Servo – não é posto em destaque no relato joanino da paixão de Jesus. Para ele, o Cordeiro em questão é uma figura do Messias, tal qual ele encontra em paralelos extrabíblicos da apocalítica judaica. Pode-se ver sua argumentação completa em *A interpretação do quarto evangelho*, p. 306-316.

nos evangelhos sinóticos, corresponde, no Evangelho segundo João, o testemunho de João Batista de que Jesus é o Filho de Deus.

1,35-51 Os primeiros discípulos

Continua a seção da semana inaugural do Evangelho segundo João. Após o testemunho de João Batista, começam as narrativas do encontro de Jesus com seus primeiros discípulos. Assim como foi com a perícope do testemunho de João Batista, também aqui se pode fazer uma divisão em duas partes: Jo 1,35-42 e Jo 1,43-51.

1,35-42 Os primeiros discípulos – primeira parte

O gênero literário desses versículos é narrativo. As personagens do relato são: João Batista; dois discípulos de João, um dos quais é André e o outro permanece anônimo; Jesus e Simão Pedro (Cefas). Há uma anotação de tempo: "No dia seguinte", em Jo 1,35. Contando desde 1,19, é o terceiro dia.

O texto traduzido: "Rabi, onde moras?"

> [35] No dia seguinte, novamente João estava ali com dois de seus discípulos. [36] Tendo visto que Jesus passava, disse: "Eis o Cordeiro de Deus".
>
> [37] Os dois discípulos o ouviram falando e seguiram Jesus. [38] Tendo se voltado e vendo que eles o seguiam, Jesus lhes disse: "Que buscais?"
>
> Eles lhe disseram: "Rabi – que traduzindo quer dizer Mestre –, onde moras?"
>
> [39] Ele lhes disse: "Vinde e vede".
>
> Eles foram, viram onde morava e permaneceram com ele aquele dia. Era por volta da décima hora.
>
> [40] André, irmão de Simão Pedro, era um dos dois que tinham ouvido o que João dissera e tinham seguido Jesus. [41] Ele encontrou, por primeiro, seu irmão Simão e lhe disse: "Encontramos o Messias", o que, traduzido, é Ungido.
>
> [42] Ele o levou até Jesus. Tendo olhado para ele, Jesus disse: "Tu és Simão, filho de João, tu serás chamado Cefas",.o que se traduz por Pedro.

Anotação de crítica textual e notas à tradução

A décima hora, em Jo 1,39, é por volta das quatro da tarde. Contavam-se as horas dividindo o dia em doze horas e a noite em quatro vigílias.

O termo "Messias", como tal, aparece apenas duas vezes no Novo Testamento: em Jo 1,41 e 4,25. Em Jo 1,41, o evangelista dá sua tradução ao grego: *Cristo*, que, em português, literalmente, significa "ungido", termo que provém da unção dos primeiros reis de Israel: Saul (1Sm 10,1) e Davi (1Sm 16,13).

Para Jo 1,42, também é bastante difundida entre os manuscritos antigos a leitura "Simão, filho de Jonas". É possível que essa leitura seja uma harmonização com Mt 16,17. Ela está presente na grande maioria dos manuscritos gregos e das versões antigas, mas não é a leitura dos papiros mais antigos e dos manuscritos da Antiga Versão Latina.[7]

Comentário

Esse texto conta o encontro de Jesus com seus primeiros discípulos e, desde logo, ele é reconhecido como *Rabi, Mestre* (Jo 1,38). Os dois primeiros discípulos, antes de tornarem-se discípulos de Jesus, foram discípulos de João, que lhes indicou o caminho do seguimento de Jesus (Jo 1,35-37).

André terá um papel importante neste Evangelho. Ele é um dos dois primeiros discípulos de Jesus e aquele que traz seu irmão Simão até Jesus (Jo 1,41-42). O nome do outro discípulo não é revelado. André identifica Jesus com o Messias.

Neste Evangelho, Jesus dá a Simão o nome de *Cefas*, que, em aramaico, significa "pedra", quando o encontra pela primeira vez.[8] Ao longo do Evangelho, contudo, ele será chamado mais comumente de Simão Pedro. O novo nome significa uma nova missão, que, para Simão, será ser pedra da Igreja (Mt 16,18; Jo 21,15-17).

Intertextualidade

Esta perícope é o correspondente joanino do chamado dos primeiros discípulos nos evangelhos sinóticos (Mc 1,16-20; Mt 4,18-22; Lc 5,1-11), mas, no relato joanino, três discípulos são mencionados e não quatro. O que chama a atenção, no entanto, é que os dois primeiros, antes de tornarem-se

---

[7] *O Novo Testamento grego*, p. 273.

[8] No Evangelho segundo Marcos, Jesus dá a Simão o nome de Pedro, quando do chamado dos Doze (Mc 3,16).

A SEMANA INAUGURAL   1,19-2,12

discípulos de Jesus, já eram discípulos de João Batista. Também se pode notar que não há um chamado de Jesus, propriamente dito. Os dois primeiros discípulos foram levados a Jesus por João Batista, um dos quais era André, o qual, por sua vez, foi quem atraiu seu irmão Simão para Jesus.

1,43-51   Os primeiros discípulos – segunda parte

Esses versículos dão continuidade aos anteriores, também no gênero literário narrativo. As personagens presentes são Jesus, Filipe e Natanael. Também são mencionados André e Pedro, Moisés e os profetas, José, os anjos de Deus, e há uma referência implícita a Jacó. Há uma anotação de tempo: "No dia seguinte", que aparece em Jo 1,43. Trata-se do quarto dia desde a primeira anotação temporal em Jo 1,29. As localidades mencionadas são: Galileia, Betsaida e Nazaré. Galileia é o nome da região que ficava ao norte. Betsaida era uma cidade ao norte do lago da Galileia, próxima de onde o rio Jordão se abre para formar o lago. Na época, Nazaré não passava de um pequeno povoado.

O texto traduzido: "Encontramos aquele de quem Moisés escreveu na Lei, como também os profetas"

> ⁴³ No dia seguinte, decidiu partir para a Galileia e encontrou Filipe. Disse-lhe Jesus: "Segue-me".
>
> ⁴⁴ Filipe era de Betsaida, a cidade de André e Pedro.
>
> ⁴⁵ Filipe encontrou Natanael e lhe disse: "Encontramos aquele de quem Moisés escreveu na Lei, como também os profetas: Jesus, filho de José, que vem de Nazaré".
>
> ⁴⁶ Disse-lhe Natanael: "De Nazaré pode provir algo bom?"
>
> Disse-lhe Filipe: "Vem e vê".
>
> ⁴⁷ Jesus viu Natanael vindo em sua direção e disse a seu respeito: "Eis um verdadeiro israelita, no qual não há falsidade".
>
> ⁴⁸ Disse-lhe Natanael: "De onde me conheces?"
>
> Respondeu-lhe Jesus: "Antes que Filipe te chamasse, quando estavas sob a figueira, eu te vi".
>
> ⁴⁹ Respondeu-lhe Natanael: "Rabi, tu és o Filho de Deus, tu és Rei de Israel".

> ⁵⁰ Respondeu-lhe Jesus: "Porque eu te disse que te vi embaixo da figueira, tu crês? Verás coisas maiores do que estas".
>
> ⁵¹ E disse-lhe: "Amém, amém, eu vos digo: vereis o céu aberto e *os anjos de Deus subindo e descendo* sobre o Filho do Homem".

Nota à tradução

O texto desta perícope não apresenta nenhum ponto importante em que os manuscritos antigos tragam leituras diferentes entre si. Quanto à tradução, há uma observação a ser feita, a respeito da expressão "Amém, amém", em Jo 1,51. No texto grego do Novo Testamento, há diversas ocorrências da palavra "amém". Originalmente, este termo não é grego, mas sim um empréstimo lexicográfico das línguas semíticas (hebraico e aramaico). Nos evangelhos, o termo é usado em discursos diretos de Jesus, logo no início, abrindo uma afirmação. Em relação aos evangelhos sinóticos, o Evangelho segundo João se caracteriza por trazer esse termo sempre duplicado, ou seja: "Amém, amém". Tradicionalmente, esse termo foi traduzido ao português com a expressão "Em verdade", ou "Em verdade, em verdade", quando se trata do Evangelho segundo João. No entanto, não deixa de ser surpreendente que os evangelistas tenham conversado, no texto grego, esse termo de origem semítica. Talvez o fizessem porque se tratasse de uma maneira própria de Jesus falar. Como esse pode ser o caso, optou-se por conservar seu equivalente em português, muito embora se reconheça a importância da já consagrada fórmula "Em verdade, em verdade".[9]

Comentário

O primeiro discípulo a ser mencionado nesses versículos é Filipe, o único, no conjunto formado por Jo 1,35-51, de quem se pode dizer que foi chamado por Jesus (Jo 1,43). O evangelista, contudo, acrescenta que também ele é de Betsaida, a cidade dos irmãos André e Pedro (Jo 1,44). Depois, é a vez de Filipe atrair Natanael a Jesus (Jo 1,45-46). Quando se refere a ele, Filipe o chama de "Jesus, filho de José" (Jo 1,45). Trata-se de um modo habitual de se referir a um homem naquele ambiente cultural. Ainda hoje, no mundo semítico, é comum que um homem seja chamado por seu próprio

---

[9] Ver as observações a esse respeito de J. KONINGS, *Evangelho segundo João*, p. 23, ou ainda aquelas de R. E. BROWN, *Giovanni*, p. 111, que, contudo, prefere a tradução por "em verdade, em verdade".

nome seguido da expressão "filho de", e o nome de seu pai. É como dar o nome completo de alguém: nome e sobrenome.

Quando Natanael se aproxima, Jesus demonstra já conhecê-lo (Jo 1,47-48). Esta é uma característica típica de Jesus no Evangelho segundo João: Jesus tem um conhecimento extraordinário das pessoas (ver também Jo 2,25). Jesus diz a Natanael que ele é "um verdadeiro israelita, no qual não há falsidade" (Jo 1,47). Verdade e falsidade formam duas das mais frequentes antíteses presentes neste Evangelho. Ambas qualificam as pessoas, as realidades e as situações, que são verdadeiras ou falsas. Natanael aparecerá novamente no Evangelho segundo João (Jo 21,2), mas não é mencionado em outros escritos do Novo Testamento. Aqui, ele representa o verdadeiro Israel que vem ao encontro de Jesus.

Em seu conjunto, esta perícope do encontro com os primeiros discípulos (Jo 1,35-51) tem uma densidade cristológica e funciona como uma nova apresentação de Jesus, em relação ao prólogo (Jo 1,1-18). Os títulos cristológicos aparecem e vão se acumulando, sempre em discursos diretos. Logo no início, é João Batista que apresenta Jesus a seus dois discípulos: "Eis o Cordeiro de Deus" (Jo 1,35-36). Em seguida, são os dois discípulos que, ao se dirigirem a Jesus, o chamam de "Rabi" (Jo 1,38). Na sequência, André encontra seu irmão Simão e lhe diz: "Encontramos o Messias" (1,41). Por sua vez, Filipe reconhece que Jesus é "aquele de quem Moisés escreveu na Lei, como também os profetas" (Jo 1,45). Natanael, o último dessa série, afirma que Jesus é Rabi, o Filho de Deus, Rei de Israel (Jo 1,49).

As palavras finais de Jesus – "vereis o céu aberto e os anjos de Deus subindo e descendo sobre o Filho do Homem" – (Jo 1,51) já não são apenas para Natanael, uma vez que a forma verbal "vereis" está na segunda pessoa do plural. Elas se dirigem aos discípulos e aos leitores do Evangelho. As palavras evocam o sonho de Jacó (Gn 28,12). Elas também são importantes por acrescentarem mais um título cristológico a essa lista, o de "Filho do Homem", dessa vez em um discurso direto de Jesus. É a primeira vez que aparece esse título cristológico, comum a todos os evangelhos, mas que, no Evangelho segundo João, evoca a figura daquele que procede do Pai e volta para o Pai. Aqui, ele é aquele que realiza a plena comunicação entre a terra e o céu, preconizada pelo sonho de Jacó.

Recapitulando os títulos cristológicos que apareceram nesta perícope (Jo 1,35-51) são: Cordeiro de Deus, Rabi (Mestre), Messias (Cristo), aquele de quem Moisés escreveu na Lei, como também os profetas, Filho de Deus, Rei de Israel e Filho do Homem.

Intertextualidade

A cristologia desta perícope não se esgota nos títulos cristológicos. Também são importantes as diversas referências ao Antigo Testamento, explícitas ou implícitas. A mais explícita de todas é a referência a Moisés e aos profetas (Jo 1,45). A Lei, nesse mesmo versículo, é a Torá, que os cristãos chamam de Pentateuco. Implicitamente, há uma referência a Dt 18,15-19, que trata do profeta prometido por Moisés. Também há a referência ao sonho de Jacó, ainda que sem mencionar seu nome (Jo 1,51; Gn 28,12). Enfim, também há uma possível referência a José, filho de Jacó, muito sutil, na referência ao nome completo de Jesus: Jesus, filho de José, que remete ao nome do patriarca do Antigo Testamento.

2,1-12   As bodas de Caná

O gênero literário desta perícope é narrativo. As personagens do relato são: a mãe de Jesus, Jesus, seus discípulos, os servidores, o mestre de cerimônias, o noivo, os convidados, os irmãos de Jesus. A principal anotação de tempo no relato está logo no início: "No terceiro dia". Ela faz a ligação desta perícope com as anteriores (Jo 1,29.35.43). É possível ver aqui uma semana inaugural no Evangelho. Os lugares mencionados são Caná da Galileia e Cafarnaum.

O texto traduzido: "Um casamento em Caná da Galileia"

> **2** ¹ No terceiro dia, houve um casamento em Caná da Galileia, e a mãe de Jesus estava ali. ² Jesus também fora convidado, com seus discípulos, para o casamento. ³ Tendo faltado vinho, a mãe de Jesus lhe disse: "Eles não têm vinho".
>
> ⁴ Disse-lhe Jesus: "Que isso importa a mim e a ti, mulher? Ainda não chegou minha hora".
>
> ⁵ Disse sua mãe aos servidores: *"Fazei o que ele vos disser"*.
>
> ⁶ Havia ali seis talhas de pedra usadas para a purificação dos judeus, cada uma comportando de duas a três medidas. ⁷ Disse-lhes Jesus: "Enchei as talhas de água". Eles as encheram até a borda. ⁸ E disse-lhes: "Tirai, agora, e levai ao mestre de cerimônias".
>
> Eles levaram. ⁹ Quando o mestre de cerimônias provou a água transformada em vinho – ele não sabia de onde

> provinha, mas os servidores sabiam, os que tinham tirado a água –, o mestre de cerimônias chamou o noivo ¹⁰ e disse-lhe: "Todos servem primeiro o vinho bom e, quando os convidados estão embriagados, o pior. Tu guardaste o vinho bom até agora".
>
> ¹¹ Jesus realizou este princípio dos sinais em Caná da Galileia, e manifestou sua glória, e seus discípulos creram nele. ¹² Depois disso, ele desceu a Cafarnaum, com sua mãe, seus irmãos e seus discípulos, e ali permaneceram não muitos dias.

Notas à tradução

Em Jo 2,4, o início da resposta de Jesus à sua mãe deveria ser traduzido literalmente por: "Que há entre mim e ti, mulher?" A tradução adotada acima: "Que isso importa a mim e a ti, mulher?" é uma tentativa de traduzir pelo sentido e não literalmente.

Em Jo 2,6, para a medida das talhas, o texto grego traz, literalmente, "duas a três *metretas*", equivalentes a cerca de 40 litros cada uma. Se eram seis talhas, isso totaliza algo entre 480 e 720 litros de vinho. O texto, contudo, não informa quantos eram os convidados.

Comentário

A mãe de Jesus foi a um casamento em Caná, e a acompanharam Jesus e seus discípulos (Jo 2,1-2). A mãe de Jesus aparece, neste Evangelho, duas vezes: aqui, no início do Evangelho, no relato das bodas de Caná, e próximo do final do Evangelho, aos pés da cruz, junto com o Discípulo Amado (Jo 19,25-27). Sua presença marca uma inclusão no Evangelho.[10] O evangelista não menciona seu nome, mas a chama sempre de "mãe de Jesus", conforme o costume de seu ambiente cultural, no qual uma mulher, depois de seu primeiro filho, já não era mais chamada por seu nome, mas de "mãe de tal".

A mãe de Jesus lhe diz que o vinho tinha acabado (Jo 2,3). A resposta de Jesus à sua mãe: "Que isso importa a mim e a ti, mulher? Ainda não chegou minha hora" (Jo 2,4), quer chamar a atenção para o fato de que a hora de sua manifestação como Messias de Israel ainda não chegou. A resposta de Jesus à sua mãe marca um distanciamento. Na sequência, no entanto, ele realiza o que ela lhe pediu, antecipando sua hora para atender ao pedido dela.

---

[10] Uma inclusão é uma palavra, expressão ou ideia que se repete no início e no final de um texto, poético ou narrativo.

As palavras da mãe de Jesus aos servidores: "Fazei o que ele vos disser" (Jo 2,5) relembram Gn 41,55: "Depois, toda a terra do Egito sofreu fome e o povo, com grandes gritos, pediu pão ao Faraó, mas o Faraó disse a todos os egípcios: 'Ide a José e *fazei o que ele vos disser*'".[11] Jesus apresenta-se, agora, como o novo José, aquele que salva a vida de seus irmãos. É possível que essa seja uma segunda referência a José neste Evangelho; a outra estaria em Jo 1,45, o que também pode ser interpretado como um indício de que a memória desta perícope tem sua origem em ambiente samaritano, onde a figura de José tinha uma relevância maior que a figura de Judá, dentre os filhos de Jacó.

O vinho, nesta perícope, tem significado simbólico. No final do livro do profeta Amós (9,11-15), a abundância de vinho representa a chegada dos tempos messiânicos, de alegria e paz:

> [11] Naquele dia levantarei a tenda desmoronada de Davi, reparar-ei suas brechas, levantarei suas ruínas e a reconstruirei como nos dias antigos.
>
> [13] Eis que virão dias – oráculo do *Senhor* – em que aquele que semeia estará próximo daquele que colhe, aquele que pisa as uvas, daquele que planta; as montanhas destilarão mosto, e todas as colinas derreter-se-ão.
>
> [14] Mudarei o destino de meu povo, Israel; eles reconstruirão as cidades devastadas e as habitarão, plantarão vinhas e beberão o seu vinho, cultivarão pomares e comerão os seus frutos (Am 9,11.13-14).[12]

Em Caná, falta vinho, mas Jesus inaugura um novo tempo com vinho abundante e de melhor qualidade.

O número seis, das seis talhas (Jo 2,6), também pode ter significado simbólico: que os ritos de purificação para o qual as talhas eram usadas já não são mais necessários. De fato, tendo sido usadas para "fazer vinho", as talhas já não podem mais ser usadas para aqueles ritos.

A água transformada em vinho é levada ao mestre de cerimônias (Jo 2,8). Ele não sabe "de onde" provém aquele vinho (Jo 2,9). A pergunta "de onde" é sempre importante neste Evangelho. Aqui, o vinho provém da

---

[11] Texto extraído de *A Bíblia de Jerusalém*, p. 90.

[12] Texto extraído de *A Bíblia de Jerusalém*, p. 1.761, com a mudança do nome divino para *Senhor*.

intervenção de Jesus. Ao longo do Evangelho, a resposta a essa pergunta, em última instância, é sempre "do Pai". Na sequência, há um discurso direto do mestre de cerimônias, que se admira de que o melhor vinho tenha sido guardado até agora (Jo 2,10). A questão de fundo é o momento certo para servir o melhor vinho, guardado para a hora certa, que chegou não no começo, mas durante a festa.

Na conclusão da perícope, é afirmado que esse foi o primeiro sinal realizado por Jesus, que ele manifestou sua glória, e que seus discípulos creram nele (Jo 2,11). Neste Evangelho, há dois termos para caracterizar os atos de poder realizados por Jesus: "sinal" e "obra". Aqui, aparece o termo "sinal", usado para mostrar que aquilo que Jesus realiza o credencia como o Enviado do Pai. Esses sinais relembram os concedidos a Moisés, para realizá-los diante dos israelitas, que o credenciavam como enviado pelo *Senhor* para libertá-los do Egito (Ex 4,1-9.30-31).

O sinal que Jesus realiza em Caná é messiânico. Jesus manifesta que ele é o Messias, que com ele um novo tempo se inicia: de abundância, de festa, de alegria, de paz. Ele é aquele que não deixa que a festa acabe. O primeiro sinal realizado por Jesus é também a manifestação de sua glória, que confirma o chamado dos discípulos, que "creram nele". O evangelista não menciona que a notícia tenha chegado aos convidados das bodas. A finalidade do sinal não era essa.

Ao final, o evangelista assinala a ida de Jesus para Cafarnaum, com sua mãe, seus irmãos e seus discípulos. De acordo com o evangelista, eles não permaneceram ali por muito tempo (Jo 2,12). No Evangelho segundo Mateus, também é assinalada a ida de Jesus para Cafarnaum, mas, segundo este Evangelho, ele vai para ficar, mudando-se de Nazaré para Cafarnaum (Mt 4,13).

Intertextualidade

Ao longo do comentário, a intertextualidade já foi aparecendo, uma vez que esta perícope está repleta de ressonâncias do Antigo Testamento, assim como também apareceram alguns paralelos temáticos com outros textos do Novo Testamento. Faltaria lembrar a sentença de Jesus, que aparece nos evangelhos sinóticos, sobre o "vinho novo em odres novos" (Mc 2,22 e paralelos). Em Caná, é servido o vinho novo, abundante e de melhor qualidade.

Com esta perícope, termina a seção da semana inaugural do ministério de Jesus (Jo 1,19-2,11), que incluiu o testemunho de João Batista (Jo

1,19-34), o chamado dos primeiros discípulos (Jo 1,35-51) e as bodas de Caná (Jo 2,1-12). A seção seguinte abrange uma porção mais extensa do Evangelho. É a seção das festas judaicas, que vai de Jo 2,13 a 12,50. Essa seção é marcada pela revelação de Jesus como Enviado do Pai e pelo confronto de Jesus com as autoridades judaicas.

2,13–4,54

As festas judaicas
I – A primeira Páscoa dos judeus

Este novo conjunto está caracterizado pelas festas judaicas, das quais Jesus sempre participa. As festas judaicas mencionadas são:

a) a (primeira) Páscoa dos judeus (Jo 2,13.23 e 4,45),

b) uma festa dos judeus (Jo 5,1),

c) a (segunda) Páscoa dos judeus (Jo 6,4),

d) a festa dos judeus, das Cabanas (Jo 7,2.8.10.11.14.37),

e) a festa da Dedicação (Jo 10,22) e

f) a (terceira) a Páscoa dos judeus (Jo 11,55-56; 12,12.20).

Ao todo, são seis festas. Esse conjunto será apresentado festa por festa, a começar pela primeira Páscoa: Jo 2,13–4,54. Esta primeira seção será dividida em oito perícopes:

a) Jesus se apresenta como o novo santuário (Jo 2,13-22),

b) Jesus em Jerusalém durante a Páscoa (Jo 2,23-25),

c) o encontro de Nicodemos com Jesus (Jo 3,1-10),

d) reflexões a partir do diálogo de Jesus com Nicodemos (Jo 3,11-21),

e) novo testemunho de João Batista (Jo 3,22-30),

f) reflexões a respeito do testemunho (Jo 3,31-36),

g) Jesus na Samaria (Jo 4,1-42) e

h) o segundo sinal de Jesus em Caná (Jo 4,43-54).

2,13-22 Jesus se apresenta como o novo santuário

O gênero literário desses versículos é narrativo. As personagens presentes são Jesus, os vendedores de bois, ovelhas e pombas, os cambistas, os discípulos de Jesus e as autoridades judaicas. As anotações de lugar situam o episódio em Jerusalém e, mais precisamente, no Templo. É a primeira perícope do Evangelho situada em Jerusalém, o cenário principal deste Evangelho.

Há duas anotações de tempo no relato, o que mostra que ele se desenrola em dois planos temporais. Primeiro, o evangelista indica que estava próxima a Páscoa dos judeus, e depois remete para o futuro, para o tempo quando Jesus ressurgiu dos mortos. Na discussão a respeito do Templo, aparecem as outras duas anotações temporais: a primeira é "três dias", em um discurso direto de Jesus, a outra é "quarenta e seis anos", em um discurso direto das autoridades judaicas.

O texto traduzido: "Ele falava do santuário de seu corpo"

> ¹³ Estava próxima a Páscoa dos judeus, e Jesus subiu a Jerusalém. ¹⁴ No Templo, ele encontrou os vendedores de bois, ovelhas e pombas, e os cambistas em suas bancas. ¹⁵ Tendo feito um chicote de cordas, expulsou todos do Templo, e as ovelhas e os bois; esparramou o dinheiro dos banqueiros e revirou as mesas, ¹⁶ e disse aos vendedores de pombas: "Tirai estas coisas daqui. Não façais da casa de meu Pai uma casa de negócio".
> ¹⁷ Seus discípulos lembraram-se do que está escrito: *"O zelo de tua casa me consumirá"*.
> ¹⁸ Os judeus, então, lhe perguntaram: "Que sinal nos mostras para fazeres estas coisas?"
> ¹⁹ Jesus lhes respondeu: "Destruí este santuário e, em três dias, eu o erguerei".
> ²⁰ Os judeus, então, disseram: "Em quarenta e seis anos foi construído este santuário, e tu o erguerás em três dias?"
> ²¹ Ele, no entanto, falava do santuário de seu corpo.
> ²² Quando foi ressuscitado dos mortos, seus discípulos lembraram-se de que dissera isso e creram na Escritura e na Palavra de Jesus.

Notas à tradução

Nesta perícope, há dois termos gregos para caracterizar o "templo". O primeiro deles é *hierón*, em Jo 2,14 e 2,15, que está sendo traduzido por

"Templo", com inicial maiúscula, pois se trata especificamente do Templo de Jerusalém, centro da vida religiosa do judaísmo no tempo de Jesus. O segundo termo é *naós*, em Jo 2,19; 2,20 e 2,21, que está sendo traduzido por "santuário". Esse termo tanto se refere ao novo santuário que é o corpo de Jesus (Jo 2,19 e 21) quanto ao Templo de Jerusalém (Jo 2,20). No limite, esta última referência também poderia ser compreendida como se referindo ao Santo, compartimento interior do Templo, que antecedia o Santo dos Santos, onde ficava o altar do incenso (Hb 9,1-5).[1]

Por outro lado, há, nesse texto em grego, um mesmo verbo que se repete três vezes. Trata-se do verbo *egeírō* (pronuncia-se *eguéiro*). Na tradução acima, esse verbo está sendo traduzido pelo verbo "erguer", em Jo 2,19.20, mas pelo verbo "ressuscitar", em Jo 2,22. Mantendo-se a mesma tradução para esse versículo, se chegaria a: "Quando foi *erguido* dos mortos, seus discípulos lembraram-se de que dissera isso e creram na Escritura e na Palavra de Jesus".

Comentário

A proximidade da festa da Páscoa caracteriza o tempo deste relato. O evangelista a menciona com uma expressão bastante típica: "A Páscoa dos judeus" (Jo 2,13). Como se trata de uma festa de peregrinação, Jesus subiu a Jerusalém para celebrá-la. São três as festas judaicas de peregrinação: Páscoa, Pentecostes e Cabanas. O uso do verbo "subir" deve-se ao fato de que Jerusalém fica em uma região de maior altitude e, para chegar à cidade, de modo especial para quem vinha da Galileia passando por Jericó, era preciso enfrentar uma longa subida. Esse era o caminho habitual pelo qual vinham os galileus.

Em Jerusalém, Jesus está no Templo e é ali que se desenrola a ação. No Templo, Jesus encontra os vendedores de bois, ovelhas e pombas, bem como os cambistas, e os expulsa dali com um chicote (Jo 2,14-15). Há um discurso direto de Jesus: "Tirai estas coisas daqui. Não façais da casa de meu Pai uma casa de negócio" (Jo 2,16). As ações e palavras de Jesus remetem à última parte de Zc 14,21: "Naquele dia, não haverá mais vendedor na casa do *Senhor* dos Exércitos". O evangelista, como é de seu feitio, acrescenta ainda uma nota à sua narrativa: os discípulos de Jesus se recordaram

---

[1] Segundo R. E. Brown, o termo "templo", usado em Jo 2,14, refere-se ao recinto externo do Templo, enquanto o termo "santuário" refere-se ao edifício ou santuário do Templo (*Giovanni*, p. 149). Ver também as observações de J. Konings que incluem as atestações desses dois termos (*hierón* e *naós*) no Evangelho segundo João e nos evangelhos sinóticos (*Evangelho segundo João*, p. 108).

da passagem da Escritura que diz: "O zelo de tua casa me consumirá" (Jo 2,17), uma citação do Sl 69,10.

Na sequência, tem início um diálogo entre Jesus e as autoridades judaicas, que pedem um sinal a Jesus que comprove sua autoridade para fazer, no Templo, as coisas que fez (Jo 2,18). A resposta de Jesus vem em forma enigmática: "Destruí este santuário e, em três dias, eu o erguerei" (Jo 2,19). As autoridades judaicas fazem a Jesus uma nova pergunta: "Em quarenta e seis anos foi construído este santuário, e tu o erguerás em três dias?" Os quarenta e seis anos são provavelmente uma referência à reforma do Templo iniciada em 20-19 a.C., nos tempos de Herodes. Jesus não responde à pergunta.

A última parte da perícope é tomada por mais dois comentários do evangelista. O primeiro é que Jesus falava a respeito do santuário de seu corpo (Jo 2,21). O evangelista responde, assim, ao leitor, o que Jesus não respondeu às autoridades judaicas. O segundo comentário é que, após a ressurreição, os discípulos se lembraram do que Jesus dissera "e creram na Escritura e na Palavra de Jesus" (Jo 2,22). Dessa forma, esta perícope termina de maneira semelhante àquela das bodas de Caná: com o verbo "crer" e "os discípulos" como sujeito (Jo 2,11). Ali eles creram em Jesus; aqui eles creram nas Escrituras e na Palavra que Jesus dissera. Sutilmente e, pela primeira vez em seu escrito, o evangelista introduz o tema da ressurreição. O tempo em que o relato foi composto é, pois, qualificado como pós-pascal. Também sutilmente o evangelista coloca em um mesmo nível as Escrituras e a Palavra que Jesus diz.

Essa pluralidade de detalhes, no entanto, não pode encobrir a questão central da perícope, que é o templo-santuário e o culto. Jesus expulsa do Templo aqueles que proviam as coisas necessárias para o culto. Sem os animais para o sacrifício, esse culto torna-se impossível. Em seguida, faz uma substituição: o novo santuário é seu corpo. Isso não significa que aquele Templo e culto nunca tiveram significado, mas que seu significado, agora, se plenifica: o corpo de Jesus é o novo lugar de encontro da humanidade com Deus. Esse é o sentido mais profundo desta perícope, que ultrapassa o de uma purificação do Templo. Como a perícope é também um anúncio da ressurreição de Jesus, pode-se dizer que o novo Templo é o corpo ressuscitado de Jesus.[2]

---

[2] Em sentido inteiramente contrário vai o comentário de J. Beutler, para quem "a palavra de Jesus aos vendedores de pombas deixa claro que Jesus não quer abolir os sacrifícios, mas só afastar todos os negócios profanos do Templo como lugar

Intertextualidade

Este episódio é contado pelos quatro evangelistas (Mc 11,15-19; Mt 21,12-17; Lc 19,45-46), cada um com suas particularidades. O relato do Evangelho segundo João é o mais longo e com mais detalhes. Alguns desses detalhes são:

a) Para expulsar os animais do Templo, Jesus faz um chicote de cordas (Jo 2,15).

b) No Evangelho segundo Marcos, Evangelho segundo Mateus e Evangelho segundo Lucas, são evocados Is 56,7 e Jr 7,11 (Mc 11,17; Mt 21,13; Lc 19,46); no Evangelho segundo João, é evocado Sl 69,10. Enquanto nos evangelhos sinóticos a evocação está na boca de Jesus, no Evangelho segundo João está na lembrança dos discípulos (Jo 2,17).

c) Nos sinóticos, na sequência, as autoridades religiosas de Jerusalém perguntam a Jesus com que autoridade ele faz tais coisas, quem lhe deu tal autoridade (Mc 11,27-28; Mt 21,23; Lc 20,1-2). A pergunta correspondente no Evangelho segundo João é: "Que sinal nos mostras para fazeres estas coisas?" (Jo 2,18).

d) A resposta de Jesus: "Destruí este santuário e, em três dias, eu o erguerei" (Jo 2,19) tem seus paralelos no Evangelho segundo Marcos e Evangelho segundo Mateus. Algo semelhante a essas palavras é alegado pelas falsas testemunhas no processo perante o Sinédrio (Mc 14,58; Mt 26,61). A diferença está em que essas falsas testemunhas afirmam que Jesus teria dito: "Destruirei este santuário...", o que não corresponde às palavras de Jesus neste Evangelho. Esse falso argumento é retomado pelos transeuntes que injuriavam Jesus na cruz (Mc 15,29; Mt 27,40). Ver também At 6,14.

O que mais chama a atenção, no entanto, é que, no Evangelho segundo João, esse episódio é narrado no início do Evangelho. Nos evangelhos sinóticos, esse relato aparece na última semana de Jesus, após a narração de sua entrada em Jerusalém, quando Jesus veio à cidade em peregrinação para a Páscoa. No Evangelho segundo João, o episódio também acontece por ocasião da festa da Páscoa, mas na primeira menção da festa, ainda no início do Evangelho. Como no Evangelho segundo João são mencionadas

---

santo. Nesse sentido pode-se falar acertadamente de uma 'purificação' do Templo, não de sua substituição". Em apoio à sua posição, J. Beutler cita um estudo de J. H. Ulrichsen (*Evangelho segundo João*, p. 90-92).

três festas da Páscoa, seria preciso dizer que a cronologia deste escrito narra a expulsão dos vendedores do Templo dois anos antes da morte de Jesus.

Essa diferença entre a cronologia dos evangelhos sinóticos e a cronologia do Evangelho segundo João pode ter sua origem no trabalho redacional pelo qual passaram esses dois conjuntos de escritos. Tanto é possível levantar a hipótese de que, no Evangelho segundo Marcos, o relato desse episódio tenha sido reunido aos demais relatos que integram a última semana de Jesus em Jerusalém, no que teria sido seguido pelo Evangelho segundo Mateus e Evangelho segundo Lucas,[3] quanto que, no Evangelho segundo João, esse relato tenha sido deslocado para o início do Evangelho. De qualquer modo, essa questão ajuda a compreender que os escritos evangélicos não devem ser tomados como relatos históricos, no sentido estritamente cronológico, ainda que remontem a fatos históricos.

2,23-25 Jesus em Jerusalém durante a Páscoa

Esta perícope é um breve sumário da atividade de Jesus em Jerusalém, por ocasião dessa festa da Páscoa. Além de Jesus, são mencionados "muitos", sem mais especificações.

O texto traduzido: "Ele conhecia o que havia nas pessoas"

> [23] Enquanto estava em Jerusalém durante a festa da Páscoa, muitos creram em seu nome, vendo os sinais que ele fazia. [24] Mas o próprio Jesus não acreditava neles, uma vez que conhecia a todos [25] e não tinha necessidade de que alguém lhe testemunhasse a respeito de ninguém. De fato, ele conhecia o que havia na pessoa.

Comentário

Jesus está em Jerusalém para a Páscoa, realiza sinais e provoca entusiasmo em muitas pessoas (Jo 2,23). Elas acreditaram em Jesus, mas Jesus não acreditou nelas (Jo 2,24). Esse duplo uso do verbo "crer", "acreditar" é bem interessante. Uma vez, Jesus, ou mais propriamente "seu nome", é objeto do verbo: aquele em quem se crê; outra vez, é o sujeito do verbo: aquele

---

[3] Isso, dando como pressuposto que o Evangelho segundo Mateus e o Evangelho segundo Lucas dependem do Evangelho segundo Marcos. Também se pode pensar que o evangelista Marcos tenha utilizado como fonte na composição de seu escrito um antigo relato da paixão de Jesus, no qual a narrativa da expulsão dos vendedores do Templo já estava integrada às demais narrativas da paixão.

que crê. De seu lado, o evangelista explica que Jesus não acreditou naquelas pessoas por conhecer a todos e não precisar que lhe testemunhassem a respeito de ninguém: "De fato, ele conhecia o que havia na pessoa" (Jo 2,25). Assim, mais uma vez o evangelista mostra o conhecimento extraordinário que Jesus tem das pessoas, como já o tinha feito na perícope do encontro com Natanael (Jo 1,48).

Há, neste texto, uma expressão idiomática que aparece outras vezes no Evangelho segundo João: "Crer em seu *nome*" (Jo 2,23). A expressão já apareceu em Jo 1,12, no prólogo do Evangelho, e aparecerá novamente em Jo 3,18. Essa expressão é paralela a outras expressões, como "pedir em nome de alguém" (Jo 14,13.14; 15,16; 16,23.24.26), "manifestar o nome de alguém" (Jo 17,6), "guardar no nome de alguém" (Jo 17,11.12), "dar a conhecer o nome de alguém" (Jo 17,26), e ainda "ter a vida em nome de alguém" (Jo 20,31). O significado básico de "crer em seu *nome*" pode ser expresso por "confiar na pessoa de Jesus".[4]

A confiança que esses depositam em Jesus, no entanto, não é valorizada e o próprio Jesus não confia neles (Jo 2,24).

3,1-10   Nicodemos procura Jesus

O gênero literário desta perícope é o diálogo, aqui entre Nicodemos e Jesus. O evangelista interfere pouco, basicamente no início, apresentando Nicodemos e as circunstâncias do diálogo, que acontece à noite.

O texto traduzido: "Nascer da água e do Espírito"

> **3** [1] Havia um homem dentre os fariseus, Nicodemos era seu nome, um dos principais entre os judeus. [2] Ele veio procurar Jesus à noite e lhe disse: "Rabi, sabemos que vens da parte de Deus como mestre, pois ninguém pode fazer esses sinais que tu fazes, se Deus não estiver com ele".
>
> [3] Respondeu-lhe Jesus: "Amém, amém, eu te digo, quem não nascer de novo não pode ver o Reino de Deus".
>
> [4] Disse-lhe Nicodemos: "Como alguém pode nascer sendo já velho? Pode, porventura, entrar no ventre de sua mãe uma segunda vez e nascer?"

---

[4] Podem-se ver as reflexões de C. H. Dodd a esse respeito. *A interpretação do quarto evangelho*, p. 247-248.

> ⁵ Jesus respondeu: "Amém, amém, eu te digo, quem não nascer da água e do Espírito não poderá entrar no Reino de Deus. ⁶ O que nasceu da carne é carne, e o que nasceu do Espírito é espírito. ⁷ Não te admires que eu te diga que vos seja preciso nascer de novo. ⁸ O vento sopra onde quer. Ouves seu ruído, mas não sabes de onde vem, nem para onde vai. Assim é com todo aquele que nasceu do Espírito".
> ⁹ Respondeu-lhe Nicodemos: "Como pode isso acontecer?"
> ¹⁰ Respondeu-lhe Jesus: "Tu és mestre em Israel e não sabes isso?"

Notas à tradução

No diálogo de Jesus com Nicodemos, em Jo 3,3, aparece, no texto grego, juntamente com o verbo "nascer", o advérbio *ánōthen*, que tanto pode significar "de novo", e daí "nascer de novo", quanto "do alto", e daí "nascer do alto". Ao que parece, não se trata de uma ambiguidade, mas sim de uma duplicidade de sentido que se encaixa muito bem no contexto. Em português, seria possível traduzir essa duplicidade de sentido com "renascer do alto", mas a continuidade do diálogo mostra que Nicodemos teria compreendido a afirmação de Jesus como "nascer de novo".

No texto grego de Jo 3,8, aparece o termo grego *pneúma* (pronuncia-se *pnéuma*), que está sendo traduzido por dois termos distintos no português: no início do versículo por "vento"; no final do versículo por "Espírito". Nesse mesmo versículo, está ainda o verbo *pnéō*, cognato de *pneúma*, que está sendo traduzido pelo verbo "soprar". Trata-se de um novo jogo de palavras no texto grego que, como tal, é intraduzível ao português.

Aliás, o primeiro jogo de palavras, com o advérbio que tanto pode significar "do alto" como "de novo", somente tem sentido em grego. Isso leva a pensar que o diálogo de Jesus com Nicodemos, tal como está apresentado, é, em última instância, uma construção do evangelista. Por outro lado, o segundo jogo de palavras também seria possível na língua materna de Jesus, o aramaico, idioma no qual o mesmo termo (*rûḥā'*) designa tanto "vento" como "espírito".

Comentário

O texto narra o encontro de Nicodemos, fariseu e um dos principais entre os judeus, com Jesus (Jo 3,1). Essa é a primeira vez que ele aparece no Evangelho e aparecerá outras duas vezes (Jo 7,50-52; 19,39). Nicodemos não é mencionado em nenhum outro escrito do Novo Testamento. Assim, típica do Evangelho segundo João, Nicodemos é uma personagem representativa de alguém que tem uma elevada posição no judaísmo no tempo de Jesus, que reconhece que Jesus vem de Deus, mas que precisa romper com sua situação sociorreligiosa para poder tornar-se discípulo de Jesus (Jo 12,42-43). Para não correr o risco de ser descoberto por seus pares, ele vem procurar Jesus à noite. Em seu primeiro discurso direto, ele chama Jesus de *rabi*, que significa "mestre" (Jo 1,38; 1,49), e usa a forma verbal "sabemos", na primeira pessoa do plural, mostrando-se como representante do grupo das autoridades judaicas que sabem que Jesus vem de Deus pelos sinais que realiza. Esses sinais atestam que Deus está com ele (Jo 3,2). De sua parte, também Jesus reconhece que Nicodemos é um mestre em Israel (Jo 3,10).

Em sua primeira intervenção no diálogo, Jesus faz uma afirmação categórica, iniciada com "Amém, amém". Ele fala de nascer de novo para "ver" o Reino de Deus (Jo 3,3). É, nesta perícope, que estão as duas únicas atestações da expressão "Reino de Deus" no Evangelho segundo João (Jo 3,3.5). De um modo geral, essa expressão, comum no Evangelho segundo Marcos e Evangelho segundo Lucas, com seu correspondente "Reino dos Céus" no Evangelho segundo Mateus, pouco aparece no Evangelho segundo João, que traz, como seu correspondente, o termo "vida" ou a expressão "vida eterna". Essa correspondência, no entanto, não é exclusiva da tradição joanina, aparecendo também nos outros escritos evangélicos (Mc 9,43; Mt 19,16; Lc 12,15).

Nicodemos reage à afirmação de Jesus com duas perguntas. A primeira é: "Como alguém pode nascer sendo já velho?" (Jo 3,4). Estaria Nicodemos, ainda que indiretamente, referindo-se a si mesmo? A segunda pergunta é se alguém pode entrar novamente no ventre de sua mãe e nascer outra vez (Jo 3,4). Essas perguntas mostram sua compreensão das palavras de Jesus como "nascer *de novo*" em sentido biológico. As palavras de Jesus também podem ser compreendidas como "nascer *do alto*" em sentido espiritual.

Segue uma intervenção mais longa de Jesus, também ela, como a anterior, começada por "Amém, amém". Ela se divide em três afirmações:

a) sobre o nascimento pela água e espírito para "entrar" no Reino de Deus (Jo 3,5);

b) sobre os nascimentos distintos da "carne" e do "espírito" (Jo 3,6);

c) sobre a vida no Espírito (Jo 3,8).

Essas palavras de Jesus contêm a catequese batismal deste Evangelho. O Batismo é um novo nascimento, que se dá pela água e pelo Espírito. Por esse novo nascimento ou por esse nascimento do alto, aquele que renasce pode entrar no Reino de Deus (Jo 3,5). Esse nascimento não deve ser compreendido em nível biológico, pois não se dá na carne, mas em sentido espiritual, pois se dá no Espírito. A relação entre carne e espírito que aparece na afirmação de Jesus: "O que nasceu da carne é carne, e o que nasceu do Espírito é espírito" (Jo 3,6), pode ser interpretada a partir de dois modelos. O primeiro seria atribuindo-se ao termo "carne" o sentido de "existência humana" (Jo 1,14; Rm 1,3). Nesse caso, não haveria, neste versículo, um desprezo pela carne (o cerne da espiritualidade joanina é justamente a en-*carnação*), mas a afirmação de que o nascimento pelo Espírito plenifica o que o nascimento pela carne, por si mesmo, não pode alcançar. O segundo seria atribuindo-se ao termo "carne" o sentido de "princípio egoísta" que conduz ao pecado, oposto ao agir conforme o Espírito, como demonstra Paulo em Rm 8,5-13 e Gl 5,16-26, de modo que quem se deixa conduzir pelo Espírito não busca satisfazer os desejos da carne. De acordo com esse segundo modelo de compreensão, haveria uma proximidade entre o pensamento paulino e o joanino.

A última intervenção de Nicodemos é mais uma pergunta: "Como pode isso acontecer?" (Jo 3,9), que Jesus responde com outra pergunta: "Tu és mestre em Israel e não sabes isso?" (Jo 3,10). Esse procedimento pode ser considerado típico deste Evangelho. Várias vezes, Jesus ou não responde uma pergunta ou a responde com outra pergunta. Isso parece significar que não é Jesus, mas sim o leitor do Evangelho que deve responder a questão.

Intertextualidade

No Evangelho segundo Marcos, está registrada a seguinte sentença de Jesus: "Amém, eu vos digo: quem não acolher o Reino de Deus como uma criancinha de jeito algum entrará nele" (Mc 10,15).[5] Em um texto paralelo no Evangelho segundo Mateus está registrada uma sentença semelhante: "Amém, eu vos digo: se não mudardes e não vos tornardes como crianças, nunca entrareis no Reino dos Céus" (Mt 18,3).[6] Nos dois evangelhos, a sentença de Jesus é dita aos discípulos, estando Jesus entre crianças. No Evangelho segundo João, as circunstâncias são muito diferentes, mas as palavras

---

[5] Texto extraído de *A Bíblia: Novo Testamento*, p. 129.
[6] Texto extraído de *A Bíblia: Novo Testamento*, p. 62.

de Jesus a Nicodemos, no fundo, têm o mesmo sentido: "Amém, amém, eu te digo, quem não nascer de novo não pode ver o Reino de Deus" (Jo 3,3).

3,11-21 Reflexões a partir do diálogo de Jesus com Nicodemos

Até Jo 3,10, Nicodemos aparece como o interlocutor de Jesus. Em Jo 3,11-12, aparecem formas de primeira e segunda pessoas do plural, que podem ser um indício de que o diálogo de Jesus com Nicodemos dá lugar a um diálogo do cristianismo nascente com o judaísmo. Já não há discurso direto de Nicodemos, e o gênero literário desta seção é o discurso ou reflexão.[7]

O texto traduzido: "Este é o julgamento: a luz veio ao mundo"

> ¹¹ "Amém, amém, eu te digo:
> falamos o que sabemos e testemunhamos o que temos visto,
> mas não recebeis nosso testemunho.
> ¹² Se vos falo das coisas da terra e não credes,
> como creríeis se vos falasse das coisas do céu?
> ¹³ Ninguém subiu ao céu,
> senão aquele que desceu do céu: o Filho do Homem.
> ¹⁴ Como Moisés elevou a serpente no deserto,
> assim é preciso que o Filho do Homem seja elevado,
> ¹⁵ a fim de que todo aquele que crê tenha, nele, vida eterna.
> ¹⁶ Assim, pois, Deus amou o mundo:
> a ponto de dar o Unigênito,
> a fim de que todo aquele que nele crer não pereça,
> mas tenha a vida eterna.

---

[7] Ver, no entanto, Jo 3,7, onde aparecem formas tanto de segunda pessoa do singular quanto do plural. Alguns comentadores unem todos esses versículos de modo a formarem uma só perícope, de 3,1 a 3,21. É o que faz, por exemplo, R. E. Brown, que vê algumas inclusões entre o começo e o final dessa inteira perícope: Nicodemos reconhece que Jesus vem da parte de Deus (Jo 3,2), o que corresponde à afirmação de que Deus enviou seu Filho ao mundo (Jo 3,17), ou ainda a menção da noite (Jo 3,2) e a oposição entre luz e trevas, no final do discurso (Jo 3,19-21) (*Giovanni*, p. 180).

¹⁷ Pois Deus não enviou o Filho ao mundo para julgar o mundo,

mas para que o mundo seja salvo por ele.

¹⁸ Quem nele crê não é julgado.

Quem não crê já está julgado,

porque não crê no nome do Unigênito Filho de Deus.

¹⁹ Este é o julgamento: a luz veio ao mundo,

mas os homens amaram mais as trevas que a luz,

pois suas obras eram más.

²⁰ Todo aquele que pratica o mal

odeia a luz e não vem para a luz,

a fim de que suas obras não sejam descobertas.

²¹ Mas aquele que pratica a verdade vem para a luz,

a fim de que sejam manifestadas suas obras,

que são realizadas em Deus".

Anotações de crítica textual

Para Jo 3,13, também aparece a leitura: "Ninguém subiu ao céu, senão aquele que desceu do céu: o Filho do Homem *que está no céu*", ou ainda, de modo mais literal: "Que é no céu". Essa leitura é atestada por um número maior de testemunhos, incluindo as três grandes tradições textuais: a Bizantina, a Vulgata e a Pechita. A leitura mais breve está presente, entre outros, em $\mathfrak{P}^{66}$ e $\mathfrak{P}^{75}$, os dois principais papiros gregos do Evangelho segundo João.[8]

Para Jo 3,15, também aparecem duas leituras principais. A primeira é: "A fim de que todo aquele que crê tenha, nele, vida eterna", atestada por um número menor de manuscritos, mas de grande importância, entre os quais estão o papiro $\mathfrak{P}^{75}$ e o códex Vaticano (B). A segunda é: "A fim de que todo aquele que nele crê tenha vida eterna", atestada por uma quantidade maior de manuscritos, entre os quais o códex Sinaítico (א) e a tradição Bizantina. A Vulgata encontra-se dividida entre as duas leituras.[9]

Comentário

Em Jo 3,11, há uma afirmação de Jesus que começa com "Amém, amém", tal qual em Jo 3,3 e 3,5, ao que segue um "eu te digo" que pressupõe um

---

[8] *O Novo Testamento grego*, p. 277.
[9] *O Novo Testamento grego*, p. 277.

interlocutor. Logo, porém, o diálogo cede lugar ao discurso, cujo tema central é o julgamento que o Filho do Homem traz ao mundo. Há uma pequena ponta de conflito que começa a aflorar nesses versículos e que irá crescendo até atingir seu auge no capítulo 8.

O discurso começa com o tema do "testemunho" e, particularmente, da recusa em acolher o testemunho (Jo 3,11). Na sequência, vem uma afirmação sobre a autoridade do Cristo que pode falar das coisas do céu porque procede do céu. No entanto, se nem quando fala das coisas da terra é acreditado, quanto menos se falar das coisas do céu (Jo 3,12-13). O termo "céu" é usado para expressar as realidades divinas, de modo que "falar as coisas do céu" significa "falar as coisas de Deus", e "descer do céu" significa "proceder de Deus". No final do v. 13, aparece a expressão "Filho do Homem", aquele que desceu do céu e que, portanto, pode falar das coisas do céu.

Nos versículos seguintes, há uma evocação do livro dos Números, do relato em que Moisés eleva a serpente de bronze (Nm 21,4-9):

> [4] Então partiram da montanha de Hor pelo caminho do mar de Suf, para contornarem a terra de Edom. No caminho o povo perdeu a paciência. [5] Falou contra Deus e contra Moisés: "Por que nos fizestes subir do Egito para morrermos neste deserto? Pois não há nem pão, nem água; estamos enfastiados deste alimento de penúria". [6] Então o *Senhor* enviou contra o povo serpentes abrasadoras, cuja mordedura fez perecer muita gente em Israel. [7] Veio o povo dizer a Moisés: "Pecamos ao falarmos contra o *Senhor* e contra ti. Intercede junto do *Senhor* para que afaste de nós estas serpentes". Moisés intercedeu pelo povo [8] e o *Senhor* respondeu-lhe: "Faze uma serpente abrasadora e coloca-a em uma haste. Todo aquele que for mordido e a contemplar viverá". [9] Moisés, portanto, fez uma serpente de bronze e a colocou em uma haste; se alguém era mordido por uma serpente, contemplava a serpente de bronze e vivia.[10]

A elevação do Filho do Homem na cruz corresponde à elevação da serpente na haste, de modo que, assim como aquele que olhava para a serpente vivia, assim aquele que crê no Filho do Homem elevado também tem vida eterna (Jo 3,14-15). Há um eco desses versículos no relato de Jesus na cruz (Jo 19,37). Esses versículos abordam, pela primeira vez, um dos temas

---

[10] Texto extraído de *A Bíblia de Jerusalém*, p. 248, com a mudança do nome divino para *Senhor*.

prediletos do evangelista: a morte de Jesus vista como elevação, e, colocados na sequência dos versículos anteriores, completam o movimento do Filho do Homem: que desce do céu e que é novamente elevado. Ademais, em Jo 3,15, ocorre pela primeira vez a expressão "vida eterna", frequente neste Evangelho. Tem a vida eterna quem crê no Filho do Homem levantado como a serpente que foi levantada por Moisés. Em simbologia, esses versículos falam da morte e da vida: da morte de Jesus, elevado na cruz, e da vida que essa elevação traz para aquele que crê.

Em Jo 3,16, ocorre, pela primeira vez, o verbo "amar" (em grego *agapáō*), um dos verbos mais importantes neste Evangelho. O sujeito, por excelência, desse verbo é Deus, o Pai, ou Jesus. Aqui, trata-se do amor que Deus tem pelo mundo a ponto de dar-lhe seu Filho Unigênito. Outro verbo frequente deste Evangelho, presente neste versículo, é o verbo "dar" (em grego *dídōmi*). Apesar de ser um verbo comum, no Evangelho segundo João adquire um significado teológico, uma vez que o sujeito desse verbo, quase sempre, é o Pai, fonte de todo dom.[11]

Com a expressão "vida eterna" ocorre a transição para o tema da missão do Filho, que é enviado ao mundo não para julgar o mundo, mas para salvá-lo (Jo 3,17). Essa é uma das mais significativas afirmações da teologia joanina. Passa-se, então, ao tema do julgamento, central nesses versículos. A primeira afirmação é de que quem crê no Filho não é julgado, mas quem não crê já está julgado (Jo 3,18).

O "julgamento" é apresentado a partir da metáfora da "luz" e das "trevas". O julgamento consiste em que a luz veio ao mundo, mas as pessoas amaram mais as trevas que a luz, uma vez que suas obras são más, e a luz revela que são más (Jo 3,19-20). Quem pratica o mal odeia a luz e não vem para a luz; quem pratica a verdade vem para a luz. A oposição entre luz e trevas corresponde à oposição entre "praticar o mal" e "praticar a verdade" (Jo 3,20-21).

Assim, o julgamento é dado por cada um, segundo suas opções: pela luz ou pelas trevas, pela prática da verdade ou pela prática do mal. Verdade e luz andam juntas, pois quem pratica a verdade vem para a luz, assim como trevas e mal andam juntos, pois quem pratica o mal odeia a luz. A expressão "praticar a verdade" significa que a verdade se traduz em prática. Quem pratica a verdade não teme que suas obras sejam manifestadas pela luz, uma vez que são realizadas em Deus (Jo 3,21).

---

[11] Sobre a importância do verbo *dídōmi* no Evangelho segundo João, pode-se ver C. J. P. de OLIVEIRA, Le verbe ΔΙΔΌΝΑΙ.

Intertextualidade

Já foi notada a referência a Moisés que elevou a serpente no deserto (Jo 3,14), que remete a Nm 21,4-9. Resta notar que o vocabulário e a sintaxe desses versículos são bastante próximos daqueles da Primeira Carta de João. Também ali aparece a oposição entre "luz" e "trevas" (1Jo 1,5) e também ali se encontra a expressão "praticar a verdade" (1Jo 1,6). Além disso, a Carta acrescenta outro par de antíteses: "amar" e "odiar", em uma passagem magistral (1Jo 2,10-11): "Quem ama seu irmão permanece na luz, e nele não há motivo de tropeço. Aquele, no entanto, que odeia seu irmão está nas trevas, caminha nas trevas e não sabe para onde vai, porque as trevas cegaram seus olhos".[12]

3,22-30 Novo testemunho de João Batista

Nestes versículos, há dois gêneros literários: narração e discurso. A perícope começa com algumas informações dadas pelo evangelista que conduzem a um discurso de João Batista. Como personagens, aparecem Jesus e seus discípulos, João Batista e seus discípulos. Há ainda certo judeu, com quem os discípulos de João têm uma discussão a respeito da purificação (Jo 3,25).

Há dois lugares mencionados: um onde Jesus batizava, e outro onde João batizava. A localidade onde Jesus foi com seus discípulos e batizava é acenada vagamente: o território da Judeia. João Batista, por sua vez, batizava em Enon, perto de Salim. O evangelista afirma que ali havia bastante água e, ao que parece, seria de fácil acesso, uma vez que as pessoas vinham até ali para serem batizadas. A localização de Enon e de Salim permanece incerta, talvez em algum lugar situado no vale do rio Jordão, entre o lago da Galileia e o mar Morto. Uma anotação temporal informa que tudo isso aconteceu antes de João ser preso.

O texto traduzido: "É preciso que ele cresça e que eu diminua"

> [22] Depois disso, Jesus foi com seus discípulos para o território da Judeia e ali se detinha com eles e batizava. [23] Também João estava batizando em Enon, próximo de Salim, porque ali havia muita água, e as pessoas vinham para serem batizadas. [24] João ainda não fora lançado na prisão.

---

[12] Texto extraído de *A Bíblia: Novo Testamento*, p. 586.

> ²⁵ Houve, então, uma discussão entre os discípulos de João e um judeu a respeito da purificação. ²⁶ Eles vieram a João e lhe disseram: "Rabi, aquele que estava contigo do outro lado do Jordão, a respeito de quem tu tens testemunhado, eis que ele batiza e todos vão até ele".
> ²⁷ João respondeu: "Ninguém pode atribuir a si coisa alguma, senão o que lhe foi dado pelo céu. ²⁸ Vós mesmos sois testemunhas de que eu disse que não sou eu o Cristo, mas que fui enviado diante dele. ²⁹ Quem tem a noiva é o noivo, mas o amigo do noivo, que também está presente, ao ouvi-lo, alegra-se por causa da voz do noivo. Então minha alegria está completa. ³⁰ Aquele, é preciso que ele cresça, eu, porém, que diminua".

Anotação de crítica textual

Há, nesta perícope, uma intrigante questão de crítica textual. Ela aparece em Jo 3,25. Os testemunhos textuais se encontram praticamente divididos entre as leituras: "judeu" e "judeus", na seguinte sequência: "Houve, então, uma discussão entre os discípulos de João e *um judeu* (ou *uns judeus*) a respeito da purificação". A leitura "judeu" aparece, entre outros, no papiro 𝔓⁷⁵ e nos manuscritos da tradição Bizantina e na Pechita siríaca. A leitura "judeus" aparece, entre outros, no papiro 𝔓⁶⁶ e na Vulgata latina. Tomada em si, a leitura "judeu" proporcionaria uma das poucas atestações desse termo no singular no Evangelho segundo João. Não dá para saber qual teria sido a forma usada pelo evangelista: no singular ou no plural, mas é possível pensar que algum antigo copista, habituado ao uso do termo "judeus" neste Evangelho, em um *lapsus calami*, tenha criado a leitura com a forma do plural.[13]

Comentário

A primeira parte da perícope é tomada pelo evangelista, que dá várias informações ao leitor. A primeira delas é de que Jesus foi com seus discípulos para a Judeia, ali se detinha com eles e batizava (Jo 3,22). Não deixa de ser estranha a informação de que Jesus foi para a Judeia, uma vez que ele

---

[13] *O Novo Testamento grego*, p. 278. Uma das regras da crítica textual é que tem mais probabilidade de ser original aquela leitura que melhor explicar a origem das outras. *Lapsus calami* é uma expressão latina que significa, literalmente, "erro de caneta".

já se encontrava em Jerusalém, na Judeia. O que chama mais a atenção, no entanto, é que Jesus batizava, uma informação que não aparece nos evangelhos sinóticos. Em todo caso, esse batismo ainda não é o batismo cristão, possível apenas após a morte e ressurreição de Jesus, mas um batismo análogo àquele de João. As demais informações dizem respeito a João Batista (Jo 3,23-24).

Ao começar a narrar a ação, o evangelista conta que houve uma discussão entre os discípulos de João e certo judeu a respeito da purificação (Jo 3,25). Já foi notado como os manuscritos antigos se dividem entre as leituras "judeu" e "judeus" para este versículo. É possível que esse "judeu" seja uma referência implícita ao próprio Jesus, uma vez que, quando os discípulos de João se dirigem a ele, eles lhe falam precisamente a respeito de Jesus, para adverti-lo de que Jesus, aquele de quem João tem dado testemunho, tem atraído muita gente. Como verdadeiros discípulos, eles chamam João de "Rabi" (Jo 3,26).

Em sua resposta, João relembra o testemunho que já deu a respeito de Jesus: o sucesso de Jesus não o incomoda porque ele cumpriu sua missão. João se compara ao "amigo do noivo" (Jo 3,29), aquele que, no ambiente cultural bíblico, preparava, para o noivo, a festa do casamento. Ao ouvir a voz do noivo que chega, sua alegria torna-se completa, mas aí seu papel já terminou e é o momento de o noivo crescer em importância, pois é para ele que a festa foi preparada. Enfim vem a analogia do sol e da lua: "Aquele, é preciso que cresça; eu, porém, que diminua" (Jo 3,30).

Intertextualidade

No discurso de João Batista, há uma referência ao noivo e ao amigo do noivo, que são, respectivamente, Jesus e ele mesmo. Nos evangelhos sinóticos, também há uma referência ao noivo e aos amigos do noivo, em um contexto diferente, mas no qual João Batista também é mencionado. Trata-se de uma questão feita a Jesus pelos discípulos de João e pelos fariseus a respeito do jejum. Jesus responde que os amigos do noivo não podem jejuar enquanto o noivo estiver com eles (Mc 2,18-20; Mt 9,14-16; Lc 5,33-35). Quando Jesus, o noivo, está presente é tempo de festa.

3,31-36 Reflexões a respeito do testemunho

O gênero literário desta perícope é do discurso. A perícope se apresenta como uma continuação do discurso de João Batista, sem nenhuma intervenção do narrador. Pelo conteúdo, no entanto, esse discurso apareceria mais apropriado se atribuído a Jesus, ou se considerado como um prolongamento, da parte do evangelista, do discurso de João.

O texto traduzido: "O Pai ama o Filho e tudo colocou em suas mãos"

> [31] "Aquele que vem do alto está acima de todos.
>
> Aquele que é da terra, sendo da terra, fala a partir da terra.
>
> Aquele que vem do céu está acima de todos.
>
> [32] Aquilo que viu e ouviu, isso testemunha,
>
> mas ninguém recebe seu testemunho.
>
> [33] Aquele que recebe seu testemunho confirma que Deus é verdadeiro.
>
> [34] De fato, aquele que Deus enviou fala as coisas de Deus,
>
> pois ele dá o Espírito sem medida.
>
> [35] O Pai ama o Filho e tudo colocou em sua mão.
>
> [36] Quem crê no Filho tem a vida eterna;
>
> quem, porém, é rebelde ao Filho não verá a vida,
>
> e a ira de Deus permanece sobre ele."

Anotação de crítica textual e nota à tradução

A última frase de Jo 3,31 também pode ser traduzida por: "Aquele que vem do céu está acima *de tudo*".

Em Jo 3,34, o sujeito do verbo "dar" permanece ambíguo. Tanto pode ser compreendido que o Pai dá sem medida o Espírito ao Filho quanto que o Filho, porque é o Enviado do Pai, dá sem medida o Espírito aos que creem. Talvez por isso tenha surgido uma leitura variante que especifica o sujeito do verbo "dar": "Deus". Essa leitura está presente na maioria dos testemunhos textuais, incluindo a tradição textual Bizantina, a Vulgata e a Pechita, mas a leitura breve, na qual permanece a ambiguidade, é atestada pelos testemunhos mais antigos, entre os quais estão os papiros 𝔓66 e 𝔓75 e alguns manuscritos da Antiga Versão Latina.[14]

---

[14] *O Novo Testamento grego*, p. 279.

Comentário

Estes versículos formam um sumário de transição, retomando alguns dos temas principais deste capítulo. O primeiro tema abordado é o "testemunho". Trata-se do testemunho do Filho, "aquele que vem do alto". Mais uma vez, com o tema do testemunho, vem o tema da recusa em receber o testemunho (Jo 3,31-34). O testemunho "daquele que é da terra" refere-se a todos os que são da terra, a Moisés e a todos os profetas, e, em si, não é negativo. O versículo apenas quer realçar que o testemunho do Filho é superior a todos os que testemunharam antes dele, uma vez que é o testemunho daquele que vem do alto, de junto de Deus, o Pai (Jo 3,31).

Os últimos versículos fazem uma recapitulação dos seguintes temas: o Espírito, que é dado sem medida (Jo 3,34), o amor do Pai pelo Filho, que tudo entrega em suas mãos (Jo 3,35), a vida eterna que tem quem crê no Filho (Jo 3,36).

O capítulo, no entanto, termina com uma sentença de condenação contra aqueles que são rebeldes ao Filho. Esses não verão a vida e, sobre eles, permanece a ira de Deus (Jo 3,36). Esse juízo de condenação, tal como está no Evangelho, é pronunciado por João Batista, uma vez que está inserido em um discurso direto atribuído a ele, que se inicia em Jo 3,27.

Intertextualidade

Na pregação de João Batista, a ira de Deus, ou mais propriamente "a ira que está por vir", está registrada em Mt 3,7 e seu paralelo em Lc 3,7. "Quem vos advertiu para escapar da ira iminente?" Essas são palavras de João Batista dirigidas a muitos fariseus e saduceus, de acordo com o Evangelho segundo Mateus, ou às multidões, de acordo com o Evangelho segundo Lucas. A ira de Deus também é uma expressão presente nas cartas paulinas para mostrar que Deus não pode aprovar nenhuma situação de injustiça e pecado (Rm 1,18).

4,1-42 Jesus na Samaria

O gênero literário desta seção é narrativo. Aliás, trata-se de uma narrativa mais longa, típica do Evangelho segundo João, envolvendo uma diversidade maior de personagens e cenários do que a maior parte das narrativas dos evangelhos sinóticos.

As personagens do relato são: Jesus e seus discípulos, a Samaritana e os samaritanos. Outras personagens são mencionadas: João Batista, Jacó e José. O cenário principal é dado por um poço, à beira do qual acontece o encontro entre Jesus e a Samaritana. Ao longe e ao fundo, está a cidade dos samaritanos.

O texto traduzido: "Uma fonte de água jorrando para a vida eterna"

4 ¹ Quando Jesus soube que os fariseus tinham ouvido dizer que ele fazia numerosos discípulos e batizava mais do que João ² – ainda que Jesus mesmo não batizasse, mas seus discípulos –, ³ ele deixou a Judeia e dirigiu--se novamente à Galileia. ⁴ Era preciso que ele atravessasse a Samaria. ⁵ Foi, então, a uma cidade da Samaria chamada Sicar, próxima do campo que Jacó dera a seu filho José. ⁶ Havia ali uma fonte de Jacó. Cansado da viagem, Jesus sentou-se junto à fonte. Era por volta da hora sexta.

⁷ Veio uma mulher dos samaritanos para tirar água. Disse-lhe Jesus: "Dá-me de beber". ⁸ Seus discípulos tinham ido à cidade para comprar provisões. ⁹ Disse-lhe, então, a mulher samaritana: "Como tu, sendo judeu, pedes de beber a mim, que sou uma mulher samaritana?" De fato, os judeus não se servem dos utensílios dos samaritanos.

¹⁰ Respondeu-lhe Jesus: "Se conhecesses o dom de Deus e quem é aquele que te diz: 'Dá-me de beber', tu lhe pedirias e ele te daria água viva".

¹¹ Disse-lhe a mulher: "Senhor, nem sequer tens balde, e o poço é fundo. De onde terias a água viva? ¹² Acaso és maior que nosso pai Jacó, que nos deu este poço? Ele que dele bebeu, como também seus filhos e seus rebanhos".

¹³ Respondeu-lhe Jesus: "Todo aquele que bebe desta água terá sede novamente. ¹⁴ Aquele, porém, que beber da água que eu lhe der nunca mais terá sede, pois a água que eu lhe der tornar-se-á nele fonte de água jorrando para a vida eterna".

¹⁵ Disse-lhe a mulher: "Senhor, dá-me dessa água para que eu não tenha mais sede, nem precise mais vir aqui tirá-la".

¹⁶ Disse-lhe Jesus: "Vai, chama teu marido e vem aqui".

¹⁷ Respondeu-lhe a mulher: "Não tenho marido".

Disse-lhe Jesus: "Bem disseste: 'Não tenho marido'. ¹⁸ Cinco maridos tiveste e esse que agora tens não é teu marido. Isso em verdade disseste".

¹⁹ Disse-lhe a mulher: "Senhor, vejo que tu és profeta. ²⁰ Nossos pais adoraram nesta montanha, mas vós dizeis que em Jerusalém está o lugar onde se deve adorar".

²¹ Disse-lhe Jesus: "Crê em mim, mulher. Vem a hora em que nem nesta montanha, nem em Jerusalém adorareis o Pai. ²² Vós adorais o que não conheceis, nós adoramos o que conhecemos, porque a salvação vem dos judeus. ²³ Mas vem a hora – e é agora – em que os verdadeiros adoradores adorarão o Pai em espírito e verdade, pois são adoradores como estes que o Pai busca. ²⁴ Deus é espírito, e aqueles que o adoram devem adorá-lo em espírito e verdade".

²⁵ Disse-lhe a mulher: "Sei que o Messias vem (o chamado Cristo). Quando ele vier, nos anunciará todas as coisas".

²⁶ Disse-lhe Jesus: "Sou eu, aquele que fala contigo".

²⁷ Nisso, chegaram seus discípulos e ficaram admirados de que estivesse falando com uma mulher. Ninguém, porém, disse: "Que buscas?" ou "Que falas com ela?"

²⁸ A mulher, então, deixou sua talha, foi para a cidade e disse às pessoas: ²⁹ "Vinde ver um homem que me disse tudo quanto fiz. Não seria ele o Cristo?" ³⁰ Eles saíram da cidade e vinham até ele.

³¹ Nesse entretempo, seus discípulos lhe diziam: "Rabi, come".

³² Mas ele lhes disse: "Eu tenho um alimento para comer que vós não conheceis".

³³ Os discípulos diziam, então, uns aos outros: "Acaso alguém lhe teria trazido o que comer?"

³⁴ Disse-lhes Jesus: "Meu alimento é fazer a vontade daquele que me enviou e cumprir sua obra. ³⁵ Vós não dizeis: 'Ainda quatro meses e vem a colheita'? Eis que eu vos digo: levantai vossos olhos e contemplai os campos que já estão brancos para a colheita. ³⁶ Aquele que

> colhe recebe o salário e ajunta fruto para a vida eterna, de modo que aquele que semeia se alegra juntamente com aquele que colhe. ³⁷ Nisso é verdadeiro o provérbio que diz: 'Um é o que semeia e outro é o que colhe.' ³⁸ Eu vos enviei para colher aquilo que não provém de vosso esforço. Outros se esforçaram e vós participais do esforço deles".
>
> ³⁹ Muitos samaritanos daquela cidade creram nele por causa da palavra da mulher que testemunhava: "Ele me disse tudo quanto fiz". ⁴⁰ Quando os samaritanos chegaram junto dele pediam-lhe que permanecesse com eles. Ele permaneceu ali dois dias. ⁴¹ E foram mais numerosos os que creram por causa da palavra dele, ⁴² e diziam à mulher: "Já não é pelo que falaste que cremos. Nós mesmos o ouvimos e sabemos que ele é verdadeiramente o Salvador do mundo".

Anotações de crítica textual e notas à tradução

Para Jo 4,1, a tradição manuscrita se divide entre as leituras "Jesus" e "Senhor". A leitura "Jesus" está presente em alguns manuscritos gregos, como o códex Sinaítico (א), na Vulgata latina e na Pechita siríaca. A leitura "Senhor" é a que predomina em grego, atestada em 𝔓⁶⁶, 𝔓⁷⁵ e nos manuscritos da tradição Bizantina.[15]

Em Jo 4,5, é mencionada uma cidade da Samaria chamada Sicar. É a única menção em toda a Bíblia de uma cidade com esse nome. Por outro lado, o texto desse versículo se refere a tradições veterotestamentárias relacionadas à cidade de Siquém. Uns poucos testemunhos textuais de Jo 4,5 trazem a leitura "Siquém" em lugar de "Sicar". Trata-se, de modo especial, de testemunhos relacionados com a Harmonia Evangélica siríaca, também conhecida como Diatessaron de Taciano.[16]

Jesus chega a um lugar próximo à cidade, onde havia uma fonte. Fonte ou poço? No decorrer do relato, os dois termos aparecem: *pēgḗ* (pronuncia-se *pegué*), "fonte", em Jo 4,6.14, e *fréar*, "poço", em Jo 4,11.12. Ainda

---

[15] *O Novo Testamento grego*, p. 279.
[16] C. V. MALZONI, *Jesus: Messias e Vivificador do mundo*, p. 226-227. R. E. Brown, em seu comentário, adota a leitura Siquém, descartando a leitura Sicar, provavelmente, como originária de um erro de escriba (*Giovanni*, p. 220-221).

em Jo 4,6, há uma anotação temporal: "Era por volta da hora sexta", ou seja, por volta do meio-dia. Essa mesma anotação temporal reaparece em Jo 19,14, no relato da paixão de Jesus.

Em Jo 4,29, a Samaritana, chegando à cidade, convida as pessoas a virem ver um homem que disse tudo quanto ela fizera, perguntando-se se ele não seria o Cristo. O modo como a pergunta é formulada em grego (iniciando com a partícula *méti*) leva a pensar que a resposta esperada será negativa. O contexto, no entanto, pressupõe que a Samaritana esteja compartilhando com seus interlocutores suas reais dúvidas, de onde a tradução apresentada: "Não seria ele o Cristo?".[17]

Enfim, para Jo 4,42, há duas leituras principais que aparecem nos antigos manuscritos. Segunda uma delas, os samaritanos reconhecem que Jesus é "o Salvador do mundo". Essa leitura está presente, em grego, em $\mathfrak{P}^{75}$, $\mathfrak{P}^{66}$, e na Vulgata latina, entre outros. De acordo com a outra leitura, eles reconhecem que Jesus é "o Salvador do mundo, o Cristo". Essa leitura é atestada pela tradição Bizantina grega e pela Pechita siríaca.[18]

Comentário

Por se tratar de uma longa narrativa, seu comentário será feito por partes.

4,1-6 Jesus deixa a Judeia e, a caminho da Galileia, chega à Samaria

Estes versículos dão o enquadramento narrativo do relato. Jesus deixa a Judeia porque os fariseus ficam sabendo que ele fazia muitos discípulos e batizava mais que João (Jo 4,1). Uma glosa que vem a seguir desdiz a informação de que Jesus batizava (Jo 4,2). A caminho da Galileia (Jo 4,3), atravessando a Samaria (Jo 4,4), Jesus chega a uma localidade (Jo 4,5) onde havia um poço (Jo 4,6). Uma tradição relaciona esse local com os patriarcas Jacó e José: havia ali um campo e, no campo, estava o poço: o "poço de Jacó". Além dos patriarcas, o texto, muito sutilmente, relembra a figura de Moisés, quando este, fugindo do Faraó, chega a Madiã e senta-se junto a um poço (Ex 2,15). Assim, o enquadramento situa o relato da estada de Jesus na Samaria na confluência de diversas tradições do Antigo Testamento.

Do ponto de vista da crítica redacional, esse pequeno conjunto de versículos pode ter surgido aos poucos. Primeiro haveria um relato da chegada de Jesus à Samaria (Jo 4,5-6), construído sobre tradições veterotestamentárias.

---

[17] Ver a esse respeito o artigo de A. PARDINI, Gv 4,29: una precisazione grammaticale, p. 217-219.

[18] C. V. MALZONI, *Jesus: Messias e Vivificador do mundo*, p. 399-402.

Em seguida, esse relato foi inserido num roteiro de viagem de Jesus da Judeia para a Galileia (Jo 4,1.3-4). Por último, teria sido acrescentada a glosa de Jo 4,2, com a finalidade de negar a afirmação de que o próprio Jesus batizasse, informação que já tinha aparecido outras vezes (Jo 3,22.26; 4,1), uma vez que esse batismo ainda não é o batismo cristão, mas um rito de purificação ao estilo do batismo praticado por João Batista. A divisão dos testemunhos textuais entre as leituras "Jesus" e "Senhor", em Jo 4,1, também seria um indício, proveniente da crítica textual, de que esses versículos teriam sido revisados. Nesse processo redacional, é possível que o nome da localidade aqui mencionada tenha mudado de Siquém para Sicar.

A afirmação de que "era preciso" atravessar a Samaria (Jo 4,4) descreve um itinerário teológico e não apenas geográfico. Geograficamente, não era preciso passar pela Samaria para ir da Judeia à Galileia, pois era possível seguir pelo vale do Jordão, caminho assinalado, por exemplo, em Mc 10,1. Portanto, era preciso que Jesus passasse pela Samaria para levar o evangelho aos samaritanos.

O campo que Jacó deu a José (Jo 4,5) é mencionado em Gn 33,19, 48,22 e Js 24,32. De acordo com esses textos, a cidade próxima ao campo chama-se Siquém, uma localidade importante no Antigo Testamento, rivalizando, algumas vezes, com Jerusalém. Foi ali que Abimelec proclamou-se rei (Jz 9) e foi ali que as tribos do Norte se separaram da tribo de Judá após a morte de Salomão (1Rs 12).

Não há, no Antigo Testamento, texto algum que se refira a um poço de Jacó nas imediações de Siquém, mas há diversos relatos que se situam junto a um poço. Foi à beira de um poço que o servo de Abraão encontrou Rebeca para ser a noiva de Isaac (Gn 24). Foi junto a um poço que Jacó conheceu Raquel (Gn 29,1-14) e foi também em um poço que Moisés conheceu Séfora, sua futura esposa (Ex 2,15-22). No Antigo Testamento, encontros à beira de um poço terminavam em casamento.

A anotação da hora, por volta do meio-dia (Jo 4,6), traz à lembrança que, enquanto o encontro de Nicodemos com Jesus se deu à noite, o encontro de Jesus com a Samaritana acontece em plena luz do dia.

4,7-15   O diálogo entre Jesus e a Samaritana em torno do motivo da água

Os discípulos vão à cidade (Jo 4,8), deixando Jesus só. Com essa informação, o evangelista termina a composição da cena e do cenário, e a narrativa pode começar: uma mulher samaritana vem para buscar água, e Jesus lhe pede de beber (Jo 4,7). Ela se surpreende que um judeu lhe peça de beber, e o evangelista explica o motivo da surpresa: os judeus não fazem uso de um utensílio que tenha sido usado por um samaritano. Esse é o significado preciso do verbo *sunchráomai* do texto grego, para além de um genérico "não ter relações com", como comumente esse versículo é traduzido. Basta ver como, adiante, a Samaritana diz a Jesus que ele não tem como tirar água do poço (Jo 4,11).[19] Portanto, se ele pede de beber, seria com a talha dela. Jesus dá sinais de não se importar com tais proibições. Sobre o modo como os judeus consideravam os samaritanos, pode-se ver Eclo 50,25-26:

> [25] Há duas nações que minha alma detesta
> e uma terceira que nem sequer é nação:
> [26] os habitantes da montanha de Seir, os filisteus
> e o povo estúpido que habita em Siquém.[20]

Por seu lado, Jesus apresenta outras questões para a Samaritana: se ela soubesse quem é ele e qual é o dom de Deus que ele pode lhe dar, ela é que lhe pediria e ele lhe daria água viva (Jo 4,10). A expressão "água viva" significa, primeiramente, "água corrente" (Gn 26,19), mas seu significado não para aí. Ela também representa o dom do Espírito que Jesus dará aos que nele creem (Jo 7,37-39). Também a expressão "dom de Deus" é uma maneira de se referir ao Espírito Santo, como aparece no relato da missão de Filipe na Samaria (At 8,19-20).

Ela quer, então, saber de onde ele pode tirar essa água viva (Jo 4,11). É novamente a questão "de onde", que já tinha aparecido em Jo 2,9. Acaso Jesus se pretende maior que Jacó? (Jo 4,12). Jesus fala então da água que ele dá: quem dela bebe nunca mais terá sede (Jo 4,13). Essa água torna-se, em quem dela beber, "uma fonte de água jorrando para a vida eterna" (Jo 4,14; 7,37-39). Cansada da tarefa de ir buscar água, a Samaritana lhe pede dessa água para nunca mais ter sede nem precisar ter que voltar àquele lugar (Jo 4,15).

4,16-26 Os maridos da Samaritana e o culto a Deus

Jesus pede à Samaritana que vá chamar seu marido (Jo 4,16) e acaba aparecendo a questão dos maridos da Samaritana (Jo 4,17-18). Os cinco ou seis maridos da Samaritana representam os povos trazidos para a Samaria pelos assírios e seus deuses, como é narrado no livro dos Reis (2Rs 17,24-41). Para os judeus, os samaritanos eram mestiços do ponto de vista étnico

---

[19] O sentido específico desse verbo foi assinalado por D. DAUBE, Jesus and the Samaritan Woman, p. 137-147.

[20] Texto extraído de *A Bíblia de Jerusalém*, p. 1.326.

e sincretistas do ponto de vista religioso. Como mais uma figura simbólica neste Evangelho, a Samaritana passa a representar os samaritanos.

Ela reconhece que Jesus é um profeta (Jo 4,19) e lhe propõe a questão do lugar em que se deve prestar culto a Deus: no monte Garizim ("esta montanha"), como fazem os samaritanos, ou em Jerusalém, onde está o Templo, centro do culto para os judeus? (Jo 4,20). Jesus anuncia um novo tempo em que o culto não estará mais ligado a um templo, pois em todo lugar se poderá prestar culto a Deus (Jo 4,21). Esse novo culto se faz no Espírito e pode ser prestado em qualquer lugar (Jo 4,23-24). Mas cabe aos samaritanos reconhecer que a salvação vem de Judá, pois é da tribo de Judá que vem o Messias (Jo 4,22). A última fala da Samaritana é justamente sobre o Messias, que, quando vier, anunciará tudo (Jo 4,25).

É a Samaritana que pronuncia a palavra "Messias", o que parece estranho. Havia uma expectativa messiânica entre os samaritanos? De fato, os samaritanos tinham apenas o Pentateuco como Escritura, e a expectativa do Messias se baseava, sobretudo, nos livros proféticos. Havia, no entanto, entre os samaritanos, a expectativa da vinda de um *Ta'eb* (literalmente: "aquele que retorna"), que se reportava, em última instância, à figura do Profeta anunciado por Moisés, que, conforme diz a Samaritana, iria explicar todas as coisas e guiar pelo caminho seguro.[21] É possível que o evangelista tenha acomodado a figura do *Ta'eb*, da expectativa samaritana, à figura do Messias, da expectativa judaica.

Jesus lhe responde que ele é o Messias, com uma proposição de tipo "Eu sou", em seu uso simples: "Sou eu [o Messias], aquele que fala contigo" (Jo 4,26).

Depois de ter anunciado o novo santuário, que é seu corpo morto e ressuscitado (Jo 2,13-22), Jesus anuncia o novo culto, que não consiste mais em sacrifício de animais, como se fazia no Templo de Jerusalém, mas em um culto espiritual, uma vez que Deus é espírito.

Há um elo entre as duas partes deste diálogo, ou seja, a questão da água e a questão do culto. No final do livro de Ezequiel, há a visão das águas que saem do Templo (Ez 47,1-12). Essas águas levam vida por onde passam. Neste Evangelho, o Novo Templo é o corpo de Jesus, de onde também sairá essa água que traz vida (Jo 19,34). Nessa perspectiva, o diálogo de Jesus com a Samaritana é um anúncio de sua morte, do Espírito que dará com sua

---

[21] Ver a esse respeito R. E. BROWN, *Giovanni*, p. 226, que se reporta aos estudos de J. Bowman.

morte e do novo culto que se inaugura, no qual as diferenças entre judeus e samaritanos podem ser superadas.

4,27-38   Os discípulos voltam, a Samaritana vai

Ao voltar, os discípulos encontram os dois conversando e se espantam de que Jesus estivesse falando com uma mulher. Eles pensam em duas perguntas: "Que buscas?" e "Que falas com ela?", mas não ousam dizer nada (Jo 4,27). A segunda pergunta está claramente dirigida a Jesus, mas a primeira pergunta poderia ser dirigida tanto a Jesus quanto à Samaritana.[22] Ela é igual à pergunta que Jesus faz a seus primeiros dois discípulos: "Que buscais?" (Jo 1,38). Na sequência, a Samaritana vai embora. Como discípula, ela deixa sua talha; como apóstola, vai anunciar Jesus na cidade (Jo 4,28-29). Seu anúncio atrai as pessoas da cidade para Jesus (Jo 4,30).

Enquanto os samaritanos vêm, há tempo para um diálogo entre os discípulos e Jesus. Eles querem que Jesus coma (Jo 4,31-33), e Jesus lhes responde que seu alimento é fazer a vontade daquele que o enviou e completar sua obra (Jo 4,34). Aparecem, aqui, duas noções centrais deste Evangelho: Jesus é o "Enviado" do Pai, e sua missão é completar a "obra" para a qual o Pai lhe enviou. Anunciar a salvação aos samaritanos faz parte dessa obra.

No meio do diálogo, Jesus convida seus discípulos a levantar os olhos e a ver que já é o tempo da colheita (Jo 4,35). Levantando os olhos, os discípulos verão os samaritanos que se aproximam. Semeadura e colheita são maneiras simbólicas de falar da missão entre os samaritanos (Jo 4,36-38). Essa missão deve ter causado problema logo no início do cristianismo, nascido entre os judeus, e este diálogo tem como finalidade justificá-la. Era preciso que esses primeiros cristãos ultrapassassem os preconceitos em relação aos samaritanos e os acolhessem plenamente no cristianismo. Nos Atos dos Apóstolos, a primeira missão na Samaria é empreendida por Filipe (At 8,4-8), que era um do grupo dos sete (At 6,5), e confirmada por Pedro e João (At 8,14-17). Na perspectiva do Evangelho segundo João, a missão entre os samaritanos é inaugurada pelo próprio Jesus, aquele que semeou na Samaria, razão pela qual os apóstolos não podem se negar a fazer a colheita. Fica justificado o alargamento da missão em direção aos samaritanos, o que, indiretamente, abre a perspectiva da missão a todas as nações.

---

[22] É assim que aparece a questão em alguns testemunhos: o manuscrito "e" da Antiga Versão Latina, dois manuscritos da Pechita (siríaco) e algumas harmonias evangélicas medievais. Esses testemunhos podem ser vistos em C. V. MALZONI, *Jesus: Messias e Vivificador do mundo*, p. 158-161.345-349.

4,39-42 Jesus entre os samaritanos

Muitos creram pelas palavras da Samaritana (Jo 4,39) e, vindo até Jesus, pedem-lhe que permaneça com eles. Ele fica ali dois dias (Jo 4,40). Outros mais creram, ultrapassando o testemunho da Samaritana. Em um discurso direto dirigido a ela, eles reconhecem que Jesus é o Messias, o Salvador do mundo (Jo 4,41-42). A perspectiva final da perícope é universal: Jesus é o Messias, que vem dos judeus (Jo 4,22), e o Salvador do mundo (Jo 4,42). Os samaritanos, por sua vez, representam a Igreja em suas origens, que nasce tanto dos judeus quanto dos gentios, assim como os samaritanos eram considerados mestiços em sua origem como povo.

Intertextualidade

Toda esta perícope é repleta de reminiscências veterotestamentárias, que já foram sendo assinaladas ao longo do comentário. Há também um paralelo importante com os Atos dos Apóstolos, no relato da missão de Filipe na Samaria (At 8,4-25), igualmente já assinalado. Falta destacar ao menos um paralelo importante que ocorre no uso da imagem da semeadura e da colheita para representar a missão, presente, na tradição sinótica, em Mt 9,36-38 e Lc 10,2. O texto do Evangelho segundo Mateus é assim:

> [36] Vendo as multidões, sentiu compaixão delas, porque estavam desorientadas e indefesas, como ovelhas sem pastor. [37] Então disse aos discípulos: "A messe é abundante, mas os trabalhadores são poucos; [38] rogai, portanto, ao senhor da messe que mande trabalhadores a sua messe".[23]

A imagem ocorre ainda nos escritos paulinos, especialmente em 1Cor 3,5-9, texto no qual Paulo se refere a seu trabalho e ao trabalho de Apolo, que trabalham na seara de Deus.

4,43-54 O segundo sinal de Jesus em Caná

O gênero literário continua a ser narrativo, como na perícope anterior. A narração começa com um pequeno trecho de transição: Jesus retorna à Galileia vindo de Jerusalém (Jo 4,43-45), para onde tinha ido por ocasião da festa (Jo 2,13). Nos versículos seguintes, vem o segundo sinal narrado pelo evangelista (Jo 4,46-54). Duas cidades são mencionadas: Caná e Cafarnaum, e duas personagens principais: Jesus e um funcionário real que está

---

[23] Texto extraído de *A Bíblia: Novo Testamento*, p. 39.

com seu filho enfermo. Também entram na história os servos do funcionário real, que se encontram com ele na descida de Caná a Cafarnaum. Era, pois, preciso descer para ir a Cafarnaum, às margens do lago da Galileia, uma região de depressão, com altitude abaixo do nível do mar.

O texto traduzido: "Teu filho vive"

> ⁴³ Depois de dois dias, Jesus partiu dali para a Galileia. ⁴⁴ Jesus mesmo testemunhou que um profeta não é honrado na própria terra natal. ⁴⁵ Quando ele veio para a Galileia, os galileus o receberam, tendo visto tudo quanto fizera em Jerusalém durante a festa, pois também eles tinham ido à festa.
>
> ⁴⁶ Jesus foi, de novo, a Caná da Galileia, onde fizera da água vinho. Havia ali certo funcionário real cujo filho estava doente em Cafarnaum. ⁴⁷ Tendo ouvido que Jesus viera da Judeia para a Galileia, foi até ele e pedia-lhe que descesse e curasse seu filho que estava à beira da morte. ⁴⁸ Disse-lhe Jesus: "Se não virdes sinais e prodígios, não crereis".
>
> ⁴⁹ Disse-lhe o funcionário real: "Senhor, desce antes que morra meu menino".
>
> ⁵⁰ Disse-lhe Jesus: "Vai, teu filho vive".
>
> O homem acreditou na palavra que Jesus lhe dissera e foi. ⁵¹ Quando ele já estava descendo, seus servos vieram a seu encontro e lhe disseram que seu menino estava vivo. ⁵² Então indagou deles a que horas tinha começado a melhorar. Disseram-lhe: "Ontem, à hora sétima, a febre o deixou".
>
> ⁵³ Reconheceu o pai que fora naquela hora que Jesus lhe dissera: 'Teu filho vive', e acreditou, ele e toda sua casa. ⁵⁴ Este foi o segundo sinal que Jesus fez; ele o fez quando veio da Judeia para a Galileia.

Anotação de crítica textual e nota à tradução

Para Jo 4,51, os manuscritos antigos se dividem em duas leituras principais: o primeiro grupo traz o termo grego *país* (pronuncia-se *páis*), traduzido acima por "menino", mas que também pode ser traduzido por "criado"; o segundo grupo traz o termo *hyiós*, "filho", termo que ocorre também em

Jo 4,47.50.53. Em Jo 4,49, está o termo *paidíon*, diminutivo de *país*, "menino", "criança", "criado". No primeiro grupo mencionado acima estão, entre outros, os papiros gregos $\mathfrak{P}^{66}$ e $\mathfrak{P}^{75}$, e a tradição Bizantina. O segundo grupo comporta poucos testemunhos entre os manuscritos gregos, mas seu correspondente é atestado nas principais versões antigas, entre as quais a Vulgata e a Pechita.[24]

Em 4,52, a hora sétima corresponde à uma hora da tarde.

Comentário

A primeira parte do texto (Jo 4,43-45) tem algo de enigmático. De um lado se diz que o próprio Jesus testemunhou que um profeta não é honrado em sua pátria; de outro lado afirma que os galileus o acolheram. Pode-se pensar que, no Evangelho segundo João, a pátria de Jesus não seja a Galileia, onde ele é acolhido, mas sim a Judeia e, de modo especial, Jerusalém, onde ele não é honrado.[25]

Jesus chega a Caná da Galileia, e o evangelista lembra que ali ele transformou a água em vinho (Jo 4,46). Um funcionário real vai até Jesus para pedir por seu filho que estava doente em Cafarnaum, à beira da morte (Jo 4,46-47). Jesus responde, primeiramente, com uma censura: "Se não virdes sinais e prodígios, não crereis" (Jo 4,48). Trata-se de uma censura à fé que depende de sinais e prodígios para se firmar (Jo 2,23-24; 20,29). O pai não se deixa abater e insiste com Jesus para que desça antes que o menino morra (Jo 4,49). Jesus não vai, mas despede o pai com uma palavra de encorajamento: "Vai, teu filho vive". Confiante, ele vai (Jo 4,50).

No caminho, em diálogo com seus servos que tinham vindo ao seu encontro, o pai reconhece que o menino ficara curado à hora que Jesus lhe tinha anunciado que seu filho vivia (Jo 4,51-53). Ele acredita com toda sua casa (Jo 4,53), termo que designa tanto a esposa e os filhos como os que trabalhavam em uma casa. Esse modo de expressão aparece algumas vezes nos Atos dos Apóstolos (At 11,14; 16,15.32-34).

---

[24] *O Novo Testamento grego*, p. 283.

[25] R. E. Brown encontra outra solução. Para ele, Jo 4,44 é um acréscimo de um editor que tem sua origem em uma sentença de Jesus presente nos evangelhos sinóticos, no relato de sua visita ao povoado de Nazaré (Mc 6,4; Mt 13,57; Lc 4,44) (*Giovanni*, p. 245-246). J. Konings, por sua vez, levanta quatro possibilidades de interpretação para Jo 4,44, dentre as quais a de que a sentença se refira a Nazaré, pátria de Jesus, razão pela qual ele vai para Caná e não para Nazaré (*Evangelho segundo João*, p. 132). J. Beutler, retomando uma proposta de Teodoro de Mopsuéstia, vê em Jo 4,43-45 uma retomada de Jo 4,1-3 (*Evangelho segundo João*, p. 128).

O relato termina com uma anotação do evangelista de que este foi o segundo sinal realizado por Jesus (Jo 4,54). É possível que este sinal, assim como o sinal da água transformada em vinho (Jo 2,1-11), ambos realizados em Caná, fizesse parte de um documento escrito no qual esses sinais estariam numerados e que teria sido utilizado para a composição deste Evangelho.

No Evangelho segundo João, a figura do funcionário real completa uma trilogia com Nicodemos e a Samaritana. Essas três personagens encontram-se com Jesus:

- um fariseu, homem ilustre entre os judeus, mestre em Israel, chamado Nicodemos (Jo 3,1-10);
- uma mulher samaritana, que vinha a um poço buscar água (Jo 4,1-42); e
- um funcionário real que tinha um filho doente e que crê na palavra de Jesus, sem outra garantia de que seu filho estava curado (Jo 4,46-54).

Eles formam um primeiro trio no Evangelho segundo João. No capítulo 20, nos episódios da ressurreição, aparece outro trio com características semelhantes a este.

Intertextualidade

Este relato joanino se parece bastante com o relato da cura de um servo de um centurião, presente no Evangelho segundo Mateus (Mt 8,5-13) e no Evangelho segundo Lucas (Lc 7,1-10). É possível que uma mesma tradição esteja na base de todos esses relatos. Nos três relatos, a cidade de Cafarnaum é mencionada, e a cura acontece à distância. Essa tradição comum pode ter sido uma tradição oral ou mesmo uma tradição escrita. No Evangelho segundo João, o uso, ora do termo *hyiós* ("filho"), ora do termo *país* ("menino", "criado"), seria um indício de que essa tradição comum já seria uma tradição escrita, uma vez que o termo *país* ("menino", "criado") é aquele usado no relato do Evangelho segundo Lucas e, sobretudo, no do Evangelho segundo Mateus.

Com a perícope da cura do filho do funcionário real, termina a seção da primeira Páscoa dos judeus (Jo 2,13–4,54). Foi a primeira festa de um conjunto mais amplo (Jo 2,13–12,50), que abrange outras cinco festas que ainda virão. Como destaque nessa seção, pode-se mencionar a substituição do Templo pelo novo santuário, que é o corpo de Jesus (Jo 2,21), novo lugar de encontro entre Deus e a humanidade, e a substituição do antigo culto, com os sacrifícios de animais, pelo novo culto, em espírito (Jo 4,24). A seção começou em Jerusalém (Jo 2,13), onde se deu tanto a expulsão dos vendedores do Templo (Jo 2,14-17), quanto o encontro com Nicodemos (Jo 3,1-10). Depois, seguiu pela Judeia (Jo 3,22), atravessando a Samaria (Jo 4,4) e retornando à Galileia (Jo 4,45). Na próxima seção, para mais uma festa, Jesus estará novamente em Jerusalém.

5,1-47

As festas judaicas
II – Uma festa em Jerusalém

Esta nova seção compreende apenas o capítulo 5 do Evangelho segundo João. A seção está inserida entre outras duas que têm como referência a festa da Páscoa. No capítulo 5, trata-se de uma festa, que não é especificada. Esta seção será dividida em três perícopes: Jesus cura um enfermo em Jerusalém (Jo 5,1-18), Jesus afirma sua autoridade de Filho (Jo 5,19-30) e Jesus fala sobre as testemunhas que tem a seu favor (Jo 5,31-47).

5,1-18   Jesus cura um enfermo em Jerusalém

A perícope narra uma cura de um enfermo realizada por Jesus em Jerusalém. As personagens que interagem são: Jesus, muitos doentes, cegos e coxos, um homem doente, as autoridades judaicas e a multidão. Em Jerusalém, há dois cenários mencionados: ao lado de um reservatório de água e no Templo. Esses dois cenários dividem o episódio em duas partes: Jo 5,1-13 e Jo 5,14-18.

Quanto às anotações de tempo, o episódio se passa por ocasião de uma festa dos judeus. É a segunda festa neste Evangelho, depois da Páscoa mencionada em Jo 2,13.23; 4,45. O evangelista não explicita de qual festa se trata. Como Jesus vai a Jerusalém para a festa, pode-se pensar em uma das três festas de peregrinação: Páscoa, Pentecostes ou Cabanas. O texto não especifica qual delas seja, ou mesmo se não seria ainda outra, fora dessas três grandes festas principais. Como Páscoa e Cabanas são mencionadas em outras ocasiões, bem poderia ser Pentecostes – a festa celebrada cinquenta dias depois da Páscoa –, embora isso seja mera suposição. Essa festa também era chamada de festa das Primícias, uma vez que, durante a festa, colocava-se sobre o altar das ofertas um pão feito com o primeiro trigo da nova colheita. Nela, celebrava-se o dom da Lei sobre o monte Sinai.

Há outras anotações temporais no relato: o homem estava doente havia trinta e oito anos, e tudo aconteceu em dia de sábado. A anotação "depois disso" (Jo 5,14) serve para marcar a mudança de cenário da piscina para o Templo.

O texto traduzido: "Levanta-te, toma teu leito e anda"

5 ¹ Depois disso, houve uma festa dos judeus, e Jesus subiu a Jerusalém. ² Há, em Jerusalém, junto à Porta das Ovelhas, uma piscina chamada, em hebraico, Betsaida, com cinco pórticos. ³ Embaixo deles, ficava deitada uma multidão de doentes, cegos e coxos, aguardando o movimento da água. ⁴ Um anjo do Senhor, de tempos em tempos, descia à piscina e agitava a água. Então o primeiro que descesse após a agitação da água ficava são, fosse qual fosse sua enfermidade. ⁵ Estava ali um homem doente havia trinta e oito anos. ⁶ Jesus o viu deitado e, sabendo que já estava assim fazia muito tempo, disse-lhe: "Queres ficar são?"

⁷ Respondeu-lhe o doente: "Senhor, não tenho ninguém que me jogue na piscina quando a água é agitada. Quando eu chego, outro desceu antes de mim".

⁸ Disse-lhe Jesus: "Levante-te, toma teu leito e caminha".

⁹ Imediatamente, o homem ficou são, tomou seu leito e andava. Ora, era sábado aquele dia. ¹⁰ Diziam, então, os judeus ao que fora curado: "É sábado, e não te é permitido carregar teu leito".

¹¹ Ele lhes respondeu: "Aquele que me fez são foi que me disse: 'Toma teu leito e anda'".

¹² Perguntaram-lhe: "Quem foi que te disse: 'Toma e anda'?"

¹³ Mas o que ficara curado não sabia quem era. De fato, Jesus tinha se afastado da multidão que estava naquele lugar.

¹⁴ Depois disso, Jesus o encontrou no Templo e lhe disse: "Eis que estás são. Não peques mais para que não te aconteça algo pior".

¹⁵ O homem foi e anunciou aos judeus que fora Jesus quem o fizera são. ¹⁶ Por causa disso, os judeus passaram a perseguir Jesus, porque fazia essas coisas no

AS FESTAS JUDAICAS: II – UMA FESTA EM JERUSALÉM   5,1-47

> sábado. ¹⁷ Jesus, porém, lhes respondeu: "Meu Pai até agora trabalha, e eu também trabalho".
>
> ¹⁸ Por isso, ainda mais os judeus buscavam matá-lo, porque não somente violava o sábado, como também chamava Deus de seu próprio Pai, fazendo-se igual a Deus.

Anotações de crítica textual

O texto do início desta perícope, mais precisamente Jo 5,2-4, varia muito nos testemunhos antigos, e essa variação se reflete, inclusive, nas edições atuais da Bíblia. Segue um elenco dessas variantes textuais, entre as mais significativas.

Em Jo 5,2, após "há, em Jerusalém,..." os manuscritos antigos se dividem entre as seguintes leituras:

a) ... junto à (Porta) das Ovelhas, uma piscina;

b) ... uma piscina das ovelhas;

c) ... uma piscina;

d) ... uma piscina na parte inferior.

Os principais manuscritos que trazem a leitura (a) são os papiros $\mathfrak{P}^{66}$ e $\mathfrak{P}^{75}$; essa é a leitura da tradição Bizantina. As principais edições da Vulgata se dividem entre as leituras (a) e (b). A leitura (c) é atestada, sobretudo, em testemunhos relacionados com a tradição siríaca. A leitura (d), muito pouco atestada, está presente em manuscritos da Antiga Versão Latina. As leituras (a) e (b) são as mais bem atestadas; seu significado é praticamente o mesmo, sendo que a leitura (a) pode ter surgido como uma forma de tornar mais claro o texto da leitura (b). De acordo com essas duas leituras, a piscina em questão era o reservatório de água que ficava junto à Porta das Ovelhas, assim chamada porque era por ela que entravam as ovelhas que seriam levadas ao Templo. De acordo com a leitura (d), seria outra piscina, na parte inferior da cidade. Era ali que ficava a piscina de Siloé. A leitura (c) não especifica à qual dos reservatórios de água de Jerusalém o texto se refere.[1]

Ainda em Jo 5,2, os manuscritos se dividem enormemente quanto ao nome da piscina. São encontrados os seguintes nomes: "Betzatá", "Bezatá", "Betzetá", "Belzatá", "Betsaida", "Bedsaidan", "Bessaidá" e "Betesda", que vem do hebraico *Bet-hesda*, ou seja, "casa da misericórdia". A forma

---
[1] *The Greek New Testament*, p. 337.

encontrada na edição *O Novo Testamento grego* é *Bēthzatha*. Essa forma é pouco atestada pelos testemunhos antigos. Nas edições da Bíblia em circulação no Brasil, ela aparece, por exemplo, sob a forma "Bezatá", na edição da Bíblia da CNBB.[2] A tradição textual Bizantina e a Pechita trazem a leitura "Betesda", que, entre as edições da Bíblia em circulação no Brasil, é a leitura das edições que remontam à tradução de João Ferreira de Almeida, que fez sua tradução a partir do texto bizantino.[3] A leitura "Betsaida", adotada acima, é a leitura do papiro grego $\mathfrak{P}^{75}$, do códex Vaticano (B), de vários manuscritos da Antiga Versão Latina e da Vulgata, das versões coptas e de Tertuliano e Jerônimo, entre outros.[4] No estágio atual da pesquisa em crítica textual, é impossível determinar qual desses nomes seria o original e, portanto, à qual reservatório de águas de Jerusalém o texto se refere.

Em Jo 5,3, aparece que, sob os pórticos do reservatório de água, "ficava deitada uma multidão de doentes, cegos e coxos". Já as palavras finais do versículo: "Aguardando o movimento da água", não se encontram em certos testemunhos textuais, importantes por estarem entre os mais antigos deste Evangelho. Entre esses testemunhos estão os papiros $\mathfrak{P}^{66}$ e $\mathfrak{P}^{75}$ e o códex Sinaítico (א).[5]

É para Jo 5,4, contudo, que está a maior divergência entre os testemunhos antigos. Esse versículo simplesmente não aparece em importantes manuscritos do Evangelho segundo João, como os papiros $\mathfrak{P}^{66}$ e $\mathfrak{P}^{75}$, mas está presente na tradição textual Bizantina, na Pechita e, parcialmente, na Vulgata.[6] É possível que o versículo não fizesse parte do Evangelho em um estágio mais antigo de sua transmissão manuscrita. Além disso, mesmo nos testemunhos em que está presente, seu texto não é uniforme. Por exemplo, um grupo restrito de testemunhos textuais, entre os quais está o códex Alexandrino (A), traz a seguinte leitura: "Um anjo do Senhor, de tempos em tempos, *lavava-se* na piscina".[7]

O conjunto dessas variantes textuais é um indício de que o texto desses versículos, possivelmente, passou por uma revisão redacional ou, ao menos,

---

[2] *Bíblia Sagrada*: tradução da CNBB, p. 1.316.
[3] É, por exemplo, a leitura de *Bíblia Sagrada*: Almeida Revista e Atualizada, p. 1.070.
[4] *O Novo Testamento grego*, p. 283.
[5] *O Novo Testamento grego*, p. 283.
[6] *O Novo Testamento grego*, p. 283.
[7] *The Greek New Testament*, p. 338.

foi bastante retocado por copistas. A diversidade textual desses versículos na tradição textual manuscrita aparece refletida nas edições atuais da Bíblia, algumas trazendo esses versículos sem marcas, outras com o texto entre colchetes, outras ainda somente em notas de rodapé.[8]

Comentário

O relato se desenvolve em duas cenas. A primeira começa com uma ambientação (Jo 5,1-5), na qual se dá a apresentação das personagens e são referidas as anotações de tempo e lugar, criando o cenário para a ação. Essa descrição é mais ou menos longa dependendo das leituras variantes expostas acima.

Em seguida, vem a primeira ação (Jo 5,6-9). É Jesus quem toma a iniciativa, perguntando àquele homem doente se ele queria ser curado (Jo 5,6). Ele desconhece Jesus e nem sequer se questiona se Jesus poderia curá-lo. Indiretamente, ele apenas pede ajuda para ser o primeiro a descer à piscina quando do movimento das águas (Jo 5,7). Jesus o cura de outra maneira, com sua palavra, dizendo que se levante, tome seu leito e ande (Jo 5,8). Na sequência, vem a informação de que aquele dia era sábado (Jo 5,9). Somente agora aparece essa informação. Para tudo o que já foi narrado, o fato de aquele dia ser sábado não é relevante, mas o será para o que vem a seguir.

Para a segunda ação, Jesus não está presente (Jo 5,10-13). As autoridades judaicas encontram o homem carregando o leito e lhe dizem que está fazendo algo que não é permitido em dia de sábado (Jo 5,10). Ele se justifica dizendo que aquele que o havia curado lhe disse para tomar o leito e andar (Jo 5,11). As autoridades judaicas, então, lhe perguntam quem lhe disse para tomar o leito e andar (Jo 5,12). A pergunta também poderia ter sido quem foi que o curara. O modo como a pergunta está formulada revela uma atenção apenas à violação do sábado. O homem, porém, não soube responder (Jo 5,13).

---

[8] Em um mesmo número da *Revue Biblique* (106-2, de 1998), apareceram dois estudos sobre os primeiros versículos de Jo 5: o primeiro de L. Devillers, o segundo de M.-É. Boismard. Ambos pressupõem que, em um estágio redacional anterior, a piscina de Jo 5 não era nomeada, mas que o detalhe do movimento das águas (Jo 5,5.7) leva a pensar que se tratava da piscina de Siloé, a mesma do relato de Jo 9. Por sua vez, o redator final teria distinguido as duas piscinas: a do relato do cego de nascença (a piscina de Siloé, Jo 9,7) e a do relato do homem enfermo (Jo 5,2). Nem um nem outro, no entanto, entram na questão da diversidade de nomes e grafias da piscina de Jo 5,2 (L. DEVILLERS, Une piscine peut en cacher une autre, p. 175-205; M.-É. BOISMARD, Bethzatha ou Siloé?, p. 206-218).

Para a segunda parte do relato (Jo 5,14-18), há uma mudança de cenário. No Templo, Jesus se encontra novamente com aquele homem curado e lhe diz: "Eis que estás são. Não peques mais para que não te aconteça algo pior" (Jo 5,14). Essas palavras de Jesus estabelecem uma ligação entre a doença física e o pecado como sua causa, ao estilo da teologia da retribuição deuteronomista. Nesse mesmo Evangelho, contudo, essa ligação entre pecado e doença será veementemente negada (Jo 9,2-3). De outro modo, a palavra de Jesus em Jo 5,14 poderia ser vista como uma admoestação ao que estivera doente de que sua cura física é sinal de uma cura interior que, no entanto, só ele próprio pode realizar.

O que fora curado fica sabendo quem é Jesus e vai anunciá-lo às autoridades judaicas (Jo 5,15). O final da perícope é importante, pois é aí que aparece o sentido da narrativa. As autoridades judaicas passam a perseguir Jesus porque ele realiza curas em dia de sábado (Jo 5,16). Jesus se justifica dizendo que seu Pai trabalha até agora e que ele também trabalha (Jo 5,17). A resposta de Jesus pressupõe uma atividade contínua da parte do Pai, que trabalha sempre, recriando e salvando o mundo por ele criado. Essa resposta acirra ainda mais a perseguição contra Jesus. Para as autoridades judaicas, ao chamar Deus de Pai, Jesus revela tal intimidade com Deus que equivale a fazer-se igual a Deus (Jo 5,18). Já a comunidade cristã verá nessas palavras de Jesus uma legítima afirmação de sua identidade.[9]

Intertextualidade

As palavras de Jesus ao homem doente havia trinta e oito anos: "Levante-te, toma teu leito e anda" (Jo 5,8) lembram o relato da cura do paralítico descido por uma abertura no telhado, presente em Mc 2,1-12 e seus paralelos. Do mesmo modo, a admoestação de Jesus, quando reencontra o homem no Templo, de que não voltasse a pecar (Jo 5,14), também se inscreve no mesmo quadro comparativo com esse relato sinótico, uma vez que também ali há uma relação entre a cura física e o perdão dos pecados. Por outro lado, esse relato dos evangelhos sinóticos não se dá em dia de sábado. Todavia, o conflito de Jesus com autoridades judaicas por causa de uma cura em dia de sábado também está presente nos evangelhos sinóticos, como é o caso dos relatos em Mc 3,1-6 e paralelos, e Lc 13,10-17; 14,1-6.

---

[9] Ao comentar este texto, R. E. Brown apresenta alguns dados da teologia rabínica, que afirmava que somente Deus podia trabalhar em dia de sábado, o que se tornava explícito porque, também em dia de sábado, chovia, crianças nasciam e pessoas morriam. Jesus, ao afirmar que, assim como o Pai, também ele trabalha sempre, inclusive em dia de sábado, já estaria se fazendo igual ao Pai (*Giovanni*, p. 281-282).

AS FESTAS JUDAICAS: II – UMA FESTA EM JERUSALÉM 5,1-47

5,19-30 Jesus afirma sua autoridade de Filho

Após a perícope da cura do doente em Jerusalém (Jo 5,1-18), segue um longo discurso de Jesus (Jo 5,19-47), que se inicia com as palavras: "Jesus então lhes respondeu". A presença do pronome "lhes" faz supor que esse discurso se dirija às autoridades judaicas, mencionadas em Jo 5,18. Como se trata de um longo discurso, ele será dividido em duas partes. Na primeira parte (Jo 5,19-30), o tema principal é a autoridade do Filho, um ponto central da cristologia do Evangelho. A segunda parte do discurso (Jo 5,31-47) será vista na sequência.

O texto traduzido: "O Pai dá ao Filho o poder de dar a vida e de julgar"

> [19] Jesus então lhes respondeu:
> "Amém, amém, eu vos digo:
> O filho nada pode fazer por si mesmo,
> a não ser aquilo que vê o pai fazer,
> pois o que este faz, também o filho igualmente faz.
> [20] O Pai ama o Filho e mostra-lhe tudo o que faz,
> e lhe mostrará obras maiores do que estas,
> para que vós vos admireis.
> [21] Assim como o Pai ressuscita os mortos e os faz viver,
> assim também o Filho faz viver aqueles que ele quer.
> [22] O Pai não julga ninguém,
> mas todo julgamento deu ao Filho,
> [23] a fim de que todos honrem o Filho como honram o Pai.
> Quem não honra o Filho não honra o Pai, que o enviou.
> [24] Amém, amém, eu vos digo:
> quem escuta minha palavra e crê naquele que me enviou
> tem a vida eterna e não vem a julgamento,
> mas passou da morte à vida.
> [25] Amém, amém, eu vos digo:
> vem a hora, e é agora,
> em que os mortos ouvirão a voz do Filho de Deus,
> e os que a tiverem ouvido viverão.
> [26] Assim como o Pai tem a vida em si mesmo,
> assim também deu ao Filho ter a vida em si mesmo.

> ²⁷ E deu-lhe autoridade para realizar o julgamento porque é Filho do Homem.
>
> ²⁸ Não vos admireis disso:
>
> vem a hora em que todos os que estão nos sepulcros ouvirão sua voz ²⁹ e sairão:
>
> aqueles que fizeram o bem, para uma ressurreição de vida;
>
> mas aqueles que praticaram o mal, para uma ressurreição de julgamento.
>
> ³⁰ Eu nada posso fazer por mim mesmo.
>
> Conforme ouço, julgo,
>
> e meu julgamento é justo porque não busco minha vontade,
>
> mas a vontade daquele que me enviou".

Comentário

Sem questão de maior relevância no plano da crítica textual ou observação quanto à tradução, pode-se passar diretamente ao comentário da perícope.

Perseguido por chamar a Deus de Pai, Jesus começa sua resposta a partir de uma comparação tomada do cotidiano: o pai ensina ao filho sua própria profissão e sua maneira de vida, de modo que o filho faz o que vê o pai fazer (Jo 5,19).[10] Assim também o Pai, porque ama o Filho, "mostra-lhe tudo o que faz" (Jo 5,20). A afirmação de que o Pai confia ao Filho sua obra mais importante, que é dar a vida (Jo 5,21), é um dos pontos centrais deste discurso. O outro é que o Pai também concede ao Filho o julgamento (Jo 5,22), que consiste em acolher aquele que o Pai enviou (Jo 5,23). A acolhida é expressa com o verbo "ouvir": quem ouve a voz do Filho passa da morte à vida (Jo 5,24). Assim, o poder que o Filho tem de julgar significa não que ele julgue as pessoas, mas sim que as pessoas se julgam pela atitude que têm diante do Filho. Por isso, que quem crê passa da morte à vida e não vem a julgamento. Passar da morte à vida significa passar do pecado à vida plena em Cristo.

---

[10] De acordo com J. Beutler, trata-se de uma imagem tomada do mundo do trabalho artesanal. Ele remete esta observação a C. H. Dodd, que teria sido aquele que "descobriu e descreveu esta parábola" (J. BEUTLER, *Evangelho segundo João*, p. 150).

Jo 5,25-27 e Jo 5,28-29 são textos paralelos. Em Jo 5,25 aparece a expressão "Vem a hora, e é agora", e em Jo 5,28b: "Vem a hora". Jo 5,28a também poderia se ligar ao que precede, de modo que o primeiro conjunto seria formado por Jo 5,25-28a e o segundo conjunto por Jo 5,28b-29. O primeiro conjunto trata do dom da vida e do julgamento já agora, o segundo conjunto do dom da vida e do julgamento no futuro. A afirmação de que os mortos ouvirão a voz do Filho e viverão (Jo 5,25.28) ficará ilustrada pelo relato da ressurreição de Lázaro, no capítulo 11. Quanto à ressurreição final, esse discurso de Jesus afirma que aqueles que fizerem o bem, como consequência do bem que fizeram, ressuscitarão para a vida. Aqueles que praticarem o mal, como consequência do mal que praticaram, ressuscitarão para o julgamento (Jo 5,29). Em outras palavras: é a própria pessoa que decide orientar sua vida para o bem ou para o mal. O que vem depois é consequência dessa escolha fundamental.

A última afirmação desta seção do discurso de Jesus é que seu julgamento é justo. Isso porque Jesus não busca realizar sua própria vontade, mas a vontade daquele que o enviou (Jo 5,30). Essa afirmação só será totalmente compreendida após a segunda parte do discurso, quando Jesus disser que seus interlocutores não podem acolher os testemunhos que são dados a seu favor porque vivem num sistema no qual buscam a glória uns dos outros e não procuram a glória do Deus único (Jo 5,44).

Intertextualidade

Uma das questões mais complexas no Evangelho segundo João é o tipo de escatologia presente neste Evangelho: presente ou futura, conforme já foi assinalado na introdução. Esta perícope (Jo 5,19-30) parece veicular esses dois tipos de escatologia. Parte da questão está relacionada com a ideia de ressurreição. De modo especial, Jo 5,28-29 refere-se à ressurreição dos mortos, afirmando que aqueles que fazem o bem ressuscitarão para a vida, enquanto aqueles que praticam o mal ressuscitarão para o julgamento. Essa concepção de ressurreição está presente, no Novo Testamento, em textos como Mt 25,46; At 24,15; Ap 20,13, e já aparecia, no Antigo Testamento, em Dn 12,2-3:

> ² E muitos dos que dormem no solo poeirento acordarão, uns para a vida eterna e outros para o opróbrio, para o horror eterno. ³ Os que são esclarecidos resplandecerão como o resplendor do firmamento; e os que ensinam a muitos a justiça hão de ser como as estrelas, por toda a eternidade.[11]

---

[11] Texto extraído de *A Bíblia de Jerusalém*, p. 1.709.

5,31-47 Jesus fala sobre os testemunhos que tem a seu favor

Tem início a segunda parte do discurso de Jesus, ainda que, deve-se admitir, essa divisão em duas partes seja feita em vista de uma melhor compreensão desse discurso. De fato, o próprio evangelista não o dividiu assim, uma vez que não há nenhuma fórmula de narrador que se interponha às palavras de Jesus. Tudo é visto, pelo evangelista, como uma só unidade. A divisão em duas partes, no entanto, tem o mérito de mostrar mais claramente que há, nesse discurso, dois temas principais: o da vida e julgamento, que predomina na primeira parte (Jo 5,19-30), e o dos testemunhos que Jesus evoca a seu favor, na segunda parte (Jo 5,31-47), aquela que será agora apresentada.

O texto traduzido: "Outro é que testemunha a meu respeito"

³¹ "Se eu testemunhasse a respeito de mim mesmo,
meu testemunho não seria verdadeiro,
³² Outro é que testemunha a meu respeito,
e sei que é verdadeiro o testemunho que dá de mim.
³³ Vós enviastes mensageiros a João,
e ele testemunhou à verdade.
³⁴ Eu não preciso receber o testemunho de um homem.
Digo isso, porém, para que sejais salvos.
³⁵ Ele era a lâmpada que ardia e iluminava
e vós quisestes vos alegrar por um tempo com sua luz.
³⁶ Eu, porém, tenho um testemunho maior que o de João:
as obras que o Pai me deu para levá-las a cumprimento.
Essas mesmas obras que faço testemunham que o Pai me enviou.
³⁷ Também o Pai que me enviou tem testemunhado a meu respeito.
Jamais ouvistes sua voz, nunca vistes sua imagem,
³⁸ e sua palavra não permanece em vós,
porque não credes naquele que enviou.
³⁹ Examinai as Escrituras
– uma vez que considerais que nelas tendes a vida eterna –,
também elas testemunham a meu respeito.

AS FESTAS JUDAICAS: II – UMA FESTA EM JERUSALÉM 5,1-47

> ⁴⁰ Vós, porém, não quereis vir a mim para terdes vida.
> ⁴¹ Não recebo glória dos homens,
> ⁴² mas conheço-vos: não tendes o amor de Deus em vós.
> ⁴³ Eu vim em nome de meu Pai, e não me recebeis;
> se outro viesse em seu próprio nome, a esse receberíeis.
> ⁴⁴ Como podeis crer, vós que recebeis glória uns dos outros
> e não buscais a glória que vem do Deus único?
> ⁴⁵ Não penseis que eu vos acusarei perante o Pai;
> quem vos acusa é Moisés, em quem depositastes vossa esperança.
> ⁴⁶ Se crêsseis em Moisés, creríeis também em mim,
> pois ele escreveu a meu respeito.
> ⁴⁷ Mas, se não credes no que ele escreveu,
> como crereis no que eu digo?"

Nota à tradução

Em Jo 5,39, a forma verbal *eraunáte* pode ser traduzida seja como um imperativo, seja como um indicativo. Na tradução acima, foi usada a forma do imperativo: "Examinai". Também poderia ser: "Examinais", exprimindo uma constatação, no presente do indicativo.

Comentário

A primeira parte do discurso de Jesus (Jo 5,19-30) terminava com sua afirmação de que não busca realizar sua própria vontade, mas sim a vontade daquele que o enviou (Jo 5,30). A segunda parte (Jo 5,31-47) começa com uma afirmação a respeito do testemunho, um dos temas fundamentais do Evangelho segundo João. Jesus se apresentou como o enviado do Pai. Quem pode atestar que essa pretensão de Jesus é verdadeira? O discurso começa mencionando "outro" que testemunha (Jo 5,32), no singular, uma referência ao Pai, mas, na sequência, são elencados quatro testemunhos.

O primeiro deles é o testemunho de João Batista (Jo 5,33-35). Ao evocá-lo, também Jesus testemunha a respeito de João: de que foi um facho de luz que ardia e iluminava. Seu testemunho, no entanto, não foi aceito pelas autoridades do tempo de Jesus. O segundo testemunho é dado pelas obras que o Pai concedeu a Jesus para que ele as realizasse (Jo 5,36). A referência também deve ser compreendida em relação à cura do enfermo contada no início do capítulo (Jo 5,1-18). Essa e outras obras testemunham que Jesus é o enviado do Pai. O terceiro testemunho é dado pelo próprio Pai (Jo 5,37-38). Para receber esse testemunho, porém, é preciso ouvir a voz do Pai, permanecer em sua palavra e crer naquele que enviou. O quarto testemunho é dado pelas Escrituras (Jo 5,39). Nelas, pode-se encontrar o caminho para a vida eterna, uma vez que elas apontam para o Cristo.[12]

O discurso muda, então, de direção e passa a mostrar por que as autoridades judaicas não aceitam os testemunhos a favor de Jesus. As razões são quatro. A primeira é que os interlocutores de Jesus não querem vir até ele porque não escolheram a vida (Jo 5,40). A segunda é porque eles não têm o amor de Deus (Jo 5,41-42). A terceira é porque eles buscam não a glória de Deus, mas sim a glória de si próprios (Jo 5,43-44). A quarta é porque não acreditam em Moisés e nas Escrituras (Jo 5,45-47). Esta última crítica é muito dura. Ela mostra, contudo, como o evangelista compreende a relação entre o cristianismo e o antigo Israel, do qual o cristianismo é herdeiro.

Intertextualidade

Nesta perícope, o nome de Moisés é mencionado duas vezes (Jo 5,45.46). Ele já foi mencionado em Jo 1,17; 1,45; 3,14, e ainda o será em Jo 6,32; 7,19.22(2x).23; 8,5; 9,28.29. Trata-se, pois, de uma figura do Antigo Testamento que é central no Evangelho segundo João. De um modo geral, Moisés é evocado como testemunha que anunciou Jesus, de modo que, para o evangelista, rejeitar Jesus significa igualmente rejeitar Moisés.

Assim termina a seção da festa judaica em Jerusalém, que abrange o capítulo 5 do Evangelho. Nele, o conflito de Jesus com as autoridades de seu tempo começa a se delinear. O conflito acontece no campo religioso. Jesus se apresenta como o Filho, enviado pelo Pai, com autoridade para realizar, em dia de sábado, as obras que o Pai lhe concedeu para levar a cumprimento: dar a vida e manifestar o julgamento. Ao fundo, a comunidade joanina também aparece, buscando razões, nas palavras de Jesus, para explicar por que as autoridades religiosas não se deixam persuadir pelos testemunhos trazidos por Jesus a seu favor. A próxima seção, que abrange o capítulo 6, tem como cenário a Galileia, ou seja, está ambientada fora de Jerusalém. Nela, o conflito também está presente, mas se dará em outros termos, como se verá a seguir.

---

[12] Para J. Beutler, são duas as testemunhas: João Batista e o Pai. O testemunho do Pai é dado através das obras que concedeu ao Filho para que as realizasse, diretamente, pelo próprio Pai e através das Escrituras (*Evangelho segundo João*, p. 154-156).

6,1-71

As festas judaicas
III – A segunda Páscoa dos judeus

O capítulo 6 do Evangelho segundo João vem marcado pela menção de uma nova Páscoa: "Estava próxima a Páscoa, a festa dos judeus" (Jo 6,4). O cenário, contudo, não é Jerusalém, onde a festa era celebrada, mas sim Cafarnaum (Jo 6,17.24.59), às margens do lago da Galileia ou de Tiberíades (Jo 6,1). Esta seção pode ser dividida em quatro perícopes. As duas primeiras são narrativas: Jesus sacia a multidão (Jo 6,1-15) e Jesus caminha sobre o mar (Jo 6,16-21). Na sequência, vem o longo discurso de Jesus sobre o Pão da Vida (Jo 6,22-59). A seção termina narrando a crise que, então, se instalou entre os discípulos de Jesus (Jo 6,60-71).

6,1-15   Jesus sacia a multidão

O gênero literário desta perícope é narrativo. As personagens são: uma grande multidão, Jesus, Filipe, André, um menino e os discípulos. De passagem, são mencionados os doentes e Simão Pedro. O relato se passa às margens do lago da Galileia ou de Tiberíades. Estava próxima a festa da Páscoa. No final, Jesus retira-se, sozinho, para um monte.

O texto traduzido: "Jesus sacia a multidão"

> **6** ¹ Depois disso, Jesus foi para o outro lado do mar da Galileia, ou de Tiberíades. ² Seguiu-o uma grande multidão, porque tinha visto os sinais que ele fizera nos doentes. ³ Jesus subiu ao monte e sentou-se ali com seus discípulos. ⁴ Estava próxima a Páscoa, a festa dos judeus. ⁵ Jesus, tendo levantado os olhos e observado a grande multidão que vinha até ele, disse a Filipe: "Onde compraremos pão para lhes dar de comer?"
>
> ⁶ Dizia isso para colocá-lo à prova, pois sabia o que iria fazer. ⁷ Respondeu-lhe Filipe: "Duzentos denários de

pão não seriam o bastante para que cada um recebesse apenas um pouco".

⁸ Disse-lhe André, um de seus discípulos, o irmão de Simão Pedro: ⁹ "Há aqui um menino que tem cinco pães de cevada e dois peixes, mas o que é isso para todos estes?"

¹⁰ Disse Jesus: "Fazei com que todos se acomodem".

Havia muita relva no lugar. Os homens se acomodaram em número de aproximadamente cinco mil. ¹¹ Então Jesus tomou os pães e, tendo dado graças, distribuiu-os aos comensais e, do mesmo modo, fez com os peixes, quanto queriam. ¹² Quando estavam saciados, disse a seus discípulos: "Recolhei o que sobrou em cestos a fim de que nada se perca".

¹³ Eles, então, recolheram e encheram doze cestos dos pedaços dos cinco pães de cevada que tinham excedido aos comensais.

¹⁴ As pessoas, tendo visto o sinal que Jesus fizera, diziam: "Verdadeiramente, é ele o Profeta que vem ao mundo".

¹⁵ Jesus, sabendo que estavam por vir tomá-lo à força para fazê-lo rei, retirou-se, novamente, sozinho para o monte.

Anotações de crítica textual e notas à tradução

Em Jo 6,5, Jesus vê a multidão que vem até ele e faz uma pergunta a Filipe. A pergunta começa com o advérbio *póthen* ("de onde"). Esse advérbio ocorre treze vezes no Evangelho segundo João. Em Jo 6,7, Filipe responde que duzentos denários não seriam suficientes para alimentar toda aquela gente. De acordo com Mt 20,2, um denário era o que um trabalhador recebia por um dia de trabalho. Duzentos denários de pães equivaleriam ao salário de duzentos dias de trabalho.

Há uma interessante leitura variante para o final desta perícope. Em Jo 6,15, a grande maioria dos manuscritos gregos e também das versões antigas traz a leitura que "*retirou-se*, novamente, sozinho para o monte". Alguns testemunhos textuais, no entanto, de modo especial em latim, trazem a leitura que Jesus "*fugiu*, novamente, sozinho para o monte". Em grego, essa leitura aparece apenas como a original do códex Sinaítico (א), posteriormente modificada por um corretor do manuscrito. Em latim, é a leitura de diversos manuscritos da Antiga Versão Latina, da Vulgata e de vários escritores patrísticos, como Tertuliano, Ambrósio, Jerônimo e Agostinho.[1]

Intertextualidade

Como este episódio é narrado pelos quatro evangelistas, ele se presta a uma comparação sinótica, que deve ser feita antes mesmo do comentário à perícope.

O primeiro dado que chama a atenção, nessa comparação, é que, no Evangelho segundo Marcos e no Evangelho segundo Mateus, há dois episódios semelhantes em que Jesus sacia uma multidão (Mc 6,30-44 e 8,1-10; Mt 14,13-21 e 15,32-39). Já no Evangelho segundo Lucas, como no Evangelho segundo João, há apenas um desses episódios (Lc 9,10-17). Em geral, os relatos no Evangelho segundo Lucas e no Evangelho segundo João se aproximam mais do primeiro relato no Evangelho segundo Marcos e no Evangelho segundo Mateus.[2] Comparando esses relatos (Mc 6,30-44; Mt 14,13-21; Lc 9,10-17 e Jo 6,1-15), o que o relato joanino tem de específico é o seguinte.

a) Marcos e Mateus localizam esse episódio em um lugar ermo e afastado; Lucas se refere à "direção da cidade de Betsaida". Segundo João, ocorre "às margens do mar da Galileia (ou) de Tiberíades" (Jo 6,1).

b) Todos mencionam uma multidão e, de uma forma ou de outra, a compaixão de Jesus pela multidão. Segundo João, a numerosa multidão o seguiu porque vira os sinais que ele realizava nos doentes (Jo 6,2). Esses sinais realizados por Jesus diante da multidão, contudo, parecem não terem sido narrados no Evangelho segundo João.

c) A sequência de Jo 6,3-4 é própria de João, o único evangelista que se refere ao monte e à proximidade da festa da Páscoa. Por outro lado, ele não se refere à hora: o final do dia, segundo os outros evangelistas.

---

[1] *O Novo Testamento grego*, p. 288.

[2] Para R. E. Brown, o relato joanino traz alguns elementos em comum com o primeiro relato de Marcos e Mateus, outros tantos em comum com o segundo relato de Marcos e Mateus (e Lucas) e muitos elementos próprios, de modo que ele chega à conclusão de que o evangelista se serviu de uma tradição semelhante, mas não idêntica àquela dos sinóticos (*Giovanni*, p. 310-311). A comparação dada a seguir tem apenas o objetivo de colocar em destaque o que é próprio do relato joanino.

d) Jesus se dá conta da multidão que lhe vem ao encontro, um traço frisado também por Marcos e Mateus. Mas, contrário ao relato dos outros evangelistas, no Evangelho segundo João, a iniciativa parte de Jesus. Neste Evangelho, são individuados, no grupo dos discípulos, Filipe, a quem Jesus se dirige, e André. É Jesus que apresenta a questão de onde comprar pão para aquela gente (Jo 6,5).

e) A informação de que Jesus dizia essas coisas para colocá-lo à prova, pois sabia o que iria fazer (Jo 6,6), também é própria do Evangelho segundo João. Em análise literária, esse tipo de observação é chamada de "interferência do narrador", algo comum neste Evangelho.

f) Já, para a resposta de Filipe (Jo 6,7), há um paralelo interessante com o Evangelho segundo Marcos: a menção dos "duzentos denários" de pão.

g) Depois de Filipe, vem André. Em sua fala, aparecem outras duas particularidades do relato joanino: a menção de um "menino", que trazia cinco pães de "cevada" e dois "peixes" (Jo 6,8-9). Esse menino não aparece nos relatos dos outros evangelistas, nos quais os discípulos trazem seu próprio alimento; tampouco se especifica que os pães eram de cevada. Enfim, a palavra usada para "peixe" no Evangelho segundo João é outra (*opsárion*), diferente daquela usada nos relatos dos evangelhos sinóticos (*ichthýs*).[3]

h) Na sequência, de acordo com o relato joanino, é o próprio Jesus que distribui o alimento às pessoas (Jo 6,10-11), e não os discípulos, como nos relatos sinóticos. Também é Jesus que ordena que os pedaços que sobraram sejam recolhidos (Jo 6,12-13).

i) A parte final do relato joanino (Jo 6,14-15) é própria e típica do Evangelho segundo João: ao ver o sinal realizado por Jesus, as pessoas o identificam com "o *Profeta* que vem ao mundo" e querem agarrá-lo para fazer dele rei. Jesus, porém, se distancia deles e se refugia sozinho em um monte.

Comentário

A comparação sinótica acima mostra que, apesar de o relato joanino ter seus paralelos nos evangelhos sinóticos e provir de uma tradição comum

---

[3] De acordo com R. E. Brown, os pães de cevada eram mais baratos que os pães de trigo e, por isso, eram o alimento das pessoas mais pobres. Ele também afirma que o termo usado para "peixe" no Evangelho segundo João significa "peixe seco", e não "peixe fresco" (*Giovanni*, p. 302-303). Em 2Rs 4,42-44, há um relato em que Eliseu alimenta cem pessoas com vinte pães de cevada e trigo novo na espiga.

aos relatos desses evangelhos, o evangelista João trabalhou essa tradição de uma maneira muito própria. Cabe ressaltar, no relato joanino, a iniciativa que sempre parte de Jesus. Por outro lado, um traço comum com os relatos sinóticos são os elementos eucarísticos. No relato joanino, eles aparecem, de modo especial, nos gestos de Jesus de tomar os pães, dar graças e distribuí-los, usando, inclusive, o verbo *eucharistéō* ("dar graças"; Jo 6,11). Com isso, essa narrativa prepara o discurso do Pão da Vida, que virá a seguir (Jo 6,22-59).

Ao final, à vista do sinal que Jesus fizera, as pessoas diziam: "Verdadeiramente, é ele o Profeta que vem ao mundo" (Jo 6,14). Trata-se aqui não de apenas mais um profeta, mas sim do Profeta, aquele prometido por Moisés (Dt 18,15-19). Se as pessoas querem tomá-lo para fazer dele rei, isso significa uma associação entre os títulos de "Profeta" e "Messias" (= rei). Jesus reage afastando-se, não aceitando o projeto messiânico que lhe é proposto. Contudo, como Moisés, ele vai sozinho para a montanha (Jo 6,15).

6,16-21 Jesus caminha sobre o mar

Também esta perícope é do gênero narrativo. As personagens são os discípulos e Jesus. O cenário é o lago da Galileia (Jo 6,1), chamado no texto de "mar". Os discípulos estão em um barco, indo em direção a Cafarnaum. Uma anotação temporal informa que já havia anoitecido (Jo 6,17).

O texto traduzido: "Sou eu, não temais"

> ¹⁶ Quando se fez tarde, seus discípulos desceram para o mar. ¹⁷ Eles subiram em um barco e foram para Cafarnaum, do outro lado do mar. Já tinha anoitecido e Jesus ainda não se juntara a eles. ¹⁸ O mar estava agitado por causa de um vento forte que soprava. ¹⁹ Tendo percorrido de vinte e cinco a trinta estádios, viram Jesus aproximando-se do barco caminhando sobre o mar e sentiram medo. ²⁰ Ele, porém, lhes disse: "Sou eu, não temais".
>
> ²¹ Queriam, então, trazê-lo para o barco, mas logo o barco chegou à terra para onde iam.

Intertextualidade e comentário

Assim como o relato anterior (Jo 6,1-15), também este relato tem paralelo nos outros escritos evangélicos, só que desta vez apenas no Evangelho segundo Marcos (Mc 6,45-52) e no Evangelho segundo Mateus (Mt 14,22-33).

Aliás, esses três escritos – João, Marcos e Mateus – coincidem ainda na mesma sequência, uma vez que trazem o relato de Jesus caminhando sobre o mar após o relato da distribuição dos pães para a multidão. Isso indica que, provavelmente, esses dois relatos já estavam unidos em uma fonte comum a esses evangelhos, que pode ter sido um escrito evangélico de tipo proto-Marcos.

Na comparação sinótica, o relato no Evangelho segundo João aparece como o mais breve. Um traço próprio desse relato é que, quando os discípulos querem trazer Jesus para o barco, este já chegou ao lugar para onde ia, isto é, Cafarnaum.

Em seu comentário ao Evangelho segundo João, R. E. Brown afirma que, em comparação com os relatos paralelos no Evangelho segundo Marcos e no Evangelho segundo Mateus, o relato joanino de Jesus caminhando sobre o mar é desprovido de seu aspecto de milagre. O que resta, então, é um relato de epifania divina centrado na expressão "Sou eu" (Jo 6,20).[4]

Nota à tradução

Quando Jesus se aproxima dos discípulos, o barco em que eles estavam já tinha percorrido entre vinte e cinco e trinta estádios (Jo 6,19), o que corresponde a cerca de cinco quilômetros. Isso equivaleria a cerca da metade do percurso, de barco, de Tiberíades a Cafarnaum.

6,22-59 O discurso do Pão da Vida

Há vários gêneros literários nesta seção. O início é uma narrativa que se transforma em um diálogo que aos poucos vai se tornando um discurso de Jesus. O cenário é a sinagoga de Cafarnaum. Uma anotação de tempo informa que é o dia seguinte àquele em que Jesus saciou a multidão. As personagens do relato são: Jesus, a multidão, as autoridades judaicas. Os discípulos também são mencionados.

O texto traduzido: "Sou eu o Pão da Vida"

> [22] No dia seguinte, a multidão que estava do outro lado do mar percebeu que havia ali somente uma barca, e que Jesus não tinha acompanhado seus discípulos no barco, mas que eles tinham partido sozinhos. [23] Outras

---

[4] Também é possível estabelecer alguns paralelos entre Jo 6,1-21 e as tradições relativas ao êxodo, em especial, como aparecem nos Salmos: a Páscoa, o atravessar o mar, o maná (R. E. BROWN, *Giovanni*, p. 329-331).

barcas chegaram de Tiberíades, próximo do lugar onde tinham comido o pão sobre o qual o Senhor tinha dado graças. ²⁴ Quando, pois, a multidão viu que nem Jesus estava ali, nem seus discípulos, subiu nas barcas e foi para Cafarnaum em busca de Jesus. ²⁵ Eles o encontraram do outro lado do mar e lhe disseram: "Rabi, quando chegaste aqui?"

²⁶ Respondeu-lhes Jesus:

"Amém, amém, eu vos digo:

vós me buscais não porque vistes sinais,

mas porque comestes dos pães e vos saciastes.

²⁷ Trabalhai não pelo alimento que se perde,

mas pelo alimento que permanece para a vida eterna,

que o Filho do Homem vos dará

e que Deus Pai marcou com seu selo".

²⁸ Disseram-lhe, então: "Que devemos fazer para realizar as obras de Deus?"

²⁹ Respondeu-lhes Jesus: "Esta é a obra de Deus: que creiais naquele que ele enviou".

³⁰ Disseram-lhe, então: "Que sinal fazes para que vejamos e creiamos em ti? Que obra realizas? ³¹ Nossos pais comeram o maná no deserto, conforme está escrito: '*Pão do céu deu-lhes a comer*'".

³² Disse-lhes, então, Jesus:

"Amém, amém, eu vos digo:

não foi Moisés quem vos deu o pão do céu,

mas é meu Pai quem vos dá o verdadeiro Pão do Céu,

³³ pois o pão de Deus é aquele que desce do céu e dá vida ao mundo".

³⁴ Disseram-lhe, então: "Senhor, dá-nos sempre deste pão".

³⁵ Disse-lhes Jesus:

"Sou eu o Pão da Vida.

Quem vem a mim não terá fome

e quem crê em mim nunca mais terá sede.

³⁶ Todavia, eu vos disse que vós me tendes visto, mas não credes.

³⁷ Tudo o que o Pai me dá virá a mim,

e quem vem a mim eu não o lançarei fora,

³⁸ porque desci do céu não para fazer minha vontade,

mas a vontade daquele que me enviou.

³⁹ Esta é a vontade daquele que me enviou:

que eu nada perca daquilo que me deu,

mas que o ressuscite no último dia.

⁴⁰ Esta é a vontade de meu Pai:

que todo aquele que vê o Filho e nele crê tenha a vida eterna

e eu o ressuscitarei no último dia".

⁴¹ Murmuravam, então, os judeus a respeito dele, porque dissera: "Sou eu o Pão descido do céu". ⁴² Eles diziam: "Este não é Jesus, o filho de José, de quem conhecemos o pai e a mãe? Como é que agora diz: 'Desci do céu'?"

⁴³ Respondeu-lhes Jesus:

"Não murmureis entre vós.

⁴⁴ Ninguém pode vir a mim se o Pai, que me enviou, não o atrair,

e eu o ressuscitarei no último dia.

⁴⁵ Está escrito nos Profetas: *Serão todos instruídos por Deus*.

Todo aquele que ouve o Pai e aprende vem a mim.

⁴⁶ Não que alguém tenha visto o Pai,

a não ser aquele que vem de junto de Deus: este viu o Pai.

⁴⁷ Amém, amém, eu vos digo:

quem crê tem a vida eterna.

⁴⁸ Sou eu o Pão da Vida.

⁴⁹ Vossos pais, no deserto, comeram o maná e morreram.

⁵⁰ Este é o pão que desce do céu para que aquele que dele comer não morra.

⁵¹ Sou eu o Pão Vivo que desceu do céu.

Quem comer deste pão viverá para sempre,

e o pão que eu darei para a vida do mundo é minha carne".

⁵² Os judeus discutiam, então, entre si dizendo: "Como pode este nos dar a comer sua carne?"

⁵³ Disse-lhes, então, Jesus:

"Amém, amém, eu vos digo:

se não comerdes a carne do Filho do Homem

e não beberdes seu sangue,

não tereis a vida em vós mesmos.

⁵⁴ Quem come minha carne e bebe meu sangue tem a vida eterna,

e eu o ressuscitarei no último dia,

⁵⁵ pois minha carne é verdadeira comida e meu sangue é verdadeira bebida.

⁵⁶ Quem come minha carne e bebe meu sangue permanece em mim e eu nele.

⁵⁷ Assim como vive o Pai, que me enviou, e eu vivo pelo Pai,

quem se alimenta de mim, também ele, viverá por mim.

⁵⁸ Este é o Pão que desceu do céu,

não como aquele que vossos pais comeram e morreram.

Quem come este pão viverá para sempre".

⁵⁹ Ele disse estas coisas ensinando em uma sinagoga de Cafarnaum.

Comentário

Como se trata de um longo discurso, seu comentário será feito por partes.

6,22-27 Trabalhai pelo alimento que permanece para a vida eterna

A narrativa começa com a questão dos barcos (Jo 6,22). A multidão procura por Jesus e volta para Cafarnaum, onde o encontra (Jo 6,23-24). É raro que o próprio evangelista, enquanto narrador, refira-se a Jesus como Senhor antes dos relatos pós-pascais. Isso ocorre em Jo 6,23 e em Jo 11,2, e sobre ambos os versículos recai a suspeita de terem sido acrescentados por um editor do Evangelho. Em Jo 6,23, aparece a palavra "pão", no singular, que é o pão sobre o qual Jesus tinha pronunciado a ação de graças. Em grego, para "dar graças", é usado o verbo *eucharistéō*, de modo que este versículo já antecipa o tema eucarístico, que virá ao primeiro plano da narrativa a partir de Jo 6,51.

A multidão quer saber como ele chegou ao outro lado do lago. Jesus não responde à pergunta (Jo 6,25). Em lugar da resposta, Jesus faz duas afirmações. A primeira desvela a intenção daqueles que o procuram: comer e saciar-se (Jo 6,26). A segunda os convida a trabalhar por outro alimento. Esse alimento tem três características: permanece para a vida eterna, será dado pelo Filho do Homem e foi marcado com o selo do Pai (Jo 6,27).

6,28-34 A obra de Deus é que creiais naquele que ele enviou

O diálogo seguinte gira, primeiramente, em torno da expressão "obras" ou "obra de Deus". Os interlocutores de Jesus usam a expressão no plural, Jesus a usa no singular. Para Jesus, a obra de Deus é que se creia naquele que Deus enviou (Jo 6,28-29). A obra de Deus, portanto, não é, primeiramente, um fazer, mas sim uma opção radical de fé capaz de transformar profundamente a vida daquele que crê. Nisso, inclusive, a teologia joanina se encontra com a teologia paulina, para a qual não são as obras que justificam o homem, mas a fé em Jesus Cristo (Gl 2,16).

A multidão pede um sinal que credencie Jesus como o enviado de Deus (Jo 6,30). O sinal, porém, já foi dado por Jesus ao alimentar a multidão com os poucos pães e peixes. A multidão cita o Sl 78,24, dando sua interpretação: "Pão do céu (o maná) deu-lhes (aos pais no deserto) a comer". Jesus contrapõe a essa interpretação outra interpretação: o verdadeiro Pão do Céu não é o maná; quem o dá não é Moisés, mas sim o Pai, e não o deu aos pais no deserto, mas o dá, no presente, à multidão, o "vós" no discurso de Jesus (Jo 6,31-32). A justificativa é que o verdadeiro Pão do Céu é o Pão de Deus, aquele que desce do céu e dá vida ao mundo (Jo 6,33). Ora, aquele que desceu do céu é o Filho do Homem (Jo 3,13).

Essa parte do diálogo termina com o pedido: "Dá-nos sempre deste pão" (Jo 6,34), que relembra o pedido da Samaritana: "Senhor, dá-me dessa água para que eu não tenha mais sede" (Jo 4,15). De modo semelhante, o pão que desce do céu e dá vida ao mundo (Jo 6,33) lembra a expressão de João Batista: "Eis o Cordeiro de Deus que tira o pecado do mundo" (Jo 1,29), mostrando, mais uma vez, a universalidade da missão de Jesus.

6,35-40 Sou eu o Pão da Vida

Jesus retoma a palavra e declara "Sou eu o Pão da Vida" (Jo 6,35). Essa é a primeira proposição do tipo *Eu sou* com predicado neste Evangelho. Essas proposições, chamadas de fórmulas de revelação, são seguidas de uma promessa. Aqui, Jesus afirma que ele próprio é o Pão da Vida e promete: "Quem vem a mim não terá fome e quem crê em mim nunca mais terá sede". Assim como a Sabedoria, Jesus convida aquele que tem fome e sede para que venha, coma e beba (Pr 9,5; Eclo 15,3; 24,21).

O diálogo bem poderia terminar aqui. Para o que segue, há uma mudança de tom, que vai se tornando polêmico, com o aparecimento do tema da incredulidade (Jo 6,36). Aquele, no entanto, que o Pai dá a Jesus, ele o acolhe (Jo 6,37). A palavra-chave do discurso de Jesus que vem a seguir é "vontade". Trata-se da vontade do Pai, que Jesus vem para cumprir (Jo 6,38). Na sequência, aparece duas vezes a ressurreição no último dia.

Em Jo 6,39, o texto grego do Evangelho traz algumas formas no gênero neutro, em "que eu *nada* perca *daquilo* que me deu, mas que *o* ressuscite no último dia". No versículo seguinte, uma afirmação semelhante já utiliza o pronome no gênero masculino, inclusivo também do feminino.[5] Nesses versículos, a ressurreição no último dia aparece como uma consequência definitiva do ter a vida eterna. Quem vê Jesus e crê que ele é o Filho tem, desde já, a vida eterna e será ressuscitado pelo Filho no último dia (Jo 6,40).

6,41-51 Quem comer deste Pão viverá para sempre

Em Jo 6,41, ocorre uma mudança de tratamento dos interlocutores de Jesus. Já não é mais "a multidão", mas "os judeus", isto é, as autoridades religiosas judaicas. De fato, nem sempre, mas muitas vezes, o evangelista utiliza a palavra "judeus" para expressar a atitude hostil das autoridades judaicas em relação a Jesus, ou aquele judaísmo posterior, hostil aos cristãos. O verbo usado também já não é mais o mesmo, mas "murmuravam", refletindo a mesma atitude dos israelitas no deserto, que murmuravam contra Moisés e contra Deus. O motivo da murmuração é o que Jesus dissera: "Sou eu o Pão descido do céu" (Jo 6,41). Eles não podem aceitar essa afirmação uma vez que conhecem Jesus, seu pai e sua mãe (Jo 6,42).

Jesus censura essa atitude (Jo 6,43-44) e acrescenta uma citação dos profetas: "Serão todos instruídos por Deus" (Jo 6,45), que remete a Is 54,13 e a Jr 31,33-34. A citação reforça o conteúdo sapiencial do discurso de Jesus.

---

[5] Assim também será em Jo 6,44.54.

Nesse mesmo sentido, Jesus afirma que todo aquele que ouve o Pai e aprende vem a ele, e "quem crê tem a vida eterna" (Jo 6,45-47).

Em Jo 6,48, aparece novamente a expressão "Sou eu o Pão da Vida" (Jo 6,35) e também reaparece a questão das duas interpretações do Sl 78,24 (Jo 6,49-51, antes em Jo 6,31-33). O discurso retoma um argumento que tinha ficado para trás e uma questão que tinha ficado sem resposta: qual é o verdadeiro Pão de Deus que dá a vida ao mundo? (Jo 6,33). A resposta vem agora, quando Jesus afirma: "Sou eu o Pão Vivo que desceu do céu" (Jo 6,51). Trata-se de uma variação da proposição "Sou eu o Pão da Vida" (Jo 6,35.48), que já aparece em Jo 6,41, mas não em um discurso direto de Jesus. Desta vez, em um discurso direto de Jesus, a proposição vem acompanhada da promessa: "Quem comer deste pão viverá para sempre" (Jo 6,51). Assim, é o próprio Jesus o verdadeiro Pão Vivo descido do céu, e não o maná, uma vez que o Pão da Vida dá vida àqueles que dele se alimentam. Ora, aqueles que comeram o maná morreram. O maná não foi capaz de lhes transmitir vida (Jo 6,49-50). Ao final, a afirmação de Jesus: "O pão que eu darei para a vida do mundo é minha carne" (Jo 6,51) faz com que este discurso tome a direção da perspectiva eucarística.[6]

Em Jo 6,51, aparece, pela primeira vez neste capítulo, a palavra "carne" (*sárx*, em grego), que reaparecerá nos versículos seguintes. Enquanto os evangelhos sinóticos e a Primeira Carta aos Coríntios utilizam a palavra "corpo" (*sóma*, em grego) na linguagem eucarística (Mc 14,22; Mt 26,26; Lc 22,19; 1Cor 11,24), João utiliza a palavra "carne".[7] Esse uso está em consonância com a afirmação do prólogo de que "a Palavra se fez carne" (Jo 1,14), o que, para além de um realismo físico, leva a compreender uma comunhão com a realidade da encarnação do Filho (Jo 6,56-57).

---

[6] Essa mudança de perspectiva é o motivo pelo qual R. E. Brown divide esse discurso de Jesus em duas partes principais. A primeira abrange Jo 6,35-50, na qual predomina a temática sapiencial. Juntamente com o tema da Sabedoria, vai o tema do banquete messiânico, associado com o banquete pascal, que o prefigura e antecipa. A segunda parte abrange Jo 6,51-59 e nela predomina a temática eucarística (*Giovanni*, p. 351-355). C. H. Dodd divide o discurso em três partes: Jo 6,26-34; 6,35-50; 6,51-59, mas com uma conexão mais estreita entre elas. Afirma C. H. Dodd: "Se Cristo é não só o Pão, mas também aquele que dá o pão, então o que ele dá é ele mesmo – sua carne e sangue" (*A interpretação do quarto evangelho*, p. 440). O modo como o discurso de Jesus é aqui dividido leva em conta mais os aspectos formais e menos o conteúdo. Assim, o discurso foi dividido de acordo com as interferências do narrador dando a palavra a Jesus, à multidão ou às autoridades judaicas.

[7] De acordo com J. Beutler, a palavra *sárx*, "carne", em contexto eucarístico, também é usada por Inácio de Antioquia e por Justino (*Evangelho segundo João*, p. 180).

6,52-59   Quem come minha carne e bebe meu sangue tem a vida eterna

Novamente, há uma fala atribuída às autoridades judaicas. Como da outra vez (Jo 6,41-42), eles não se dirigem diretamente a Jesus, mas falam entre si. Eles se perguntam como é possível que Jesus dê sua própria carne como comida (Jo 6,52). Jesus não apenas insiste que sua carne é verdadeira comida, como acrescenta que seu sangue é verdadeira bebida (Jo 6,53-55). Esses versículos tratam do "sacramento" ou "mistério" da Eucaristia, que deve ter provocado incompreensão naqueles que não viviam no interior da comunidade cristã. Para aqueles que são da comunidade, esses versículos são uma catequese: ensinam o que significa participar do mistério da carne e do sangue de Cristo. Trata-se, primeiramente, de um mistério de comunhão: quem participa da Eucaristia permanece no Cristo, e o Cristo nele (Jo 6,56), e compartilha da vida de comunhão do Pai com o Filho (Jo 6,57). Nesses versículos, à carne vem juntar-se o sangue. Se a carne evocava a comunhão com a encarnação do Filho (Jo 1,14), o sangue evoca a comunhão com sua morte violenta na cruz (Jo 19,34).

O discurso se conclui com a retomada da interpretação do Sl 78,24, afirmando, mais uma vez, por que não é o maná o Pão do Céu, já que os pais o comeram e morreram no deserto, por causa de sua obstinação. O maná é prefiguração do verdadeiro Pão do Céu, que é dado pelo Cristo na Eucaristia: quem dele comer viverá para sempre. Como consequência, a Eucaristia é penhor de uma vida que permanece para sempre, para além da morte, para a ressurreição no último dia (Jo 6,58).

O evangelista caracteriza todas essas palavras de Jesus como um ensinamento e acrescenta que Jesus falou assim na sinagoga de Cafarnaum (Jo 6,59). Essa referência de lugar e a referência temporal da proximidade da festa da Páscoa (Jo 6,4) dão o quadro narrativo deste capítulo.

Intertextualidade

Já não é mais necessário mencionar o Sl 78,24, tantas vezes mencionado no comentário a esta perícope, nem mesmo a referência ao que está escrito nos profetas: "Serão todos instruídos por Deus" (Jo 6,45, referindo-se a Is 54,13; Jr 31,33-34), ideia que também se encontra em 1Jo 2,27. Ainda resta notar alguns paralelos presentes nesse discurso com passagens dos evangelhos sinóticos de confrontos de Jesus na Galileia.

Primeiramente, cabe lembrar o relato sinótico em que se pede a Jesus (para colocá-lo à prova) um sinal (vindo do céu). Em Mc 8,11-13, quem pede são os fariseus; em Mt 12,38-42, quem pede são escribas e fariseus;

em Mt 16,1-4, são fariseus e saduceus; em Lc 11,29-32, é essa geração, que, se não chega a pedir um sinal, o procura. No relato joanino, a multidão pergunta a Jesus: "Que sinal fazes para que vejamos e creiamos em ti? Que obra realizas?" (Jo 6,30).

Adiante, as autoridades judaicas dizem: "Este não é Jesus, filho de José, de quem conhecemos o pai e a mãe? Como é que agora diz: 'Desci do céu'?" (Jo 6,42). Nos evangelhos sinóticos, uma fala muito semelhante é encontra no relato da visita a Jesus a seu povoado de Nazaré. De acordo com o Evangelho segundo Marcos, os habitantes de Nazaré perguntam: "Não é este o artesão, o filho de Maria, irmão de Tiago, Joset, Judas e Simão? E não estão suas irmãs aqui junto a nós?" (Mc 6,3).[8] Ver também os textos paralelos em Mt 13,55; Lc 4,22.

No Evangelho segundo João, o capítulo 6 marca o fim da missão de Jesus na Galileia. Nos capítulos seguintes, Jesus toma a direção de Jerusalém. Tem-se a impressão de que, antes de assinalar a partida de Jesus, o evangelista inseriu, juntamente com o discurso do Pão da Vida, o que julgou mais significativo dos confrontos de Jesus na Galileia, utilizando um material comum com a tradição sinótica.

6,60-71 Crise entre os discípulos de Jesus

O diálogo de Jesus, que começou com a multidão (Jo 6,22.24) e continuou com as autoridades judaicas (Jo 6,41.52), desemboca num diálogo de Jesus com muitos de seus discípulos e, por fim, com os Doze (Jo 6,67), dentre os quais Simão Pedro toma a palavra. Judas também é nomeado.

O texto traduzido: "A quem iremos, Senhor?"

> [60] Então muitos de seus discípulos, tendo ouvido estas coisas, disseram: "Dura é esta palavra. Quem pode ouvi-la?"
>
> [61] Jesus, porém, sabendo por si mesmo que seus discípulos murmuravam por causa disso, disse-lhes: "Isto vos escandaliza? [62] E quando virdes o Filho do Homem subindo para onde estava antes? [63] O espírito é que vivifica, a carne nada alcança. As palavras que eu vos disse são espírito e vida. [64] Mas há, entre vós, alguns que não creem".

---

[8] Texto extraído de *A Bíblia: Novo Testamento*, p. 116.

> Desde o princípio, Jesus sabia quem eram aqueles que não acreditavam e quem era aquele que o entregaria. ⁶⁵ E dizia: "Por isso eu vos disse: ninguém pode vir a mim se isso não lhe for dado pelo Pai".
>
> ⁶⁶ A partir de então, muitos de seus discípulos se retiraram e não mais andavam com ele. ⁶⁷ Disse, então, Jesus aos Doze: "Acaso vós também não quereis ir?"
>
> ⁶⁸ Respondeu-lhe Simão Pedro: "Senhor, a quem iremos? Tu tens palavras de vida eterna, ⁶⁹ e nós temos crido e conhecido que tu és o Santo de Deus".
>
> ⁷⁰ Respondeu-lhes Jesus: "Não fui eu que vos escolhi, os Doze? Mas um dentre vós é um diabo".
>
> ⁷¹ Ele falava de Judas, filho de Simão Iscariotes, um dos Doze, que iria entregá-lo.

Anotações de crítica textual e nota à tradução

Em Jo 6,60, duas traduções do texto grego são possíveis: "Quem pode ouvi-la?", ou seja, a palavra que Jesus acaba de dizer, ou: "Quem pode ouvi-lo?", ou seja, o próprio Jesus.

Em Jo 6,69, os testemunhos antigos dividem-se em diversas leituras para as palavras de Pedro. As principais leituras atestadas são

a) o Santo de Deus;
b) o Cristo, o Santo de Deus;
c) o Cristo, o Filho de Deus;
d) o Cristo, o Filho do Deus vivo.

A leitura (a) é atestada por um grupo menor de testemunhos, mas que são importantes por sua antiguidade, entre os quais está o papiro $\mathfrak{P}^{75}$ e os códices Sinaítico ($\aleph$) e Vaticano (B). A leitura (b) é atestada pelo papiro $\mathfrak{P}^{66}$ e pelas antigas versões coptas, do Egito. Quanto às grandes tradições textuais, a Vulgata traz a leitura (c), enquanto a tradição Bizantina e a Pechita trazem a leitura (d).[9] Esta última é claramente uma harmonização com Mt 16,16. As leituras (b) e (c) também podem ter sido influenciadas por Mt 16,16 e paralelos.

Para Jo 6,71, os testemunhos antigos se dividem na apresentação de Judas. De acordo com um grupo restrito de manuscritos, mas importantes por

---

[9] *O Novo Testamento grego*, p. 292.

sua antiguidade, ele é "Judas, filho de Simão Iscariotes". Entre esses manuscritos estão os papiros 𝔓⁶⁶ e 𝔓⁷⁵. De acordo com um grupo maior de manuscritos, representado de modo especial pela tradição Bizantina, ele é "Judas Iscariotes, filho de Simão". Há ainda um terceiro grupo, formado apenas por uns poucos manuscritos, segundo o qual ele é "Judas, filho de Simão, de Kerioth", nome de uma localidade ao sul da Judeia. Essa era a leitura original do códex Sinaítico (א) e a de mais uns poucos manuscritos gregos e siríacos.[10] Em seu comentário, R. E. Brown assinala que a fórmula "x, filho de y, mais um patronímico", reflete uma influência do idioma aramaico, no qual o patronímico refere-se a "x" e não a "y". Se essa interpretação estiver correta, "Iscariotes" significa, provavelmente, "de Kerioth", tal como trazem alguns testemunhos acima citados, o que faria de Judas um judeu e não um galileu, como os outros do grupo do Doze dos quais se conhece a origem.[11]

Comentário

A mudança de personagens em Jo 6,60 convida a considerar esse versículo como o início de uma nova perícope. Agora, já não se trata mais nem da multidão (Jo 6,22-40) nem das autoridades judaicas (Jo 6,41-58), mas de uma divisão dentro do próprio grupo dos discípulos de Jesus, que provocará a deserção de muitos (Jo 6,66). Também nesse grupo há murmuração (Jo 6,41.43.61) e gente que se escandaliza com o que Jesus disse (Jo 6,60-61). As palavras de Jesus: "E quando virdes o Filho do Homem subindo para onde estava antes?" (Jo 6,62) são uma alusão à morte de Jesus na cruz, onde começa sua "subida" para onde estava antes.

Jesus disse àqueles que iam perdendo ânimo: "O espírito é que vivifica, a carne nada alcança. As palavras que eu vos disse são espírito e vida" (Jo 6,63). Nessa afirmação, a palavra "carne" não pode ser tomada no mesmo sentido que em Jo 1,14 ("a Palavra se fez *carne*") e em Jo 6,51 ("o pão que eu darei para a vida do mundo é minha *carne*"). Aqui, a carne que para nada conta é contrária ao espírito que vivifica. Viver pela carne e viver pelo espírito são dois modos de vida. Jesus convida seus discípulos a compreenderem suas palavras de modo espiritual e não de modo carnal. No Evangelho segundo João, esse sentido para a palavra "carne" já tinha aparecido enquanto possibilidade para Jo 3,6.[12]

---

[10] *The Greek New Testament*, p. 349. Ver também: B. M. METZGER, *A Textual Commentary on the Greek New Testament*, p. 184.

[11] R. E. BROWN, *Giovanni*, p. 386.

[12] Um antigo manuscrito siríaco do Evangelho segundo João, o manuscrito Siro-

Com tudo isso, porém, Jesus não se desespera. De fato, depois de um momento de empolgação suscitada por Jesus, veio um momento de crise, e muitos o abandonaram. Isso se pode perceber a partir de todos os escritos evangélicos, sendo que o Evangelho segundo João é aquele que mais claramente retrata esse momento de crise. No relato joanino, o narrador aparece para explicar que a situação não fugia ao controle de Jesus: ele sabia que isso aconteceria (Jo 6,64). O próprio Jesus relembra o que já tinha dito (Jo 6,37.44): "Ninguém pode vir a mim se isso não lhe for dado pelo Pai" (Jo 6,65). Na perspectiva joanina, quem atrai as pessoas para Jesus é o próprio Pai. Qualquer trabalho missionário só tem êxito porque foi precedido por uma boa disposição interior da pessoa, que é dom do Pai.

Muitos voltaram para trás (Jo 6,66). Ficando com os Doze, Jesus os deixa livres para partir ou para permanecer com ele (Jo 6,67). Simão Pedro responde por todos: "Senhor, a quem iremos? Tu tens palavras de vida eterna" (Jo 6,68). Ele continua: "Nós temos crido e conhecido que tu és o Santo de Deus" (Jo 6,69). É de notar a ordem dos verbos: primeiro "crer", depois "conhecer".[13] No entanto, mesmo entre os Doze há um traidor (Jo 6,70-71). As palavras de Jesus são fortes: "Um dentre vós é um diabo" (Jo 6,70). Ora, etimologicamente, a palavra "diabo" significa "aquele ou aquilo que causa divisão". Jesus constata que essa divisão existe mesmo no grupo de discípulos mais próximo a ele, que era o grupo dos Doze. Aliás, neste Evangelho não há uma lista com os nomes daqueles que compõem esse grupo, mas ainda assim é significativo que os Doze, enquanto grupo, sejam mencionados.

Intertextualidade

Os evangelhos sinóticos contam que, certa vez, a caminho de Cesareia de Filipe, Jesus perguntou a seus discípulos quem as pessoas diziam que ele era e acrescentou: "E vós, quem dizeis que eu sou?" Foi Pedro que respondeu por todos: "Tu és o Cristo" (Mc 8,27-30), ou: "Tu és o Cristo, o Filho do

---

-Sinaítico, assim retrata Jo 6,63: "É o Espírito que vivifica o corpo. Vós, porém, dizeis que o corpo para nada serve. As palavras que vos disse são espírito e vida". É uma característica da Antiga Versão Siríaca traduzir a palavra grega *sárx*, "carne", do mesmo modo que a palavra *sôma*, "corpo". Fora disso, é interessante notar o esforço do tradutor em encontrar um denominador comum de sentido para o termo *sárx*, "carne", no Evangelho segundo João. Para o texto do Evangelho segundo João em siríaco, ver *Comparative Edition of the Syriac Gospels*, Volume 4: *John*, p. 121.

[13] G. Barbaglio chama a atenção para esse detalhe: "A ordem dos verbos é certamente indicativa" (O Evangelho de João, p. 351).

Deus vivo" (Mt 16,13-16), ou ainda: "Tu és o Cristo de Deus" (Lc 9,18-20). No Evangelho segundo João, o cenário não é aquele da região montanhosa da Alta Galileia, a caminho das nascentes do rio Jordão, em direção a Cesareia de Filipe. Também não há, no Evangelho segundo João, as perguntas de Jesus: "Quem as pessoas dizem que eu sou? E vós, quem dizeis que eu sou?" Há apenas a resposta de Simão Pedro: "Senhor, a quem iremos? Tu tens palavras de vida eterna, e nós temos crido e conhecido que tu és o Santo de Deus" (Jo 6,68-69).

Nos evangelhos sinóticos, na sequência, Jesus começa a falar de sua paixão. Pedro repreende Jesus, mas é por Jesus repreendido com palavras fortes: "Vai para trás de mim, Satanás, porque não pensas as coisas de Deus, mas as coisas dos homens" (Mc 8,31-33; ver também o texto paralelo em Mt 16,21-23). No relato joanino, na sequência das palavras de Simão Pedro, Jesus afirma que um dentre aqueles que ele escolheu é um diabo (Jo 6,70). O evangelista explicita que se trata de Judas. No entanto, é interessante notar que "Santo de Deus", o modo como Simão Pedro se refere a Jesus (Jo 6,69) é expressão que aparece, nos evangelhos sinóticos, na boca de um espírito impuro (Mc 1,24; Lc 4,34).[14]

A seção da segunda festa da Páscoa dos judeus, que abrange o capítulo 6 do Evangelho (Jo 6,1-71), se encerra aqui. O cenário é a Galileia e, mais precisamente, as margens do lago da Galileia ou de Tiberíades. Não há menção alguma de Jerusalém, o que seria de esperar na circunstância da Páscoa. O que justifica a menção da festa é, provavelmente, o contexto eucarístico desta seção. No Evangelho segundo João, a ceia que antecede a paixão de Jesus não é a ceia pascal, como acontece nos evangelhos sinóticos, quando é narrada a "instituição da Eucaristia". No entanto, o discurso do Pão da Vida, no Evangelho segundo João, também se dá no contexto da celebração da Páscoa, o que significa que, seja neste Evangelho, seja nos evangelhos sinóticos, a Eucaristia se enraíza nos acontecimentos pascais.

A próxima seção será a da festa das Cabanas (Jo 7,1–10,21). Seu início se dá na Galileia, mas, logo, o cenário muda, definitivamente, para Jerusalém. Durante a festa, Jesus vai se revelando progressivamente como o Enviado do Pai.

---

[14] Na Septuaginta, a expressão "Santo de Deus" (*hágios theû*) aparece em Jz 13,7 e 16,17 referindo-se a Sansão, traduzindo o texto hebraico *nezîr 'elōhîm*, "nazireu de Deus" (R. E. BROWN, *Giovanni*, p. 385).

7,1–10,21

As festas judaicas
IV – A festa das Cabanas

Com o capítulo 7, inicia-se a seção do Evangelho segundo João que tem como pano de fundo a festa judaica das Cabanas. A primeira menção da festa está em Jo 7,2 e a última em Jo 7,37, mas a seção da festa das Cabanas se prolonga até o final do capítulo 9 e mesmo até Jo 10,21. Antes do capítulo 7, já foram mencionadas três festas: duas festas da Páscoa (Jo 2,13; 4,45 e 6,4) e a festa mencionada em Jo 5,1.

No tempo de Jesus, a festa das Cabanas era, provavelmente, a mais popular entre os judeus. Era uma festa de peregrinação, celebrada em Jerusalém, no outono. Sua origem seria uma festa agrária, na qual se agradecia a Deus pela colheita do ano e se pediam chuvas para a próxima semeadura. Depois, ela foi vinculada à travessia do deserto, rumo à Terra Prometida.

A festa tinha a duração de sete dias, mais um oitavo dia de repouso. Durante os festejos, as pessoas habitavam em cabanas feitas de ramos de palmeiras e outras árvores. Ao entardecer de cada dia, havia uma procissão que trazia água da piscina de Siloé até o Templo. Durante a procissão, cantavam-se salmos, de modo especial o Sl 118, e as pessoas traziam ramalhetes de ervas e frutos nas mãos. A menorá do Templo era acesa gradualmente. Se chovesse durante a festa, era sinal de bom augúrio: o ano seria de chuvas e boas colheitas.

Dois símbolos caracterizavam a festa das Cabanas: a água e a luz.[1]

As perícopes que compõem esta seção são:

- Jesus e seus irmãos antes da festa (Jo 7,1-10);
- Jesus em Jerusalém durante a festa (Jo 7,11-36);
- o último dia da festa (Jo 7,37-52);

---

[1] Sobre a festa das Cabanas, pode-se ver o primeiro capítulo "História da festa das Tendas", do livro de L. DEVILLERS, *A saga de Siloé*, p. 15-37.

- a mulher surpreendida em adultério (Jo 7,53–8,11);
- novo confronto de Jesus com as autoridades judaicas (Jo 8,12-59);
- Jesus abre os olhos do cego de nascença (Jo 9,1-41);
- a alegoria do Bom Pastor (Jo 10,1-21).

7,1-10   Jesus e seus irmãos antes da festa

Esta primeira perícope situa todo o capítulo 7 do Evangelho por ocasião da festa dos judeus, chamada das Cabanas. O relato começa na Galileia, mas tratando da questão de subir ou não a Jerusalém para a festa. As personagens desta perícope são Jesus e seus irmãos. Também são mencionados: os judeus, os discípulos e o mundo.

O texto traduzido: "Subir ou não subir para a festa"

> **7** ¹ Depois disso, Jesus percorria a Galileia. Ele não queria percorrer a Judeia porque os judeus o buscavam para matá-lo. ² Estava próxima a festa dos judeus, a festa das Cabanas. ³ Disseram-lhe, então, seus irmãos: "Muda-te daqui para a Judeia, para que teus discípulos vejam as obras que fazes. ⁴ Ninguém faz nada escondido se busca tornar-se conhecido. Se fazes estas coisas, manifesta-te ao mundo".
>
> ⁵ De fato, nem seus irmãos acreditavam nele.
>
> ⁶ Disse-lhes, então, Jesus: "Meu tempo ainda não chegou, já vosso tempo está sempre pronto. ⁷ O mundo não pode vos odiar; a mim, no entanto, odeia, porque eu testemunho que suas obras são más. ⁸ Subi, vós, para a festa. Eu não subo para esta festa porque meu tempo ainda não está completo".
>
> ⁹ Tendo dito isso, permaneceu na Galileia. ¹⁰ Quando, porém, seus irmãos subiram para a festa, também ele subiu, mas não publicamente, senão às ocultas.

Anotações de crítica textual e notas à tradução

Para Jo 7,1, a grande maioria dos testemunhos textuais traz a leitura de que Jesus "não queria percorrer a Judeia". Um pequeno grupo de testemunhos, no entanto, traz a leitura de que Jesus "não podia (literalmente: tinha autoridade para) percorrer a Judeia". Essa leitura está presente no manuscrito grego W, em cinco manuscritos da Antiga Versão Latina, em um manuscrito da Antiga Versão Siríaca e no comentário de Crisóstomo.[2]

Em Jo 7,2, aparece o nome da festa que dá o enquadramento deste capítulo. Em grego, essa festa se chama *skēnopēgía*, o que, no conjunto, fica bem traduzido por festa da "Tenda". Em hebraico, essa festa é chamada de *sukkôt*, ou seja, festa das "Cabanas". No texto dado acima, preferiu-se o nome hebraico da festa à tradução do texto grego, uma vez que, durante a festa, faziam-se cabanas nas quais as pessoas pernoitavam.

Em Jo 7,6.8, aparece a palavra "tempo", que em grego (*kairós*) indica o "momento oportuno". No Eclesiastes, por exemplo, afirma-se que há um tempo oportuno para cada coisa debaixo do sol (Ecl 3,1-8).

Para Jo 7,8 há, novamente, uma nítida divisão entre os testemunhos textuais. O primeiro grupo traz a leitura: "Eu *não* subo para esta festa". O segundo grupo traz a leitura: "Eu *ainda não* subo para esta festa". No primeiro grupo estão, entre outros, o códex Sinaítico (‫א‬), a Vulgata e Agostinho. No segundo grupo, estão os papiros $\mathfrak{P}^{66}$ e $\mathfrak{P}^{75}$, a tradição Bizantina, a Pechita e Basílio.[3] É possível que a leitura desse segundo grupo tenha surgido em função de uma harmonização no interior do próprio relato, uma vez que Jesus, de fato, sobe para a festa (Jo 7,10).

Comentário

Aproxima-se a festa das Cabanas, que reunia muita gente em Jerusalém (Jo 7,2). Jesus está na Galileia porque, na Judeia, as autoridades judaicas querem matá-lo. Alheios a essa questão, os irmãos de Jesus lhe sugerem que vá para a festa (Jo 7,3). Essa é a segunda vez que os irmãos de Jesus aparecem neste Evangelho. A primeira foi no relato das bodas de Caná (Jo 2,12), quando eles foram apenas mencionados. Dessa vez, eles formam uma personagem coletiva que dialoga com Jesus. Assim eles justificam o conselho dado a Jesus: "Ninguém faz nada escondido se busca tornar-se conhecido" (Jo 7,4). É dessa forma que eles interpretam as pretensões de Jesus: uma busca de tornar-se conhecido. Eles dizem ainda: "Se fazes estas coisas, manifesta-te ao mundo". Em termos de análise literária, essa fala dos irmãos de Jesus explicita o programa narrativo da seção da festa das Cabanas: durante a festa, Jesus vai manifestar-se ao mundo, obviamente não do modo como pensam seus irmãos.

---

[2] *O Novo Testamento grego*, p. 293.
[3] *O Novo Testamento grego*, p. 293.

Na sequência, aparece mais uma interferência do narrador, procedimento literário comum no Evangelho segundo João, de modo que, antes da resposta de Jesus, o leitor já fica sabendo que nem os irmãos de Jesus acreditavam nele (Jo 7,5).[4] Jesus não aceita o conselho de seus irmãos porque seu tempo ainda não chegou, em contraposição ao tempo deles, que está sempre pronto (Jo 7,6). Depois, porque o mundo o odeia, uma vez que ele testemunha que as obras do mundo são más, mas não odeia seus irmãos (Jo 7,7). O mundo é aqui personificado (sujeito do verbo "odiar") e pratica obras que são más. Já o tempo ao qual Jesus se refere é o momento oportuno determinado pelo Pai para que Jesus se manifeste (Jo 7,8). Dito isso, Jesus fica na Galileia (Jo 7,9).

Depois, quando seus irmãos já tinham ido para a festa, Jesus também foi, mas não publicamente (Jo 7,10). No Evangelho segundo João, Jesus já não retorna mais à região da Galileia.

Embora a palavra "luz" não esteja presente nesta perícope, aparecem outras palavras de seu campo semântico. A mais importante delas é o verbo "manifestar-se". Os irmãos de Jesus querem que ele se manifeste ao mundo. Jesus, porém, sabe que, manifestando-se ao mundo, coloca a descoberto as obras do mundo. Jesus é a luz que veio ao mundo, mas o mundo preferiu as trevas à luz (Jo 3,19-21).

Ademais, as palavras de Jesus: "Eu não subo para esta festa porque meu tempo ainda não está completo" também poderiam ser compreendidas de um modo subliminar, como se o evangelista apenas as deixasse serem entrevistas. O que Jesus quer dizer, em um nível mais profundo de linguagem, é que não será durante esta festa que ele subirá para o Pai (Jo 20,17), muito embora as autoridades judaicas tivessem intenções de matá-lo, conforme é expressamente afirmado no início da perícope (Jo 7,1).

Intertextualidade

A festa das Cabanas é mencionada em alguns textos do Antigo Testamento. O mais significativo dentre eles se encontra em uma passagem do livro do Levítico que prescreve a celebração da festa (Lv 23,39-43):

> [39] Mas no décimo quinto dia do sétimo mês, quando tiverdes colhido os produtos da terra, celebrareis a festa do *Senhor* durante sete dias. O primeiro e o oitavo dias serão dias de

---

[4] Nos Atos dos Apóstolos, os irmãos de Jesus aparecem juntamente com os Onze, algumas mulheres e Maria, a mãe de Jesus, fazendo parte do núcleo inicial da comunidade de Jerusalém (At 1,14).

AS FESTAS JUDAICAS: IV – A FESTA DAS CABANAS   7,1–10,21

> repouso. ⁴⁰ No primeiro dia tomareis frutos formosos, ramos de palmeiras, ramos de árvores frondosas e de salgueiros das ribeiras, e vos regozijareis durante sete dias na presença do *Senhor* vosso Deus. ⁴¹ Celebrareis assim uma festa para o *Senhor*, sete dias por ano. É lei perpétua para vossos descendentes. No sétimo mês fareis esta festa. ⁴² Habitareis durante sete dias em cabanas. Todos os naturais de Israel habitarão em cabanas, ⁴³ para que os vossos descendentes saibam que eu fiz os filhos de Israel habitar em cabanas, quando os fiz sair da terra do Egito. Eu sou o *Senhor* vosso Deus.[5]

Pode-se ver, por este texto, o quanto a festa se desenvolvia em um ambiente festivo.

7,11-36   Jesus em Jerusalém durante a festa

As personagens que interagem nesse relato são: as autoridades judaicas, a multidão, Jesus, os habitantes de Jerusalém, os fariseus, os sumos sacerdotes e os guardas. O relato se passa em Jerusalém, sendo mencionado o Templo. A festa já estava pela metade.

O texto traduzido: "O Cristo, quando vier, fará mais sinais do que este fez?"

> ¹¹ Na festa, os judeus buscavam-no e diziam: "Onde está ele?"
>
> ¹² Havia muita murmuração a seu respeito entre a multidão. Alguns diziam: "Ele é bom".
>
> Mas outros diziam: "Não, ele engana a multidão".
>
> ¹³ Ninguém, porém, falava abertamente sobre ele por medo dos judeus.
>
> ¹⁴ Quando a festa já estava na metade, Jesus subiu ao Templo e ensinava. ¹⁵ Os judeus estavam admirados dizendo: "Como este conhece as letras não tendo estudado?"
>
> ¹⁶ Respondeu-lhes Jesus: "Meu ensino não é meu, mas daquele que me enviou. ¹⁷ Quem quiser fazer sua vontade saberá se este ensino é de Deus ou se falo por mim

---

[5] Texto extraído de *A Bíblia de Jerusalém*, p. 204, com a mudança do nome divino para *Senhor*.

mesmo. ¹⁸ Quem fala por si mesmo busca sua própria glória; já aquele que busca a glória de quem o enviou é verdadeiro e nele não há injustiça. ¹⁹ Moisés não vos deu a Lei? Mas nenhum de vós pratica a Lei. Por que buscais matar-me?"

²⁰ A multidão respondeu: "Tens um demônio. Quem busca te matar?"

²¹ Respondeu-lhes Jesus: "Uma só obra realizei, e todos vós vos admirais ²² por isso. Moisés vos deu a circuncisão – não que ela provenha de Moisés, mas dos patriarcas –, e em dia de sábado podeis circuncidar um homem. ²³ Se um homem pode receber a circuncisão no sábado, sem que a Lei de Moisés seja transgredida, por que vos indignais contra mim, por ter tornado são, no sábado, um homem inteiro? ²⁴ Não julgueis pela aparência, mas fazei um julgamento justo".

²⁵ Alguns dos habitantes de Jerusalém diziam: "Não é este que buscam matar? ²⁶ Eis que fala abertamente e ninguém lhe diz nada. Será que os chefes reconheceram que ele é o Cristo? ²⁷ Mas este, sabemos de onde ele é. O Cristo, porém, quando vier, ninguém saberá de onde ele é".

²⁸ Jesus, então, ensinando no Templo, falou em alta voz:

"Vós me conheceis e sabeis de onde sou.

Eu, porém, não vim por mim mesmo,

mas é verdadeiro aquele que me enviou,

o qual não conheceis.

²⁹ Eu o conheço porque venho de junto dele,

e ele me enviou".

³⁰ Buscavam, então, prendê-lo, mas ninguém lhe pôs a mão, porque sua hora ainda não tinha chegado. ³¹ Muitos na multidão creram nele e diziam: "O Cristo, quando vier, acaso fará mais sinais do que este fez?"

³² Os fariseus ouviram a multidão murmurando essas coisas a respeito dele, e os sumos sacerdotes e os fariseus enviaram guardas para prendê-lo. ³³ Disse, então,

> Jesus: "Ainda estou convosco por um pouco de tempo e vou para junto daquele que me enviou. ³⁴ Havereis de buscar-me e não me encontrareis, e onde eu estiver não podeis ir".
>
> ³⁵ Disseram, então, os judeus uns aos outros: "Para onde ele vai que não poderemos encontrá-lo? Acaso vai à diáspora dos gregos para ensinar aos gregos? ³⁶ Que palavra é esta que disse: 'Havereis de buscar-me e não me encontrareis, e onde eu estiver não podeis ir'?"

Comentário

Uma vez que este trecho não comporta questões de maior importância do ponto de vista da crítica textual nem questões relativas à sua tradução ao português, pode-se passar diretamente a seu comentário. Como se trata de um texto longo, seu comentário será feito em partes.

7,11-13 Em Jerusalém, antes da chegada de Jesus à festa

Enquanto Jesus ainda não havia chegado para a festa, em Jerusalém, alguns comentários são feitos a seu respeito. É preciso distinguir as duas personagens coletivas mencionadas neste pequeno trecho: as autoridades judaicas e a multidão. As autoridades judaicas buscam Jesus perguntando "Onde está ele?" (Jo 7,11). Já entre a multidão havia cochichos e divisão. Alguns afirmam que "ele é bom"; outros que "ele engana a multidão" (Jo 7,12). Mas ninguém dizia nada "abertamente por medo dos judeus" (Jo 7,13). É aqui que aparece, pela primeira vez, a expressão "medo dos judeus". Ela aparecerá outras três vezes: Jo 9,22; 19,38; 20,19. No contexto de todas essas quatro ocorrências, sempre se trata de relações entre judeus, de modo que fica claro que seu significado é "medo das autoridades judaicas" e, em si, a expressão não tem teor antijudaico.

7,14-24 Primeira polêmica na metade da festa

Segue-se uma série de pequenos quadros com uma mesma moldura dada pelas informações do evangelista de que a festa já estava pela metade e de que Jesus tinha subido ao Templo, onde ensinava (Jo 7,14). Toda a sequência tem um tom polêmico, de uma dissensão, cujo tema central é se Jesus é ou não o Cristo.

Na primeira dissensão, interagem Jesus e as autoridades judaicas, que se admiram de que Jesus tenha instrução sem ter sido discípulo deles (Jo 7,15). Jesus responde que seu ensinamento não é seu, mas daquele que o enviou (Jo 7,16). Quem busca cumprir a vontade de Deus é capaz de reconhecer que o ensinamento de Jesus provém de Deus, mas não quem busca sua própria glória (Jo 7,17-18). Um argumento semelhante já tinha sido dado por Jesus em Jo 5,44. Jesus ainda acusa seus interlocutores de não praticarem a Lei de Moisés, uma vez que buscam matá-lo (Jo 7,19). Na perspectiva do Evangelho, ao rejeitar Jesus, eles rejeitam também a Lei mosaica, pondo-se do lado da morte, e não da vida.

Na sequência, quem intervém é a multidão, e não mais as autoridades judaicas. A multidão diz que Jesus tem um demônio, o que equivale a dizer que ele enlouqueceu (Mc 3,21), e pergunta quem busca matá-lo (Jo 7,20). Em sua réplica, Jesus fala de uma obra que realizou (Jo 7,21), em uma referência à cura, em dia de sábado, do homem que estava enfermo havia trinta e oito anos (Jo 5,1-18). Em seguida, elabora sua defesa a partir da circuncisão, permitida em dia de sábado (Jo 7,22).[6] Sua argumentação parte do menor bem ao maior bem: se o menor é permitido (a circuncisão), tanto mais o maior (a cura de um homem todo) (Jo 7,23). Ou seja: se a Lei de Moisés não proíbe a circuncisão no sábado, tampouco proíbe que, no sábado, uma pessoa inteira seja curada. Jesus termina alertando para o perigo de usar da Lei para julgar contra a própria Lei (Jo 7,24).[7]

7,25-31 Segunda polêmica na metade da festa

No início deste trecho, é ainda outra personagem que intervém: os habitantes de Jerusalém. Durante a festa, a cidade estava repleta de pessoas: peregrinos e habitantes da cidade. O evangelista agora dá a palavra somente aos habitantes de Jerusalém.

Eles se admiram de que Jesus estivesse falando com toda a liberdade. Não era ele que buscavam matar? Esses, portanto, sabem que as autoridades judaicas buscam matar Jesus, diferentemente da multidão, que não o sabia (Jo 7,20). Os habitantes de Jerusalém ainda se perguntam se os chefes não teriam reconhecido ser ele o Cristo (Jo 7,25-26). Eles próprios, porém, encontram um argumento contrário à afirmação de que Jesus fosse o Cristo,

---

[6] A circuncisão era feita no oitavo dia do nascimento do menino, que podia cair em dia de sábado. Jo 7,22 reenvia a Lv 12,3 ("Moisés vos deu a circuncisão") e a Gn 17,10-13 ("não que ela provenha de Moisés, mas dos patriarcas"). Ver Rm 4,11.

[7] A referência à cura do homem enfermo havia trinta e oito anos, narrada no capítulo 5, e a defesa de Jesus de sua atuação em dia de sábado parecem estar fora de seu contexto original, muito provavelmente em razão de um deslocamento desse material durante o processo redacional do Evangelho.

que se baseia em uma crença de que ninguém saberá de onde será o Cristo quando ele vier. Quanto a Jesus, eles sabem de onde ele vem (Jo 7,27).[8]

A resposta de Jesus vem nos versículos a seguir: os hierosolimitanos pensam que sabem de onde ele vem. Na realidade, não o sabem. A resposta de Jesus não significa que ele concorde com a afirmação implícita no argumento deles, de que quando vier o Cristo ninguém saberá de onde ele vem. Ademais, Jesus não se refere à sua origem no plano de uma localidade da qual proviria o Cristo, mas no plano de que ele procede do Pai, que o enviou (Jo 7,28-29). É de notar a maneira como o evangelista apresenta Jesus ensinando em alta voz (Jo 7,28).

O evangelista apresenta duas reações ao que Jesus falou, que continuam a mostrar as divisões provocadas por Jesus. De um lado, queriam prendê-lo; o sujeito é indeterminado, seriam os habitantes de Jerusalém (os últimos citados) ou os chefes? Em todo caso, não o fizeram, porque a hora de Jesus ainda não tinha chegado (Jo 7,30). De outro lado, muitos da multidão creram nele, levando em consideração os sinais que realizava (Jo 7,31).

7,32-36   Terceira polêmica na metade da festa

As autoridades judaicas são aqui nomeadas: os fariseus. Por causa dos rumores da multidão, eles, com os sumos sacerdotes, enviam guardas para prender Jesus (Jo 7,32).[9] Jesus diz que por pouco tempo ainda estará entre eles e anuncia sua partida para Aquele que o enviou (Jo 7,33). Então será inútil procurar por Jesus, pois para onde ele vai seus interlocutores não podem ir (Jo 7,34). As autoridades judaicas (novamente se faz referência aos "judeus") tentam interpretar as palavras de Jesus e perguntam entre si se Jesus estaria pensando em ir ensinar na diáspora, entre os gregos (Jo 7,35-36).

Esta seção das polêmicas (Jo 7,11-36) é de uma fina ironia da parte do evangelista. As pessoas pensam saber, mas não sabem. Não sabem nem de onde Jesus vem nem para onde vai. Num primeiro plano, pensam que Jesus vem da Galileia e supõem que pretenda ir ensinar entre os gregos. De fato, Jesus vem de Belém, na Judeia, e, se o próprio Jesus não vai até os gregos, sua mensagem irá depois dele, levada por seus discípulos. Mas ainda não

---

[8] Essa crença está em contradição com a de que o Cristo viria de Belém e seria da linhagem de Davi (Jo 7,42; Mt 2,4-6).

[9] R. E. Brown pensa que "sumos sacerdotes e fariseus" pode ser uma ajunta de algum copista que se deu conta de que os fariseus não tinham autoridade sobre a guarda do Templo, sobretudo porque essas palavras faltam em algumas versões antigas (siríaca e latina) e nas citações desse versículo em Crisóstomo (*Giovanni*, p. 405).

se trata disso, uma vez que, num plano ainda superior, teríamos que Jesus vem do Pai e volta para o Pai, que o enviou.

Assim, as polêmicas trataram das questões "de onde" e "para onde". Primeiramente, pergunta-se "de onde" provém o ensinamento de Jesus e de onde provém o Cristo (Jo 7,14-31). A resposta correta a essas perguntas é que ambos provêm do Pai. Depois, começa a ser tratada a questão "para onde" vai o Cristo e para onde vai seu ensinamento. O Cristo volta para o Pai, e o ensinamento de Jesus será levado, por seus discípulos, não apenas aos judeus que vivem na diáspora, como também aos próprios gregos.

Intertextualidade

Diversos temas desta seção estão presentes também nos evangelhos sinóticos. O elenco a seguir, inclusive, não pretende ser exaustivo.

a) As pessoas se admiram do conhecimento de Jesus e do modo como ensina: Jo 7,15 paralelo a Mc 1,22; 6,2; Mt 7,28-29; 13,54; Lc 2,47; 4,32.

b) Jesus é acusado de estar possuído por um demônio: Jo 7,20 paralelo a Mc 3,22; Mt 9,34; 12,24; Lc 11,15.

c) Jesus argumenta a partir do que se faz em dia de sábado: Jo 7,22 paralelo a Mt 12,11-12; Lc 13,15; 14,5. Nesses textos, trata-se de cuidados com os animais, ou mesmo com um filho que caiu em um poço.

Além desses, há um paralelo significativo com um discurso da Sabedoria, no livro dos Provérbios:[10]

Jo 7,34	Pr 1,28
Havereis de buscar-me e não me encontrareis, e onde eu estiver não podeis ir.	*Aí vão me chamar, e eu não responderei; vão me procurar e não me encontrarão!*[10]

Já foi assinalado o quanto o evangelista assimila traços da Sabedoria, assim como é apresentada nos livros sapienciais do Antigo Testamento, em sua apresentação da figura de Jesus, enquanto Deus-Palavra que se fez carne e veio armar sua tenda entre nós (Jo 1,14). Tal assimilação continuava no discurso do Pão da Vida, com a imagem da Sabedoria que convida para seu banquete (Jo 6,27.35), e reaparece, agora, na assimilação de Jesus à Sabedoria que clama enquanto ainda é tempo, enquanto se pode encontrá-la (Sb 6,12).

---

[10] Texto extraído de *A Bíblia de Jerusalém*, p. 1.118.

7,37-52 O último dia da festa

Uma anotação temporal informa que chegou o último e grande dia da festa. Isso permite iniciar uma nova perícope em Jo 7,37, em continuação, contudo, com a perícope anterior. As personagens são praticamente as mesmas: Jesus, a multidão, os guardas, os sumos sacerdotes e fariseus e, enfim, Nicodemos. O tema também continua o mesmo, a identidade de Jesus: é ele o Cristo?

O texto traduzido: "Quem tem sede venha a mim e beba aquele que crê em mim"

> ³⁷ No último e grande dia da festa, Jesus de pé disse em alta voz:
>
> "Quem tem sede venha a mim, e beba ³⁸ aquele que crê em mim.
>
> Como disse a Escritura: *Rios de água viva jorrarão de seu seio*".
>
> ³⁹ Ele disse isso a respeito do Espírito que iriam receber aqueles que creem nele, pois ainda não havia Espírito, porque Jesus ainda não tinha sido glorificado.
>
> ⁴⁰ Então alguns da multidão que tinham ouvido essas palavras diziam:
>
> "Ele é, verdadeiramente, o Profeta".
>
> ⁴¹ Outros diziam: "Ele é o Cristo".
>
> Outros ainda diziam: "Acaso o Cristo vem da Galileia? ⁴² Não diz a Escritura que o Cristo é da descendência de Davi e que vem do povoado de Belém, do qual era Davi?"
>
> ⁴³ Aconteceu, então, uma divisão na multidão por causa dele. ⁴⁴ Alguns dentre eles queriam prendê-lo, mas ninguém lhe pôs as mãos.
>
> ⁴⁵ Os guardas foram até os sumos sacerdotes e fariseus, que lhes disseram: "Por que não o trouxestes?"
>
> ⁴⁶ Responderam os guardas: "Jamais um homem falou como ele".
>
> ⁴⁷ Responderam-lhes, então, os fariseus: "Acaso também vós fostes enganados? ⁴⁸ Acaso algum dos chefes

> acreditou nele ou algum dos fariseus? ⁴⁹ Mas esta multidão não conhecendo a Lei são uns malditos".
>
> ⁵⁰ Disse-lhes Nicodemos, aquele que veio a Jesus anteriormente, e que era um deles: ⁵¹ "Acaso nossa Lei julga um homem sem antes ouvi-lo e saber o que fez?"
>
> ⁵² Responderam-lhe: "Acaso tu também és da Galileia? Investiga e vê que da Galileia não surge profeta".

Anotações de crítica textual e notas à tradução

Se para a perícope anterior não havia questões importantes de crítica textual ou dificuldade de tradução, para esta perícope elas existem, de modo especial para o conjunto dos primeiros versículos.

Logo no início, o discurso direto de Jesus (Jo 7,37b-38) conheceu duas pontuações diferentes, como segue:

a) Primeira possibilidade: "Quem tem sede venha a mim e beba. Aquele que crê em mim, como disse a Escritura, rios de água viva jorrarão de seu seio". Trata-se, portanto, do seio "daquele que crê no Cristo".

b) Segunda possibilidade: "Quem tem sede venha a mim, e beba aquele que crê em mim. Como disse a Escritura: Rios de água viva jorrarão de seu seio". Trata-se, portanto, do seio "do Cristo".

Os manuscritos mais antigos eram sem pontuação ou com uma pontuação muito escassa. A tradução apresentada acima segue a segunda possibilidade de pontuação.

Em Jo 7,37, na sequência "Quem tem sede venha a mim", a locução preposicional "a mim" está ausente de alguns poucos manuscritos, mas que são importantes por sua antiguidade. Entre eles, estão o papiro 𝔓⁶⁶ e o códex Sinaítico (א), em suas leituras originais, e o códex bilíngue (grego e latino) Bezae (D).[11]

Para Jo 7,39, há uma variedade de leituras entre os testemunhos antigos, de modo especial para a sequência "ainda não havia Espírito". Essa leitura será chamada de leitura (a). Uma quantidade considerável de testemunhos antigos acrescenta a palavra "santo", criando a leitura (b): "Ainda não havia Espírito *Santo*". Outros testemunhos trazem a leitura (c): "Ainda não havia

---

[11] *O Novo Testamento grego*, p. 295.

sido dado o Espírito", ou (d) "ainda não havia *sido dado* o Espírito *Santo*". Enfim, um grupo menor de testemunhos traz a leitura (e): "Ainda não *tinha vindo sobre eles* o Espírito *Santo*". A leitura (a), por ser a mais difícil, é, provavelmente, a leitura original. As leituras (c) e (e) devem ter surgido para explicar o texto, enquanto as leituras (b) e (d) teriam surgido pelo hábito de copista de acrescentar "Santo" à palavra "Espírito". Os principais testemunhos de cada uma dessas leituras são: leitura (a): o papiro $\mathfrak{P}^{75}$ e o códex Sinaítico (א); leitura (b): o papiro $\mathfrak{P}^{66}$ em sua lição original e os manuscritos da tradição Bizantina; leitura (c): a Vulgata e a Pechita; leitura (d): o códex Vaticano (B); leitura (e) o códex bilíngue (grego e latino) Bezae (D).[12]

Comentário

Também para esta perícope o comentário será feito por partes.

7,37-39 O ensino de Jesus no último dia da festa

É para esses poucos versículos que aparecem as questões de crítica textual elencadas acima, como também as duas diferentes possibilidades de pontuação (Jo 7,37b-38). Argumentos a favor de uma ou de outra pontuação não faltam.[13] Também é preciso levar em consideração o versículo seguinte, uma interferência do narrador, que explica que Jesus se referia ao "Espírito que iriam receber aqueles que creem nele" (Jo 7,39). Tal explicação parece conduzir para a interpretação cristológica (segunda possibilidade de pontuação). Nessa interpretação, a água é o Espírito, que é dado por Jesus e, portanto, jorra do seio de Jesus, e os que recebem são os que creem. Essa interpretação liga esses versículos ao episódio da lança que fere o lado de Jesus na cruz, de onde jorra sangue e água (Jo 19,34).

Se a explicação do evangelista ajudou a esclarecer alguma coisa, acabou criando outra dificuldade ao afirmar que "ainda não havia Espírito, pois Jesus ainda não tinha sido glorificado". Essa afirmação deve ser compreendida não em sentido histórico, mas sim no sentido de que o Espírito é dado por Jesus ao ser glorificado na cruz. É o último dia da festa, Jesus se apresenta e fala em alta voz. Tudo isso dá solenidade à declaração de Jesus. Ele anuncia sua paixão. Neste Evangelho, Jesus entrega o Espírito na cruz (Jo 19,30),

---

[12] *O Novo Testamento grego*, p. 296.

[13] Para uma discussão mais ampla sobre as possibilidades gramaticais do texto grego, pode-se ver R. E. BROWN, *Giovanni*, p. 413-514. R. E. Brown também elenca o modo como escritores patrísticos e exegetas modernos interpretaram esse texto. Para a primeira pontuação, destaca-se o testemunho de Orígenes. Para a segunda pontuação (interpretação cristológica), destacam-se Irineu e Efrém.

simbolizado pela água que sai de seu lado (Jo 19,34). O Espírito é dom da paixão de Jesus.

Ainda falta uma dificuldade. Em Jo 7,38, a frase "rios de água viva jorrarão de seu seio" é mencionada como uma citação da Escritura, sem que se saiba exatamente qual passagem da Escritura está sendo citada. O mais provável é que se trate não de uma citação literal, mas sim de uma referência que pode se reportar, por exemplo, a Ez 47,1-12. Ali, o profeta narra sua visão de uma fonte de água saía do Templo e ia se tornando uma torrente sempre mais caudalosa que levava vida por onde passava. Ora, no Evangelho segundo João, o corpo de Jesus é o novo santuário (Jo 2,21).[14]

7,40-44   A multidão dividida por causa de Jesus

Esses versículos mostram o impacto das palavras de Jesus sobre a multidão que o ouviu. Novamente o evangelista apresenta a multidão dividida (Jo 7,12.43). Alguns afirmam que Jesus é o Profeta (Jo 7,40). Trata-se não apenas de "um" profeta, mas sim de "o" Profeta, aquele prometido por Moisés (Dt 18,15-19), que, como Moisés, dá a água para que o povo não pereça (Ex 17,1-7; Nm 20,1-13). Outros afirmam que ele é o Cristo (Jo 7,41a). Outros ainda negam que Jesus possa ser o Cristo, uma vez que vem da Galileia e, segundo a Escritura, o Cristo seria da descendência de Davi e viria de Belém (Jo 7,41b-42). É possível que essa tradição de que o Cristo viria de Belém remonte a Mq 5,1, conforme aparece em Mt 2,4-6. A argumentação, no entanto, contradiz aquela anterior de que Jesus não poderia ser o Cristo porque ninguém sabe de onde vem o Cristo (Jo 7,27). Em todo caso, para o evangelista não se trata da origem humana do Cristo, se ele nasceu em Belém ou na Galileia, mas de sua procedência do Pai, de junto de Deus (Jo 7,28-29). Por fim, o evangelista registra uma nova tentativa de prender Jesus, mas que ninguém lhe pôs as mãos (Jo 7,44). Tal como se apresenta, esse texto seria uma nova tentativa de alguns da multidão, assim como aconteceu em Jo 7,30.

7,45-52   Divisão também entre os fariseus

Essa sequência final do capítulo tem algo de patético. A ironia do evangelista se torna ainda mais aguçada. Os guardas voltam aos chefes dos sacerdotes e fariseus sem Jesus, sendo interrogados por que não o trouxeram (Jo

---

[14] Outra possibilidade, como aponta J. Beutler, é uma referência à rocha da qual Moisés fez sair água para aplacar a sede dos israelitas no deserto, o que reenviaria a Ex 17,1-7; Nm 20,8-13; e Sl 78,16-20. A referência a essa rocha como o Cristo também se encontra em 1Cor 10,4 (*Evangelho segundo João*, p. 211).

7,45). Os guardas estão maravilhados pelo modo de Jesus falar (Jo 7,46). Eles reconhecem, diante das autoridades que os enviaram, que Jesus fala como ninguém jamais falou e, por isso, não cumpriram a ordem que lhes fora dada. Os fariseus lhes perguntam se também eles teriam se deixado enganar (Jo 7,47). E mais: se algum dos chefes ou dos fariseus tinha acreditado em Jesus (Jo 7,48), senão a multidão, que, por não conhecer a Lei, é maldita (Jo 7,49).[15]

Tudo ficaria por isso mesmo se Nicodemos não aparecesse para fazer a seguinte pergunta: "Acaso nossa Lei julga um homem sem antes ouvi--lo e saber o que fez?" (Jo 7,51). Essa aparição de Nicodemos mostra que eles estavam errados em pensar que nenhum dos chefes ou fariseus tivesse crido em Jesus, e ainda questiona o procedimento que estão adotando ao condenar Jesus sem antes ouvi-lo (Dt 1,16; 17,4), e, em última instância, o conhecimento que eles próprios têm da Lei. Obviamente, eles rejeitam a intervenção de Nicodemos, usando, como argumento que da Galileia não surge profeta (Jo 7,52).

Quanto a Nicodemos, essa é sua segunda aparição no Evangelho. Na primeira, ele procurou Jesus à noite (Jo 3,2). Agora, já surge para questionar o modo de proceder das autoridades judaicas (Jo 7,50-51), grupo ao qual ele pertence.

Intertextualidade

Essa seção começa com as palavras de Jesus: "Quem tem sede venha a mim, e beba aquele que crê em mim. Como disse a Escritura: *'Rios de água viva jorrarão de seu seio'*" (Jo 7,37b-38). Como já foi visto, não se sabe exatamente a qual passagem da Escritura esse texto se refere. Ainda seria preciso levar em consideração a possibilidade de que a passagem da Escritura citada seja "Quem tem sede venha a mim e beba", e não "rios de água viva jorrarão de seu seio". Nesse caso, algumas passagens da Escritura se apresentam, como Is 55,1a – "Ah! Todos que tendes sede, vinde à água". Pode-se ver ainda, tanto para uma como para outra possibilidade: Pr 18,4; Is 58,11; Jl 4,18; Zc 13,1; 14,8.

No Novo Testamento, há dois paralelos a esse texto no livro do Apocalipse:

a) Ap 21,6: "Ele me disse: 'Está feito! Eu sou o Alfa e o Ômega, o princípio e o fim. Eu mesmo darei de graça da fonte da água da vida ao que tiver sede'".[16]

---

[15] Em Dt 27,26 e 28,15, aqueles que não guardam a Lei são malditos. As palavras dos fariseus se referem ao povo simples que, sem condições de conhecer a Lei, não a pratica.

[16] Texto extraído de *A Bíblia: Novo Testamento*, p. 636.

b) Ap 22,17: "O espírito e a noiva dizem: 'Vem!' O que ouve, que diga: 'Vem! Que o sedento venha, e que o que deseja tome de graça da água da vida'".[17]

7,53–8,11 Jesus e a mulher surpreendida em adultério

Esta perícope tem um lugar à parte no Evangelho segundo João. Claramente, não se trata de uma composição do mesmo autor que o restante do Evangelho, mas de uma peça que foi inserida em sua obra. O vocabulário e o estilo destoam daqueles joaninos.[18] Por outro lado, isso em nada compromete sua canonicidade.

A perícope conheceu uma história própria, certamente bem antiga. Alguns manuscritos a trazem aqui enquanto outros a desconhecem. Entre os manuscritos que não trazem esta perícopes estão os papiros $\mathfrak{P}^{66}$ e $\mathfrak{P}^{75}$, os códices Sinaítico ($\aleph$) e o Vaticano (B); os mais antigos manuscritos das versões siríacas, coptas, armênia e georgiana. Em seus comentários ao Evangelho segundo João, Orígenes e Crisóstomo não comentam a perícope. Por outro lado, ela está presente em alguns manuscritos da Antiga Versão Latina e na Vulgata.[19] Em um pequeno número de manuscritos gregos, conhecidos como f^{13} (família 13), esta perícope aparece no Evangelho segundo Lucas, depois de Lc 21,38.[20]

No início do relato, há um vaivém de gente: para a casa, para o monte das Oliveiras e para o Templo, onde a cena principal acontece. Lá, estão Jesus e o povo que ele está ensinando, e para lá vão escribas e fariseus, levando uma mulher surpreendida em adultério.

O texto traduzido: "Nem eu te condeno"

> ⁵³ E foram-se, cada um para sua casa. **8** ¹ Jesus foi para o monte das Oliveiras.
> ² Pela manhã, novamente, encontrava-se no Templo, e todo o povo veio até ele, e sentado ensinava-o. ³ Os escribas e os fariseus trouxeram uma mulher surpreendida em adultério, colocaram-na no meio e ⁴ disseram-lhe:

---

[17] Texto extraído de *A Bíblia: Novo Testamento*, p. 638.
[18] O vocabulário e o estilo da perícope são mais lucanos que joaninos (R. E. BROWN, *Giovanni*, p. 435).
[19] *O Novo Testamento grego*, p. 297.
[20] *O Novo Testamento grego*, p. 297.

> "Mestre, esta mulher foi surpreendida em flagrante adultério. ⁵ Na Lei, Moisés nos ordenou que essas tais sejam apedrejadas. E tu, que dizes?"
>
> ⁶ Diziam isso para colocá-lo à prova, para terem de que acusá-lo. Jesus, porém, abaixou-se e começou a escrever na terra com o dedo. ⁷ Como continuassem a interrogá-lo, levantou-se e disse-lhes: "Aquele dentre vós que for sem pecado seja o primeiro a lhe atirar uma pedra".
>
> ⁸ E novamente se abaixou e escrevia na terra. ⁹ Aqueles que ouviram foram saindo, um após o outro, a começar pelos mais velhos, e deixaram-no só com a mulher, que estava no meio. ¹⁰ Tendo se levantado, Jesus lhe disse: "Mulher, onde estão eles? Ninguém te condenou?"
>
> ¹¹ Ela disse: "Ninguém, senhor".
>
> Disse Jesus: "Nem eu te condeno. Vai e, de agora em diante, não peques mais".

Anotações de crítica textual e notas à tradução

Esta perícope como um todo coloca um problema de crítica textual que, aliás, já foi tratado, antes mesmo da apresentação de seu texto traduzido. Resta notar que, mesmo naqueles manuscritos nos quais a perícope aparece, a quantidade de leituras variantes é grande. Apenas duas dentre elas serão apresentadas, a modo de exemplo.

Em Jo 8,8, alguns manuscritos acrescentam que Jesus escrevia na terra "os pecados de cada um deles".[21] Essa adição é muito grosseira, uma vez que faz com que Jesus exponha publicamente seus adversários, do mesmo modo como esses fizeram com a mulher. Em nenhuma passagem dos evangelhos Jesus toma tal atitude.

Em Jo 8,9, também há uma adição em alguns manuscritos, apresentada entre colchetes: "Aqueles que ouviram [reprovados pela consciência] foram saindo, um após o outro".[22] Embora seja claramente mais uma adição, dessa vez ao menos ela parece em conformidade com o espírito da perícope.

---

[21] Trata-se de oito manuscritos gregos e alguns manuscritos armênios, sem maior importância (*The Greek New Testament*, p. 357).

[22] Dessa vez, trata-se de uns poucos manuscritos gregos e da versão copta (*O Novo Testamento grego*, p. 298).

Comentário

A mulher surpreendida em adultério é trazida por fariseus e escribas até Jesus (Jo 8,3), que estava sentado, ensinando o povo no Templo (Jo 8,2). Ela é colocada no centro (Jo 8,3), o que quer dizer que é para ela que convergem as atenções. É ela a primeira chave de leitura do texto. Na sociedade de Jesus, era permitido que um homem tivesse mais de uma mulher, de modo que o adultério consistia na infidelidade da parte da mulher casada. Para esse caso, a Lei prescrevia que tanto o amante quanto a mulher fossem apedrejados (Lv 20,10; Dt 22,22). Na perícope, no entanto, o homem não é mencionado, e somente a mulher é trazida até Jesus. Esse particular faz lembrar a história de Suzana, em Dn 13, que também sozinha é acusada (falsamente) de adultério.

Aqueles que a trouxeram, chamando Jesus de Mestre, relatam a situação da mulher e o que, na Lei, Moisés tinha ordenado. Resta saber o que Jesus tem a dizer sobre isso (Jo 8,4-5). Na sequência, há uma interferência do narrador, que explica que eles diziam isso para colocá-lo à prova e terem como acusá-lo (Jo 8,6a). Assim, o evangelista mostra como o foco se desloca da mulher para Jesus: já não é mais a mulher que interessa acusar, mas Jesus. Escribas e fariseus armam uma cilada para Jesus. Se ele disser que a Lei seja cumprida, contradirá a si mesmo em sua prática de acolhida e perdão; se disser que a Lei não seja cumprida, vai se colocar contra a Lei e poderá ser acusado de menosprezá-la.

Jesus não reage de imediato, apenas se abaixa e começa a escrever na terra com o dedo (Jo 8,6b). Como continuassem a interrogá-lo, Jesus se levanta e desafia seus interlocutores: aquele que fosse sem pecado que atirasse a primeira pedra (Jo 8,7). Como fez em outras ocasiões (Mc 12,13-17), Jesus devolve a questão a seus interlocutores, fazendo com que eles próprios fiquem sem saída diante da cilada que armaram.

Jesus se abaixa novamente e volta a escrever na terra. Enquanto isso, aqueles que tinham trazido a mulher iam saindo. Jesus termina a sós com ela, que volta a ocupar o centro da narrativa (Jo 8,8-9). Ninguém a condenou nem Jesus a condena, antes a encoraja para que não volte a pecar (Jo 8,10-11). Tampouco Jesus pôde ser condenado.

Na perícope, duas vezes se afirma que Jesus escreve na terra (Jo 8,6.8). Na primeira vez, é acrescentado que ele escrevia com o dedo (Jo 8,6). Esses detalhes da narrativa fazem lembrar algumas anotações do livro do Êxodo: o *Senhor* escreveu duas vezes as tábuas da Lei (Ex 24,12; 34,1) e a escreveu com o dedo (Ex 31,18). Se, de fato, há uma ligação entre esses textos, então é possível afirmar que Jesus não apenas transmite a Lei, como Moisés, mas tem autoridade para escrevê-la novamente, como o Senhor. Na Nova Lei que Jesus escreve, a mulher adúltera não deve ser apedrejada, mas perdoada e encorajada para que não volte a pecar.

O relato quer ensinar que todos são pecadores e, por isso, ninguém deve condenar ninguém. Mesmo Jesus, que, seguindo o raciocínio do relato, poderia condená-la, não a condena, mas a encoraja a uma mudança de vida. Assim, o relato, embora não seja joanino em sua origem, acaba por ilustrar perfeitamente as palavras de Jesus neste Evangelho de que não foi enviado ao mundo para julgá-lo, mas para salvá-lo (Jo 3,17).

Também cabe destacar o contexto do Evangelho segundo João no qual a perícope foi encaixada. Em relação ao capítulo 7, a perícope tem em comum a referência à Lei de Moisés (Jo 7,19.22-23.51; 8,5). Em relação ao capítulo 8, que está apenas se iniciando, a perícope tem em comum a tentativa de lapidação, ali de Jesus (Jo 8,59), aqui da mulher (Jo 8,5).

Intertextualidade

Na apresentação acima, já foi registrado que um pequeno grupo de manuscritos traz esta perícope no Evangelho segundo Lucas. De fato, Jo 8,1-2 e Lc 21,37-38 são textos paralelos, o que teria favorecido a inserção de Jo 8,3-11 logo após Lc 21,38. Também se pode notar certa semelhança temática entre Lc 7,37-39 (Jesus acolhe uma pecadora que, durante uma refeição, chora a seus pés, ungindo-os com perfume) e Jo 8,1-11. O procedimento de adversários de Jesus de colocar-lhe uma pergunta para terem de que acusá-lo também aparece em outros textos evangélicos, como em Mt 12,10 e 22,15 e seus paralelos. Jesus, no entanto, se dá conta da armadilha e consegue revertê-la. Todos esses elementos ajudam a compreender melhor esta perícope, que nada tem de estranho, a não ser sua própria história redacional. Seu lugar no cânon fica definitivamente assegurado.

8,12-59 Novo confronto de Jesus com as autoridades judaicas

O capítulo 8 é tomado pela mais longa polêmica de Jesus com as autoridades judaicas neste Evangelho. A perícope começa de forma abrupta, com o evangelista introduzindo um discurso direto de Jesus, sem nenhum vínculo direto com a perícope anterior, seja com Jo 8,11, seja com Jo 7,52. Somente depois é que aparece uma anotação de lugar, explicitando que Jesus disse essas coisas ensinando no Templo, próximo ao lugar onde eram depositadas as doações, chamado de tesouro do Templo. Os interlocutores de Jesus também são mencionados ao longo da perícope, sendo referidos como os fariseus ou as autoridades judaicas.

O texto traduzido: "Sou eu a luz do mundo"

¹² Novamente Jesus lhes falou: "Sou eu a luz do mundo. Quem me segue não caminha nas trevas, mas terá a luz da vida".

¹³ Disseram, então, os fariseus: "Tu dás testemunho de ti mesmo e teu testemunho não é válido".

¹⁴ Respondeu-lhes Jesus:

"Ainda que eu dê testemunho de mim mesmo, meu testemunho é válido,

porque sei de onde vim e para onde vou,

mas vós não sabeis nem de onde vim nem para onde vou.

¹⁵ Vós julgais segundo a carne, eu não julgo ninguém.

¹⁶ E, mesmo que eu julgasse, meu julgamento seria verdadeiro,

porque eu não estou só, mas está comigo o Pai, que me enviou.

¹⁷ Em vossa Lei está escrito que o testemunho de dois homens é válido.

¹⁸ Sou eu aquele que dá testemunho de si mesmo,

e dá testemunho de mim o Pai, que me enviou".

¹⁹ Diziam-lhe, então: "Onde está teu pai?"

Jesus respondeu:

"Não conheceis nem a mim nem a meu Pai.

Se me conhecêsseis, conheceríeis também a meu Pai".

²⁰ Essas coisas, Jesus falou próximo ao tesouro do Templo, ensinando no Templo, e ninguém o prendeu, porque ainda não tinha chegado sua hora.

²¹ Então ele lhes disse novamente:

"Eu vou e vós havereis de me buscar,

e morrereis em vosso pecado.

Para onde eu vou vós não podeis ir".

²² Diziam, então, os judeus: "Será que ele vai se matar? Porque ele diz: 'Para onde eu vou, vós não podeis ir'".
²³ E dizia-lhes:
"Vós sois de baixo, eu sou do alto;
vós sois deste mundo, eu não sou deste mundo.
²⁴ Eu vos disse que morrereis em vossos pecados,
pois, se não crerdes que Eu Sou, morrereis em vossos pecados".
²⁵ Diziam-lhe, então: "Tu, quem és?"
Disse-lhes Jesus:
"O que, desde o princípio, vos falo.
²⁶ Muita coisa tenho a dizer a vosso respeito e a julgar,
mas aquele que me enviou é verdadeiro.
O que dele ouvi, isso falo ao mundo".
²⁷ Eles não compreenderam que lhes falava do Pai.
²⁸ Disse-lhes, então, Jesus:
"Quando tiverdes elevado o Filho do Homem,
então sabereis que Eu Sou e que, por mim mesmo, nada faço,
mas falo como o Pai me ensinou.
²⁹ Aquele que me enviou está comigo,
não me deixa só, porque faço sempre o que lhe agrada".
³⁰ Tendo dito isso, muitos creram nele.
³¹ Dizia, então, Jesus aos judeus que tinham acreditado nele:
"Se permanecerdes em minha palavra,
sereis verdadeiramente meus discípulos,
³² conhecereis a verdade, e a verdade vos libertará".
³³ Responderam-lhe: "Somos descendência de Abraão e jamais fomos escravos de alguém. Como tu dizes que nos tornaremos livres?"
³⁴ Respondeu-lhes Jesus:
"Amém, amém, eu vos digo,
todo aquele que pratica o pecado é escravo do pecado.

³⁵ O escravo não permanece para sempre na casa,
mas o filho permanece para sempre.
³⁶ Se, pois, o Filho vos libertar, sereis realmente livres.
³⁷ Sei que sois descendência de Abraão, mas buscais matar-me
porque minha palavra não encontra lugar em vós.
³⁸ Eu falo o que vi junto do Pai.
Vós fazeis o que ouvistes de vosso pai".
³⁹ Responderam-lhe: "Nosso pai é Abraão".
Disse-lhes Jesus:
"Se sois filhos de Abraão, fazei as obras de Abraão.
⁴⁰ Mas agora buscais matar-me,
a mim, que vos tenho dito a verdade que ouvi de Deus.
Isso, Abraão não fez.
⁴¹ Vós fazeis as obras de vosso pai".
Disseram-lhe, então: "Nós não fomos gerados da prostituição, temos um pai: Deus".
⁴² Disse-lhes Jesus:
"Se Deus fosse vosso Pai, me amaríeis, pois saí de Deus e aqui estou.
Eu não vim por mim mesmo, mas foi ele quem me enviou.
⁴³ Por isso não compreendeis o que falo:
porque não sois capazes de ouvir minha palavra.
⁴⁴ Vós sois do Diabo, vosso pai,
e os desejos de vosso pai quereis fazer.
Ele foi homicida desde o princípio,
e não se manteve na verdade porque nele não há verdade.
Quando fala a mentira, fala do que lhe é próprio,
porque é mentiroso e pai da mentira.
⁴⁵ Porque eu digo a verdade, não credes em mim.

⁴⁶ Quem dentre vós pode me inquirir a respeito de pecado?

Se digo a verdade, por que não credes em mim?

⁴⁷ Quem é de Deus ouve as palavras de Deus.

Por isso vós não ouvis, porque não sois de Deus".

⁴⁸ Responderam-lhe os judeus: "Não dizíamos, com razão, que tu és um samaritano e que tens um demônio?"

⁴⁹ Respondeu Jesus:

"Eu não tenho um demônio, mas honro meu Pai, e vós me desonrais.

⁵⁰ Eu não busco minha glória. Há quem a busque e julgue.

⁵¹ Amém, amém, eu vos digo:

quem guarda minha palavra não verá jamais a morte".

⁵² Disseram-lhe os judeus: "Agora temos certeza de que tens um demônio. Abraão morreu, os profetas também, e tu dizes: 'Quem guarda minha palavra, não provará jamais a morte'. ⁵³ Acaso és maior que nosso pai Abraão, que morreu? Os profetas também morreram. Quem pensas que és?"

⁵⁴ Respondeu Jesus:

"Se eu buscasse dar glória a mim mesmo, minha glória não seria nada.

É meu Pai que me glorifica, aquele que dizeis: 'É nosso Deus'.

⁵⁵ Vós não o conheceis; eu o conheço.

Se dissesse que não o conheço, seria mentiroso como vós.

Mas eu o conheço e guardo sua palavra.

⁵⁶ Abraão, vosso pai, exultou por ver meu dia; viu e se alegrou".

⁵⁷ Disseram-lhe, então, os judeus: "Ainda não tens cinquenta anos e viste Abraão?"

> ⁵⁸ Disse-lhes Jesus:
>
> "Amém, amém, eu vos digo: antes que Abraão viesse a ser, Eu Sou".
>
> ⁵⁹ Eles pegaram, então, pedras para atirar nele. Jesus, porém, escondeu-se e saiu do Templo.

Anotações de crítica textual e nota à tradução

Como se trata de uma perícope longa, há diversas questões de crítica textual e dificuldades de tradução aí envolvidas. Somente as mais significativas serão apresentadas.

Em Jo 8,25, os interlocutores de Jesus lhe fazem uma pergunta: "Tu, quem és?" A resposta de Jesus constitui um dos textos mais difíceis deste Evangelho e não é impossível que se tenha corrompido em um estágio inicial da transmissão manuscrita. Os manuscritos mais antigos eram escritos sem pontuação ou com uma pontuação muito escassa e sem espaço entre as palavras. No texto grego, a sequência *hoti* pode ser interpretada como *hoti*, "que", ou como *ho ti*, "o que". As versões mais antigas desse texto mostram as dificuldades dos tradutores, uns compreendendo esse texto de um modo, outros de outro.[23] Já o início da frase: *tén archén*, "o princípio", no acusativo grego, também comporta sua dificuldade. Enquanto acusativo, deveria ser tomado como o objeto direto do verbo "falar". Outra possibilidade seria que esse acusativo seja usado adverbialmente, com o significado de "desde o princípio" ou "isso tudo".[24] Tudo somado, a resposta de Jesus poderia ser traduzida dos seguintes modos:

a) "O princípio que vos fala".

b) "Desde o princípio, aquele que vos fala".

c) "O que já vos disse antes".

d) "Isso tudo que já vos disse antes".

Na verdade, o texto grego deste versículo é tão difícil que nenhuma dessas soluções pode ser considerada satisfatória.

---

[23] A situação dos manuscritos gregos que trazem alguma pontuação neste versículo, bem como o modo como foi traduzido nas versões antigas, pode ser vista em *O Novo Testamento grego*, p. 300. Também se pode consultar B. M. METZGER, *A Textual Commentary on the Greek New Testament*, p. 191.

[24] Ver a esse respeito: M. ZERWICK and M. GROSVENOR, *A Grammatical Analysis of the Greek New Testament*, p. 312; M. ZERWICK, *Biblical Greek*, p. 26.

Para Jo 8,38, há diversas leituras variantes. Considerando o versículo, conforme a tradução dada acima: "Eu falo o que vi junto do Pai. Vós fazeis o que ouvistes de vosso pai", aparecem as seguintes leituras variantes:

a) "Eu falo o que vi junto de *meu* Pai";
b) "Vós fazeis o que *vistes* de vosso pai", e ainda, para o final do versículo,
c) "do pai", sem o pronome possessivo.

Os principais testemunhos para cada uma dessas leituras são:

- para a leitura (a), com o pronome possessivo "meu": o códex Sinaítico (ℵ) e as tradições textuais Bizantina e Pechita, já para a leitura que foi adotada na tradução, sem o pronome possessivo: os papiros $\mathfrak{P}^{66}$ e $\mathfrak{P}^{75}$ e Orígenes;

- para a leitura (b), com a forma verbal "vistes": o papiro $\mathfrak{P}^{66}$ e as tradições textuais Bizantina, Vulgata e Pechita, para a leitura que foi adotada na tradução, com a forma verbal "ouvistes": o papiro $\mathfrak{P}^{75}$ e Orígenes;

- para a leitura (c), sem o pronome possessivo: os papiros $\mathfrak{P}^{66}$ e $\mathfrak{P}^{75}$, para a leitura que foi adotada na tradução, com o pronome possessivo "vosso": o códex Sinaítico (ℵ).[25]

Para Jo 8,39, há duas leituras principais entre os testemunhos antigos. A primeira, que aparece na tradução acima, lê o verbo "fazer" na forma de um imperativo, de modo que a resposta de Jesus a seus interlocutores é (a): "Se sois filhos de Abraão, fazei as obras de Abraão". A segunda lê o verbo "fazer" como um condicional hipotético, de modo que a resposta de Jesus é: (b) "Se fôsseis filhos de Abraão, faríeis as obras de Abraão". Os principais testemunhos da leitura (a) são: o papiro $\mathfrak{P}^{66}$ e a Vulgata. O principal testemunho da leitura (b) é o papiro $\mathfrak{P}^{75}$. Os manuscritos que formam a tradição Bizantina estão divididos entre as duas leituras.[26]

Enfim, em Jo 8,57, onde a maioria dos testemunhos lê: "Ainda não tens cinquenta anos e viste Abraão?", um grupo reduzido de testemunhos lê: "Ainda não tens cinquenta anos e te viu Abraão?". Os principais testemunhos

---

[25] *O Novo Testamento grego*, p. 301.

[26] *O Novo Testamento grego*, p. 301.

que trazem essa leitura são o papiro $\mathfrak{P}^{75}$ e o manuscrito Siro-sinaítico, da Antiga Versão Siríaca.[27]

Comentário

Mais uma vez, como se trata de uma longa perícope, seu comentário será feito por partes.

8,12 Jesus, luz do mundo

"Sou eu a luz do mundo." Essa afirmação radical de Jesus dá início ao debate. Como afirmação, ela está relacionada com um dos símbolos principais da festa das Cabanas: a luz. Esta é a segunda proposição de tipo *Eu sou* com predicado, neste Evangelho.[28] Desta vez, Jesus afirma que ele é a "luz do mundo", imagem clássica para representar a sabedoria. As proposições *Eu sou* com predicado são, em geral, seguidas de uma promessa. Dessa vez, a promessa é: "Quem me segue não caminha nas trevas, mas terá a luz da vida" (Jo 8,12).

8,13-20 Discussões a respeito do testemunho

Os fariseus reagem à afirmação de Jesus. A objeção que fazem a Jesus já é conhecida: Jesus dá testemunho de si mesmo e, por isso, seu testemunho não é válido (Jo 8,13). Novamente, aparece o tema do testemunho que Jesus presta de si mesmo (Jo 5,31). Desta vez, porém, em vez de nomear aqueles que lhe prestam testemunho (Jo 5,32-39), Jesus confirma que dá testemunho de si mesmo, que seu testemunho é verdadeiro e que pode fazê-lo porque sabe de onde veio (do Pai) e para onde vai (para o Pai) (Jo 8,14).[29]

Na sequência, entra o tema do julgamento. Jesus afirma que seus adversários julgam segundo a carne (Jo 8,15a). Julgar segundo a carne pode ser julgar segundo a aparência ou segundo os princípios carnais, tal como a inveja (Jo 6,63; 1Cor 3,1-4; Rm 7,5). Jesus, ele próprio, não julga ninguém, mas, mesmo que julgasse, seu julgamento seria verdadeiro, uma vez que ele não está só, pois o Pai, que o enviou, está com ele (Jo 8,15b-16).

---

[27] *O Novo Testamento grego*, p. 302.

[28] A primeira aparece em formas variáveis no discurso do Pão da Vida: Jo 6,35.41.48.51.

[29] No texto grego do Evangelho, aparece o mesmo termo *alēthés*, tanto no discurso direto dos fariseus (Jo 8,13) quanto no discurso direto de Jesus (Jo 8,14). De acordo com J. Konings, no entanto, do ponto de vista dos fariseus, o testemunho de Jesus não é "válido", já do ponto de vista de Jesus, seu testemunho é "verdadeiro", porque tem a ver com a Verdade fontal, que é Deus (*Evangelho segundo João*, p. 182).

Volta, então, o tema do testemunho. Jesus relembra que, na Lei, está escrito "que o testemunho de dois homens é válido" (Jo 8,17). Essa prescrição se refere à condenação de um homicida (Nm 35,30; Dt 17,6) ou à condenação de alguém que tenha cometido uma iniquidade ou pecado (Dt 19,15). Jesus reclama esse preceito a seu favor. Ele dá testemunho de si mesmo, como também o Pai que o enviou (Jo 8,18). O testemunho que Jesus dá de si mesmo se baseia no pleno conhecimento que tem de seu próprio destino (Jo 8,14). Quanto à afirmação de que tem também o testemunho do Pai, ela suscita a seguinte pergunta dos fariseus: "Onde está teu Pai?" Jesus responde que eles não conhecem nem a ele nem ao Pai (Jo 8,19). Tem início, aqui, o tema da filiação enquanto pertença e comunhão, cujo desenvolvimento segue até o final do capítulo.

O evangelista retoma a palavra para dizer que esta controvérsia ocorreu no gazofilácio, isto é, no lugar onde se depositavam as doações trazidas ao Templo.[30] Jesus estava ensinando ali. O evangelista acrescenta que ninguém o prendeu porque sua hora ainda não tinha chegado (Jo 8,20).

8,21-30 Quem é Jesus

Estes versículos estão entre os mais importantes para a cristologia do Evangelho segundo João. Dessa vez, a palavra de Jesus que gera a polêmica diz respeito ao anúncio de sua partida. Em sentido contrário ao destino de Jesus, está o destino de seus interlocutores, que morrerão em pecado, uma vez que se recusam a segui-lo (Jo 8,21).

Na sequência, há mais uma retomada de um tema já tratado: o destino de Jesus (Jo 7,33-36). As autoridades judaicas se perguntam se Jesus pretende se matar (Jo 8,22). A resposta de Jesus começa com dois pares de antíteses numa estrutura formada pelo verbo "ser" seguido da preposição "de": ser de baixo contra ser do alto, e ser do mundo contra não ser do mundo (Jo 8,23). A expressão "ser de" significa não apenas pertença mas também comunhão. Ser do mundo significa pertencer ao mundo e comungar com seus princípios. Na sequência, aparece o primeiro "Eu Sou" absoluto pronunciado por Jesus. Na antítese deste "Eu Sou" está o pecado e a morte (Jo 8,24).

É então que os interlocutores de Jesus lhe perguntam quem ele é. A resposta de Jesus constitui uma das passagens mais difíceis deste Evangelho,

---

[30] O termo *gazofilácio* também aparece nos evangelhos sinóticos no relato da oferta da viúva (Mc 12,41.43; Lc 21,1). São as únicas atestações no Novo Testamento.

como foi apresentado acima. É possível que a resposta de Jesus tenha sido algo como: "O que já vos disse antes" (Jo 8,25).[31]

Na continuação, Jesus se apresenta como aquele que é o porta-voz do Pai, que o enviou (Jo 8,26). Seus interlocutores, contudo, não compreenderam que ele falava do Pai (Jo 8,27). Retomando a palavra, Jesus pronuncia o segundo "Eu Sou" absoluto do Evangelho. Em relação à primeira atestação (Jo 8,24), acrescenta-se que será na elevação do Filho do Homem na cruz que se poderá reconhecer a manifestação divina em Jesus, em virtude de sua íntima relação com o Pai (Jo 8,28). Concluindo essa parte do discurso, Jesus anuncia que aquele que o enviou nunca o abandona, mas está sempre com ele, mesmo no momento da cruz (Jo 8,29). O evangelista termina afirmando que muitos creram nessas palavras (Jo 8,30).

O uso da expressão "Eu sou" no Evangelho segundo João revela um aspecto de sua cristologia. O evangelista usa a expressão como uma das formas para apresentar quem é Jesus. Ela aparece de três modos:

a) *Uso simples ou declarativo: "Eu sou..."*. O uso simples ou declarativo é quando um sujeito faz uma declaração sobre si ou responde a uma pergunta. No Evangelho segundo João, há algumas frases desse tipo atribuídas a Jesus. Elas já apareceram em Jo 4,25-26: a Samaritana refere-se ao Messias, e Jesus lhe responde: "*Sou eu*, aquele que fala contigo". Também foi o caso em Jo 6,20: Jesus caminha sobre o mar, os discípulos sentem medo, mas Jesus lhes diz: "Sou eu, não temais".[32] Nesta perícope, esse também é o caso das ocorrências em Jo 8,18: "Eu sou aquele que dá testemunho de si mesmo", e Jo 8,23: "Vós sois de baixo, eu sou do alto; vós sois deste mundo, eu não sou deste mundo". Esse uso ainda aparecerá em Jo 10,36; 13,13 e 18,5.6.8.

b) *Uso com predicado: Eu sou.* O uso "Eu sou" com predicado é aquele em que Jesus faz uma afirmação sobre si a partir de uma imagem

---

[31] J. Beutler, por sua vez, assim traduz: "Por que ainda falo a vós?", o que não seria exatamente uma resposta à questão levantada anteriormente pelos interlocutores de Jesus. Segundo J. Beutler, essa também é a proposta de tradução de R. Schnackenburg (J. BEUTLER, *Evangelho segundo João*, p. 222-223).

[32] Para R. E. Brown, Jo 6,20 constitui um caso-limite de uso de "Eu Sou", entre os modos simples e absoluto. No comentário à passagem, no entanto, R. E. Brown parece pender para o uso absoluto (*Giovanni*, p. 326.330). Nesse comentário ao Evangelho segundo João, R. E. Brown dedica um apêndice às proposições "Eu Sou", *Ego eimi* (*Giovanni*, p. 1.482-1.489).

tomada da vida cotidiana. As frases criadas têm caráter metafórico e poético. Elas mostram uma espiritualização do cotidiano, ou seja, como o cotidiano pode ser visto como pleno de significado, apontando para Deus. Nessas proposições, Jesus se atribui um predicado de maneira exclusiva, razão pela qual, em português, elas são mais bem traduzidas por "Sou eu...". No discurso do Pão da Vida, apareceram as primeiras proposições desse tipo: "Sou eu o Pão da Vida" (Jo 6,35.48); "Sou eu o Pão Vivo descido do céu" (Jo 6,51, conferir também Jo 6,41). No início desta perícope, aparece a segunda proposição desse tipo: "Sou eu a luz do mundo" (Jo 8,12). Adiante, outras proposições desse tipo aparecerão, em Jo 10,7.9; 10,11.14; 11,25; 14,6; 15,1.5. Essas proposições com predicado são, quase sempre, acompanhadas de uma promessa.

c) *Uso absoluto: "Eu Sou".* Em seu uso absoluto, isto é, sem predicado, a expressão aparece quatro vezes, sendo que três estão neste capítulo: Jo 8,24.28.58 e 13,19. Esse uso não deixa de ser estranho, uma vez que o verbo "ser" não é intransitivo, nem em português nem em grego. Restam duas possibilidades. A primeira seria procurar um significado implícito, que, no caso, remeteria à manifestação do *Senhor* a Moisés, na sarça: "Eu sou aquele que sou" (Ex 3,13-15). A segunda, como argumenta C. H. Dodd, seria tratar a expressão como uma fórmula em si, remetendo à maneira como o nome divino é tratado na segunda parte do livro de Isaías. Ali, onde o texto hebraico traz *'ani hu'*, o texto grego da Septuaginta traz *egó eimi*, ou seja, "Eu Sou", tal qual nas atestações dessa proposição em uso absoluto no Evangelho segundo João. Isso ocorre, por exemplo, em Is 43,11.[33]

Tanto uma quanto a outra possibilidade apontam para a mesma direção: ao referir-se a si mesmo como "Eu Sou", Jesus está afirmando sua divindade. Aliás, essa não seria a única maneira de Jesus afirmá-la. Ela também está implícita na maneira como Jesus se refere a Deus como Pai. Quanto ao evangelista e à sua comunidade, que transmitiu este Evangelho, a colocação na boca de Jesus da expressão "Eu Sou" mostra sua fé na divindade de Jesus. Ainda seria preciso recordar que, no Evangelho segundo João, paralelamente a essa sublime e radical afirmação da divindade de Jesus, há outros tantos traços que sublinham sua plena humanidade (Jo 4,6; 11,35).

---

[33] A argumentação de C. H. Dodd é mais complexa e bela que essa breve síntese (*A interpretação do quarto evangelho*, p. 131-136).

8,31-38   A filiação e a liberdade

Jesus fala aos judeus que tinham crido nele, e, paradoxalmente, a polêmica aumenta (Jo 8,30).[34] As palavras de Jesus podem dar uma chave de leitura para a polêmica que segue: mais que crer, é preciso permanecer, ou seja, crer continuamente. Eis a sequência que o texto estabelece: quem permanece na palavra de Jesus torna-se verdadeiramente seu discípulo (Jo 8,31), conhece a verdade e torna-se livre (Jo 8,32). Essa liberdade à qual Jesus se refere não é nem a condição de uma nação que não é submetida a outra nação (sentido político) nem a condição de uma pessoa que não é escrava de outra pessoa (condição social), mas sim a condição dos filhos de Deus, livres para a prática do bem.

Os interlocutores de Jesus não compreendem o nível de linguagem no qual Jesus se situa e lhe apresentam uma objeção: eles são da descendência de Abraão e jamais foram escravos (Jo 8,33). Ora, quem não é escravo não pode libertar-se. Em contrário, porém, pode-se ver Ne 9,36: "Eis que estamos hoje escravizados e eis que, na terra que havias dado a nossos pais para gozarem de seus frutos e de seus bens, nós estamos na escravidão".[35]

Jesus, então, explica que todo aquele que pratica o pecado é escravo (Jo 8,34). A escravidão à qual Jesus se refere é a escravidão do pecado, aquela que está na origem de todo tipo de escravidão. Jesus faz ainda uma comparação com a situação do escravo e do filho em uma casa. O escravo não pode permanecer para sempre; o filho, no entanto, pode permanecer (Jo 8,35). Essa comparação faz lembrar o relato da expulsão de Agar e seu filho Ismael (Gn 21,8-21). É o Filho, pois, que pode trazer a liberdade ao escravo (Jo 8,36). Esses versículos representam o ponto de contato mais próximo entre a teologia joanina e a teologia paulina, expressa, sobretudo, em Rm 6,1-8,17; Gl 4,21-31. O pecado é um senhor que escraviza a pessoa, mas ela pode ser libertada pelo Filho e, assim, livre, morar na casa do Pai.

Jesus responde à objeção de seus interlocutores: mesmo sendo da descendência de Abraão, eles precisam rejeitar o pecado para tornarem-se plenamente livres. Ora, quem tem desejos homicidas ainda não renunciou inteiramente ao senhorio do pecado (Jo 8,37). No final, Jesus se refere a seu Pai e ao pai de seus interlocutores (Jo 8,38). Essa afirmação de Jesus vai fazer com que a polêmica se torne ainda mais candente. É preciso,

---

[34] Seria possível identificar esses "judeus que tinham acreditado em Jesus" (Jo 8,31) com os cristãos judaizantes aos quais Paulo se refere em algumas passagens de suas cartas, tais como em 2Cor 11,22 e Gl 6,12? A questão fica em aberto.

[35] Texto extraído de *A Bíblia de Jerusalém*, p. 715.

portanto, compreender que a palavra "pai", nesses versículos, não tem uma conotação genética, mas é o "pai" que é "senhor" da casa em que alguém habita, que pode ser um "pai" que o quer livre ou um "pai" que o mantém escravo.[36]

8,39-47 Ser filho de quem

O debate a respeito da filiação torna-se duro e pesado. As palavras aparecem carregadas de violência e acusações recíprocas. A filiação à qual as autoridades judaicas se referem diz respeito à descendência; elas reivindicam ser filhos de Abraão. A filiação à qual Jesus se refere é uma comunhão nos mesmos princípios e no mesmo modo de agir. Jesus afirma que seus interlocutores não agem do mesmo modo que Abraão (Jo 8,39-40).

Jesus acusa seus interlocutores de realizarem as obras de outro pai, do diabo, e não de Abraão. Eles afirmam não terem nascido da prostituição e terem a Deus como pai (Jo 8,41). Neste contexto, o termo "prostituição" pode significar o abandono do Deus de Israel e o culto aos deuses estrangeiros, denunciado diversas vezes pelos profetas, de modo especial por Oseias (Os 1–3), a partir da imagem da infidelidade conjugal (Jo 4,16-18). A bela imagem do *Senhor* como pai de Israel aparece no Antigo Testamento, em textos como Ex 4,22; Dt 32,6; Is 63,16; 64,7, e Os 11,1: "Quando Israel era um menino, eu o amei e do Egito chamei meu filho".[37]

Jesus insiste na noção de filiação enquanto pertença. De fato, aquele que procura matar seu próximo não pertence a Deus, não é seu "filho". Para tornar-se filho de Deus, é necessário deixar-se guiar pelo amor, reconhecer que Jesus é o enviado do Pai e colocar-se à escuta de sua palavra (Jo 8,42-43).

Na sequência, há uma afirmação de Jesus que tem como pano de fundo os primeiros capítulos do Gênesis (Jo 8,44-45). Suas palavras fazem uma referência à mentira da serpente para Eva no Jardim do Éden (Gn 3,1-5) e ao homicídio de Abel por Caim (Gn 4,1-8), juntando mentira e morte. Aqueles que querem tirar a vida do justo antes lhe tiram a verdade. Aqueles

---

[36] Há outro modo de ler Jo 8,38, já assinalado quando foi apresentada a crítica textual da perícope. Essa leitura é a adotada por R. E. Brown em seu comentário: "Digo o que vi junto do Pai; fazei, pois, também vós o que ouvistes do Pai" (*Giovanni*, p. 458.462-463). Essa também é a leitura adotada por J. Konings: "Eu comunico o que vi junto do Pai; e vós, o que ouvistes do Pai, fazei-o" (*Evangelho segundo João*, p. 188). De acordo com esses autores, em Jo 8,38 trata-se de um mesmo Pai, que o Filho Jesus viu e que os judeus ouviram. A polêmica quanto à filiação começa apenas no versículo seguinte.

[37] Texto extraído de *A Bíblia de Jerusalém*, p. 1.730.

que seguem pelo caminho da mentira e da morte tornam-se filhos delas. Já quem toma o caminho da verdade e da vida torna-se filho de Deus, fonte da vida. Na Primeira Carta de João, há um texto muito próximo a estes versículos do Evangelho: 1Jo 3,7-15.

Jesus faz, então, duas perguntas: "Quem dentre vós pode me inquirir a respeito de pecado?" E: "Se digo a verdade, por que não credes em mim?" (Jo 8,46). A segunda pergunta, o próprio Jesus a responde: seus interlocutores não são capazes de ouvi-lo porque não são de Deus (Jo 8,47).

8,48-59 Novamente a identidade de Jesus

As autoridades judaicas levantam duas acusações contra Jesus: de que ele é um samaritano, ou seja, de que se afastou da pureza da fé de Israel, e de que tem um demônio, ou seja, enlouqueceu (Jo 8,48). Jesus responde a uma só dessas acusações: a de que teria um demônio (Jo 8,49). Em nenhum momento o Evangelho segundo João retrata uma atitude hostil em relação aos samaritanos (Jo 4,1-42), de modo que o termo não pode ser considerado uma ofensa na perspectiva deste Evangelho. Em sua resposta, Jesus afirma que não busca sua glória (Jo 8,50), e ainda mais forte é sua afirmação seguinte: "Quem guarda minha palavra não verá jamais a morte" (Jo 8,51).

Essas palavras provocam novas reações da parte das autoridades judaicas, que, mais uma vez, citam Abraão. Se o próprio Abraão morreu, e também os profetas, como pode Jesus garantir que quem guarda suas palavras não verá a morte para sempre? (Jo 8,52-53). Os interlocutores de Jesus tomam suas palavras em sentido literal e não metafórico. A morte à qual Jesus se refere não é a morte física, pela qual todos passam, mas sim uma vida perdida por causa do pecado. A Palavra de Jesus guarda aquele que crê da terrível morte causada pelo pecado. É lógico que as autoridades judaicas perguntem a Jesus quem ele pretende ser.

Jesus responde que não busca sua própria glória – tema que já apareceu em Jo 8,50 e, antes, em Jo 5,41 –, mas que é glorificado pelo Pai, esse mesmo que seus interlocutores chamam de Deus. Nas palavras de Jesus, esses o chamam de Deus, mas sem conhecê-lo, sendo, por isso, mentirosos. A perspectiva do conhecimento, no entanto, não é a do conhecimento teórico, mas prático, uma vez que conhecer a Deus é guardar sua palavra, ou seja, observá-la (Jo 8,54-55).

O último embate dessa longa polêmica também se dá em torno da figura de Abraão. Jesus diz: "Abraão, vosso pai, exultou por ver meu dia; viu e se alegrou" (Jo 8,56). Jesus, portanto, reconhece que seus interlocutores são descendentes de Abraão, o que significa que não se deve tomar ao pé da letra a afirmação anterior de que esses sejam filhos do diabo (Jo 8,44). Quanto a Jesus, ele se apresenta a si mesmo como "o" descendente de Abraão por excelência, de quem Isaac era figura. Abraão exultou ao ver Isaac, seu descendente, e o próprio nome Isaac remete à alegria de Abraão (Gn 17,17). Em Isaac, Abraão via o dia de Jesus.

Os interlocutores de Jesus percebem que suas palavras não podem ser tomadas literalmente (Jo 8,57). Em sua última réplica, Jesus afirma que desde sempre, "antes que Abraão viesse a ser, *Eu Sou*". Essa é terceira ocorrência da proposição "Eu Sou" em seu uso absoluto neste capítulo e no Evangelho. Desta vez, trata-se de uma afirmação da preexistência do Filho. Ele existe desde toda a eternidade (Jo 1,1) e se fez carne em Jesus (Jo 1,14), de modo que Abraão pode exultar por seu dia (Jo 8,58). Nessa afirmação, fica patente a diferença de verbos utilizados para Abraão e para Jesus. Para Abraão é *gínomai* (pronuncia-se *guínomai*) ("vir a ser", "chegar a existir"); para Jesus, o Filho, é *eimi* ("ser"). Essa mesma diferença já estava presente no prólogo: o verbo *gímonai*, para tudo o que, na criação, "veio a ser"; o verbo *eimi*, para a Palavra que, desde sempre, "é" (Jo 1,1-3).

No final, eles voltam a pegar em pedras. Tal como a mulher pega em adultério, eles querem apedrejá-lo (Jo 8,59).

Este capítulo é denso, trazendo uma polêmica intensa entre Jesus e as autoridades judaicas. É possível que essa polêmica reflita a situação da comunidade joanina em conflito com o judaísmo em seu tempo. Nesse caso, os temas principais da polêmica são os que dividiram o judaísmo e o cristianismo nascente nos primeiros tempos, ao menos no ambiente em que surgiu este Evangelho. Nos dias de hoje, o relacionamento entre cristianismo e judaísmo pode se dar em outros parâmetros. Primeiramente, é preciso reconhecer que o Deus que Jesus chama de Pai é o mesmo que, em vários textos do Antigo Testamento, assinalados acima, chama Israel de filho. Por outro lado, o texto traça uma linha divisória muito clara, não entre judeus e cristãos, mas sim entre aqueles que promovem a vida e aqueles que matam, entre aqueles que buscam a verdade e aqueles que mentem. Estes são os filhos de Deus: aqueles que promovem a vida e buscam a verdade.

Para além da polêmica, o capítulo também traz uma cristologia a partir da releitura de alguns textos fundamentais do Antigo Testamento, de modo especial do Gênesis. Três personagens do Antigo Testamento merecem destaque: Moisés, Abel e Isaac. Jesus é o novo Moisés porque realiza a nova libertação da escravidão do pecado, origem de todas as outras formas de escravidão. Jesus é o novo Abel, o justo conduzido à morte, e o novo Isaac, por quem Abraão rejubila. Apesar dessas releituras de personagens humanas do Antigo Testamento, o evangelista não deixa dúvida quanto à face também divina do Cristo, uma vez que volta a afirmar, como no prólogo (Jo 1,1-3), a existência desde sempre do Filho: "Antes que Abraão existisse, *Eu Sou*" (Jo 8,58).

Intertextualidade

Diversos textos do Antigo Testamento constituem o pano de fundo desta perícope e foram sendo mencionados ao longo do comentário acima. Uma figura do Antigo Testamento se sobressai: Abraão, cujo nome é mencionado diversas vezes nesses versículos. Abraão também é mencionado diversas vezes em outros textos do Novo Testamento, como em Mt 3,9: "Não penseis convencidos: 'Abraão é nosso pai'; pois vos digo que destas pedras Deus pode suscitar filhos para Abraão".[38] Esse texto tem seu paralelo em Lc 3,8.

Abraão também é citado com frequência por Paulo nas cartas aos Gálatas e aos Romanos, e vem dessas cartas um importante paralelo temático com essa longa perícope joanina. Trata-se da reflexão sobre a liberdade cristã oposta à escravidão pelo pecado. De modo especial, esse paralelo se concentra em Jo 8,31-38, remetendo a Rm 6,12-23 e 8,14-17. Nessa mesma trilha vai 2Pd 2,19b: "Aquilo pelo qual alguém é subjugado, isso o escraviza".[39]

9,1-41 Jesus abre os olhos do cego de nascença

O capítulo 9 do Evangelho segundo João é composto de um único relato que conta como Jesus abriu os olhos de um cego de nascença. No relato, a expressão "abrir os olhos" aparece sete vezes.[40] Há várias personagens no relato: Jesus e seus discípulos, um cego de nascença, seus vizinhos, seus genitores e os fariseus. O cenário é a cidade de Jerusalém, na qual se destaca o reservatório de água chamado Siloé. Esse reservatório fica na parte mais baixa da cidade, no bairro do mesmo nome. Ele guarda a água da fonte de Gion, que fica fora das muralhas e vem até ele por um aqueduto construído nos tempos do rei Ezequias, no século VIII a.C. (Is 8,6).

---

[38] Texto extraído de *A Bíblia: Novo Testamento*, p. 22.
[39] Texto extraído de *A Bíblia: Novo Testamento*, p. 580.
[40] Em Jo 9,10.14.17.21.26.30.32 (J. KONINGS, *Evangelho segundo João*, p. 196).

AS FESTAS JUDAICAS: IV – A FESTA DAS CABANAS

No início do relato, ainda não há uma anotação de tempo, de modo que o relato aparece situado por ocasião da festa das Cabanas, em continuidade com os capítulos anteriores. A anotação de tempo vem em Jo 9,14: "Era sábado o dia em que Jesus fez lama e lhe abriu os olhos". Pode-se pensar que sábado, aqui, se refira ao oitavo dia da festa, um dia de descanso.

O texto traduzido: "Tu o vês. É aquele que fala contigo"

9 ¹ Passando, Jesus viu um homem que era cego desde o nascimento. ² Seus discípulos lhe perguntaram: "Rabi, quem pecou, ele ou seus genitores, para que nascesse cego?"

³ Respondeu Jesus: "Nem ele pecou, nem seus genitores, mas é para que sejam manifestadas nele as obras de Deus. ⁴ É preciso que eu trabalhe nas obras daquele que me enviou enquanto é dia. Vem a noite, quando ninguém pode trabalhar. ⁵ Enquanto estou no mundo, sou a luz do mundo".

⁶ Tendo dito isso, cuspiu por terra e fez lama com a saliva, e ungiu com a lama os olhos dele, ⁷ e lhe disse: "Vai, lava-te na piscina de Siloé", o que, traduzido, é Enviado.

Ele foi, lavou-se e voltou vendo.

⁸ Então os vizinhos e aqueles que antes costumavam vê-lo, pois era mendigo, diziam: "Este não é aquele que ficava sentado mendigando?"

⁹ Uns diziam: "É ele".

Outros diziam: "Não, mas alguém parecido com ele".

Ele mesmo dizia: "Sou eu".

¹⁰ Diziam-lhe, então: "Como te foram abertos os olhos?"

¹¹ Ele respondeu: "O homem chamado Jesus fez lama, ungiu com ela meus olhos e me disse: 'Vai a Siloé e lava-te'. Fui, lavei-me e comecei a ver".

¹² E disseram-lhe: "Onde está ele?"

Ele disse: "Não sei".

¹³ Levaram aos fariseus o que fora cego. ¹⁴ Era sábado o dia em que Jesus fez lama e lhe abriu os olhos. ¹⁵ Então, novamente, perguntaram-lhe, desta vez os fariseus,

como começara a ver. Ele lhes disse: "Ele colocou lama sobre meus olhos, eu lavei-me e vejo".

¹⁶ Diziam, então, alguns dos fariseus: "Este homem não vem de Deus, uma vez que não guarda o sábado".

Outros, porém, diziam: "Como pode um homem pecador fazer tais sinais?"

E houve uma divisão entre eles. ¹⁷ Disseram, então, novamente, ao cego: "Uma vez que ele te abriu os olhos, o que tu dizes dele?"

Ele disse: "É um profeta".

¹⁸ Os judeus não acreditaram nele, que fora cego e tivesse começado a ver, enquanto não chamaram os genitores daquele que tinha começado a ver. ¹⁹ E perguntaram-lhe: "Este é vosso filho, que dizeis que nasceu cego? Como, então, agora vê?"

²⁰ Responderam seus genitores: "Sabemos que ele é nosso filho e que nasceu cego. ²¹ Como agora vê, não sabemos, nem sabemos quem lhe abriu os olhos. Perguntai-lhe, já é adulto, ele mesmo fala por si".

²² Seus genitores disseram essas coisas por medo dos judeus, pois os judeus já tinham se posto de acordo que, se alguém confessasse Jesus como o Cristo, seria expulso da sinagoga. ²³ Por isso, seus genitores disseram: "Ele já é adulto, perguntai-lhe".

²⁴ Chamaram, então, pela segunda vez, o homem que fora cego e disseram-lhe: "Dá glória a Deus. Sabemos que este homem é pecador".

²⁵ Ele lhes respondeu: "Se é pecador, não sei. Uma coisa sei: que eu era cego e agora vejo".

²⁶ Disseram-lhe: "O que ele te fez? Como te abriu os olhos?"

²⁷ Respondeu-lhes: "Já vos disse e não escutastes. Por que quereis ouvir novamente? Acaso quereis, também vós, tornar-vos discípulos dele?"

²⁸ Eles, então, o injuriaram dizendo: "Tu és discípulo dele, nós somos discípulos de Moisés. ²⁹ Sabemos que

Deus falou a Moisés, mas este, não sabemos de onde ele é".

³⁰ O homem lhes respondeu: "Isto é surpreendente: não sabeis de onde ele é e, no entanto, abriu-me os olhos. ³¹ Sabemos que Deus não ouve os pecadores, mas, se alguém é temente a Deus e faz sua vontade, a este ele ouve. ³² Nunca se tinha ouvido falar que alguém tivesse aberto os olhos de um cego de nascença. ³³ Se ele não viesse de Deus, nada poderia fazer".

³⁴ Responderam-lhe: "Tu nasceste inteiro em pecado e queres nos ensinar?"

E o expulsaram dali.

³⁵ Jesus ouviu dizer que o tinham expulsado, encontrou-o e disse-lhe: "Crês no Filho do Homem?"

³⁶ Ele respondeu: "Quem é, senhor, para que eu creia nele?"

³⁷ Disse-lhe Jesus: "Tu o vês. É aquele que fala contigo".

³⁸ Ele afirmou: "Creio, Senhor".

E prostrou-se diante dele.

³⁹ Disse Jesus:

"Para um julgamento eu vim a este mundo:

para que aqueles que não veem vejam,

e aqueles que veem tornem-se cegos".

⁴⁰ Alguns dos fariseus que estavam com ele ouviram isso e lhe disseram: "Acaso também nós somos cegos?"

⁴¹ Disse-lhes Jesus: "Se fôsseis cegos, não teríeis pecado. Agora, porém, como dizeis: 'Nós vemos', vosso pecado permanece".

Anotações de crítica textual

Há duas questões mais relevantes de crítica textual para esta perícope. A primeira está no princípio da perícope, a segunda está no final.

Para Jo 9,4a, há três grupos de leituras entre os manuscritos antigos. O primeiro grupo é o daqueles que apresentam formas na primeira pessoa do singular, fazendo a leitura: "É preciso que eu trabalhe nas obras daquele que me enviou". O segundo grupo é o daqueles que apresentam formas na primeira pessoa do plural, fazendo a leitura: "É preciso que trabalhemos nas obras daquele que nos enviou". O terceiro grupo, bem restrito, mescla as duas outras leituras: "É preciso que trabalhemos nas obras daquele que me enviou". No primeiro grupo, estão as grandes tradições textuais: a Bizantina, a Vulgata e a Pechita. No segundo grupo, estão os papiros $\mathfrak{P}^{66}$ e $\mathfrak{P}^{75}$. O principal representante do terceiro grupo é o códex Vaticano (B).[41]

Para Jo 9,35, há duas leituras entre os testemunhos antigos para a pergunta que Jesus faz ao homem que era cego:

a) "Crês no Filho do Homem?";
b) "Crês no Filho de Deus?"

Apesar de a leitura (b) ser a mais difundida, uma vez que aparece nas grandes tradições textuais Bizantina, Vulgata e Pechita, a leitura (a) é aquela que está presente nos testemunhos mais antigos, como os papiros $\mathfrak{P}^{66}$ e $\mathfrak{P}^{75}$ e Orígenes.[42]

Comentário

Como se trata de um relato longo, sua apresentação será feita em partes.

9,1-7 Jesus e seus discípulos se deparam com um cego de nascença

O relato começa narrando que, ao passar, Jesus viu um homem que era cego desde seu nascimento (Jo 9,1). Quem, porém, interage com Jesus, no primeiro momento, não é o cego, mas sim seus discípulos. A presença do cego suscita uma pergunta, que é feita ao mestre: "Rabi, quem pecou, ele ou seus genitores, para que nascesse cego?" (Jo 9,2). A questão, além da teologia da retribuição, pressupõe a hereditariedade da culpa, que vem expressa no Decálogo (Ex 20,5), tendo sido criticada por Jeremias (Jr 31,29-30) e Ezequiel (Ez 18,1-4). Pela pergunta dos discípulos, percebe-se que a crítica dos profetas não tinha sido assimilada pelas pessoas. Jesus responde que nem ele pecou nem seus genitores (Jo 9,3). Nesse diálogo, Jesus dá o sentido do que está para realizar: trata-se de uma obra daquele que o enviou, que atesta que Jesus é a luz do mundo (Jo 9,4-5), afirmação que será comprovada por sua ação de abrir os olhos do cego de nascença.

Tendo dito isso, Jesus passa a interagir com o cego. Mais uma vez, a iniciativa parte de Jesus: o cego não pediu nada. Jesus faz um gesto e lhe

---

[41] *O Novo Testamento grego*, p. 303.
[42] *O Novo Testamento grego*, p. 305.

dá uma ordem: unge os olhos do cego com lama feita com a própria saliva e manda que vá lavar os olhos na piscina de Siloé. O cego vai e volta vendo (Jo 9,6-7). O evangelista explica que Siloé quer dizer "Enviado". Há aqui mais uma indicação sobre o sentido do episódio: Jesus é "o enviado" ("do Pai"). Depois disso, Jesus sai de cena para retornar somente muito depois, em Jo 9,35. É o mais longo trecho dos evangelhos em que Jesus está ausente.

9,8-12   O ex-cego passa pelo interrogatório de seus conhecidos

Aquele que tinha sido cego era uma pessoa conhecida, pois era mendigo. Na sociedade no tempo de Jesus, uma pessoa cega ou com outra deficiência física grave não tinha nenhum tipo de seguridade social e dependia da mendicância. Ficava sentada ou abaixada à espera de alguma ajuda. Seus vizinhos e conhecidos se interrogam se é ele mesmo. Isso o leva a afirmar que é ele mesmo (Jo 9,8-9).

As pessoas lhe perguntam como seus olhos foram abertos, pois, de acordo com o modo semítico de se expressar, aquele mendigo tinha os olhos "fechados". Ele conta como seus olhos foram abertos (Jo 9,10-11), ou seja, já é a segunda vez que, no relato, é narrado o que Jesus fez. Perguntam-lhe, então, onde Jesus está e ele responde: "Não sei" (Jo 9,12). Por suas respostas sinceras e transparentes, aquele que tinha sido cego vai começando a ganhar a simpatia do leitor.

9,13-17   O ex-cego é interrogado pelos fariseus

Aquele que nascera cego e começou a ver é conduzido aos fariseus (Jo 9,13). É neste momento que o evangelista introduz a informação de que o dia em que Jesus fez lama e abriu os olhos do cego era sábado (Jo 9,14). Assim como foi em Jo 5,9, somente depois do relato começado o evangelista insere a informação de que aquele dia era sábado. É como se essa informação não tivesse tanta importância até aqui, mas que passará a ter assim que surge uma nova personagem no relato: o grupo dos fariseus.

Quando é perguntado, o que nasceu cego conta, pela segunda vez, o que lhe aconteceu (Jo 9,15). Isso provoca uma divisão entre os fariseus (Jo 9,16). Eles têm dois dados nas mãos: os preceitos em relação ao sábado e o fato de que Jesus abriu os olhos a um cego. Se Jesus não guarda o sábado, não vem de Deus, mas, se realiza tais sinais, vem de Deus (Jo 3,2). Eles interrogam novamente o que começou a ver, perguntando-lhe o que tem a dizer a respeito daquele que lhe abriu os olhos. O que nasceu cego responde que Jesus é um profeta (Jo 9,17).

9,18-23 Os fariseus interrogam os genitores do ex-cego

Neste trecho, há uma mudança, da parte do evangelista, na forma de tratamento de uma das personagens do relato. Agora, em vez de se referir aos fariseus, ele se refere aos judeus, ou seja, às autoridades judaicas. Não acreditando que aquele homem nascera cego e tivesse começado a ver, eles chamam seus genitores (Jo 9,18). A esses são feitas duas perguntas: se este é mesmo o filho deles que tinha nascido cego, e como é que agora vê (Jo 9,19). À primeira pergunta eles respondem afirmativamente: esse é realmente o filho deles, que nasceu cego. À segunda pergunta não querem responder e a remetem ao próprio filho (Jo 9,20-21). Pela maneira de falar dos genitores, pode-se pensar que aquele que tinha sido cego deveria ser ainda jovem, mas já responsável por si. É de notar que o texto não usa a palavra "pais", mas sim "genitores" (já em Jo 9,3). Os pais são aqueles que educam e podem não ser aqueles que geraram. A noção de hereditariedade da culpa, aqui criticada, pressupõe a geração. Os genitores do caso não são responsáveis nem pela cegueira do filho nem por ele ter começado a ver.

Na sequência, vem um comentário do evangelista. Ele informa que os genitores responderam assim por medo dos judeus que tinham decidido expulsar da sinagoga aqueles que reconhecessem Jesus como sendo o Cristo (Jo 9,22-23). O medo dos judeus somente pode ser compreendido se o termo "judeus", neste contexto, significa as autoridades judaicas, afinal todas as personagens do relato são "judeus". Já a menção da expulsão da sinagoga tem sido interpretada como um dado relativo à própria comunidade joanina, que a teria experimentado por causa de seu reconhecimento de que Jesus é o Cristo. Tal expulsão teria marcado esses cristãos de modo determinante.

9,24-34 O ex-cego volta a ser interrogado

Aquele que começou a ver é chamado para um novo interrogatório. O evangelista se refere àqueles que o interrogam simplesmente com um "eles", sem explicitar que sejam fariseus ou autoridades judaicas. A divisão entre eles também já não é mais mencionada e o grupo aparece de modo unânime contrário a Jesus.

Eles começam esse novo interrogatório com uma fórmula de juramento: "Dá glória a Deus" (Js 7,19), mas logo depois afirmam algo que aquele que tinha sido cego não se sente à vontade para confirmar. Eles dizem que sabem que este homem, isto é, Jesus, é pecador (Jo 9,24). O ex-cego diz que não sabe se Jesus é ou não pecador, mas sabe que antes era cego e agora vê (Jo 9,25). Há um contraste entre, de um lado, aqueles que interrogam, que afirmam saber, e, do outro, o homem que passou a ver, que admite não saber. É justamente por ser capaz de questionar seu saber que ele chegará à verdade.

Perguntam-lhe novamente o que Jesus fez para lhe abrir os olhos (Jo 9,26), mas, desta vez, ele se nega a repetir o ocorrido, e pergunta se, acaso, eles não estariam querendo se tornar discípulos de Jesus (Jo 9,27). A partir daqui se dá uma inversão: é o ex-cego que começa a fazer perguntas.

Eles respondem que aquele que nasceu cego é discípulo de Jesus, enquanto eles são discípulos de Moisés (Jo 9,28), que sabem que Deus falou a Moisés, enquanto Jesus, nem sabem de onde ele é (Jo 9,29). Esses querem se apoiar no passado, em Moisés, para não precisarem se deixar questionar pela realidade. Assim, eles se fecham a qualquer manifestação de Deus no presente.

Com muita ironia, aquele que começou a ver se diz espantado por eles não conseguirem saber de onde Jesus é, e afirma, não apenas em seu próprio nome mas em nome de todos os que creem em Jesus ("sabemos"), que Jesus vem de Deus, uma vez que foi capaz de lhe abrir os olhos (Jo 9,30-33). Ao final, aqueles que o interrogam voltam à antiga concepção de que a cegueira física era resultante do pecado (Jo 9,2). Eles se fecham ao agir de Deus em Jesus e expulsam aquele que, tendo nascido cego, agora podia ver (Jo 9,34). Dá-se, com ele, a expulsão daquele que confessa que Jesus é o Cristo (Jo 9,22).[43]

9,35-41   Jesus reencontra o que foi expulso da sinagoga

Enfim, Jesus reaparece em cena e reencontra aquele que foi expulso.[44] Jesus lhe pergunta se ele crê no Filho do Homem (Jo 9,35). Ele responde com uma pergunta: quem é o Filho do Homem para que creia? (Jo 9,36). Aquele que passou a ver mantém, diante de Jesus, a mesma atitude de sinceridade e simplicidade que faz dele uma das personagens mais cativantes do Evangelho. Por sua vez, a resposta de Jesus diz muito em poucas palavras. "Tu o vês" é uma recordação do que Jesus fez em favor dele: deu-lhe o

---

[43] A respeito desse relato como um todo, escreve R. E. Brown: "A habilidade dramática joanina chega aqui ao seu melhor". Ainda, sobre esses últimos versículos: "A confrontação que o cego faz com os fariseus nos vv. 24-34 é um dos diálogos escritos com maior inteligência no Novo Testamento" (*Giovanni*, p. 492 e 493).

[44] Depois de 27 versículos ausente, Jesus volta a aparecer em cena. Nem mesmo nos relatos pascais, enquanto seu corpo está no sepulcro, há uma ausência tão longa de Jesus na cena principal dos evangelhos, levando-se em conta a quantidade de versículos.

dom de ver. "É aquele que fala contigo" é uma referência a que Jesus acolhe aquele que as autoridades tinham expulsado (Jo 9,37). Ele, não podendo não crer, prostra-se diante de Jesus (Jo 9,38).

Na sequência, Jesus pronuncia uma sentença de julgamento de como sua pessoa torna-se julgamento (Jo 9,39). Ele é ouvido por alguns fariseus que lhe perguntam se eles são cegos (Jo 9,40). É aqui que o relato se encerra com uma nova maneira de vincular cegueira e pecado: não como castigo de Deus, mas como fechamento a Deus (Jo 9,41). O relato termina invertido em relação a seu início. No começo, os discípulos levantavam a possibilidade de a cegueira física ser o resultado do pecado. No final, é a cegueira espiritual que se manifesta no fechamento à ação de Deus em Jesus, fechamento este que é expressão do pecado.

Intertextualidade

Esta perícope guarda semelhanças com a da cura de um paralítico de nascença, que mendiga à porta do Templo chamada Formosa, realizada por Pedro (At 3,1-10). Já o castigo de Deus por causa de pecados também é tema da perícope de Lc 13,1-5. Também ali Jesus rejeita essa interpretação. Esta perícope conta um acidente que ocorreu com a torre de Siloé, no qual dezoito pessoas perderam a vida. No Evangelho segundo Mateus, são comuns as acusações de Jesus de que os fariseus são cegos (Mt 15,14; 23,16.24.26).

No entanto, o mais significativo é a comparação desta perícope com outras, nos evangelhos sinóticos, em que Jesus restitui a vista a pessoas cegas. Em nenhum desses casos é dito que a pessoa tenha nascido cega, como é o caso no relato joanino. No Evangelho segundo Marcos, há dois desses relatos. O primeiro é o de um cego em Betsaida, ao qual Jesus restabelece a vista (Mc 8,22-26), relato sem paralelo nos outros evangelhos. O segundo é o do cego Bartimeu, em Jericó (Mc 10,46-52), com paralelos em Mt 20,29-34 e Lc 18,35-43. Ao final, Marcos conta que, depois que voltou a ver, seguia Jesus pelo caminho (Mc 10,52). É o modo como esse evangelista afirma que ele se tornou discípulo de Jesus. Assim também acontece no relato joanino do jovem que nasceu cego e de quem Jesus abriu os olhos (Jo 9,28.38).

10,1-21 A alegoria do Bom Pastor

A primeira parte do capítulo 10 do Evangelho segundo João (Jo 10,1-21) gira em torno da alegoria do Bom Pastor. O capítulo começa com um discurso direto de Jesus iniciado com a fórmula solene "Amém, amém". Sem outra indicação, é possível pensar que o contexto ainda seja aquele da festa das

AS FESTAS JUDAICAS: IV – A FESTA DAS CABANAS   7,1-10,21

Cabanas, mencionada no início do capítulo 7, que deu o quadro para os capítulos 7 a 9. Até Jo 10,18, somente Jesus fala, com uma breve interferência do evangelista. Ao final, aparecem as autoridades judaicas, que comentam as palavras de Jesus.

O texto traduzido: "Eu vim para que todos tenham vida"

10 ¹ "Amém, amém, eu vos digo: quem não entra no pátio das ovelhas pela porta, mas sobe por outro lugar, este é ladrão e bandido. ² Quem, porém, entra pela porta é o pastor das ovelhas. ³ A este, o porteiro abre, e as ovelhas ouvem sua voz, e ele chama seu rebanho, cada ovelha por seu nome, e as leva para fora. ⁴ Quando todas suas ovelhas saíram, caminha à frente delas, e as ovelhas o seguem, porque conhecem sua voz. ⁵ A um estranho, porém, não seguirão, mas fugirão dele, porque não conhecem a voz de estranhos".

⁶ Jesus lhes propôs essa comparação. Eles, porém, não compreenderam de que lhes falava.

⁷ Então, novamente, Jesus disse:

"Amém, amém, eu vos digo: sou eu a porta das ovelhas.

⁸ Todos quantos vieram antes de mim são ladrões e bandidos,

mas as ovelhas não os ouviram.

⁹ Sou eu a porta.

Quem entrar por mim será salvo:

entrará e sairá e encontrará pastagem.

¹⁰ O ladrão não vem senão para roubar, sacrificar e fazer perecer.

Eu vim para que tenham vida e a tenham em abundância.

¹¹ Sou eu o bom pastor.

O bom pastor dá sua vida em favor das ovelhas.

¹² Quem trabalha pelo salário, não sendo pastor,

uma vez que as ovelhas não são suas,

ao ver o lobo que se aproxima,

abandona as ovelhas e foge.

Algumas o lobo agarra, outras dispersa.
¹³ Isso acontece porque ele é assalariado
e não se preocupa com as ovelhas.
¹⁴ Sou eu o bom pastor,
conheço minhas ovelhas e minhas ovelhas me conhecem,
¹⁵ assim como o Pai me conhece e eu conheço o Pai,
e dou minha vida em favor das ovelhas.
¹⁶ Tenho outras ovelhas que não são deste pátio.
Também estas é preciso que eu as conduza,
e ouvirão minha voz e haverá um só rebanho, um só pastor.
¹⁷ Por isso o Pai me ama:
porque dou minha vida para novamente tomá-la.
¹⁸ Ninguém a tira de mim, mas eu a dou por mim mesmo.
Tenho autoridade para dá-la e autoridade para retomá-la.
Este é o mandamento que recebi de meu Pai".
¹⁹ Por causa dessas palavras, houve, novamente, uma divisão entre os judeus. ²⁰ Muitos dentre eles diziam: "Ele tem um demônio e enlouqueceu. Por que o escutais?"
²¹ Outros diziam: "Estas palavras não são de um endemoniado. Pode um demônio abrir os olhos dos cegos?"

Notas à tradução

Em Jo 10,1.16, aparece o termo grego *aulé*, que, literalmente, significa "pátio", tal como está traduzido. É o mesmo termo que aparece em Jo 18,15, referindo-se ao "pátio do sumo sacerdote".

Em Jo 10,11.15, há duas frases muito semelhantes, nas quais aparece o termo grego *psyché* ("alma"). A tradução literal dessas frases, do grego ao português, seria: "O bom pastor coloca sua *alma* em favor das ovelhas", daí a tradução por sentido: "O bom pastor *dá* sua *vida* em favor das ovelhas".

Comentário

Os primeiros versículos (Jo 10,1-5) são tomados pela alegoria do pastoreio. Vários elementos da alegoria são desenvolvidos, de modo especial o pastor, o ladrão e as ovelhas. O ladrão também é referido como bandido e estranho. Para compreender as palavras de Jesus, é preciso ter presente a maneira como os pastores da Palestina cuidavam de seus rebanhos. Havia, nos povoados, apriscos comuns, onde ficavam as ovelhas. Pela manhã, o pastor chamava suas ovelhas para levá-las aos campos. Cada ovelha, então, à voz de seu pastor, deixava o aprisco e o seguia. Jesus usa esse dado do cotidiano para uma comparação: também suas ovelhas conhecem sua voz e o seguem.

Por enquanto, a alegoria é apenas narrada, ainda não sendo aplicada. Antes de sua aplicação, há uma interferência do evangelista, para informar que eles não compreenderam a respeito de que Jesus lhes falava. Quem é esse "eles"? Os últimos citados foram os fariseus que se tornaram cegos por seu fechamento à ação de Deus em Jesus (Jo 9,40-41). Nessa comparação, eles seriam os estranhos aos quais as ovelhas não seguem por não lhes conhecerem a voz. Assim, esse comentário do evangelista liga a alegoria do Bom Pastor (Jo 10,1-5) ao relato anterior do cego de nascença, de quem Jesus abriu os olhos (Jo 9,1-41).[45]

Nos versículos seguintes, Jesus faz a aplicação da alegoria. Na aplicação, há duas linhas de interpretação. Na primeira, Jesus é "a porta"; na segunda, Jesus é "o pastor". Nesses versículos, aparece a terceira proposição de tipo *Eu sou* com predicado no Evangelho: "Sou eu a porta das ovelhas" (Jo 10,7), ou simplesmente: "Sou eu a porta" (Jo 10,9). Aqui, segue a promessa que acompanha a proposição *Eu sou* com predicado: "Quem entrar por mim será salvo: entrará e sairá e encontrará pastagem" (Jo 10,9). Trata-se de uma imagem de liberdade, pois as ovelhas entram e saem pela porta, e Jesus, enquanto pastor, as conduz.

Em Jo 10,10, está um dos trechos do Evangelho segundo João mais conhecidos: "Eu vim para que tenham vida e a tenham em abundância". De fato, Jo 3,17 e Jo 10,10 são os versículos que mais claramente apresentam a missão do Filho, que vem ao mundo não para julgar, mas sim para salvar, que vem para que todos tenham vida em abundância. A abundância ou plenitude qualifica a oferta de vida que Jesus traz não em termos de quantidade, mas sim em termos de estilo de viver.

---

[45] C. H. Dodd vê uma ligação ainda mais estreita entre o discurso de Jo 10 e o relato precedente em que Jesus abre os olhos do cego de nascença. Para ele, o discurso de Jesus retoma Ez 34, que denuncia os chefes de Israel por roubarem e matarem as ovelhas e por abandoná-las aos animais selvagens. Escreve C. H. Dodd: "Os 'fariseus' expulsaram do rebanho de Deus o homem que o próprio Cristo iluminou. Estão dispersando as ovelhas que Cristo veio reunir" (*A interpretação do quarto evangelho*, p. 465-466).

Na sequência, há um terceiro elemento que aparece: a antítese entre o "bom pastor" e o "mercenário", como cada um deles age de modo diferente em relação às ovelhas, de modo especial quando elas correm perigo: o Bom Pastor dá a vida pelas ovelhas; o mercenário abandona as ovelhas e foge (Jo 10,11-13). Jesus retoma uma crítica já presente em Jeremias (Jr 23,1-2) e Ezequiel (Ez 34,1-10) contra os maus pastores, que representam as autoridades tanto políticas quanto religiosas que abandonam e saqueiam o rebanho.

Em Jo 10,11, aparece a quarta proposição de tipo "Eu sou" com predicado no Evangelho. Ela se repete em Jo 10,14: "Sou eu o bom pastor". Essa proposição é correlata à proposição anterior "Sou eu a porta das ovelhas" (Jo 10,7), mas insiste mais na missão de Jesus de conduzir, cuidar e proteger aqueles que o seguem. Desta vez, a proposição não vem acompanhada de uma promessa.

O verbo "conhecer" expressa a relação entre o Bom Pastor e as ovelhas (Jo 10,14) e serve de ligação para a menção da relação de Jesus com o Pai (Jo 10,15). Jesus é o elo entre as ovelhas e o Pai. Ele conhece e é conhecido pelo Pai, assim como conhece e é conhecido por aqueles que o seguem. Uma nova afirmação dá dimensões universais à missão de Jesus: há outras ovelhas que também virão para formar, com o único pastor, o único rebanho (Jo 10,16).

Na última parte do discurso, Jesus fala de sua autoridade para dar e retomar sua vida (Jo 10,17-18), isto é, a soberania que ele mantém sobre si mesmo. O evangelista João sublinha mais que os outros evangelistas a soberania de Jesus em todas as situações, inclusive nos relatos da paixão (cap. 18-19). Tal soberania advém da autoridade que recebeu do Pai. Por isso, Jesus nunca é levado pelos acontecimentos, mas livremente entrega e retoma sua vida. Essa mesma ideia de autoridade, soberania e liberdade também está presente na alegoria da porta pela qual as ovelhas podem entrar e sair livremente (Jo 10,9). Jesus, que é inteiramente livre diante da vida e da morte, também quer que suas ovelhas sejam plenamente livres.

Os últimos versículos são tomados pelo evangelista, que também abre espaço para mais uma série de comentários das autoridades judaicas a respeito de Jesus que são opostos entre si (Jo 10,19-21). Esses comentários se ligam à polêmica do capítulo 8 (Jo 8,48.52) e ao episódio do cego de nascença do capítulo 9, e mostram, mais uma vez, como Jesus causava divisão entre as próprias autoridades judaicas.

Intertextualidade

A imagem do Bom Pastor é profundamente bíblica, oriunda do ambiente cultural no qual a Bíblia surgiu. Inúmeros textos podem ser citados. Também a denúncia dos maus pastores é frequente. Quando se pensa em um texto que evoca a figura do pastor, logo vem à mente o Sl 23, que aplica o nome de pastor ao próprio Deus: "O *Senhor* é meu pastor, nada me falta!" (Sl 23,1). Na antologia de textos do Bom Pastor, não podem faltar: Nm 27,16-17; Is 40,11; 49,9-10; 56,8; Jr 23,3; Ez 34,14-15.23; 37,24. No Novo Testamento, a imagem é aplicada a Jesus em Hb 13,20; 1Pd 2,25, e ainda em Ap 7,17: "Porque o Cordeiro que está no meio do trono os apascentará e os conduzirá para fontes de águas da vida, e Deus enxugará toda lágrima de seus olhos".[46]

Levando-se em conta o conjunto da perícope, há ainda um importante paralelo no Evangelho segundo Mateus (Mt 11,25-27) e no Evangelho segundo Lucas (Lc 10,21-22). O texto desse paralelo no Evangelho segundo Mateus é o seguinte:

> [25] Naquela ocasião, Jesus exclamou: "Eu te louvo, Pai, Senhor do céu e da terra, porque ocultaste essas coisas a sábios e entendidos, e as revelaste aos simples; [26] sim, Pai, porque assim foi de teu agrado. [27] Meu Pai me confiou tudo. Com efeito, ninguém conhece o Filho senão o Pai, e ninguém conhece o Pai senão o Filho e aquele a quem o Filho o quiser revelar".[47]

O paralelo se restringe ao último versículo (Mt 11,27), diretamente com Jo 10,15a. Todavia, também se pode pensar no paralelo entre a revelação aos simples com as palavras de Jesus: "Por isso não compreendeis o que falo: porque não sois capazes de ouvir minha palavra". Isso antes, em Jo 8,43. Também se pode ver em Jo 8,47.

Esta perícope fecha uma longa seção do Evangelho segundo João, que teve como pano de fundo a festa das Cabanas. A seção abrange Jo 7,1–10,21. Algumas perícopes dessa seção apresentam ligações mais claras com a festa, outras têm um vínculo mais tênue, mas foram colocadas nessa mesma sequência. Levando-se em conta os dois símbolos principais da festa: a água e a luz, ganham destaque os seguintes versículos desta seção:

---

[46] Texto extraído de *A Bíblia: Novo Testamento*, p. 619.
[47] Texto extraído de *A Bíblia: Novo Testamento*, p. 44.

a) Jo 7,37-38: No último e grande dia da festa, Jesus de pé disse em alta voz: "Quem tem sede venha a mim, e beba aquele que crê em mim. Como disse a Escritura: *Rios de água viva jorrarão de seu seio*".

b) Jo 8,12: Novamente Jesus lhes falou: "Sou eu a luz do mundo. Quem me segue não caminha nas trevas, mas terá a luz da vida".

c) Jo 9,5: "Enquanto estou no mundo, sou a luz do mundo".

Jesus, Sabedoria de Deus, convida aquele que crê para que venha e beba da água de seu ensinamento. Ele é também a Sabedoria que ilumina quem o segue, para que não caminhe nas trevas.

O conjunto desta seção também foi marcado pela manifestação de Jesus como o Cristo, que veio do Pai (Jo 7,28-29) e voltará para o Pai (Jo 7,33-34), e ainda pela manifestação de sua relação íntima com o Pai a ponto de revelar e evocar para si o nome divino "Eu Sou" (Jo 8,24.28.58).

Em contraste com esta longa seção, a próxima será bastante breve, delimitada a partir de mais uma festa judaica: a festa da Dedicação do Templo.

10,22-42

As festas judaicas
V – A festa da Dedicação do Templo

Esta seção começa com uma anotação temporal que a situa durante a festa da Dedicação do Templo de Jerusalém. A festa relembrava a vitória dos Macabeus sobre as forças da ocupação helenística, quando o altar do Templo, que tinha sido profanado, foi retirado, e um novo altar foi colocado em seu lugar (1Mc 4,36-59). Em 2Mc 1,9, há uma referência a essa festa como "Tendas do mês de Casleu", o que sugere uma associação desta festa com a festa das Tendas ou Cabanas. Tal associação pode também estar presente no Evangelho segundo João, uma vez que a menção desta festa vem na sequência da seção da festa das Cabanas (Jo 7,1-10,21). Desse modo, seria possível, inclusive, pensar em uma mesma seção no Evangelho, da festa das Cabanas incluindo a festa da Dedicação do Templo (Jo 7,1-10,42). O mês de Casleu corresponde aproximadamente ao mês de dezembro, durante o inverno em Jerusalém.

Tomada como uma seção em si, a seção da festa da Dedicação do Templo é composta de uma única perícope em duas partes. A primeira narra a última polêmica de Jesus com as autoridades judaicas (Jo 10,22-39). A segunda representa uma transição para a próxima perícope, ao mesmo tempo em que faz uma retomada do início do Evangelho, ao evocar a figura de João Batista (Jo 10,40-42).

O primeiro cenário da perícope é o Templo e, mais precisamente, sob o pórtico de Salomão. Ao final, o cenário é a região do outro lado do Jordão, no lugar onde antes João batizava. É para lá que Jesus vai. A principal anotação temporal está no início da perícope: a menção à festa da Dedicação, celebrada no inverno. As personagens são Jesus e as autoridades judaicas. Nos últimos versículos, aparecem "muitos" que vinham até Jesus, que mencionam o que João disse a respeito de Jesus e que creem em Jesus. São mencionados: Salomão, o Pai e João Batista.

O texto traduzido: "Eu e o Pai somos um"

²² Houve, então, a festa da Dedicação em Jerusalém. Era inverno. ²³ Jesus caminhava pelo Templo, sob o pórtico de Salomão. ²⁴ Os judeus o rodearam e lhe diziam: "Até quando nos deixarás em suspenso? Se tu és o Cristo, dize-nos abertamente".

²⁵ Respondeu-lhes Jesus:

"Já vos disse e não credes.

As obras que faço em nome de meu Pai testemunham a meu respeito.

²⁶ Vós, porém, não credes porque não sois de minhas ovelhas.

²⁷ Minhas ovelhas ouvem minha voz, eu as conheço e elas me seguem.

²⁸ Eu lhes dou vida eterna e jamais perecerão,

nem ninguém as tirará de minha mão.

²⁹ Meu Pai, que as deu a mim, é maior que tudo,

e ninguém pode tirar nada da mão do Pai.

³⁰ Eu e o Pai somos um".

³¹ Os judeus pegaram outra vez em pedras para apedrejá-lo. ³² Respondeu-lhes Jesus: "Muitas boas obras eu vos mostrei vindo do Pai. Por qual dessas obras quereis me apedrejar?"

³³ Os judeus lhe responderam: "Não te apedrejamos por uma boa obra, mas por blasfêmia, porque tu, sendo homem, te fazes Deus".

³⁴ Respondeu-lhes Jesus: "Não está escrito em vossa Lei: '*Eu disse: sois deuses*'? ³⁵ Se chama a estes de deuses, aos quais a Palavra de Deus é dirigida – e a Escritura não pode ser anulada –, ³⁶ como podeis dizer àquele que o Pai santificou e enviou ao mundo: 'Tu blasfemas', porque disse: 'Sou Filho de Deus'? ³⁷ Se não faço as obras de meu Pai, fazeis bem em não crerdes em mim. ³⁸ Mas, se as faço, ainda que não creiais em mim, crede nas obras, a fim de que conheçais e creiais que o Pai está em mim e eu no Pai".

> ³⁹ Buscavam novamente prendê-lo, mas ele escapou da mão deles, ⁴⁰ retirou-se novamente para o outro lado do Jordão, para o lugar onde, antes, João estava batizando, e ali permaneceu. ⁴¹ Muitos vinham até ele e diziam: "João não fez sinais; no entanto, tudo quanto disse João sobre este era verdade".
>
> ⁴² E muitos ali creram nele.

Anotações de crítica textual

Para Jo 10,29, os testemunhos antigos se dividem em diversas leituras. As duas leituras principais são estas:

a) "Meu Pai, o que deu a mim é maior do que tudo";
b) "Meu Pai, que deu a mim, é maior do que tudo".

Na leitura (a), maior do que tudo é o que o Pai deu a Jesus; na leitura (b), maior do que tudo é o próprio Pai. A leitura (a) aparece na tradição Bizantina e na Pechita e, com pequenas alterações, no papiro $\mathfrak{P}^{66}$. A leitura (b) era a leitura original do códex Vaticano (B) e é atestada pela Vulgata. Há ainda outras leituras, tais como a leitura (c): "Meu Pai, que as deu a mim, é maior do que tudo". Essa leitura é atestada em um número restrito de manuscritos gregos e nas antigas versões armênia, etíope e georgiana.[1]

Para Jo 10,38, os testemunhos antigos se dividem em três leituras principais:

a) "a fim de que conheçais e tenhais conhecimento", com o verbo "conhecer" (em grego, *ginóskō*) duas vezes, ambas no subjuntivo, a primeira vez no aoristo e a segunda vez no presente;
b) "a fim de que conheçais e creiais";
c) "a fim de que conheçais".

A leitura (a), com o verbo "conhecer" duas vezes, é atestada pelos manuscritos mais antigos, entre os quais estão os papiros $\mathfrak{P}^{45}$, $\mathfrak{P}^{66}$ e $\mathfrak{P}^{75}$. A leitura (b) é atestada pelas grandes tradições: a Bizantina, a Vulgata e a

---

[1] *O Novo Testamento grego*, p. 309. Em seu comentário gramatical ao texto do Novo Testamento, M. Zerwick prefere a leitura (a) que tem uma sintaxe mais difícil; a leitura (b) teria surgido com o intuito de tornar mais fácil um texto difícil, modificando, contudo, seu sentido original (M. ZERWICK; M. GROSVENOR, *A Grammatical Analysis of the Greek New Testament*, p. 318). Essa também é a leitura preferida por J. Konings em seu comentário ao Evangelho segundo João (*Evangelho segundo João*, p. 213, n. 18).

Pechita, sendo a mais difundida das três. A leitura (c) é atestada, entre outros, pelo códex Bezae (D) e pelo manuscrito Siro-sinaítico.[2] É possível que a leitura (a) tenha sido corrigida por parecer um pleonasmo, dando origem às leituras (b) e (c).

Comentário

O comentário será feito em duas partes: a primeira englobando Jo 10,22-38, e a segunda Jo 10,39-42. Na verdade, Jo 10,39 poderia figurar tanto como final da primeira parte quanto como início da segunda parte.

10,22-38 Última polêmica de Jesus com as autoridades judaicas

Jesus está em Jerusalém para a festa da Dedicação do Templo e o evangelista no-lo apresenta caminhando sob o pórtico de Salomão (Jo 10,22-23). A menção de Salomão não é fortuita. Ele foi o rei de Israel a quem se atribui a construção do primeiro Templo de Jerusalém. Jesus, por sua vez, é o Messias que inaugura o novo santuário, que é seu próprio corpo (Jo 2,21). Enfim, neste Evangelho, a primeira polêmica ocorreu no Templo (Jo 2,18-21). Agora, a última também acontece aí, repassando alguns pontos centrais das polêmicas anteriores.

As autoridades judaicas vêm, rodeiam Jesus e lhe perguntam se ele realmente é o Cristo (Jo 10,24). Essa pergunta é semelhante àquela que lhe faz o sumo sacerdote, conforme o relato dos evangelhos sinóticos do comparecimento de Jesus diante do Sinédrio (Mc 14,61; Mt 26,63; Lc 22,67).

A resposta de Jesus retoma alguns temas já tratados nos últimos capítulos, tendo como pano de fundo a incredulidade. Primeiramente, Jesus retoma o testemunho das obras que realiza em nome do Pai (Jo 10,25, que retoma Jo 5,36). Depois, vem a explicação de por que as autoridades judaicas não podem crer em Jesus: porque não são de suas ovelhas, e assim não escutam sua voz e não o seguem (Jo 10,26-27, que retoma Jo 8,47; 10,3-4). Em seguida, vem o tema de que Jesus dá a vida eterna a suas ovelhas, que ninguém as tira de sua mão, porque quem lhas deu foi o Pai (Jo 10,28-29, que retoma Jo 3,16.35; 6,39). Enfim, vem o tema da relação do Filho com o Pai, que retoma Jo 5,17-18, mas dessa vez, em um versículo muito breve, com uma afirmação muito clara, em discurso direto de Jesus: "Eu e Pai somos um" (Jo 10,30).

---

[2] *O Novo Testamento grego*, p. 309.

AS FESTAS JUDAICAS: V – A FESTA DA DEDICAÇÃO DO TEMPLO   10,22-42

A afirmação soa como blasfêmia aos ouvidos das autoridades judaicas e deve ser punida com lapidação (Jo 10,31). Jesus reclama novamente o testemunho das obras que ele, vindo do Pai, realiza (Jo 10,32). As autoridades judaicas, no entanto, afirmam que não é pelas obras que Jesus se torna réu de lapidação, mas porque, sendo homem, se pretende Deus (Jo 10,33). O amparo na Lei para tal lapidação pode ser Lv 24,16: "Aquele que blasfemar o nome do *Senhor* deverá morrer, e toda a comunidade o apedrejará. Quer seja estrangeiro ou natural, morrerá, caso blasfeme o Nome".[3] A mesma acusação de blasfêmia se encontra, nos evangelhos sinóticos, na boca do sumo sacerdote, quando do comparecimento de Jesus diante do Sinédrio (Mc 14,64; Mt 26,65).

No Evangelho segundo João, em sua defesa, Jesus cita uma passagem da Escritura (Jo 10,34). A citação é introduzida como algo que está escrito na Lei. Trata-se de uma passagem dos Salmos (Sl 82,6), o que significa que, aqui, o termo "Lei" é tomado como sinônimo de "Escritura". O salmo chama de "deuses" aqueles que exercem o julgamento, e os conclama a julgar com justiça, protegendo o fraco e o pobre. Partindo daí, Jesus argumenta que, se a Escritura chama de deuses aqueles que têm o poder de julgar, ainda com mais razão ele pode ser chamado de Filho de Deus, pois é aquele que o Pai santificou e enviou ao mundo (Jo 10,35-36).[4]

Vale lembrar que a festa da Dedicação celebrava a consagração do novo altar do Templo (1Mc 4,54) e Jesus fala de si mesmo como "aquele que o Pai santificou" (Jo 10,36). É possível que o evangelista esteja apresentando Jesus como o novo altar e mesmo como o novo Templo (Jo 2,21).[5]

Na sequência, Jesus evoca, ainda uma vez, o testemunho das obras que realiza (Jo 10,37-38). As últimas palavras de Jesus referem-se à relação do Pai com o Filho: o Pai no Filho e o Filho no Pai. Essa relação vai servir de paradigma para a relação do Filho com aqueles que creem nele, que começará a tomar o primeiro plano no Evangelho daqui para frente.

---

[3] Texto extraído de *A Bíblia de Jerusalém*, p. 205; com a mudança do nome divino para *Senhor*.

[4] O texto completo do versículo citado por Jesus é: "Eu declarei: vós sois deuses, todos vós sois filhos do Altíssimo" (Sl 82,6). Texto extraído de *A Bíblia de Jerusalém*, p. 1.041. Note-se que o salmo refere-se aos que exercem o julgamento como "deuses e filhos do Altíssimo".

[5] Assim pensam R. E. Brown e J. Konings (R. E. BROWN, *Giovanni*, p. 536; J. KONINGS, *Evangelho segundo João*, p. 214). O verbo *hagiázō* (pronuncia-se: *haguiádzo*) tanto pode ser traduzido por "santificar" como por "consagrar". Ver também Jo 17,17.19.

10,39-42 Último testemunho de João Batista

No final deste capítulo, aparece a última menção de João Batista neste Evangelho. De fato, ele nem está presente, mas o testemunho que ele deu a respeito de Jesus é relembrado e aceito.

As autoridades judaicas buscavam prender Jesus, mas ele escapou da mão deles (Jo 10,39). O evangelista não explicita como Jesus escapou, mas apenas narra que, tendo escapado, ele se retirou para o outro lado do Jordão, para o lugar onde antes João batizava (Jo 10,40; 1,34). Os que vinham até ele atestam que, embora João não tenha feito sinais, tudo o que João dissera a respeito dele era verdade (Jo 10,41). Para concluir, o evangelista afirma que, ali, muitos creram em Jesus (Jo 10,42).

Este ponto marca o final de uma primeira parte do Evangelho. O conflito foi crescendo. Pesam sempre mais sobre Jesus as ameaças de prisão, ou mesmo de uma execução sumária por lapidação. Em vista disso, Jesus se afasta para longe, para o outro lado do Jordão.

Intertextualidade

Esta perícope do Evangelho segundo João guarda diversas semelhanças com a perícope do comparecimento de Jesus diante do Sinédrio nos evangelhos sinóticos, de modo especial pelo que diz respeito ao interrogatório de Jesus pelo sumo sacerdote (Mc 14,60-64; Mt 26,62-68; Lc 22,66-71). Isso, inclusive, já foi assinalado.

Ainda seria interessante notar que, no início da perícope, Jesus caminha sob o pórtico de Salomão. De acordo com os Atos dos Apóstolos, era sob esse pórtico que se reuniam os apóstolos e os primeiros seguidores de Jesus em Jerusalém (At 3,11; 5,12).

Ao final desta perícope, Jesus retirou-se para o outro lado do Jordão (Jo 10,40). É lá que estará no começo da perícope seguinte, que abre uma nova seção no Evangelho, em torno da figura de Lázaro de Betânia.

11,1-54

As festas judaicas
VI – Jesus ressuscita Lázaro e é condenado à morte

Em geral, os comentários do Evangelho segundo João dividem o Evangelho em duas grandes partes: o Livro dos Sinais (Jo 1,19–12,50) e o Livro da Glória (Jo 13,1–20,29), precedidas do prólogo (Jo 1,1-18) e seguidas da primeira conclusão (Jo 20,30-31), do epílogo (Jo 21,1-23) e da segunda conclusão (Jo 21,24-25). Há, contudo, outras propostas de estruturação do Evangelho. Uma delas foi apresentada por L. Devillers. Ao apresentar outra proposta de estrutura para o Evangelho, esse autor não pretende substituir a proposta clássica e mais comumente aceita, mas tão somente propor uma estrutura complementar.

Essa proposta toma por base o tema do testemunho no Evangelho, mais precisamente três testemunhas: João Batista, Lázaro e o discípulo que Jesus amava. De acordo com essa proposta complementar de estrutura, a primeira parte do Evangelho tem como eixo o testemunho de João Batista, indo da primeira à última perícope em que João é mencionado, ou seja: Jo 1,19–10,42. A terceira parte do Evangelho tem como eixo o testemunho do Discípulo Amado, indo da primeira à última perícope em que ele é mencionado, ou seja: Jo 13,1–21,23, excetuando-se a segunda e última conclusão (Jo 21,24-25). Resta uma segunda parte, central, embora mais breve: Jo 11,1–12,50. Essa terceira parte tem como eixo o testemunho de Lázaro, ainda que a última perícope em que ele aparece termine em Jo 12,19.[1]

De qualquer forma, o aparecimento de Lázaro marca uma passagem no Evangelho. O confronto com as autoridades judaicas já não está mais em primeiro plano, mas continua presente. A paixão de Jesus ainda não começou, mas já se anuncia cada vez mais próxima. O meio do Evangelho é aqui.

---

[1] L. DEVILLERS, Les trois témoins, p. 40-87.

A seção se apresenta dividida em duas perícopes: a da ressurreição de Lázaro e a da condenação de Jesus à morte, mas os últimos versículos da primeira já são os primeiros versículos da segunda. Para facilitar a apresentação, a primeira perícope será delimitada em Jo 11,1-46, e a segunda em Jo 11,47-54.

11,1-46 Jesus chama Lázaro de volta à vida

As personagens desse relato são Jesus, seus discípulos (dos quais um é nomeado: Tomé), os três irmãos de Betânia (Lázaro, Maria e Marta) e os judeus que tinham vindo para consolar as irmãs da morte do irmão. Há duas anotações de tempo importantes no relato. A primeira é de que Jesus decidiu ir à Betânia somente dois dias depois de ter sido avisado de que Lázaro tinha morrido. A segunda é de que ele chegou fazendo quatro dias que Lázaro tinha sido sepultado. O relato começa em Betânia, muda-se para a região do outro lado do Jordão, onde Jesus estava, e volta a Betânia. No final, a cena muda-se para Jerusalém. Betânia ficava bem próximo de Jerusalém. No relato, não é chamada de "cidade", mas de "povoado". Betânia é mencionada em todos os evangelhos e, segundo Lc 24,50-53, foi ali a ascensão de Jesus.

O texto traduzido: "Lázaro, vem para fora"

> **11** ¹ Havia alguém doente: Lázaro de Betânia, o povoado de Maria e de sua irmã Marta. ² Maria era aquela que ungira o Senhor com perfume e enxugara-lhe os pés com seus cabelos; quem estava doente era Lázaro, seu irmão. ³ Então as irmãs mandaram dizer a Jesus: "Senhor, eis que aquele que amas está doente".
>
> ⁴ Jesus, porém, tendo ouvido, disse: "Esta doença não é para a morte, mas para a glória de Deus, para que o Filho de Deus seja glorificado por ela".
>
> ⁵ Jesus amava Marta, sua irmã e Lázaro. ⁶ Mas, quando ouviu que Lázaro adoecera, permaneceu ainda dois dias no lugar onde estava. ⁷ Em seguida, depois disso, disse aos discípulos: "Vamos novamente à Judeia".
>
> ⁸ Disseram-lhe os discípulos: "Rabi, agora mesmo os judeus te buscavam para apedrejar, e novamente queres ir para lá?"

⁹ Respondeu Jesus: "Não são doze as horas do dia? Quem caminha durante o dia não tropeça, porque vê a luz deste mundo.

¹⁰ Mas quem caminha durante a noite tropeça, porque nele não há luz".

¹¹ Disse essas coisas e, depois, disse-lhes: "Lázaro, nosso amigo, dorme, mas vou para despertá-lo".

¹² Disseram-lhe, então, os discípulos: "Senhor, se dorme, estará salvo".

¹³ Jesus falara a respeito da morte dele. Eles, porém, pensaram que estivesse falando a respeito do repouso do sono. ¹⁴ Então Jesus lhes disse abertamente: "Lázaro morreu, ¹⁵ e alegro-me por vossa causa de não ter estado lá, para que creiais. Mas vamos para junto dele".

¹⁶ Disse, então, Tomé, chamado Gêmeo, a seus condiscípulos: "Vamos também nós e morramos com ele".

¹⁷ Quando Jesus chegou, encontrou Lázaro, que já estava no sepulcro havia quatro dias. ¹⁸ Betânia era perto de Jerusalém, cerca de quinze estádios. ¹⁹ Muitos judeus tinham vindo até Marta e Maria para as consolar pelo irmão. ²⁰ Quando Marta ouviu que Jesus estava chegando, foi encontrá-lo. Maria, porém, ficou em casa sentada.

²¹ Disse, então, Marta a Jesus: "Senhor, se tivesses estado aqui, meu irmão não teria morrido. ²² Mas ainda agora sei que, quanto pedires a Deus, Deus te dará".

²³ Disse-lhe Jesus: "Teu irmão ressuscitará".

²⁴ Disse-lhe Marta: "Sei que ressuscitará, na ressurreição, no último dia".

²⁵ Disse-lhe Jesus: "Sou eu a ressurreição e a vida. Quem crê em mim, ainda que morra, viverá,

²⁶ e quem vive e crê em mim jamais morrerá. Crês isso?"

²⁷ Disse-lhe: "Sim, Senhor, eu creio que tu és o Cristo, o Filho de Deus, aquele que vem ao mundo".

²⁸ Tendo dito isso, foi chamar Maria, sua irmã, dizendo-lhe reservadamente: "O Mestre está aqui e te chama".

²⁹ Ela, assim que ouviu, levantou-se depressa e foi até ele. ³⁰ Jesus ainda não entrara no povoado e estava no lugar em que Marta o encontrara. ³¹ Os judeus que estavam com Maria, na casa, consolando-a, vendo-a levantar-se apressadamente e sair, seguiram-na, pensando que ela iria ao sepulcro para lamentar-se ali.

³² Maria chegou ao lugar onde Jesus estava; ela o viu e caiu a seus pés dizendo-lhe: "Senhor, se tivesses estado aqui, meu irmão não teria morrido".

³³ Quando Jesus a viu lamentando-se e os judeus que estavam com ela também se lamentando, sentiu uma comoção e ficou agitado interiormente. ³⁴ Ele disse: "Onde o pusestes?"

Disseram-lhe: "Senhor, vem e vê".

³⁵ Jesus chorou.

³⁶ Diziam, então, os judeus: "Vede como ele o amava".

³⁷ Alguns dentre eles, porém, disseram: "Ele, que abriu os olhos do cego, também não podia ter feito com que este não morresse?"

³⁸ Jesus, então, novamente, comovido em seu íntimo, veio ao sepulcro. Este era uma gruta com uma pedra colocada à sua entrada. ³⁹ Disse Jesus: "Retirai a pedra".

Disse-lhe Marta, a irmã do morto: "Senhor, já cheira mal, pois é o quarto dia".

⁴⁰ Disse-lhe Jesus: "Eu não te disse que, se creres, verás a glória de Deus?"

⁴¹ Retiraram a pedra. Então Jesus ergueu os olhos para o alto e disse: "Pai, eu te agradeço, porque me ouviste. ⁴² Eu sei que sempre me ouves, mas por causa da multidão que está aqui em volta eu disse, para que creiam que tu me enviaste".

⁴³ Tendo dito isso, gritou com voz forte: "Lázaro, vem para fora".

> ⁴⁴ Saiu o que estivera morto, com os pés e as mãos atados com faixas e seu rosto envolvido em um sudário. Disse-lhes Jesus: "Desatai-o e deixai-o ir".
>
> ⁴⁵ Então muitos dos judeus que tinham vindo visitar Maria e viram o que ele fizera creram nele. ⁴⁶ Alguns dentre eles, no entanto, foram até os fariseus e contaram-lhes o que Jesus fizera.

Anotação de crítica textual e nota à tradução

Em Jo 11,18, o evangelista informa que Betânia ficava a quinze estádios de distância de Jerusalém, o que corresponde a cerca de dois quilômetros e meio.

No tocante à crítica textual, uma questão merece ser mencionada. Para o início das palavras de Jesus, em Jo 11,25, os testemunhos antigos se dividem entre duas leituras, uma mais longa: "Sou eu a ressurreição e a vida", e outra breve: "Sou eu a ressurreição". A leitura breve é atestada, entre outros, pelo papiro $\mathfrak{P}^{45}$ e pelo manuscrito Siro-sinaítico. A leitura longa é atestada pelos papiros $\mathfrak{P}^{66}$ e $\mathfrak{P}^{75}$ e pelas grandes tradições textuais: a Bizantina, a Vulgata e a Pechita, sendo, de longe, a mais difundida.[2]

Comentário

Novamente, trata-se de uma narrativa mais longa, como outras típicas do Evangelho segundo João, e seu comentário será feito por partes.

11,1-4 A família de Betânia

Os primeiros versículos são tomados pela apresentação das principais personagens do relato (Lázaro, Maria, Marta e Jesus) e seu cenário principal (o povoado de Betânia). A primeira informação é de que Lázaro está doente, o que é a situação geradora do relato. Em seguida, aparecem suas duas irmãs. Fica assim apresentada a família dos irmãos de Betânia (Jo 11,1-2). A apresentação, no entanto, é somente para o leitor, uma vez que ele também é informado de que Jesus já conhece Lázaro e suas irmãs e mantém com eles uma relação de amizade (Jo 11,3).

Nessa primeira sequência, Jo 11,2 parece trazer mais uma daquelas glosas acrescentadas por um editor do Evangelho. As suspeitas recaem sobre a maneira de se referir a Jesus como "Senhor", e no fato de o versículo

---

[2] *O Novo Testamento grego*, p. 311. Sobre a leitura breve pode-se ver C. V. MALZONI, "Moi, je suis la résurrection", p. 421-440.

mencionar algo que ainda não foi narrado: a unção de Jesus por Maria (Jo 12,3). Já a maneira de o narrador se referir a Jesus como "Senhor", típica dos relatos pós-pascais, também é um procedimento encontrado em Jo 6,23, que também é um versículo sob o qual pesa a suspeita de ser uma glosa acrescentada por algum editor. Por outro lado, é em Jo 11,2 que Jesus é introduzido como personagem do relato. Isso significa que esse versículo tanto pode ter sido acrescentado por um editor como pode ter sido de algum modo modificado.

A iniciativa da ação é tomada pelas duas irmãs. Elas mandam avisar Jesus que Lázaro está doente. A doença se torna uma situação grave e urgente (Jo 11,3). Jesus responde ao apelo sem muita preocupação. Suas palavras mostram que ele prevê outro rumo para a situação, diferente daquele que as irmãs temem (Jo 11,4). No conjunto da narrativa, esse discurso de Jesus é importante por dar o sentido (significado e direção) dos fatos. A doença de Lázaro não é para a morte, mas para que, através dela, o Filho seja glorificado. A ressurreição de Lázaro é, em si mesma, uma manifestação da glória do Filho de Deus (Jo 2,11) e também provocará a condenação de Jesus à morte (Jo 11,47-54) e, portanto, sua glorificação na cruz (Jo 12,23). Jesus associa a morte de Lázaro à sua própria morte, o que está para acontecer com Lázaro ao que está para acontecer com ele mesmo.

11,5-16 Jesus e seus discípulos: a decisão de partir

A atitude de Jesus de permanecer ainda dois dias onde estava introduz uma pausa no relato (Jo 11,6). O narrador aparece para informar que Jesus amava Marta, Maria e Lázaro (Jo 11,5), de modo que sua atitude não é de desamor. Em seguida, ele se mostra decidido a partir. Começa então um diálogo entre Jesus e seus discípulos. Ele os chama: "Vamos novamente à Judeia" (Jo 11,7).

Eles se recusam a ir, relembrando a Jesus que, havia pouco, as autoridades judaicas queriam lapidá-lo (Jo 11,8). Essa observação mostra que não somente Lázaro corre risco de morte, mas Jesus também.

Na resposta de Jesus, há uma sentença que relembra o episódio do cego de nascença e que aborda uma temática frequente neste Evangelho: a antítese entre luz e trevas (Jo 11,9-10). Contrário ao que parece à primeira vista, a sentença de Jesus não está construída em perfeito paralelismo. A primeira parte refere-se a quem caminha durante o dia e não tropeça porque vê a luz deste mundo. A segunda parte refere-se a quem caminha durante a noite e tropeça, mas não porque não veja a luz deste mundo, mas sim porque lhe falta a luz interior. É por isso que escolheu caminhar à noite (Jo 3,19-20).

Dito isso, Jesus renova seu chamado, e seus discípulos renovam a recusa em aceitá-lo (Jo 11,11-12). O modo de falar de Jesus é enigmático: "Lázaro, nosso amigo, dorme, mas vou para despertá-lo" (Jo 11,11). Jesus anuncia, veladamente, a morte e a ressurreição de Lázaro. O anúncio da morte de Lázaro vai logo ser explicado, primeiramente por uma interferência do narrador (Jo 11,13), depois pelo próprio Jesus (Jo 11,14); já o anúncio da ressurreição de Lázaro permanece velado.

Então aparece o verbo "crer" pela primeira vez nesta perícope: "Para que creiais" (Jo 11,15). O verbo serve para dar a finalidade de tudo o que Jesus está para fazer. Em vista da insistência de Jesus, Tomé, em nome de todos, aceita o convite. Em seu discurso direto, ele se dirige a seus companheiros: "Vamos também nós e morramos com ele" (Jo 11,16). A afirmação de Tomé faz lembrar Rm 6,8: "Se, pois, morremos com Cristo, cremos que também viveremos com ele" (ver também 2Tm 2,11).[3]

11,17-27 Jesus em Betânia. O encontro com Marta

Quando Jesus chega a Betânia, havia quatro dias que Lázaro estava no sepulcro (Jo 11,17). O evangelista informa a localização de Betânia: bem próximo de Jerusalém (Jo 11,18), o que fazia com que muitos judeus tivessem ido até lá para consolar as irmãs Marta e Maria (Jo 11,19). A menção dos judeus nesse contexto não parece trazer à tona nem as polêmicas dos capítulos anteriores nem as ameaças de lapidação contra Jesus, de modo que parece melhor identificá-los com os moradores da Judeia e, de modo especial, de Jerusalém, cidade mencionada neste versículo como sendo de onde eles procedem.

Marta é a única a ficar sabendo que Jesus chegou e vai encontrá-lo a sós; Maria fica em casa recebendo as condolências (Jo 11,20). O encontro de Marta com Jesus está no centro do relato e tem o que de mais importante o relato quer transmitir. O diálogo começa com a queixa de Marta a Jesus, que não atendeu a seu pedido e demorou para vir, mas também com a expressão de sua confiança em Jesus, de que Deus sempre atende ao que ele pede (Jo 11,21-22). Quando Jesus a desafia com a afirmação de que seu irmão ressuscitará, Marta evoca a ressurreição final, no último dia (Jo 11,23-24), tal como ensinava o judaísmo do final do período veterotestamentário (Dn 12,2-3; 2Mc 7,9).

---

[3] Texto extraído de *A Bíblia: Novo Testamento*, p. 383. J. Konings vê, na afirmação de Tomé, a presença de uma terminologia batismal já então conhecida da linguagem cristã (*Evangelho segundo João*, p. 222).

Em seguida, vem a fala de Jesus mais longa e mais importante neste diálogo. Ela começa com mais uma proposição de tipo *Eu sou* com predicado, a quinta no evangelho: "Sou eu a ressurreição e a vida" ou tão somente "Sou eu a ressurreição", conforme a leitura mais breve, elencada acima (Jo 11,25). Seguem-se duas promessas feitas por Jesus. A primeira diz respeito àquele que crê em Jesus e morre, que seria o caso de Lázaro; esse, diz Jesus, viverá (Jo 11,25). A segunda diz respeito àquele que crê em Jesus e vive; esse, diz Jesus, jamais morrerá, ou não morrerá para sempre (Jo 11,26).

As últimas palavras de Jesus (Jo 11,26) podem ser tomadas como uma negação da ressurreição final e, consequentemente, como a afirmação da escatologia realizada. Todavia, colocadas no contexto do Evangelho, podem ser interpretadas de modo diferente: Jesus faz uma afirmação radical, de que ele é a ressurreição, isto é: a compreensão do que vem a ser ressurreição passa necessariamente por Jesus. Para demonstrá-lo é que vai ressuscitar Lázaro. Assim, a ressurreição de Lázaro não nega a ressurreição final, mas demonstra que ela se dá em Jesus.[4]

Essa fala de Jesus termina com uma pergunta a Marta: "Crês isso?" (Jo 11,26). Marta responde que sim e afirma que Jesus é o Cristo, o Filho de Deus, Aquele que vem ao mundo (Jo 11,27). A confissão de fé de Marta é semelhante àquela de Simão Pedro em Jo 6,68-69 (ver também Mt 16,16).

11,28-37 O encontro de Jesus com Maria e com os judeus

Marta sai para chamar Maria, dizendo-lhe que o Mestre estava ali e que a estava chamando (Jo 11,28). Referindo-se a Jesus como Mestre, Marta reconhece que Jesus ensina. Ademais, Jesus é Mestre que ensina não apenas a homens, mas também a mulheres, ou seja, que ensina a todos. Maria não consegue sair despercebida e seu encontro com Jesus não será a sós. Ela vai até Jesus, que ainda está fora do povoado, seguida pelos amigos e conhecidos que tinham vindo para consolá-la. Eles a seguem pensando que ela se dirigia ao sepulcro (Jo 11,29-31). Maria cai aos pés de Jesus e lhe diz quase as mesmas palavras que Marta lhe dissera (Jo 11,32).

O Evangelho passa então a tratar de um tema pouco comum: as reações emocionais de Jesus. Vendo as lamentações de Maria e daqueles que a acompanhavam, Jesus freme interiormente e se agita (Jo 11,33). Jesus pergunta onde puseram Lázaro e já não consegue segurar as lágrimas (Jo

---

[4] Sobre a crença da ressurreição no judaísmo e como ela aparece nos escritos mais recentes do Antigo Testamento, pode-se ver J. KONINGS, *Evangelho segundo João*, p. 224-225.

11,34-35). Jesus sente compaixão diante do sofrimento das irmãs que perderam uma pessoa querida. Essa reação se deixa notar pelas lágrimas de Jesus. De fato, o evangelista não utiliza o mesmo verbo para se referir à lamentação de Maria e daqueles que a acompanhavam (verbo *klaíõ*, "lamentar-se") e às lágrimas de Jesus (verbo *dakrúõ*, "chorar"). Em outras palavras, as lágrimas de Jesus não seriam por Lázaro, mas comoção diante do sofrimento de Maria e Marta.

À vista disso, novamente as opiniões se dividem: alguns veem nessas lágrimas um sinal da amizade de Jesus por Lázaro; para outros elas já não adiantam, uma vez que, quando ainda podia fazer alguma coisa, Jesus nada fez. É justamente no comentário daqueles que criticam Jesus por não ter feito nada por Lázaro que se recorda que Jesus abriu os olhos do cego (Jo 11,36-37).

11,38-46 Jesus chama Lázaro para fora do sepulcro

Ainda emocionado, Jesus chega ao sepulcro (Jo 11,38). O evangelista informa que o sepulcro era uma gruta fechada com uma pedra. Os judeus, de fato, não costumavam enterrar os mortos, mas depositá-los em sepulcros cavados na rocha. Uma pedra era rolada para fechar a entrada do sepulcro (Jo 20,1; Mc 16,3).

Diante do sepulcro, há um novo diálogo entre Jesus e Marta. O que provoca esse diálogo é a ordem dada por Jesus para que a pedra da entrada do sepulcro seja removida. Marta desaconselha que se faça isso (Jo 11,39). Jesus a tranquiliza. Em suas palavras a Marta, há dois elementos importantes: o verbo "crer" e o substantivo "glória", ambos apontando para o significado do sinal que Jesus está para realizar (Jo 11,40). A oração de Jesus que vem a seguir também relembra que a finalidade desse sinal é levar a crer que Jesus é o enviado do Pai (Jo 11,41-42).

Jesus grita com voz forte para que Lázaro venha para fora do sepulcro (Jo 11,43). Ele sai trazendo consigo as vestes da morte: as faixas com as quais seus pés e mãos foram atados e o sudário com o qual seu rosto foi envolvido (Jo 11,44). Jesus, quando ressuscitar, deixará todas essas vestes no sepulcro (Jo 20,5-7) em sinal de que a morte não tem mais poder sobre ele. Em outras palavras, a ressurreição de Lázaro é apenas sinal da ressurreição para uma vida nova, para a qual Jesus será o primeiro, vencendo a morte (Cl 1,18).

À vista disso, muitos creem, isto é, alcançam a finalidade do sinal (Jo 11,45). Outros, porém, não creem e, afastando-se, vão contar aos fariseus o que Jesus fizera (Jo 11,46). Ao final do relato, o evangelista tira o foco dos irmãos de Betânia e se fixa apenas na reação dos presentes.

Intertextualidade

Esse relato faz pensar, primeiramente, nos relatos de ressurreição nos evangelhos sinóticos. Eles são dois: o relato da ressurreição da filha de Jairo, chefe da sinagoga, presente nos três evangelhos sinóticos (Mc 5,21-24.35-43; Mt 9,18-19.23-26; Lc 8,40-42.49-56), e a ressurreição do filho da viúva de Naim, presente somente no Evangelho segundo Lucas (Lc 7,11-17).

Por outro lado, entre as personagens principais do relato estão os três irmãos de Betânia. As irmãs Marta e Maria também são conhecidas do Evangelho segundo Lucas (Lc 10,38-42). Uma antiga tradição identificou a Maria de Betânia com Maria de Mágdala, mas essa tradição não é confiável.[5] O nome Maria, na época, era comum entre as mulheres. Ao longo do relato joanino, Marta e Maria apresentam os mesmos tipos de reação que têm no relato do Evangelho segundo Lucas no qual aparecem como protagonistas (Lc 10,38-42). Marta aparece como uma pessoa de iniciativa, enquanto Maria é mais pacata. Em Jo 11,20, esta fica em casa sentada recebendo as condolências das visitas, enquanto Marta é a primeira a ir ao encontro de Jesus. O mesmo se pode dizer do episódio da unção de Jesus em Betânia, quando Marta aparecerá servindo e Maria, ungindo os pés de Jesus (Jo 12,2-3).

Lázaro não é mencionado pelos outros evangelistas, mas há uma parábola no Evangelho segundo Lucas com uma personagem com o mesmo nome: a parábola do pobre Lázaro e do rico epulão (Lc 16,19-31). Dentre todas as parábolas de Jesus, essa é a única com uma personagem com nome próprio. Esse Lázaro também morre e, no final da parábola, o que tinha sido rico pede a Abraão que envie Lázaro à casa de seu pai para advertir seus cinco irmãos. Abraão, no entanto, responde: "Se não ouvem Moisés nem os Profetas, mesmo se alguém ressuscitar dentre os mortos não se convencerão" (Lc 16,31).[6] No final do relato joanino, muitos creem em Jesus, outros, porém, vão aos fariseus para denunciá-lo.

11,47-54 O Sinédrio se reúne

O relato conta uma reunião dos sumos sacerdotes e fariseus, na qual a morte de Jesus é decidida. O sumo sacerdote Caifás é nomeado. Ao final,

---

[5] A respeito da confusão em uma só pessoa de Maria de Betânia, Maria de Mágdala e a pecadora do Evangelho segundo Lucas, que unge os pés de Jesus, pode-se ver R. E. BROWN, *Giovanni*, p. 588.

[6] Texto extraído de *A Bíblia: Novo Testamento*, p. 208.

o evangelista informa que Jesus se retirou novamente, desta vez para uma cidade próxima do deserto, chamada Efraim. Sua localização é incerta.[7]

O texto traduzido: "Convém que um só homem morra pelo povo"

> [47] Então os sumos sacerdotes e os fariseus reuniram um conselho e diziam: "Que faremos? Este homem faz muitos sinais. [48] Se o deixarmos assim, todos crerão nele, e virão os romanos e destruirão nosso Lugar e a nação".
>
> [49] Ora, um dentre eles, Caifás, que era o sumo sacerdote daquele ano, disse-lhes: "Vós nada sabeis, [50] nem considerais que vos convém que um só homem morra pelo povo e que não venha a perecer toda a nação".
>
> [51] Ele disse essas coisas não por si mesmo, mas, sendo o sumo sacerdote daquele ano, profetizou que Jesus estava para morrer pela nação, [52] e não somente pela nação, mas também para que os filhos de Deus dispersos se reunissem na unidade. [53] Então, a partir daquele dia, decidiram matá-lo.
>
> [54] Por isso, Jesus já não mais circulava abertamente entre os judeus, mas retirou-se dali para a região próxima ao deserto, para uma cidade chamada Efraim, e ali permaneceu com os discípulos.

Comentário

Os chefes dos sacerdotes e os fariseus convocam uma reunião para discutir o que fazer (Jo 11,47). No começo da perícope, há uma repetição do verbo fazer. Eles estão sem saber o que fazer diante de tudo o que Jesus faz. A questão que eles se apresentam é de lógica política. Eles temem que Jesus promova uma revolta que, por sua vez, provocaria uma reação da parte dos romanos que resultaria na destruição do Lugar e da nação (Jo 11,48). A expressão "nosso Lugar" é uma maneira de se referir ao Templo, considerado como o lugar onde morava a glória de Deus (2Mc 3,12.18.30; At 6,13-14). Quem responde é Caifás, o sumo sacerdote, com a profecia de que é preferível a morte de um só em favor (ou "em lugar") do povo a que toda a nação venha a perecer (Jo 11,49-50).

---

[7] Esta é a única menção, em toda a Bíblia, de uma cidade de nome Efraim. Por outro lado, a região montanhosa de Efraim é citada várias vezes no Antigo Testamento, como em Js 19,50.

As palavras de Caifás surgem como uma interpretação teológica da morte de Jesus, em consonância, neste Evangelho, com a sentença do Bom Pastor, que dá sua vida pelas ovelhas (Jo 10,11.15). Tal interpretação teológica, de uma morte vicária, se enraíza no Cântico do Servo do *Senhor*, em Is 52,13–53,12, de modo especial, em Is 53,4-6.

Ademais, em toda essa passagem pode-se perceber uma fina ironia da parte do evangelista: os membros do Sinédrio pensam que Jesus poderia liderar um movimento popular que provocaria uma intervenção dos romanos, de modo que, eliminando Jesus, afastariam a ameaça. Engano: Jesus foi morto, mas isso não impediu a intervenção romana, que se deu no ano 70. Portanto, não era Jesus que colocava a nação em risco. Outro lado dessa ironia: Caifás, em razão de seu ofício e não por sua vontade, pronuncia uma palavra profética. No entanto, como não tem um real interlocutor, ele próprio não chega a alcançar o significado mais profundo de suas palavras. É o evangelista que as interpreta para o leitor, ampliando o significado de sua profecia sobre a morte de Jesus, que redunda em benefício para todos os filhos de Deus, para que da dispersão sejam congregados na unidade (Jo 11,51-52), tema que já tinha aparecido no discurso do Bom Pastor (Jo 10,16). O evangelista afirma, então, que, a partir daquele dia, eles decidiram matar Jesus (Jo 11,53).

Tendo terminado de narrar a reunião do Sinédrio, o evangelista informa que Jesus já não mais circulava abertamente. Ou seja, Jesus sabe o que tinha sido decidido sobre ele. Novamente, Jesus se retira (Jo 10,40), indo, desta vez com seus discípulos, para uma região próxima ao deserto, para uma localidade chamada Efraim (Jo 11,54).

Intertextualidade

A reunião do Sinédrio aqui narrada tem seu paralelo mais claro em Mt 26,3-5, que também narra uma reunião dos sumos sacerdotes e anciãos do povo, na qual decidiram que prenderiam Jesus e o matariam. O relato mateano é quase desprovido de detalhes, mas também menciona o sumo sacerdote Caifás. Acenos menos explícitos a essa reunião do Sinédrio se encontram em Mc 14,1-2 e Lc 22,1-2. Fica, assim, evidente que, quando Jesus foi conduzido ao Sinédrio, sua morte já tinha sido decidida.

A seção que acaba de ser apresentada (Jo 11,1-54) mostra que o confronto de Jesus já não é mais com as autoridades judaicas, mas sim com a Morte. Colocando na sequência os relatos da ressurreição de Lázaro e da condenação de Jesus pelo Sinédrio, o evangelista vincula os dois episódios: o fato de dar a vida a Lázaro torna-se a razão imediata da condenação de Jesus. Ou seja, porque arrancou Lázaro do poder da morte, Jesus deve pagar com sua própria vida. É o confronto entre a Vida e Morte que se desenrola no Evangelho. As pessoas tomam suas posições neste confronto, do lado da Vida ou do lado da Morte.

A próxima seção (Jo 11,55-12,50) será a última desse grande conjunto das festas judaicas (Jo 2,13-12,50), quando tem início a terceira e última festa da Páscoa dos judeus.

11,55–12,50

As festas judaicas
VII – A terceira Páscoa dos judeus

Em Jo 11,55, aparece a terceira menção de que estava próxima a "Páscoa dos judeus". Antes, essa anotação temporal tinha aparecido em Jo 2,13 e Jo 6,4. São essas três menções que dão, de acordo com o Evangelho segundo João, o quadro de três anos para o ministério de Jesus. Essa menção marca o início de uma nova seção do Evangelho que irá até Jo 12,50. Essa seção será dividida em seis perícopes. A primeira delas é muito breve, de introdução para a festa (Jo 11,55-57). Seguem-se outras duas que têm como cenário o povoado de Betânia: a unção de Jesus em Betânia (Jo 12,1-8) e mais uma breve perícope que conta que uma multidão veio a Betânia para ver Lázaro (Jo 12,9-11). Daí, o cenário se desloca para Jerusalém, com o relato da entrada de Jesus na cidade (Jo 12,12-19). Entre os peregrinos que estão na cidade, há alguns gregos que querem ver Jesus (Jo 12,20-36). A última perícope (Jo 12,37-50) fecha essa seção e também conclui todo o conjunto do Evangelho que tem como pano de fundo as festas judaicas (Jo 2,13–12,50).

11,55-57 A preparação para a Páscoa

Essa breve perícope serve como uma introdução, preparando o retorno de Jesus a Jerusalém por ocasião da festa da Páscoa. Embora sejam poucos versículos, há várias personagens, apontadas como personagens coletivas, como em geral ocorre nos sumários narrativos: muitos daquela região, aqueles que estão em Jerusalém para a festa, sumos sacerdotes e fariseus. Como personagem individual, apenas Jesus é mencionado. O cenário principal é o Templo em Jerusalém. O tempo é marcado pela proximidade da festa da Páscoa: um tempo de purificação.

O texto traduzido: "Ele virá ou não para a festa?"

> [55] Estava próxima a Páscoa dos judeus, e muitos daquela região subiram para Jerusalém antes da Páscoa para se

> purificarem. ⁵⁶ Buscavam, então, Jesus e diziam uns aos outros os que estavam no Templo: "Que vos parece? Que virá ou não para a festa?"
>
> ⁵⁷ Os sumos sacerdotes e os fariseus tinham dado ordens de que, se alguém soubesse onde ele estava, que o denunciasse, a fim de que o prendessem.

Comentário

Aproxima-se a festa da Páscoa e, já antes da festa, muitos sobem a Jerusalém, a fim de purificarem-se (Jo 11,55). No Antigo Testamento, a purificação em vista da festa da Páscoa está ligada à celebração de uma Páscoa extraordinária no tempo de Ezequias (2Cr 30,1-27). No relato joanino, em Jerusalém, as pessoas procuram por Jesus e se perguntam se ele virá à festa (Jo 11,56; Jo 7,11). Os sumos sacerdotes e fariseus, pretendendo prender Jesus, tinham ordenado que quem soubesse de seu paradeiro lhes desse informação (Jo 11,57).

12,1-8 A unção de Jesus em Betânia

De Jerusalém, a cena do Evangelho retorna a Betânia. Jesus vai à casa de Lázaro, Marta e Maria, onde lhe oferecem uma ceia. Os discípulos também estão presentes e Judas Iscariotes é mencionado. A perícope começa com uma anotação temporal: seis dias antes da Páscoa.

O texto traduzido: "Jesus em Betânia, seis dias antes da Páscoa"

> **12** ¹ Seis dias antes da Páscoa, Jesus foi a Betânia, onde estava Lázaro, que ele ressuscitara dos mortos. ² Fizeram-lhe ali uma ceia. Marta servia e Lázaro era um dos que estavam reclinados com ele. ³ Então Maria, tendo tomado uma libra de perfume de nardo puro, de elevado preço, ungiu os pés de Jesus e os enxugou com seus cabelos, e a casa ficou repleta do perfume.
>
> ⁴ Judas Iscariotes, um de seus discípulos, aquele que estava para entregá-lo, disse: ⁵ "Por que esse perfume não foi vendido por trezentos denários e dado aos pobres?"
>
> ⁶ Ele, porém, disse isso não porque se preocupasse com os pobres, mas porque era ladrão e, tendo a bolsa comum, pegava para si o que ali era posto.

> ⁷ Disse, então, Jesus: "Deixa-a. Que ela o guarde para o dia de meu sepultamento, ⁸ pois os pobres sempre tendes convosco; a mim, porém, não tendes sempre".

Anotações de crítica textual e notas à tradução

Em Jo 12,3, aparece a medida "uma libra". De acordo com a Tradução Ecumênica da Bíblia, "a libra romana pesava 327,45 gramas".[1]

Para Jo 12,4, os testemunhos textuais se dividem no modo de apresentar Judas. Para a sequência: "Judas Iscariotes, um de seus discípulos", há variações na ordem de palavras. A leitura "Judas Iscariotes" aparece, entre outros, no papiro 𝔓⁶⁶, no códex Sinaítico (ℵ) e na Pechita. Outros manuscritos, entre os quais aqueles da tradição Bizantina, trazem a leitura: "Um de seus discípulos, Judas Iscariotes, filho de Simão".[2]

Em Jo 12,5, aparece a quantia de "trezentos denários". No relato de Jesus saciando a multidão com os pães e os peixes, Filipe dizia que duzentos denários não seriam suficientes para alimentar toda aquela gente (Jo 6,7). Ora, o perfume custa ainda mais do que aquela quantia.

Em Jo 12,7, os testemunhos textuais se dividem entre duas formas verbais para o verbo *tēréō* ("guardar"). Um grupo de manuscritos, entre os quais estão o papiro 𝔓⁶⁶ e o códex Sinaítico (ℵ), traz o aoristo subjuntivo: *tērḗsēi*. Nessa leitura, encontra-se ainda a conjunção *hína*. Em seu conjunto, essa leitura pode ser assim traduzida: "Que ela o guarde para o dia de meu sepultamento". O outro grupo de manuscritos, entre os quais estão a tradição Bizantina e a Pechita, traz o perfeito indicativo: *tetḗrēken*. Em seu conjunto, essa leitura pode ser assim traduzida: "Ela o tem guardado para o dia do meu sepultamento".[3]

Enfim, ainda é o caso de chamar a atenção para a omissão de Jo 12,8 (todo o versículo) em dois manuscritos: o códex bilíngue (grego e latino) Bezae (D) e o manuscrito Siro-sinaítico.[4]

---

[1] *Tradução Ecumênica da Bíblia: Novo Testamento*, p. 265. Em seu comentário, J. Konings traduz "uma libra" por "meio litro" (*Evangelho segundo João*, p. 230).

[2] *The Greek New Testament*, p. 377-378.

[3] *Novum Testamentum Graece*, p. 290. Para R. E. Brown, a leitura com o aoristo subjuntivo apresenta uma oração final elíptica. Para contornar a dificuldade desse tipo de construção é que teria surgido a leitura com o perfeito. Para ele, no entanto, essa segunda leitura interpreta corretamente o sentido da primeira, que, possivelmente, é a original. Ou seja: de qualquer modo, Jesus não diz que a mulher deixe de ungi-lo e guarde o perfume, mas que continue a ungi-lo, pois para isso (oração final) guardou o perfume (*Giovanni*, p. 583-584).

[4] *O Novo Testamento grego*, p. 314.

Intertextualidade

A perícope da unção de Jesus em Betânia no Evangelho segundo João é bastante simples. Boa parte do relato é ocupada por explicações do evangelista. A perícope tem paralelos próximos no Evangelho segundo Marcos (Mc 14,3-9) e no Evangelho segundo Mateus (Mt 26,6-13) e um paralelo mais distante no Evangelho segundo Lucas (7,36-50). Eis as particularidades do relato joanino, em relação a esses paralelos.

O plano do relato é sempre muito semelhante. O enquadramento é uma ceia. Durante a ceia, Jesus é ungido por uma mulher com um perfume caríssimo. Esse gesto gera protestos, mas Jesus toma a defesa da mulher. No Evangelho segundo Marcos, no Evangelho segundo Mateus e no Evangelho segundo João, Jesus interpreta o gesto dela em relação com sua morte próxima.

No Evangelho segundo Marcos e no Evangelho segundo Mateus, o episódio se passa na véspera da ceia pascal, no menor intervalo de tempo possível até a paixão de Jesus. No Evangelho segundo João, ele se passa na véspera do primeiro dia da semana no qual se deu a entrada de Jesus em Jerusalém. Os três evangelistas estão de acordo em localizar o episódio em Betânia, mas, enquanto no Evangelho segundo Marcos e no Evangelho segundo Mateus, a cena se passa na casa de Simão, o leproso, no Evangelho segundo João, ela se passa na casa dos irmãos de Betânia. Quanto às personagens, no Evangelho segundo João, é Maria quem unge Jesus. No Evangelho segundo Marcos e no Evangelho segundo Mateus, é uma mulher, sem que se diga seu nome. Nesses dois escritos evangélicos, ela unge a cabeça de Jesus; já no Evangelho segundo João, ela unge seus pés, tal qual a pecadora do Evangelho segundo Lucas (Lc 7,37-38). Quem reprime o gesto da mulher, no Evangelho segundo Marcos, são alguns dos presentes; no Evangelho segundo Mateus, são os discípulos, e, no Evangelho segundo João, é Judas. Neste Evangelho, antes mesmo que Jesus tome a palavra para defender Maria, o evangelista já desautorizou inteiramente a crítica de Judas, dizendo que ele era ladrão e que roubava o que era colocado na bolsa comum. Suas palavras não refletem uma preocupação com os pobres, mas sim com o dinheiro.[5]

---

[5] Para uma comparação mais detalhada das perícopes da unção de Jesus em Betânia no Evangelho segundo Marcos (Mc 14,3-9), no Evangelho segundo Mateus (Mt 26,6-13) e no Evangelho segundo João (Jo 12,1-8), ver C. V. MALZONI, *Jesus em Betânia*, p. 80-83.

AS FESTAS JUDAICAS: VII – A TERCEIRA PÁSCOA DOS JUDEUS   11,55–12,50

Comentário

Feita a comparação com os relatos sinóticos, há ainda uma questão a respeito de uma particularidade do relato joanino: sua inserção na sequência de dias da última semana de Jesus em Jerusalém. Em outras palavras: por que o evangelista traz esse relato antes da entrada de Jesus em Jerusalém? A primeira possibilidade é de que foi assim, nessa sequência, que o evangelista encontrou esses relatos em suas fontes: unção de Jesus em Betânia seguida da entrada de Jesus em Jerusalém. Outra possibilidade é de que ele próprio tenha construído essa sequência. Nesse caso, ele o teria feito a partir de uma lógica. De acordo com o Evangelho segundo João, ao entrar em Jerusalém, Jesus é aclamado "Rei de Israel" pela multidão. O Rei é o Messias, isto é, o Ungido. A unção em Betânia poderia estar desempenhando o papel da unção messiânica de Jesus. Esse significado não viria substituir nem o significado de uma unção como sinal de acolhida de um convidado ilustre (significado para os anfitriões) nem o de unção para um sepultamento (significado para Jesus), mas sim acrescentar ainda mais um significado, o do evangelista: uma unção régia. Esse significado estaria mais claro no Evangelho segundo João que nos outros evangelistas, uma vez que, neste Evangelho, haverá uma unção do corpo de Jesus antes de seu sepultamento (Jo 19,39-40). Em contrário, estaria o detalhe presente no relato joanino, em comum com o relato lucano, da unção dos pés de Jesus, e não de sua cabeça, como no Evangelho segundo Marcos e no Evangelho segundo Mateus. Também não se deveria pensar que, para o evangelista, Jesus teria se tornado o Messias apenas após sua unção em Betânia. Ele já é chamado de "Rei de Israel" por Natanael, logo no início do Evangelho (Jo 1,49). Permanece, contudo, ao menos como possibilidade, que o evangelista apresente a unção de Jesus em Betânia também como uma unção messiânica.

12,9-11 Uma multidão vem a Betânia para ver Lázaro

Essa breve perícope menciona uma grande multidão de judeus, Jesus, Lázaro e os sumos sacerdotes. A cena se passa ainda em Betânia e prepara a mudança definitiva do cenário para Jerusalém. Lázaro é o centro das atenções.

O texto traduzido: "Por causa dele, muitos creram em Jesus"

> ⁹ Grande multidão dos judeus ficou sabendo que Jesus estava ali e veio, não somente por causa dele, mas também para ver Lázaro, que ele ressuscitara dos mortos.

> ¹⁰ Os sumos sacerdotes, porém, decidiram matar também Lázaro, ¹¹ porque muitos dentre os judeus, por causa dele, passavam a crer em Jesus.

Nota à tradução

O texto grego de Jo 12,11 também poderia ser traduzido de outra forma, ou seja: "Porque muitos, por causa dele, se afastavam dos judeus e criam em Jesus".[6]

Comentário

Jesus está ainda em Betânia, para onde atrai uma grande multidão de judeus que vem não somente para vê-lo, mas também para ver Lázaro. Em vista disso, os chefes dos sacerdotes decidem matar também Lázaro. São os destinos de Jesus e de Lázaro que, mais uma vez, se confundem.

O termo "judeus" aparece nesta breve perícope duas vezes: Jo 12,9.11. Mais uma vez, como na maioria das ocorrências nos capítulos 11 e 12, não se verifica aquela atitude hostil a Jesus, senão uma atitude neutra ou mesmo favorável (Jo 11,19.31.33.36.45.55; 12,9.11). Os judeus não são aqui as autoridades judaicas (a não ser em Jo 11,8 e, talvez, em Jo 11,54), mas sim as pessoas da Judeia, os judaítas. Muitos dentre eles creram em Jesus, provocando ainda mais a inveja das autoridades.[7]

12,12-19 A entrada de Jesus em Jerusalém

A perícope começa com uma anotação temporal: "No dia seguinte", que deve ser compreendida em relação àquele da ceia em Betânia. As personagens são diversas multidões, Jesus, seus discípulos e os fariseus. O cenário é a cidade de Jerusalém.

---

[6] Esse é o modo como o versículo estava traduzido na edição do Novo Testamento da Bíblia de Jerusalém (*A Bíblia de Jerusalém: Novo Testamento*, p. 274). Esse também é o modo como o versículo é traduzido por J. Konings, em seu comentário (*Evangelho segundo João*, p. 231). A tradução da TEB parece ter tentado manter em um só texto as duas possibilidades de tradução: "Visto que era por causa dele que um grande número de judeus os deixavam e acreditavam em Jesus" (*Tradução Ecumênica da Bíblia: Novo Testamento*, p. 265). O resultado, porém, não parece muito satisfatório.

[7] R. E. Brown vê, nessa mudança, um indício de que esses capítulos possam ter sido inseridos, no plano geral do Evangelho, em uma fase posterior do processo redacional. Antes dessa inserção, o ministério de Jesus terminava no final do capítulo 10 (*Giovanni*, p. 556).

O texto traduzido: "Bendito aquele que vem em nome do Senhor"

> ¹² No dia seguinte, a grande multidão que viera para a festa, tendo ouvido que Jesus estava vindo a Jerusalém, ¹³ tomou ramos de palmeiras e saiu a seu encontro clamando:
>
> "*Hosana!*
>
> *Bendito aquele que vem em nome do Senhor!*
>
> *O Rei de Israel!*"
>
> ¹⁴ Jesus, tendo encontrado um jumentinho, sentou-se sobre ele, conforme está escrito:
>
> ¹⁵ *Não temas, filha de Sião.*
>
> *Eis que vem teu rei, sentado sobre uma cria de jumenta!*
>
> ¹⁶ A princípio, seus discípulos não compreenderam essas coisas, mas, quando Jesus foi glorificado, lembraram-se de que elas estavam escritas sobre ele e se realizaram para ele.
>
> ¹⁷ Então a multidão que estava com ele quando chamara Lázaro do sepulcro e o ressuscitara dos mortos dava testemunho. ¹⁸ Também, por isso, a multidão foi encontrá-lo, porque ouviram contar que realizara esse sinal. ¹⁹ Os fariseus, então, disseram uns aos outros: "Vede que não ganhais nada. Eis que o mundo inteiro se foi atrás dele".

Anotação de crítica textual

Em Jo 12,17, os testemunhos antigos encontram-se divididos entre duas leituras. Em grego, essas duas leituras diferem muito pouco entre si: apenas uma letra. Um primeiro grupo de testemunhos, pouco mais numeroso que o segundo, traz a leitura: "A multidão que estava com ele *quando* (em grego: *hóte*) chamara Lázaro do sepulcro". Já o segundo grupo traz a leitura: "A multidão que estava com ele *porque* (em grego: *hóti*) chamara Lázaro do sepulcro". A leitura "quando" aparece, entre outros, no códex Sinaítico (א), na tradição Bizantina e na Vulgata. A leitura "porque" aparece no papiro $\mathfrak{P}^{66}$ e na Pechita.[8]

Intertextualidade e comentário

A entrada de Jesus em Jerusalém é narrada pelos quatro evangelistas, cada qual a seu modo (Mc 11,1-11; Mt 21,1-11; Lc 19,28-40; Jo 12,12-19).

---

[8] *O Novo Testamento grego*, p. 316.

O que caracteriza o relato no Evangelho segundo João é, primeiramente, a menção de três multidões. A primeira multidão (Jo 12,12) é a daqueles que tinham vindo para a festa, isto é, não são habitantes de Jerusalém, mas peregrinos. Ela é a primeira a sair ao encontro de Jesus e a aclamá-lo. A segunda multidão é a daqueles que estavam com Jesus quando ressuscitou Lázaro (Jo 12,17). A terceira multidão é a daqueles que saíram ao encontro de Jesus, atraídos pelas notícias dos sinais que fazia (Jo 12,18). Não é sem motivo que os fariseus dirão "que o mundo inteiro se foi atrás dele" (Jo 12,19).

Um detalhe do texto joanino é que a multidão aclama Jesus com ramos de palmeiras (Jo 12,13). Quanto à aclamação, a palavra "hosana", uma transliteração do hebraico que significa "salva-nos", aparece nos relatos do Evangelho segundo Marcos, do Evangelho segundo Mateus e do Evangelho segundo João. Ela é tomada do Sl 118,25. A citação do Salmo continua: "Bendito aquele que vem em nome do Senhor!" (Sl 118,26; Mc 11,9; Mt 21,9). O Evangelho segundo Lucas não traz o "hosana", mas apenas a frase tomada do Salmo, na qual intercala a palavra "o Rei" (Lc 19,38). No Evangelho segundo João, segue a expressão "o Rei de Israel" (Jo 12,13; 1,49).

O fato de Jesus entrar na cidade montado em um jumentinho é interpretado a partir de uma citação tomada de Zacarias (Jo 12,14-15), que evoca a figura do rei pacífico que entra na cidade montado sobre um jumento (Zc 9,9). A citação é comum apenas com o Evangelho segundo Mateus (Mt 21,5), mas, no Evangelho segundo João, ela é breve e menos literal, talvez combinada com Sf 3,16.

Na sequência do Evangelho segundo João, o relato é projetado para o futuro, com a afirmação de que, naquele momento, os discípulos não compreenderam o que estava acontecendo, mas que depois o compreenderam (Jo 12,16). Esse tempo posterior é marcado pela glorificação de Jesus, ou seja, sua morte e ressurreição. Então eles juntaram suas recordações do que Jesus realizava com as palavras da Escritura. Um comentário semelhante se encontra em Jo 2,22, no relato da expulsão dos vendedores do Templo, referindo-se às palavras de Jesus a respeito do novo Templo, que é seu corpo.[9]

Enfim, ainda típico do relato joanino é a menção de Lázaro. A ressurreição de Lázaro é o assunto do momento (Jo 12,17). Aliás, é aqui que ocorre a última menção de Lázaro no Evangelho.

---

[9] R. E. Brown destaca que esses dois relatos (expulsão dos vendedores do Templo e entrada de Jesus em Jerusalém) estão unidos na tradição sinótica (*Giovanni*, p. 603). Nos sinóticos a ordem desses relatos é inversa: primeiro a entrada de Jesus em Jerusalém, depois a expulsão dos vendedores do Templo.

12,20-36 Os gregos querem ver Jesus

Nesta perícope, interagem as seguintes personagens: alguns gregos que tinham subido a Jerusalém para a festa da Páscoa, dois discípulos de Jesus (Filipe e André), Jesus e a multidão. Há também uma voz que vem do céu. Logo no início, uma anotação de tempo refere-se à festa, ou seja, à Páscoa, unindo esta perícope ao conjunto de perícopes da terceira Páscoa dos judeus (Jo 11,55-56; 12,1.12.20).

O texto traduzido: "Os gregos querem ver Jesus"

> [20] Havia alguns gregos entre aqueles que tinham subido para adorar durante a festa. [21] Eles se aproximaram de Filipe, que era de Betsaida da Galileia, e lhe disseram: "Senhor, queremos ver Jesus".
>
> [22] Filipe foi dizê-lo a André, e André e Filipe o disseram a Jesus. [23] Jesus lhes respondeu: "É chegada a hora em que será glorificado o Filho do Homem.
>
> [24] Amém, amém, eu vos digo:
>
> se o grão de trigo caído na terra não morre, permanece só,
>
> mas, se morre, produz muito fruto.
>
> [25] Quem ama sua vida a perde,
>
> mas quem odeia sua vida neste mundo
>
> vai guardá-la para a vida eterna.
>
> [26] Quem quiser me servir que me siga,
>
> e, onde eu estiver, ali estará também meu servidor,
>
> e, se alguém me servir, o Pai o honrará.
>
> [27] Agora, minha alma está agitada, e que direi? Pai, salva-me desta hora? Mas foi para isso que vim, para esta hora. [28] Pai, glorifica teu nome".
>
> Veio, então, uma voz do céu: "Já glorifiquei e ainda glorificarei".
>
> [29] A multidão que estava ali e ouvira a voz dizia que fora um trovão. Outros diziam: "Um anjo falou com ele".
>
> [30] Jesus respondeu: "Não foi por minha causa que esta voz aconteceu, mas por vossa causa. [31] É agora o

> julgamento deste mundo. Agora, o Príncipe deste mundo será lançado para fora, ³² e eu, quando for elevado da terra, atrairei todos a mim".
>
> ³³ Dizia isso para assinalar por qual morte estava para morrer.
>
> ³⁴ Respondeu-lhe a multidão: "Nós temos ouvido da Lei que o Cristo permanecerá para sempre. Como, então, tu dizes que é preciso que o Filho do Homem seja elevado? Quem é esse Filho do Homem?"
>
> ³⁵ Disse-lhes Jesus:
>
> "Ainda por um pouco de tempo a luz está convosco.
>
> Caminhai enquanto tendes a luz, para que as trevas não vos surpreendam.
>
> Quem caminha nas trevas não sabe para onde vai.
>
> ³⁶ Enquanto tendes a luz, crede na luz,
>
> para que vos torneis filhos da luz".
>
> Jesus disse essas coisas e, tendo partido, escondeu-se deles.

Anotação de crítica textual e nota à tradução

No texto grego de Jo 12,25.27, aparece o mesmo termo: *psyché*, traduzido, porém, de dois modos diferentes: em Jo 12,25, traduzido por "vida" e, em Jo 12,27, traduzido por "alma". Esse termo grego comporta essas duas traduções.

Para Jo 12,31, a maioria dos testemunhos textuais traz a leitura: "Agora, o Príncipe deste mundo será lançado *para fora*". Por sua vez, um número restrito de testemunhos traz a leitura: "Agora, o Príncipe deste mundo será lançado *para baixo*".[10]

Comentário

A perícope começa de maneira bem comum e vai aos poucos crescendo em importância. O fato comum é que alguns gregos que tinham subido para

---

[10] Em um estudo sobre esse texto, M.-É. Boismard defende a leitura "para baixo". Essa leitura está presente, entre outros, no códex Koridethi (Θ), em grego, em vários manuscritos da Antiga Versão Latina e no manuscrito Siro-Sinaítico. De acordo com M.-É. Boismard, essa leitura se adapta melhor ao contexto, pela antítese entre o Príncipe deste mundo, que é lançado para baixo (Jo 12,31), e o Cristo, que é elevado (Jo 12,32), e tem seus paralelos em Ap 12,9 e Lc 10,18 (Le prince de ce monde sera jeté en bas, p. 175-181).

adorar durante a festa querem ver Jesus. Os gregos aqui mencionados são antes simpatizantes do judaísmo que judeus da diáspora, de língua grega. Eles prefiguram a conversão dos primeiros pagãos de língua grega ao Evangelho.[11]

Esses gregos levam algum tempo para chegar até Jesus, passando antes por Filipe e André (Jo 12,20-22), ou seja, pelos dois discípulos do grupo dos Doze que têm nomes gregos. Eles aparecem aqui como intermediários entre Jesus e os gregos que querem conhecer Jesus. Esses dois discípulos já tinham aparecido juntos neste Evangelho no relato que narra como Jesus saciou uma multidão a partir de alguns pães e peixes (Jo 6,5-9).

Quando a notícia de que os gregos querem vê-lo chega a Jesus, ele identifica que chegou a hora para que seja glorificado o Filho do Homem (Jo 12,23), ou seja, o tempo de seu ministério está cumprido e doravante começa o tempo da Igreja, que levará o Evangelho a todas as nações.

Identificando a hora, Jesus passa a falar do significado de sua paixão. Primeiro, ele a compara com o que acontece com o grão de trigo, que, somente caído na terra e morto, renasce para produzir muitos frutos (Jo 12,24; 1Cor 15,36). As palavras que vêm na sequência referem-se ao discípulo, chamado a ter essa mesma disposição para doar sua vida (Jo 12,25-26). Nessas palavras, aparecem os verbos "seguir" e "servir", que caracterizam o discipulado.

Ao final, Jesus volta a se referir a si mesmo: ele reconhece que sua alma está agitada porque chegou sua hora, e reza ao Pai, não para escapar dessa hora, mas sim para que o Pai glorifique seu próprio nome nesse momento (Jo 12,27-28a).

Na sequência, interagem três personagens: Jesus, uma voz que vem do céu, isto é, do Pai, e a multidão. À prece de Jesus: "Pai, glorifica teu nome", o Pai responde que o glorifica continuamente. A multidão que ouve a voz pensa que foi um trovão ou um anjo que falou com Jesus, mas o próprio Jesus diz que a voz não falou para ele, mas sim para a multidão (Jo 12,28-30).

Dito isso, Jesus volta a mostrar o significado de sua paixão. Por um lado, sua morte significa o julgamento do Príncipe deste mundo, que perde seu lugar na corte celeste (Jo 12,31). Para compreender essa palavra de Jesus, é preciso ter presente os dois primeiros capítulos do livro de Jó, que mostram Satanás na corte celeste, onde desempenha o papel de acusador. No Novo

---

[11] De acordo com R. E. Brown, o termo *hellēnés* usado pelo evangelista significa "gregos" e, portanto, "gentios", e não "judeus de língua grega". Se fossem "judeus de língua grega", o termo a ser utilizado teria sido *hellenistaí* (*Giovanni*, p. 606).

Testamento, a expulsão de Satanás também é mencionada em Lc 10,18, e dramatizada no capítulo 12 do Apocalipse, onde, inclusive, há um hino que celebra a expulsão do céu de Satanás, o Acusador. Isso não é só. Por outro lado, a morte de Jesus também significa a congregação do novo povo de Deus, uma vez que, elevado na cruz, o Cristo atrai todos para si (Jo 12,32). Um comentário do evangelista afirma que Jesus dizia essas coisas para assinalar como seria sua morte (Jo 12,33), ou seja, sendo elevado na cruz.

A multidão faz, então, duas perguntas a Jesus, introduzidas por uma afirmação: "Temos ouvido da Lei que o Cristo permanecerá para sempre" (Jo 12,34a). O termo "Lei" é aqui empregado com o significado de Escritura, assim como o fora em Jo 10,34. Na Escritura, a afirmação de que o Cristo permanecerá para sempre pode se basear na interpretação de passagens como: 2Sm 7,16; Sl 89,5.37; 110,4; Is 9,6; Dn 7,13-14. Dessas passagens, a que mais se aproxima de Jo 12,34 é Dn 7,13-14:

> [13] Eu continuava contemplando, nas minhas visões noturnas, quando notei, vindo sobre as nuvens do céu, um como Filho de Homem. Ele adiantou-se até ao Ancião e foi introduzido à sua presença. [14] A ele foi outorgado o império, a honra e o reino, e todos os povos, nações e línguas o serviram. Seu império é um império eterno que jamais passará, e seu reino jamais será destruído.[12]

A semelhança maior fica por conta da referência ao Filho do Homem nessa passagem de Daniel e nas perguntas da multidão a Jesus: "Como, então, tu dizes que é preciso que o Filho do Homem seja elevado?" e: "Quem é esse Filho Homem?" (Jo 12,34). No plano do Evangelho, essas perguntas levantam a questão da identificação do Cristo com o Filho do Homem: porque é também o Filho do Homem que o Cristo, pela sua morte na cruz, onde começa sua exaltação, permanece para sempre.

Quando retoma a palavra, Jesus reafirma sua próxima partida, mas não fala de si diretamente, senão a partir da metáfora da luz (Jo 12,35), já bem conhecida para o leitor do Evangelho, evocada em Jo 8,12; 9,4; 11,9-10, e no prólogo do Evangelho: Jo 1,4-5.9. O convite de Jesus a crer na luz para tornar-se filho da luz (Jo 12,36) também relembra o prólogo quando afirma que todos quantos acolheram a Palavra-Luz receberam autoridade para tornarem-se filhos de Deus, que são aqueles que creem em seu nome (Jo 1,12).

---

[12] Texto extraído de *A Bíblia de Jerusalém*, p. 1.698.

Essa recapitulação do prólogo indica que um grande conjunto do Evangelho caminha para sua conclusão.

Esta perícope termina com a informação do evangelista de que Jesus, depois de dizer essas coisas, partiu e escondeu-se deles (Jo 12,36). Ou seja: para eles, a luz já não está mais presente.

Intertextualidade

Esta perícope do Evangelho segundo João apresenta semelhanças mais claras com duas perícopes dos evangelhos sinóticos. Primeiramente, há a semelhança com a sentença de Jesus sobre seu seguimento, amar sua vida e perdê-la, odiar sua vida e guardá-la (Jo 12,25-26; Mc 8,34-37; Mt 10,39; 16,24-26; Lc 9,23-25; 17,33). Em seguida, Jesus fala de sua alma agitada (Jo 12,27), o paralelo joanino da oração de Jesus no Getsêmani (Mc 14,34; Mt 26,38; Lc 22,44). Jesus fala da dificuldade de sua hora presente, mas afirmando igualmente sua obediência ao Pai. Fora dos evangelhos, esse tema também aparece em Hb 5,7-8:

> [7] Por isso, durante seus dias na carne, ele ofereceu súplicas e orações, com clamores e lágrimas, para aquele que o podia salvar da morte; e foi atendido, por causa de sua submissão. [8] Mesmo sendo Filho, aprendeu a obediência pelas coisas que sofreu.[13]

12,37-50 A incredulidade diante de Jesus

Esta perícope pode ser dividida em duas partes. A primeira é tomada pelo narrador, que cita o profeta Isaías. A segunda compreende um discurso direto de Jesus, sem que se especifiquem as circunstâncias desse discurso direto.

O texto traduzido: "Quem crê em mim, crê naquele que me enviou"

> [37] Embora tenha feito todos esses sinais diante deles, não acreditavam nele, [38] para que se cumprisse a palavra do profeta Isaías, que dissera:
>
> "*Senhor, quem acreditou em nossa pregação?*
> *A quem a força do Senhor foi revelada?*"
>
> [39] Por isso não podiam crer, porque dissera ainda Isaías:

---

[13] Texto extraído de *A Bíblia: Novo Testamento*, p. 540-541.

⁴⁰ *"Tornou-lhes cegos os olhos e endureceu-lhes o coração,*
para que não vejam com os olhos, nem entendam com o coração
e não se convertam e eu precise curá-los".

⁴¹ Isso dissera Isaías porque vira sua glória e falara a seu respeito.

⁴² Igualmente, muitos dentre os chefes acreditaram nele, mas, por causa dos fariseus, não o confessaram publicamente, para não serem expulsos da sinagoga, ⁴³ pois amaram mais a glória dos homens que a glória de Deus.

⁴⁴ Disse Jesus em alta voz:

"Quem crê em mim, não é em mim que crê,
mas naquele que me enviou,
⁴⁵ e quem me vê, vê aquele que me enviou.
⁴⁶ Eu vim ao mundo como luz,
para que todo aquele que crê em mim
não permaneça nas trevas.
⁴⁷ Se alguém ouve minhas palavras e não as guarda,
eu não o julgo, pois não vim para julgar o mundo,
mas para salvar o mundo.
⁴⁸ Quem me rejeita e não acolhe minhas palavras tem quem o julgue:
a palavra que eu falei o julgará no último dia,
⁴⁹ porque eu não falei por mim mesmo,
mas o Pai que me enviou, ele me ordenou o que dizer e o que falar.
⁵⁰ E sei que seu mandamento é vida eterna.
O que eu falo é conforme o que me disse o Pai.
Eu assim falo".

Anotação de crítica textual e nota à tradução

Em Jo 12,38, a pergunta: "A quem *a força* do Senhor foi revelada?", literalmente seria: "A quem *o braço* do Senhor foi revelado?" Trata-se de uma citação do profeta Isaías (Is 53,1), onde também aparece, literalmente, a palavra "braço".

Para Jo 12,41, os testemunhos antigos se dividem em dois grupos, de acordo com uma pequena diferença que, em grego, é de apenas uma letra. É a mesma diferença que já apareceu em Jo 12,17. O primeiro grupo de testemunhos, menos numeroso mas com os testemunhos mais antigos, como os papiros 𝔓⁶⁶ e 𝔓⁷⁵, traz a leitura: "Isso disse Isaías *porque* (em grego: *hóti*) viu sua glória e falou a seu respeito". O segundo grupo traz a leitura: "Isso disse Isaías *quando* (em grego: *hóte*) viu sua glória e falou a seu respeito". Esta leitura é a das grandes tradições textuais: a Bizantina, a Vulgata e a Pechita.[14]

Comentário

A perícope anterior terminava com a afirmação de que Jesus partira e escondera-se deles (Jo 12,36). A luz ocultou-se. Daqui para frente, Jesus vai ocupar-se apenas de seus discípulos. Antes, porém, o evangelista se vê na necessidade de explicar a incredulidade diante de Jesus (Jo 12,37). Para isso, ele lança mão de duas citações tomadas do livro de Isaías, que também teve que pregar para um povo incrédulo. A primeira citação vem de Is 53,1, uma estrofe do Cântico do Servo do *Senhor*. No Cântico, essa estrofe marca a passagem para a primeira pessoa do plural: um coro lança as perguntas: "Senhor, quem acreditou em nossa pregação? A quem a força do Senhor foi revelada?" (Jo 12,38).

A segunda citação vem do relato de vocação de Isaías (Jo 12,39-40). De modo muito desconcertante, Isaías recebe a missão de cegar os olhos do povo para que não veja, fechar a mente para que não compreenda e, assim, não se converta, e Deus não precise salvá-lo (Is 6,10). Trata-se de um modo de se expressar. De fato, é o povo que não quer ver, nem compreender, nem se converter e, assim, Deus não pode salvá-lo. Para o evangelista, essa mesma situação se repete com aqueles que se recusam a crer em Jesus. O evangelista ainda acrescenta que Isaías disse isso porque (ou quando) viu sua glória (Jo 12,41; Is 6,1). O termo "glória" é importante em todo o Evangelho e, particularmente, neste capítulo. Ademais, a afirmação do evangelista faz pensar que Isaías viu a glória de Jesus, o Filho.[15]

---

[14] *O Novo Testamento grego*, p. 318.

[15] R. E. Brown apresenta uma síntese da questão. O texto de Isaías afirma que Isaías viu o *Senhor* (Is 6,1.5), não sua glória. Essa é a tradição textual desses versículos tanto em hebraico (Texto Massorético) como em grego (Septuaginta/LXX). É possível, contudo, que o evangelista esteja seguindo a tradição textual do Targum, que traz que Isaías viu "a glória do *Senhor*" (Is 6,1) e "a glória da *šekinah* do *Senhor*" (Is 6,5). Essa tradição textual se adapta muito bem à teologia de Jo 1,14, segundo a qual Jesus é a *šekinah* de Deus (*Giovanni*, p. 632).

Na sequência, o evangelista enfoca os chefes que acreditaram em Jesus, mas não o confessaram publicamente por medo dos fariseus, para não serem expulsos da sinagoga. No dizer do evangelista, eles amaram mais a glória dos homens que a glória de Deus (Jo 12,42-43). É possível que o evangelista esteja se referindo a uma situação que lhe é contemporânea. Nesse caso, esses chefes são líderes do judaísmo nas sinagogas, detendo uma posição social da qual não querem abrir mão. Quanto à expulsão da sinagoga, é a segunda vez que esse tema aparece. A primeira foi no relato do cego de nascença de quem Jesus abriu os olhos. Lá, o evangelista explicava que as autoridades judaicas tinham decidido expulsar da sinagoga quem confessasse Jesus como o Cristo (Jo 9,22). Essas duas atestações desse tema ajudam a situar socialmente a comunidade da qual procede este Evangelho: uma comunidade que foi expulsa da sinagoga.

A segunda parte da perícope é tomada por um discurso direto de Jesus. As circunstâncias do discurso não são especificadas e, como tal, ele serve de conclusão para a primeira parte do Evangelho sobre a manifestação pública de Jesus (Jo 1,19–12,50). No discurso, são retomados temas importantes das controvérsias com as autoridades judaicas, desde o início do capítulo 5: o crer em Jesus como enviado (Jo 12,44-45); Jesus, a luz que veio ao mundo, a fim de que quem nele crer não permaneça nas trevas (Jo 12,46); o julgamento segundo a acolhida ou não das palavras de Jesus (Jo 12,47-48), uma vez que as palavras que Jesus diz não são suas, mas do Pai, que o enviou (Jo 12,49). Enfim, a promessa da vida eterna (Jo 12,50). O tema mais importante, contudo, que aparece em todos esses temas, é a relação íntima entre Jesus e o Pai, que o enviou, de modo que Jesus fala em total conformidade com o que ouviu do Pai.

Intertextualidade

Como um todo, esta perícope reflete algumas passagens do livro do Deuteronômio. Em primeiro lugar, Dt 29,1-3. Moisés relembra aos hebreus os sinais e prodígios grandiosos realizados aos olhos do povo. No entanto, continua Moisés: "Até o dia de hoje, o *Senhor* não vos tinha dado um coração para compreender, olhos para ver e ouvidos para ouvir" (Dt 29,3).[16] Essa passagem está na base, de modo especial, de Jo 12,37. Também é possível relembrar Dt 18,15-19, texto já citado diversas vezes, a respeito do Profeta semelhante a Moisés. Jo 12,49 reflete, especialmente, Dt 18,18: "Vou suscitar

---

[16] Texto extraído de *A Bíblia de Jerusalém*, p. 315, com a mudança do nome divino para *Senhor*.

para eles um profeta como tu, do meio de seus irmãos. Colocarei minhas palavras em sua boca e ele lhes comunicará tudo o que eu lhe ordenar".[17]

No Antigo Testamento, os profetas falavam aquilo que o *Senhor* lhes ordenava e, quase sempre, não eram ouvidos. Por isso, o evangelista vai buscar algo que o ajude a compreender a incredulidade diante de Jesus nos escritos proféticos. Ele cita duas passagens de Isaías. A primeira, Is 53,1, mencionada em Jo 12,38, também é citada em Rm 10,16. A segunda, Is 6,9-10, é mencionada diversas vezes no Novo Testamento, justamente para explicar a recusa em crer em Jesus. Ela aparece em Mc 4,12; Mt 13,14-15; Lc 8,10; At 28,26-27 e Jo 12,40. Em outras palavras, não apenas no Evangelho segundo João, como também em outros escritos do Novo Testamento, essas palavras de Isaías tornaram-se chave de leitura para o que aconteceu com Jesus e acontecia com as primeiras comunidades cristãs.

Com esta perícope, se encerra tanto a seção da terceira Páscoa dos judeus (Jo 11,55–12,50) como todo o conjunto das festas judaicas (Jo 2,13–12,50). Este grande conjunto foi marcado pela manifestação de Jesus como o "Enviado do Pai", título que sintetiza todos os outros presentes nas perícopes que compõem esse conjunto: Cristo, o Profeta, Filho do Homem, e, metaforicamente, o Pão da Vida, a Luz do Mundo, o Bom Pastor, a Porta das Ovelhas, a Ressurreição e a Vida. Implicitamente, Jesus também é a Sabedoria de Deus que convida o sedento e faminto a comer, beber e se saciar de seu ensinamento. É ainda aquele que manifesta o nome escondido de Deus: *'Anî hû'* (aramaico), *Egó eimi* (grego), "Eu Sou" (português). Por outro lado, o conflito com as autoridades judaicas também se faz presente nesse conjunto, num crescendo, a partir de Jo 2,13 até atingir seu clímax em Jo 8,59, para continuar até Jo 10,39 e ainda replicar em Jo 11–12.[18]

No próximo capítulo, também é mencionada a festa da Páscoa, mas já não se trata mais da Páscoa dos judeus, mas sim da Páscoa de Jesus. Com essa referência, abre-se uma nova etapa no Evangelho.

---

[17] Texto extraído de *A Bíblia de Jerusalém*, p. 301.

[18] Nesses dois capítulos, as autoridades judaicas são especificadas: ou são os sumos sacerdotes ou os fariseus. O termo "judeus" praticamente não é usado nesses capítulos para significar as autoridades judaicas hostis a Jesus.

13,1–17,26

A Páscoa de Jesus
I – A ceia de Jesus com seus discípulos

O capítulo 13 do Evangelho segundo João começa de modo solene. Nele, tem início uma longa seção na qual Jesus estará apenas com seus discípulos. Está próxima a Páscoa de Jesus. Durante uma ceia, Jesus lava os pés de seus discípulos. Depois, há um diálogo de Jesus com os discípulos que se prolonga até o final do capítulo 17. Mas nesse todo, aos poucos, a presença dos discípulos vai se apagando até que Jesus deixa de falar com eles e passa a falar deles, dirigindo-se ao Pai.

No capítulo 13, as perícopes que compõem essa seção são: o lava-pés (Jo 13,1-20), o anúncio da traição de Judas (Jo 13,21-30), o novo mandamento (Jo 13,31-35), a predição da negação de Pedro (Jo 13,36-38). Do capítulo 14 ao capítulo 16, a divisão do texto em perícopes se torna menos nítida. A ambientação é sempre a mesma e os temas vão e vêm com a naturalidade de uma conversa entre amigos. Para não tratar de uma só vez uma quantidade tão grande de versículos, vai proposta a seguinte divisão em perícopes: Jesus anuncia sua partida para o Pai (Jo 14,1-14), a promessa do Espírito (Jo 14,15-31), a videira e os ramos (Jo 15,1-17), o testemunho dos discípulos (Jo 15,18–16,4), o Espírito conduz na verdade (Jo 16,5-15), novo anúncio da partida (Jo 16,16-33). O capítulo 17 é tomado por uma única perícope: a oração de Jesus (Jo 17,1-26).

13,1-20 A ceia do lava-pés

O relato vem marcado, principalmente, por uma anotação temporal: antes da festa da Páscoa, quando Jesus sabia que tinha chegado sua hora de passar deste mundo ao Pai, e ainda, durante uma ceia. As personagens presentes são Jesus e seus discípulos. Desses, dois são nomeados: Judas, filho de Simão Iscariotes, e Simão Pedro. Também são mencionados Deus Pai e o Diabo.

O texto traduzido: "Compreendeis o que vos fiz?"

13 ¹ Antes da festa da Páscoa, sabendo Jesus que chegara sua hora de passar deste mundo ao Pai, tendo amado os seus que estavam no mundo, amou-os até o fim. ² Durante uma ceia – o Diabo já tinha posto no coração de Judas, filho de Simão Iscariotes, o desígnio de entregá-lo –, ³ sabendo que o Pai tudo dera em suas mãos e que de junto de Deus saíra e que para Deus voltava, ⁴ levantou-se de seu lugar na ceia, tirou o manto e, tomando uma toalha, cingiu-se com ela. ⁵ Depois, colocou água na bacia e começou a lavar os pés dos discípulos e a enxugá-los com a toalha com a qual estava cingido.

⁶ Veio, então, a Simão Pedro, que lhe disse: "Senhor, tu lavar-me os pés?"

⁷ Respondeu-lhe Jesus: "O que eu estou fazendo não o sabes agora; passadas estas coisas, porém, tu o compreenderás".

⁸ Disse-lhe Pedro: "Jamais me lavarás os pés".

Respondeu-lhe Jesus: "Se não te lavar, não terás parte comigo".

⁹ Disse-lhe Simão Pedro: "Senhor, não somente meus pés, mas também as mãos e a cabeça".

¹⁰ Disse-lhe Jesus: "Quem já se banhou não tem necessidade senão de lavar os pés, pois já está todo puro. Vós também estais puros, mas não todos".

¹¹ Ele sabia quem o estava entregando, por isso disse: "Nem todos estais puros".

¹² Quando terminou de lavar-lhes os pés, retomou seu manto, voltou para seu lugar na ceia e disse-lhes: "Compreendeis o que vos fiz? ¹³ Vós me chamais de mestre e senhor, e dizeis bem, pois eu o sou. ¹⁴ Se eu, senhor e mestre, vos lavei os pés, também vós deveis lavar os pés uns dos outros. ¹⁵ Eu vos dei um exemplo, para que, como eu vos fiz, também vós façais. ¹⁶ Amém, amém, eu vos digo: o servo não é maior que seu senhor, nem o apóstolo maior do que aquele que o enviou.

A PÁSCOA DE JESUS: I – A CEIA DE JESUS COM SEUS DISCÍPULOS   13,1-17,26

> [17] Se compreenderdes isso, sereis felizes se o praticardes. [18] Não falo de todos vós; sei quem são aqueles que escolhi, mas é para que se cumpra a Escritura: *'Aquele que come comigo o pão levantou contra mim seu calcanhar'*. [19] Desde agora eu vos falo, antes que aconteça, para que, quando acontecer, creiais que Eu Sou. [20] Amém, amém, eu vos digo: quem recebe aquele que eu envio, a mim recebe, e quem me recebe, recebe aquele que me enviou".

Anotações de crítica textual e nota à tradução

Em Jo 13,2, logo no início do versículo, há uma divisão entre os manuscritos quanto à forma do verbo *gínomai* ("tornar-se", "vir a acontecer"), no presente ou no aoristo, sendo que, em grego, a diferença entre uma forma e outra é de apenas uma letra. O primeiro grupo de manuscritos traz a forma de presente, fazendo a leitura: "Durante uma ceia". Nesse grupo, estão a leitura original do códex Sinaítico (א*) e o códex Vaticano (B), entre outros. A esses manuscritos vem juntar-se o testemunho de Orígenes, quando cita este versículo. O segundo grupo é o que traz a forma de aoristo, fazendo a leitura: "Acabada a ceia". Nesse grupo, estão o papiro 𝔓⁶⁶, a tradição Bizantina e a Vulgata. Nesse grupo, também está o testemunho de Agostinho, quando cita este versículo.[1]

Ainda em Jo 13,2, aparece, pela terceira vez neste Evangelho, o nome de "Judas", o discípulo de Jesus que o traiu. Mais uma vez, há variações, entre os manuscritos antigos, no modo como nomeá-lo. As variações são as mesmas que já apareceram na primeira menção de Judas, em Jo 6,71, e semelhantes à segunda menção em Jo 12,4. Três grupos de leituras merecem ser assinaladas:

a) "Judas, filho de Simão Iscariotes";
b) "Judas Iscariotes, filho de Simão";
c) "Judas, filho de Simão, de Kerioth".

A leitura (a) é atestada, entre outros, pela tradição Bizantina e pela Pechita siríaca. A leitura (b) é atestada pelo papiro 𝔓⁶⁶ e pelos códices Sinaítico (א) e Vaticano (B). A leitura (c) é atestada pelo códex bilíngue (grego e latino) Bezae (D).[2]

---

[1] *O Novo Testamento grego*, p. 319.
[2] *O Novo Testamento grego*, p. 319.

No texto de Jo 13,16, aparece o termo grego *apóstolos*, que significa "enviado" e que pode ser traduzido, em português, tanto por "apóstolo" quanto por "enviado".

Em Jo 13,18, há uma citação do Sl 41,10. Para essa citação, a maioria dos testemunhos textuais traz o texto: "Aquele que come *comigo* o pão levantou contra mim seu calcanhar". Um número restrito de testemunhos, no entanto, traz a leitura: "Aquele que come *meu* pão levantou contra mim seu calcanhar". Entre os testemunhos que trazem a leitura "meu pão" está o códex Vaticano (B). Entre os testemunhos que trazem a leitura "come comigo o pão" está o papiro 𝔓 [66].[3]

Comentário

Os primeiros versículos do capítulo 13 têm um tom solene que traz à memória o prólogo (Jo 1,1-18) e funcionam como um reinício do Evangelho. O primeiro versículo é o mais solene de todos. Tem início a Páscoa de Jesus. É chegada sua hora de passar deste mundo ao Pai e esse momento é também de amor pelos seus (Jo 13,1). "Os seus" é uma expressão presente no prólogo (Jo 1,11) e será, daqui para frente, uma maneira de o evangelista se referir aos discípulos de Jesus. Aliás, doravante, não há mais polêmica com as autoridades judaicas, mas um longo diálogo de Jesus com seus discípulos.

O evangelista relata que, durante a ceia, Jesus lavou os pés de seus discípulos. Da ceia em si, pouco é contado, de modo que o gesto do lava-pés se sobressai. Logo de início, ao começar a narrar o gesto de Jesus, o evangelista interrompe sua narração para fazer notar que o Diabo já tinha posto no coração de Judas o desígnio de entregar Jesus (Jo 13,2). Na Bíblia, o coração não é tanto a sede dos sentimentos quanto é do pensamento, de modo que a afirmação significa que Judas já tinha tomado a decisão de entregar Jesus. O evangelista também faz notar que Jesus tem plena consciência desse momento: ele sabe "que o Pai tudo dera em suas mãos e que de junto de Deus saíra e que para Deus voltava" (Jo 13,3). Chegada, pois, a hora de ir para o Pai, Jesus levanta-se, tira o manto, cinge-se com uma toalha, coloca água em uma bacia e começa a lavar e a enxugar os pés dos discípulos (Jo 13,4-5).

A ação se interrompe quando Jesus chega a Simão Pedro para dar lugar a um diálogo (Jo 13,6-11). Simão Pedro questiona Jesus: "Senhor, tu, lavar-me os pés?" (Jo 13,6). Jesus lhe responde que somente depois é que ele compreenderá o que está fazendo (Jo 13,7). O tema da compreensão posterior é recorrente neste Evangelho (Jo 2,22; 12,16). O presente precisa de

---

[3] *O Novo Testamento grego*, p. 321.

tempo para ser compreendido e é a ressurreição de Jesus que dará a chave de interpretação de toda sua vida.

Pedro, contudo, insiste em que Jesus jamais lhe lavará os pés (Jo 13,8). Dessa vez, a resposta de Jesus é mais incisiva. Nela, aparece o significado do gesto de Jesus: "Não terás parte comigo" (Jo 13,8). Essas palavras podem significar tanto a parte ou herança que Jesus passa a repartir com seus discípulos, que é seu exemplo de humildade e serviço, quanto a herança de Jesus junto do Pai, da qual os discípulos terão parte.

Em vista dessa resposta de Jesus, Simão Pedro pede que ele lhe lave não somente os pés (Jo 13,9). A terceira resposta de Jesus traz à tona o tema da purificação (Jo 13,10) e ainda o da pré-ciência de Jesus de que um de seus discípulos o estava traindo (Jo 13,11).

De acordo com R. E. Brown, os dois temas – a participação na herança e a purificação – estão associados no gesto realizado por Jesus: "O lava-pés no capítulo 13 representa em forma dramatizada o significado da morte de Jesus: uma morte que purifica os discípulos e os faz participar de sua herança".[4]

Depois que Jesus retoma seu lugar na ceia, começa um diálogo mais amplo, não só com Pedro, mas com todos. Nesse diálogo, o gesto de Jesus é novamente explicado e adquire um novo significado: é exemplo a ser seguido. Sendo mestre e senhor, Jesus se faz servidor e, num ato de humildade, lava os pés dos discípulos (Jo 13,12-15). Ele mostra que o servo não é maior que seu senhor nem o apóstolo, ou seja, o enviado, maior que aquele que o enviou (Jo 13,16). Vem, então, a primeira bem-aventurança do Evangelho segundo João: "Se compreenderdes isso, sereis felizes se o praticardes" (Jo 13,17).

Nas palavras de Jesus, a perspectiva da traição volta a aparecer, pela terceira vez, nesta perícope (Jo 13,2.11) e é explicada com o recurso à Escritura, mais propriamente ao Salmo 41,10, no qual o salmista se lamenta de que aquele que o traiu tenha sido alguém de seu convívio (Jo 13,18). Conforme visto acima, um grupo restrito de testemunhos textuais traz a leitura: "Aquele que come meu pão", indicando uma posição de proximidade, mas também de dependência do traidor.

A volta insistente ao tema da traição fica bem explicada em Jo 13,19. Sendo capaz de anunciá-la com antecedência, Jesus revela sua divindade, expressa na afirmação "Eu Sou". Por isso, ele é digno de confiança e exorta

---

[4] R. E. BROWN, *Giovanni*, p. 644.

seus discípulos a permanecerem firmes. Essa é a quarta ocorrência da proposição "Eu Sou" sem predicado neste Evangelho. As outras três estavam em Jo 8,24.28.58. Nesta atestação, fica mais evidente a referência à segunda parte do livro de Isaías, que tem como um de seus principais argumentos para a afirmação de que apenas o *Senhor*, o Deus de Israel, é Deus o fato de apenas o *Senhor* ter sido capaz de anunciar o que estava para acontecer, e nenhum outro (Is 48,3-7). De modo semelhante, também Jesus se refere aos fatos da paixão e encoraja seus discípulos a permanecerem firmes, isto é, a crerem, quando essas coisas acontecerem.

O final deste discurso direto (Jo 13,20) é composto de uma sentença de Jesus aparentemente sem conexão com o que precede (Jo 13,12-19), mas com paralelos na tradição sinótica (Mc 9,37; Mt 10,40; 18,5; Lc 9,48; 10,16). A sentença refere-se à acolhida: quem acolhe aquele que Jesus enviar acolhe o próprio Jesus, do mesmo modo que quem acolhe Jesus acolhe quem o enviou. A presença dessa sentença neste contexto pode ter sido motivada pela menção de que aquele que foi enviado não é maior do que quem o enviou, feita pouco antes (Jo 13,16).

Intertextualidade

A ceia retratada nesta perícope joanina não é a ceia pascal como aquela retratada nos evangelhos sinóticos. Os elementos que caracterizam a ceia pascal, presentes nos relatos dos evangelhos sinóticos, estão ausentes do relato joanino. No entanto, tanto o anúncio da traição de Judas como a predição da negação de Pedro fazem parte do relato joanino da última ceia de Jesus com seus discípulos, assim como dos relatos da ceia pascal dos evangelhos sinóticos. Portanto, há elementos comuns entre todos esses relatos.

Há outros dados importantes a serem destacados. Primeiramente, o amor de Jesus por seus discípulos (Jo 13,1), tema presente também em Gl 2,20: "Portanto, não sou mais eu que vivo, mas é Cristo que vive em mim; e, enquanto vivo na carne, vivo na fidelidade do Filho de Deus, que me amou e se entregou por mim".[5] O tema do exemplo deixado por Jesus (Jo 13,15) também é evocado em Fl 2,5 e 1Pd 2,21. A representação do Cristo servo (Jo 13,16), tão viva no hino cristológico da Carta aos Filipenses: Ele "esvaziou-se a si mesmo, tomando a imagem de servo" (Fl 2,7a),[6] é igualmente assinalada em Mc 10,45: "Pois também o Filho do Homem não veio para ser servido, mas para servir e dar sua vida em resgate por muitos".[7] Enfim, a

---

[5] Texto extraído de *A Bíblia: Novo Testamento*, p. 453.
[6] Texto extraído de *A Bíblia: Novo Testamento*, p. 476.
[7] Texto extraído de *A Bíblia: Novo Testamento*, p. 146.

primeira bem-aventurança joanina (Jo 13,17) encontra ecos no Evangelho segundo Lucas: "Bem-aventurados os que ouvem a Palavra de Deus e a observam!" (Lc 11,28),[8] e ainda em Tg 1,25.

13,21-30 Anúncio da traição de Judas

Estes versículos podem ser colocados junto com os anteriores, formando uma única perícope. A ambientação é a mesma: a última ceia de Jesus com seus discípulos. Eles, no entanto, se centram no anúncio da traição de Judas, que, inclusive, é um elemento presente no relato como um todo. Dentre os discípulos de Jesus, além de Judas, também interagem Simão Pedro e o discípulo que Jesus amava. Satanás é mencionado. A perícope termina com a indicação de que era noite.

O texto traduzido: "Um de vós vai me entregar"

> [21] Tendo dito essas coisas, Jesus agitou-se interiormente e deu este testemunho: "Amém, amém, eu vos digo: um de vós vai me entregar".
>
> [22] Os discípulos olhavam-se uns para os outros sem compreender a respeito de quem estava falando. [23] Um de seus discípulos, aquele que Jesus amava, estava reclinado junto a Jesus. [24] Simão Pedro lhe acenou para que perguntasse a respeito de quem estava falando. [25] Reclinado como estava sobre o lado de Jesus, disse-lhe: "Senhor, quem é?"
>
> [26] Respondeu Jesus: "É aquele a quem eu der um bocado de pão mergulhado no molho".
>
> Então, tendo mergulhado um bocado de pão no molho, tomou-o e deu-o a Judas, filho de Simão Iscariotes. [27] Depois do bocado de pão, entrou nele Satanás. Disse-lhe Jesus: "O que tens a fazer, faze-o logo".
>
> [28] Nenhum dos que estavam na ceia compreendeu a propósito de que lhe dizia isso. [29] Alguns pensaram que, uma vez que a bolsa comum ficava com Judas, Jesus lhe dissera: "Compra-nos o que precisamos para a festa" ou que desse algo para os pobres. [30] Tendo tomado o bocado de pão, ele logo saiu. Era noite.

---

[8] Texto extraído de *A Bíblia: Novo Testamento*, p. 193.

Anotações de crítica textual

Para Jo 13,24, há grande variedade de formas textuais entre os testemunhos antigos. Essa variedade pode ser agrupada em duas categorias. A primeira é a daqueles testemunhos que trazem o discurso de Simão Pedro em forma indireta e com a forma verbal *pythésthai*, "perguntar". Essa é a maneira como o versículo aparece traduzido acima: "Simão Pedro lhe acenou para que perguntasse a respeito de quem estava falando". Os principais testemunhos desse grupo são o papiro $\mathfrak{P}^{66}$, a tradição textual Bizantina e a Pechita. A segunda categoria é dos testemunhos que trazem o discurso de Simão Pedro em forma direta e com a forma verbal *légei*, "disse". Dessa maneira, o versículo é assim traduzido: "Simão Pedro lhe acenou e lhe disse: 'A respeito de quem ele diz (isso)?'" Os principais testemunhos desse grupo são o códex Vaticano (B) e a Vulgata.[9]

Para Jo 13,26, como já seria de esperar, os manuscritos antigos encontram-se divididos quanto à forma do nome de Judas, sendo atestadas, principalmente, as leituras:

a) Judas, filho de Simão Iscariotes,
b) Judas Iscariotes, filho de Simão,
c) Judas, filho de Simão, de Kerioth.

Desta vez, os principais representantes de cada leitura são: para a leitura (a): o códex Sinaítico (א) e o códex Vaticano (B); para a leitura (b): o papiro $\mathfrak{P}^{66}$ e a tradição Bizantina; para a leitura (c): o códex bilíngue (grego e latino) Bezae (D).[10]

Comentário

Exceto pela sentença de Jesus em Jo 13,20, Jo 13,21 vem na sequência de Jo 13,19, com o mesmo tema do anúncio da traição de Judas. Jo 13,21 é um versículo composto de duas partes: um comentário do evangelista e um discurso direto de Jesus. No comentário, o evangelista narra que, "tendo dito essas coisas, Jesus agitou-se interiormente". É a terceira vez que o evangelista usa o verbo "agitar-se" (em grego: *tarássō*) para descrever uma emoção de Jesus; as outras duas vezes foram em Jo 11,33 e 12,27. Em seu discurso direto, Jesus declara explicitamente a seus discípulos que um deles iria entregá-lo (Jo 13,21).

---

[9] *The Greek New Testament*, p. 385-386.
[10] *The Greek New Testament*, p. 386.

A reação dos discípulos é de incompreensão (Jo 13,22). Entre eles, há um que está reclinado no peito de Jesus, isto é: a seu lado numa posição de honra e intimidade. É o discípulo que Jesus amava (Jo 13,23). Trata-se da primeira referência explícita a este discípulo, a quem este mesmo Evangelho é atribuído (Jo 21,24). A tradição cristã o identificou com João, um dos Doze. No Evangelho, porém, para além de um nome, ele prefere ser identificado com "o discípulo que Jesus amava". Não se trata de um amor de predileção da parte de Jesus, que amaria mais a este que aos outros discípulos, mas sim de perceber que o Evangelho é comunicado no amor: do Pai para o Filho, Jesus; de Jesus para seus discípulos; destes para aqueles que os acolhem. A mesma palavra usada para designar o lugar que o discípulo ocupa na ceia em relação a Jesus (*kólpos*, "colo", "peito") é usada para designar o lugar do Filho na intimidade do Pai no prólogo do Evangelho (Jo 1,18).

A figura do discípulo que Jesus amava aparece associada à figura de Simão Pedro. É ele que acena ao Discípulo Amado para que pergunte a Jesus de quem está falando (Jo 13,24-25). Jesus dá um sinal de quem é que está para entregá-lo: é aquele a quem ele der um pedaço de pão. Ele o dá a Judas (Jo 13,26). O evangelista comenta que Satanás entrou em Judas (Jo 13,27), ou seja, por trás de Judas, é Satanás que age. No entanto, é Satanás ou o Príncipe deste mundo que está sendo julgado (Jo 12,31) e não Jesus. Judas erra ao se colocar do lado daquele que parece mais forte, mas não é.

Diz Jesus a Judas: "O que tens a fazer, faze-o logo" (Jo 13,27). O sinal dado por Jesus não foi compreendido a não ser por Jesus mesmo e por Judas (Jo 13,28-29). Por último, o evangelista faz questão de notar que era noite quando Judas tomou o bocado de pão e saiu (Jo 13,30). É noite não só exterior mas também no interior de Judas, que, afastando-se da Luz que é o Cristo, erra pelas trevas (Jo 3,19-20; 11,9-10).

Intertextualidade

Na perícope anterior, a traição de Judas já tinha sido mencionada três vezes (Jo 13,2.10-11.18). Agora, ela é o tema principal. Apesar dos detalhes que lhe são próprios, este relato joanino (Jo 13,21-30) se aproxima do anúncio da traição de Judas nos evangelhos sinóticos: Mc 14,17-21; Mt 26,20-25; Lc 22,21-23. Além dessas perícopes tomadas dos relatos sinóticos da última ceia de Jesus com seus discípulos, há um paralelo joanino com o Evangelho segundo Lucas, de um versículo lucano anterior ao relato da última ceia. Trata-se de Jo 13,27, paralelo a Lc 22,3: "Satanás entrou em Judas, chamado Iscariotes, que pertencia ao grupo dos Doze".[11]

---

[11] Texto extraído de *A Bíblia: Novo Testamento*, p. 221.

13,31-35 O novo mandamento

Ainda na sequência das perícopes anteriores, esta perícope é quase inteiramente tomada por um discurso direto de Jesus, após a saída de Judas.

O texto traduzido: "Amai-vos uns aos outros como eu vos amei"

> [31] Assim que Judas saiu, Jesus disse: "Agora foi glorificado o Filho do Homem, e Deus foi glorificado nele. [32] Se Deus foi glorificado nele, também Deus o glorificará em si mesmo, e logo o glorificará. [33] Filhinhos, ainda um pouco estou convosco. Buscar-me-eis, mas, como disse aos judeus, digo-vos agora: 'Para onde eu vou, não podeis ir'.
>
> [34] Dou-vos um mandamento novo: que vos ameis uns aos outros.
>
> Como eu vos amei, assim também vós, amai-vos uns aos outros.
>
> [35] Nisso, todos reconhecerão que sois meus discípulos: se tiverdes amor uns pelos outros".

Comentário

A perícope é composta de três pequenas partes, que correspondem aos três temas aí presentes, todos no discurso direto de Jesus depois da saída de Judas (Jo 13,31). O primeiro tema é a glorificação do Filho do Homem e de Deus, que é glorificado nele (Jo 13,31-32). Esse tema apareceu pela primeira vez em Jo 7,39 e foi se tornando cada vez mais importante até chegar a este momento em que se aproxima a paixão de Jesus. A glorificação do Filho do Homem começa com a morte de Jesus na cruz.

Relacionado com o primeiro tema, o segundo tema é o anúncio da partida. Jesus anuncia a seus discípulos que é por pouco tempo que ainda está com eles e lhes repete o que antes dissera às autoridades judaicas: "Para onde eu vou, não podeis ir" (Jo 13,33, antes em Jo 7,33-34; 8,21). Com essas palavras, tem início, formalmente, o discurso de despedida de Jesus.

Toda grande personagem, antes de morrer, faz seu "discurso de adeus". Esse discurso é, ao mesmo tempo, uma bênção e a partilha da herança. É o momento em que alguém entrega seu legado a seus descendentes reunidos, filhos ou discípulos. No Evangelho segundo João, o discurso começou, de fato, não com palavras, mas com um gesto: o lava-pés. Agora, Jesus alerta seus discípulos que falta pouco tempo para sua partida e lhes dá seu legado principal, que é o mandamento do amor.

O terceiro tema da perícope é o mandamento novo: "Que vos ameis uns aos outros; como eu vos amei, assim também vós, amai-vos uns aos outros" (Jo 13,34). A palavra de Jesus – o mandamento novo – completa seu gesto de lavar os pés dos discípulos, formando a herança que ele deixa para os seus. É o amor que forma a comunidade dos discípulos, fazendo dela testemunha para todos (Jo 13,35).

Mais que em qualquer outra parte do Evangelho segundo João, é neste discurso de adeus (Jo 13–17) que se encontram mais semelhanças entre o Evangelho e as cartas joaninas, seja quanto ao vocabulário, seja quanto às linhas básicas das ideias veiculadas.

Intertextualidade

No Evangelho segundo Marcos e no Evangelho segundo Mateus, na última semana de Jesus em Jerusalém, é narrada uma série de controvérsias de Jesus com as autoridades judaicas. Uma delas tem como ponto de partida uma pergunta a Jesus: "Qual o primeiro de todos os mandamentos?" (Mc 12,28). Em sua resposta, Jesus se refere ao amor ao *Senhor*, o Deus único, e ao amor ao próximo como a si mesmo (Mc 12,28-34; Mt 22,34-40). Também no Evangelho segundo Lucas há uma controvérsia semelhante, que serve como introdução à parábola do Samaritano Misericordioso (Lc 10,25-28). O correspondente joanino a esses relatos é o mandamento novo (Jo 13,34-35). No Evangelho segundo João, no entanto, o mandamento do amor a Deus não é explicitado; ele vem junto com o amor "aos outros".

13,36-38 Predição da negação de Pedro

A perícope está na sequência das anteriores, continuando a mesma ambientação. Ela é composta de um diálogo entre Simão Pedro e Jesus.

O texto traduzido: "Darei minha vida por ti"

> [36] Disse-lhe Simão Pedro: "Senhor, para onde vais?"
>
> Respondeu-lhe Jesus: "Para onde vou não podes agora me seguir; mas depois me seguirás".
>
> [37] Disse-lhe Pedro: "Senhor, por que não posso te seguir desde já? Darei minha vida por ti".
>
> [38] Respondeu Jesus: "Darás tua vida por mim? Amém, amém, eu te digo: antes que um galo cante, tu me terás negado três vezes".

Intertextualidade e comentário

A predição da negação de Pedro na última ceia de Jesus com seus discípulos é narrada pelos quatro evangelistas. Nos evangelhos sinóticos, esse relato encontra-se em Mc 14,27-31; Mt 26,31-35; Lc 22,31-34. O relato joanino tem suas particularidades. A primeira é que começa com uma pergunta de Simão Pedro: "Senhor, para onde vais?" A resposta de Jesus também é própria do Evangelho segundo João: "Para onde vou não podes agora me seguir; mas depois me seguirás" (Jo 13,36).

Pedro insiste. Pergunta a Jesus por que não pode segui-lo desde já e afirma que é capaz de dar sua vida por Jesus (Jo 13,37). Essas palavras são próprias do relato joanino, mas a insistência de Pedro é comum com os outros evangelistas. No Evangelho segundo João, a resposta de Jesus começa com uma pergunta: "Darás tua vida por mim?" Vem, então, a predição de que, antes que um galo cante, ou seja, antes que o dia tenha clareado, "tu me terás negado três vezes" (Jo 13,38). Em comum com o Evangelho segundo Marcos e o Evangelho segundo Mateus, a predição de Jesus começa com a palavra "amém", repetida "amém, amém", conforme o uso joanino.

14,1-14 Jesus anuncia sua partida para o Pai

Continua o diálogo de Jesus com seus discípulos, que se estenderá até o capítulo 16, ainda que seja certo que o diálogo irá se tornando aos poucos um discurso de Jesus. Nesta primeira perícope, interagem com Jesus dois de seus discípulos: Tomé e Filipe.

O texto traduzido: "Na casa do Pai há muitas moradas"

> **14** ¹ "Não se agite vosso coração.
> Credes em Deus; crede também em mim.
> ² Na casa de meu Pai, há muitas moradas.
> Se assim não fosse, eu vos teria dito,
> porque vou para preparar-vos um lugar.
> ³ Quando eu tiver ido e vos tiver preparado um lugar,
> virei novamente e vos levarei para junto de mim,
> a fim de que, onde eu estiver, estejais também vós.
> ⁴ Para onde vou conheceis o caminho".

⁵ Disse-lhe Tomé: "Senhor, não sabemos para onde vais. Como podemos conhecer o caminho?"

⁶ Disse-lhe Jesus: "Sou eu o caminho, a verdade e a vida. Ninguém vai ao Pai senão por mim.

⁷ Se me conheceis, conhecereis também meu Pai. Desde agora, vós o conheceis e o vedes".

⁸ Disse-lhe Filipe: "Senhor, mostra-nos o Pai e isso nos basta".

⁹ Disse-lhe Jesus: "Todo este tempo estou convosco e não me conheces, Filipe? Quem me tem visto, tem visto o Pai. Como tu dizes: 'Mostra-nos o Pai'? ¹⁰ Não crês que estou no Pai e o Pai em mim? As palavras que vos digo não as digo por mim mesmo, mas o Pai, que permanece em mim, é que realiza suas próprias obras. ¹¹ Crede em mim que eu estou no Pai e o Pai em mim; se não, crede ao menos por causa destas obras.

¹² Amém, amém, eu vos digo:

quem crê em mim fará as obras que faço

e fará ainda maiores do que estas,

porque vou para junto do Pai.

¹³ O que pedirdes em meu nome, isso farei,

a fim de que o Pai seja glorificado no Filho.

¹⁴ Se me pedirdes algo em meu nome, eu o farei".

Anotações de crítica textual

Para Jo 14,1b, há várias possibilidades de tradução do texto grego, uma vez que a forma verbal *pisteúete*, que aparece duas vezes, pode ser tomada como indicativo ou como imperativo. Na tradução acima: "Credes em Deus; crede também em mim", optou-se por tomar a primeira atestação como indicativo e a segunda como imperativo.

Para Jo 14,7, há uma divisão entre os manuscritos antigos, com várias leituras que, no entanto, podem ser classificadas em dois grupos. O grupo (a) traz uma oração condicional real: "Se me conheceis, conhecereis também meu Pai. Desde agora, vós o conheceis e o vedes". Os principais testemunhos desse grupo são o papiro 𝔓⁶⁶ e o códex Sinaítico (ℵ). O grupo (b) traz uma oração condicional hipotética: "Se me tivésseis conhecido, também teríeis conhecido meu Pai. Desde agora, vós o conheceis e o vedes". Os principais testemunhos desse grupo são a tradição Bizantina e a Vulgata.[12]

Já para Jo 14,14, é possível encontrar quatro leituras diferentes entre os testemunhos antigos. São elas:

a) "Se me pedirdes algo em meu nome, eu o farei";

b) "Se pedirdes algo ao Pai em meu nome, eu o farei";

c) "Se pedirdes algo em meu nome, eu o farei".

A leitura (d) é a de um grupo de testemunhos que omite todo o versículo. Os principais testemunhos da leitura (a) são o papiro $\mathfrak{P}^{66}$, a Vulgata e a Pechita; para a leitura (b) é o manuscrito 249 (grego); para a leitura (c) são o códex Alexandrino (A) e o códex Bezae (D); para a leitura (d) vários manuscritos de menor importância, como o manuscrito 14 (grego).[13]

Comentário

A perícope já se abre com um discurso direto de Jesus, em continuidade com a perícope anterior, que narrava a predição da negação de Pedro. Não há nenhuma interrupção do narrador entre Jo 13,38 e Jo 14,1. Do ponto de vista temático, no entanto, a perícope de Jo 14,1-14 aparece mais em continuidade com Jo 13,31-35, a perícope centrada no mandamento novo. Jesus continua o diálogo com seus discípulos. As interrupções dos discípulos marcam as subdivisões da perícope.

Assim, na primeira parte, Jesus está com a palavra. O discurso de Jesus é de exortação, com a finalidade de suscitar confiança (Jo 14,1). O ponto central é o anúncio de sua partida. Jesus vai para a casa do Pai, onde irá preparar um lugar para seus discípulos (Jo 14,2). Isso significa que Jesus inicia um movimento que depois será seguido por seus discípulos. O próprio Jesus lhes diz que virá novamente e os levará consigo (Jo 14,3). Jesus é, pois, o guia dessa nova travessia em direção à casa do Pai (Jo 1,18). Suas palavras finais são: "Para onde vou conheceis o caminho" (Jo 14,4).

A segunda parte é um diálogo de Jesus com Tomé. É a segunda vez que Tomé é nomeado no Evangelho. A primeira foi em Jo 11,16. Diante do que Jesus acaba de dizer, Tomé, em nome dos discípulos, diz que eles não sabem para onde Jesus vai, nem podem conhecer o caminho (Jo 14,5). Na resposta de Jesus, aparece mais uma oração de tipo *Eu sou* com predicado, a

---

[12] *O Novo Testamento grego*, p. 323-324.

[13] *O Novo Testamento grego*, p. 324.

sexta: "Sou eu o caminho, a verdade e a vida" (Jo 14,6a). Nesse predicado, há três termos: "caminho", "verdade" e "vida", mas que representam uma só ideia. O termo principal é "caminho" e o sentido da afirmação de Jesus é de que ele é "o verdadeiro caminho que conduz à vida". Como a vida, neste Evangelho, vem do Pai, também se pode dizer: o verdadeiro caminho que conduz "ao Pai", em acordo com a afirmação seguinte de Jesus: "Ninguém vai ao Pai senão por mim" (Jo 14,6b). A última parte dessas palavras de Jesus diz respeito ao conhecimento do Pai: quem conhece o Filho Jesus conhece também o Pai (Jo 14,7).

O próximo a se dirigir a Jesus é Filipe. Ele pede a Jesus que lhes mostre o Pai (Jo 14,8). Esse pedido dá a Jesus ocasião para falar de sua relação com o Pai. As palavras e as obras de Jesus vêm do Pai (Jo 14,9-11). A relação entre o Pai e o Filho serve de modelo para a relação do Filho com aqueles que nele creem. Também esses são capazes de realizar as obras do Filho (Jo 14,12). Ainda transmitindo confiança aos discípulos, Jesus lhes exorta a pedir em seu nome, prometendo que realizará o que pedirem, "a fim de que o Pai seja glorificado no Filho" (Jo 14,13-14).

Intertextualidade

A palavra "caminho" presente em Jo 14,6, nas palavras de Jesus: "Sou eu o *caminho*, a verdade e a vida", tem profundas ressonâncias bíblicas. Um texto clássico, entre tantos, pode ser citado: "Sim, o *Senhor* conhece o caminho dos justos, mas o caminho dos ímpios perece"[14] (Sl 1,6). A imagem do caminho evoca o modo de proceder, ou seja, a sabedoria presente nas opções de vida e na conduta moral do cotidiano.[15]

Algumas sentenças de Jesus nesta perícope têm paralelos no Evangelho segundo Mateus e no Evangelho segundo Lucas. O exemplo mais claro é Jo 14,6b: "Ninguém vai ao Pai senão por mim", e Mt 11,27: "Ninguém conhece o Filho senão o Pai, e ninguém conhece o Pai senão o Filho e aquele a quem o Filho o quiser revelar".[16] Ver também Lc 10,22. Outro exemplo é Jo 14,13a: "O que pedirdes em meu nome, isso farei", com paralelos em Mt 7,7-11 e Lc 11,9-13.

Há outros paralelos fora dos evangelhos. Jo 14,9: "Quem me tem visto, tem visto o Pai", ecoa no hino cristológico da Carta aos Colossenses: "Ele,

---

[14] Texto extraído de *A Bíblia de Jerusalém*, p. 948, com a mudança do nome divino para *Senhor*.

[15] Sobre esse tema, podem-se ver as reflexões de J. KONINGS, *Evangelho segundo João*, p. 272-273.

[16] Texto extraído de *A Bíblia: Novo Testamento*, p. 44.

que é imagem do Deus invisível"[17] (Cl 1,15) e no prólogo da Carta aos Hebreus: "Ele é irradiação de sua glória e representação de seu ser"[18] (Hb 1,3). Com a Carta aos Hebreus, há ainda outro paralelo, no passo em que o autor da Carta trata do caminho novo e vivo inaugurado por Jesus pelo qual se adentra no santuário, através do véu, ou seja, de sua carne (Hb 10,19-20). Ali também ressoa a sentença de Jesus: "Sou eu o caminho, a verdade e a vida; ninguém vai ao Pai senão por mim" (Jo 14,6).

14,15-31 A promessa do Espírito Santo

Nesta nova perícope, o Espírito Santo é mencionado pela primeira vez neste último discurso de Jesus a seus discípulos. A perícope é tomada quase exclusivamente pelo discurso direto de Jesus. Além de Jesus, o único discípulo a tomar a palavra é Judas, não o Iscariotes.

O texto traduzido: "O Espírito Santo vos ensinará todas as coisas"

> [15] "Se me amais, guardareis meus mandamentos.
> [16] Pedirei ao Pai e ele vos dará outro defensor,
> a fim de que esteja convosco para sempre:
> [17] o Espírito da verdade, que o mundo não pode receber
> porque não o vê, nem o conhece.
> Vós o conheceis porque permanece convosco e estará em vós.
> [18] Não vos deixarei órfãos, venho a vós.
> [19] Ainda um pouco e o mundo já não mais me verá,
> mas vós me vereis, porque eu vivo e também vós vivereis.
> [20] Naquele dia, sabereis que eu estou em meu Pai
> e vós em mim, como também eu em vós.
> [21] Quem tem meus mandamentos e os guarda,
> este é que me ama, e quem me ama será amado por meu Pai;
> também eu o amarei e me manifestarei a ele".
> [22] Disse-lhe Judas, não o Iscariotes: "Senhor, por que se dá que vais te manifestar a nós e não ao mundo?"

---

[17] Texto extraído de *A Bíblia: Novo Testamento*, p. 484.
[18] Texto extraído de *A Bíblia: Novo Testamento*, p. 536.

²³ Respondeu-lhe Jesus:

"Se alguém me ama, guardará minha palavra,

e meu Pai o amará, e viremos a ele e nele faremos morada.

²⁴ Quem não me ama não guarda minhas palavras,

e a palavra que ouvis não é minha, mas do Pai, que me enviou.

²⁵ Essas coisas vos tenho falado estando ainda convosco,

²⁶ mas o Defensor, o Espírito Santo,

que o Pai enviará em meu nome,

este vos ensinará todas as coisas

e vos recordará tudo o que eu vos disse.

²⁷ Eu vos deixo a paz, eu vos dou minha paz.

Não a dou como o mundo a dá.

Não se agite vosso coração, nem se desanime.

²⁸ Ouvistes o que vos disse: 'Vou e volto a vós'.

Se me amais, também vos alegrareis de que eu vá para o Pai,

porque o Pai é maior que eu.

²⁹ Eu vos digo agora, antes que aconteça,

para que, quando acontecer, creiais.

³⁰ Já não falarei muito convosco,

pois vem o Príncipe do mundo.

Contra mim, ele nada pode.

³¹ Mas é para que o mundo saiba que amo o Pai,

e que faço como o Pai me ordenou.

Levantai-vos, vamo-nos daqui".

Anotação de crítica textual e nota à tradução

Para a última parte de Jo 14,17, há três leituras. São elas:

a) "Vós o conheceis porque *permanece* convosco e *estará* em vós";

b) "Vós o conheceis porque *permanecerá* convosco e *estará* em vós";

c) "Vós o conheceis porque *permanece* convosco e *está* em vós".

Os principais testemunhos da leitura (a) são o códex Sinaítico (ℵ) e a tradição Bizantina; para a leitura (b) é a Vulgata; e para a leitura (c) é o códex Vaticano (B).[19]

Em Jo 14,30, há uma sentença de Jesus a respeito do Príncipe do mundo. Diz Jesus: "Contra mim, ele nada pode". O texto grego, se traduzido literalmente, seria: "Em mim ele não tem nada".

Comentário

A primeira sentença de Jesus nesta perícope é: "Se me amais, guardareis meus mandamentos" (Jo 14,15). Aparecem nessa sentença os verbos "amar" e "guardar", que serão constantes neste conjunto de discursos de Jesus na última ceia com seus discípulos. Também a palavra "mandamentos" é frequente nestes discursos. Em seguida, Jesus começa a falar do Espírito que os discípulos vão receber. Ele o chama de "outro defensor" (Jo 14,16) e de "Espírito da verdade" (Jo 14,17). Para "defensor", a palavra grega é *paráklētos*, um termo do campo jurídico que designa o advogado que defendia um réu no tribunal. Se o Espírito é "outro" defensor, é porque Jesus também é defensor. Nisso, manifesta-se a unidade da missão do Filho e do Espírito. Este, contudo, permanece com os discípulos para sempre, diferentemente do Filho, que volta para o Pai. Porque o Espírito permanecerá com os discípulos, mesmo partindo, Jesus não os deixa órfãos (Jo 14,18).

Jesus anuncia novamente sua partida. A morte de Jesus é seu desaparecimento para o mundo, que não mais o verá. Já, para os discípulos, a ressurreição é um modo de voltar a ver Jesus e, além disso, de viver como ele vive (Jo 14,19). Na sequência, reaparece o tema do amor e da comunhão que existe entre o Pai e o Filho Jesus, e entre Jesus e seus discípulos (Jo 14,20). O sinal do amor dos discípulos por Jesus é guardar suas palavras e seus mandamentos. A manifestação de Jesus se dá no amor (Jo 14,21).

A próxima pergunta é feita por Judas. Essa é a única vez que esse discípulo é mencionado no Evangelho segundo João.[20] Na lista dos Doze, em Lc 6,16 e At 1,13, aparece o nome de Judas, filho de Tiago, que, na Igreja latina, foi identificado com Tadeu, da lista dos Doze em Mc 3,18 e Mt 10,3. A pergunta de Judas em Jo 14,22 se assemelha à questão feita pelos irmãos de Jesus em Jo 7,4. Segundo Mc 6,3 e Mt 13,55, um dos irmãos de Jesus chama-se Judas.

---

[19] *O Novo Testamento grego*, p. 325.

[20] Para Jo 14,22, a Antiga Versão Siríaca traz, em lugar de "Judas, não o Iscariotes", a variante "Judas Tomé" ou simplesmente "Tomé", e algumas das antigas versões coptas trazem a variante "Judas, o Cananeu" (*O Novo Testamento grego*, p. 325).

Ele pergunta por que Jesus se manifesta a seus discípulos e não ao mundo (Jo 14,22). A resposta é porque a manifestação de Jesus é acolhida no amor. Aquele que ama guarda as palavras de Jesus e nele permanecem o Pai e o Filho (Jo 14,23-24). Para C. H. Dodd, a pergunta de Judas representa a dúvida do leitor que se interroga sobre a parusia do Cristo. A essa dúvida, o Cristo joanino responde que "a verdadeira *parusia* encontra-se no intercâmbio do *agape* divino, que Cristo tornou possível pela sua morte e ressurreição".[21]

Depois da partida de Jesus, o Pai enviará o Espírito Santo Paráclito. É sua missão ensinar e recordar as palavras de Jesus (Jo 14,25-26). A missão do Espírito está em continuidade com a missão de Jesus: ensinar (Jo 4,25), e em unidade com o Pai, pois faz os discípulos recordarem o que ouviram de Jesus, que fala as palavras do Pai (Jo 14,24).

Outro tema frequente nesses discursos é o dom da paz que Jesus deixa a seus discípulos (Jo 14,27). Na cultura semítica, a paz (*šālôm*, em hebraico) compreende todo bem-estar ao qual alguém pode aspirar. A paz que Jesus dá, no entanto, é diferente do bem-estar que o mundo promete. Jesus fala novamente de sua partida, de sua volta aos discípulos e de seu retorno ao Pai, e afirma: "O Pai é maior do que eu" (Jo 14,28). Essa afirmação, em contraste com o que Jesus disse anteriormente: "Eu e o Pai somos um" (Jo 10,30), pode ser compreendida no sentido de que o Filho, como o Espírito (Jo 15,25), procede do Pai.[22]

Na sequência, vem uma sentença de Jesus: "Eu vos digo agora, antes que aconteça, para que, quando acontecer, creiais" (Jo 14,29), que tem seu paralelo em Jo 13,19. Nesses versículos, o verbo "crer" está sendo usado como intransitivo, com o significado de "permanecer firme". Na perspectiva joanina, crer também é uma firmeza, inclusive nas situações mais adversas.

Os últimos versículos desta perícope lembram a perspectiva do conflito. Jesus menciona o Príncipe do mundo, que nada pode contra ele (Jo 14,30). O conflito, por outro lado, evidencia para o mundo o amor que Jesus tem pelo Pai e sua obediência (Jo 14,31). As últimas palavras de Jesus:

---

[21] C. H. DODD, *A interpretação do quarto evangelho*, p. 510. Na página anterior, C. H. Dodd afirmou que a distinção, bastante clara nos evangelhos sinóticos, entre as predições de Jesus de sua morte e ressurreição e as de seu segundo advento, é tênue no Evangelho segundo João (*A interpretação do quarto evangelho*, p. 509).

[22] Para uma explicação mais detalhada da sentença "o Pai é maior do que eu" (Jo 14,28), com um elenco dos rumos que tal interpretação tomou na Patrística, pode-se ver R. E. BROWN, *Giovanni*, p. 789-790.

"Levantai-vos, vamo-nos daqui" pressupõem o fim do diálogo de Jesus com seus discípulos. Há, no entanto, ainda mais três capítulos (Jo 15-17) de diálogos e discursos de Jesus. Essa inconsistência narrativa pode ter surgido como resultado do processo redacional complexo pelo qual o Evangelho segundo João passou, com acréscimos e deslocamentos de material narrativo e discursivo.

"Levantai-vos, vamo-nos daqui" tem seu paralelo em Mc 14,42 e Mt 26,46: "Levantai-vos, vamos!"[23] (ver também Lc 22,46). Nos evangelhos sinóticos, nesse momento, Jesus já está com seus discípulos no Horto das Oliveiras, já terminou sua oração de entrega ao Pai, e o traidor já se aproxima com as tropas para prendê-lo. No Evangelho segundo João, Jesus ainda está com seus discípulos na última ceia.

C. H. Dodd chama a atenção para o fato de que, no Evangelho segundo João, Jesus pronuncia essa sentença logo após se referir à vinda do Príncipe do mundo (Jo 14,30) e, nisso, há um acordo quanto ao contexto mais imediato, em que a sentença aparece no Evangelho segundo Marcos (também em Mateus), quando Jesus se refere à proximidade de Judas. Segundo ele, Jesus a pronuncia quando o inimigo está se aproximando, que, no Evangelho segundo João, não é Judas, mas o Príncipe do mundo. As palavras de Jesus, assim compreendidas, "representam mais uma vez a aceitação de Jesus de seu destino". Nesse sentido, C. H. Dodd vê, nessas palavras de Jesus, não o indício de uma desarrumação na sequência narrativa do Evangelho, mas a conclusão de uma primeira seção no discurso de Jesus na última ceia com seus discípulos, que trata de sua partida. A próxima seção, segundo ele, já situa o discurso de Jesus para além do Calvário.[24]

Intertextualidade

Em seu conjunto, este último discurso de Jesus a seus discípulos é a porção do Evangelho segundo João que oferece mais contatos com as cartas joaninas. Nesta perícope, podem sem assinalados os paralelos de Jo 14,15.21 com 1Jo 5,3 e 2Jo 6, versículos nos quais aparece o tema do amar que se manifesta na atitude de guardar os mandamentos.

O tema da inabitação do Pai e do Filho naquele que ama o Filho e guarda sua palavra tem seu paralelo em 2Cor 6,16: "Nós somos o templo do Deus

---

[23] Texto extraído de *A Bíblia: Novo Testamento*, p. 141 (Mc) e 89 (Mt).

[24] C. H. DODD, *A interpretação do quarto evangelho*, p. 525-527. R. E. Brown, embora citando a proposta de Dodd, não se mostra convencido por ela (*Giovanni*, p. 791-792).

Vivente";[25] Ef 3,17: "Que Cristo habite em vossos corações por intermédio da fé",[26] e Ap 3,20: "Eis que estou parado à porta e bato. Se alguém abrir a porta, entrarei e comerei com ele e ele comigo".[27]

O tema da paz que o Cristo dá (Jo 14,27) também está presente em várias cartas do conjunto das cartas paulinas, como Rm 5,1; Fl 4,7; 2Ts 3,16 e no "Hino ao Cristo, nossa paz", em Ef 2,14-18.

15,1-17 A videira e os ramos

Esta nova perícope é inteiramente tomada por um discurso direto de Jesus, sem nenhuma interrupção, seja de uma fala de algum dos discípulos, seja de algum comentário da parte do evangelista. A perícope está, inclusive, em continuação direta com a perícope anterior, ao menos do ponto de vista da sequência narrativa.

O texto traduzido: "Eu sou a videira, meu Pai é o agricultor e vós sois os ramos"

> 15 ¹ "Sou eu a verdadeira videira, e meu Pai é o agricultor.
> ² Todo ramo que em mim não produz fruto, ele o corta,
> e todo que produz fruto, ele o limpa
> para que produza ainda mais fruto.
> ³ Vós já estais limpos pela palavra que vos tenho falado.
> ⁴ Permanecei em mim, como eu em vós.
> Como o ramo não pode produzir fruto por si mesmo,
> se não permanecer na videira,
> assim também vós, se não permanecerdes em mim.
> ⁵ Sou eu a videira; vós os ramos.
> Quem permanece em mim, e eu nele, produz muito fruto,
> porque sem mim nada podeis fazer.
> ⁶ Quem não permanece em mim é lançado fora como o ramo, e seca.
> Com outros ramos é recolhido, lançado ao fogo e queimado.

---

[25] Texto extraído de *A Bíblia: Novo Testamento*, p. 437.
[26] Texto extraído de *A Bíblia: Novo Testamento*, p. 467.
[27] Texto extraído de *A Bíblia: Novo Testamento*, p. 615.

⁷ Se permanecerdes em mim, e minhas palavras permanecerem em vós,

pedireis o que quiserdes, e assim será para vós.

⁸ Nisto meu Pai é glorificado:

que deis muito fruto e vos torneis meus discípulos.

⁹ Assim como o Pai me amou,

assim também eu vos amei.

Permanecei em meu amor.

¹⁰ Se guardardes meus mandamentos,

permanecereis em meu amor,

assim como eu guardo os mandamentos de meu Pai

e permaneço em seu amor.

¹¹ Digo-vos estas coisas

para que minha alegria esteja em vós

e vossa alegria seja completa.

¹² Este é meu mandamento:

que vos ameis uns aos outros como eu vos amei.

¹³ Ninguém tem maior amor

do que aquele que dá sua vida em favor dos amigos.

¹⁴ Vós sois meus amigos se fizerdes o que vos ordeno.

¹⁵ Já não vos chamo servos,

porque o servo não sabe o que faz seu senhor,

mas vos chamo amigos,

porque tudo que ouvi de meu Pai vos dei a conhecer.

¹⁶ Não fostes vós que me escolhestes,

mas fui eu que vos escolhi e vos designei

para que vades e produzais fruto e vosso fruto permaneça,

para que o que pedirdes ao Pai em meu nome, ele vos dê.

¹⁷ Isto vos ordeno: que vos ameis uns aos outros".

Anotação de crítica textual

Para Jo 15,8, os testemunhos antigos dividem-se em duas leituras para o verbo *gínomai* ("tornar-se"), do seguinte modo:

a) uma forma de subjuntivo: "E vos *torneis* meus discípulos", e
b) uma forma de futuro: "E vos *tornareis* meus discípulos".

A leitura (a) aparece, entre outros, no códex Vaticano (B) e no conjunto da tradição latina; a leitura (b) aparece no códex Sinaítico (ℵ) e na tradição Bizantina, entre outros.[28]

Comentário

A perícope se divide em duas partes, cada qual com um verbo principal. Na primeira parte (Jo 15,1-8), o verbo principal é "permanecer". Aí aparece a alegoria da videira e os ramos. Na segunda parte (Jo 15,9-17), o verbo principal é "amar". Aí é recordado o mandamento do amor.

A primeira parte começa com mais uma sentença de Jesus de tipo *Eu sou* com predicado: "Sou eu a verdadeira videira" (Jo 15,1). A essa sentença corresponde esta outra: "Sou eu a videira" (Jo 15,5). Juntas, as duas sentenças formam um só conjunto, que corresponde à sétima e última ocorrência desse tipo de sentença no Evangelho segundo João.

O contraponto à primeira dessas sentenças é uma afirmação sobre o Pai: "Sou eu a verdadeira videira, e meu Pai é o agricultor" (Jo 15,1). O contraponto à segunda sentença é uma afirmação sobre os discípulos: "Sou eu a videira, vós os ramos" (Jo 15,5). Como agricultor, o Pai cuida da videira, cortando os ramos que não produzem fruto e limpando os que produzem para que deem ainda mais (Jo 15,2). Dirigindo-se aos discípulos, Jesus lhes diz que eles já estão limpos, pela palavra que ele lhes tem falado, que os purifica (Jo 15,3; 13,10-11). Como ramos, os discípulos devem permanecer unidos à videira, que é Jesus, para assim produzirem frutos (Jo 15,4).

A imagem da videira e dos ramos é perfeita para o evangelista utilizar um de seus verbos preferidos: "permanecer". É com esse verbo que vem construída a promessa que está ligada a essa proposição de tipo *Eu sou* com predicado. Assim, diz Jesus: "Quem permanece em mim, e eu nele, produz muito fruto", e acrescenta: "Sem mim, nada podeis fazer" (Jo 15,5). O contrário é a situação do ramo que não permanece na videira Jesus: é lançado fora, seca, é recolhido com outros ramos e lançado ao fogo (Jo 15,6). Aquele que permanece em Jesus e deixa que as palavras deste último permaneçam nele tem confiança para pedir (Jo 15,7). Volta, pois, aqui o tema do pedir, presente anteriormente (Jo 14,13-14). Nisto o Pai é glorificado: em que os discípulos produzam frutos, enquanto discípulos de Jesus (Jo 15,8).

---

[28] *O Novo Testamento grego*, p. 327.

A imagem da videira, assim como as imagens do pão, da luz, do pastor e do caminho, carrega profundas ressonâncias bíblicas. Dentre os textos que trazem essa imagem, está o Cântico da Vinha (Is 5,1-7). C. H. Dodd, por sua vez, aproxima Jo 15,1-8, de modo especial do Sl 80,9-18, no qual a videira representa Israel e ainda o Filho do Homem. Para ele, a comparação desse conjunto de versículos com o Salmo leva a pensar na Igreja como a nova vinha, cuidada pelo Pai, cujos ramos permanecem unidos a Jesus, o Filho do Homem. C. H. Dodd lembra ainda que a videira é, ao mesmo tempo, uma imagem eucarística.[29]

Já R. E. Brown prioriza a comparação desses versículos com a imagem da Sabedoria como videira, presente em Eclo 24,17-21, e vê aqui mais uma semelhança entre a Sabedoria dos livros sapienciais e a figura do Cristo no Evangelho segundo João. Não obstante, para ele, o Antigo Testamento fornece apenas a matéria-prima a partir da qual o evangelista expressa sua própria cristologia. Em acordo com C. H. Dodd, R. E. Brown também vê, na videira, uma imagem eucarística.[30]

Por sua vez, B. Maggioni vê, na imagem da vinha, primeiramente uma referência não eclesiológica, mas sim cristológica. Segundo ele, se, no Antigo Testamento, Deus tinha uma vinha, no Evangelho segundo João, Jesus é a vinha, "e é por isso que ela pode dar finalmente os frutos esperados". A eclesiologia é vista a partir da cristologia.[31]

A segunda parte da perícope, na qual predomina o verbo "amar", começa relembrando o amor do Pai pelo Filho e do Filho pelos discípulos. Jesus convida seus discípulos a que permaneçam em seu amor (Jo 15,9). Permanecer no amor se traduz em guardar os mandamentos (Jo 15,10). Na comunhão do amor se transmite também a alegria (Jo 15,11). O mandamento ao qual Jesus se refere não é outro senão o do amor, e a medida do amor é amar sem medida, como o próprio Jesus amou, a ponto de dar sua vida por seus amigos (Jo 15,12-13; 13,34).

O tema do amor desemboca no tema da amizade de Jesus por seus discípulos (Jo 15,14). Por causa dessa relação, os discípulos passam da condição de servos à condição de amigos, pois conhecem o que o Filho lhes revela da parte do Pai (Jo 15,15). Jesus relembra que eles foram escolhidos e designados para produzirem um fruto que permaneça (Jo 15,16). A perícope se fecha com uma nova recomendação ao amor mútuo (Jo 15,17).

---

[29] C. H. DOOD, *A interpretação do quarto evangelho*, p. 530.
[30] R. E. BROWN, *Giovanni*, p. 810-813.
[31] B. MAGGIONI, O Evangelho de João, p. 430-431.

Intertextualidade

Para a primeira parte da perícope (Jo 15,1-8), é possível assinalar várias passagens paralelas no tocante à figura do ramo, de modo especial daquele que não produz fruto, é cortado, seca e é lançado ao fogo (Jo 15,6). Esses paralelos estão, sobretudo, no Evangelho segundo Mateus: Mt 3,10; 7,19; 13,30.40.42; 15,13. Para a segunda parte (Jo 15,9-17), centrada no tema do amor, os paralelos são mais frequentes com as cartas de João, tal como: amar e guardar os mandamentos (Jo 15,10; 1Jo 5,3); a alegria plena (Jo 15,11; 1Jo 1,4); o mandamento do amor (Jo 15,12.17; 1Jo 3,11.23; 2Jo 5); amar e dar a vida (Jo 15,13; 1Jo 3,16).

15,18–16,4   O testemunho dos discípulos

Também esta perícope, como a anterior, é inteiramente tomada por um discurso direto de Jesus, sem interrupção, seja de algum comentário do evangelista, seja de uma fala de algum discípulo, estando também em continuidade com a perícope anterior do ponto de vista da sequência narrativa.

O texto traduzido: "Sereis minhas testemunhas"

> [18] "Se o mundo vos odeia,
> sabei que me tem odiado antes mesmo de vos odiar.
> [19] Se fôsseis do mundo,
> o mundo vos amaria como seu.
> Mas não sois do mundo,
> porque eu vos escolhi do mundo;
> por isso, o mundo vos odeia.
> [20] Recordai a palavra que eu vos disse:
> 'O servo não é maior que seu senhor'.
> Se me perseguiram, também vos perseguirão;
> se guardaram minha palavra, também a vossa guardarão.
> [21] Mas tudo isso vos farão por causa de meu nome,
> porque não conhecem aquele que me enviou.
> [22] Se eu não tivesse vindo e não lhes tivesse falado,
> não teriam pecado.
> Agora, porém, não têm desculpa para seu pecado.
> [23] Quem me odeia, odeia também meu Pai.

²⁴ Se eu não tivesse feito entre eles as obras que nenhum outro fez,

não teriam pecado.

Agora, porém, eles têm visto

e, mesmo assim, têm odiado tanto a mim como a meu Pai.

²⁵ Mas é para que se cumpra a palavra que está escrita na Lei deles:

Odiaram-me sem motivo.

²⁶ Quando vier o Defensor,

que vos enviarei do Pai,

o Espírito da verdade que procede do Pai,

este testemunhará a meu respeito.

²⁷ Também vós testemunhareis,

porque, desde o princípio, estais comigo.

16 ¹ Estas coisas vos digo para que não vos escandalizeis.

² Eles farão com que sejais expulsos das sinagogas,

e vem a hora em que aquele que vos matar pensará estar prestando culto a Deus.

³ Farão estas coisas porque não conheceram nem o Pai, nem a mim.

⁴ Essas coisas eu vos digo para que,

quando chegar a hora de acontecerem,

vós vos recordeis delas,

uma vez que eu já vos preveni.

Não vos disse essas coisas desde o princípio porque estava convosco".

Comentário

Em relação à perícope anterior, o discurso de Jesus muda de direção. Já não é o verbo "amar" que predomina, mas exatamente o seu oposto: o verbo "odiar". O sujeito do verbo, quem odeia, é "o mundo". Isso quer dizer que a comunidade daqueles que permanecem no amor do Filho deve estar consciente de que será odiada pelo mundo. O mundo aqui representa toda atitude hostil contra Jesus e contra seus discípulos que se manifesta no fechamento e na perseguição.

O ódio do mundo é primeiramente ao Filho (Jo 15,18). Como o Filho foi enviado pelo Pai, esse ódio é também contra o Pai (Jo 15,23), e como o Filho envia seus discípulos, também eles serão odiados (Jo 15,18.20). Há dois elementos nesse discurso a serem notados. O primeiro é que a escolha dos discípulos é uma escolha que os separa do mundo ou, dito de outra maneira, é uma eleição para a santidade (Jo 15,19). Porque os discípulos escapam do controle do mundo, são por este odiados. Jesus recorda aos discípulos a palavra que lhes tinha dito: "O servo não é maior que seu senhor" (Jo 13,16), e acrescenta que, se ele foi perseguido, também os discípulos o serão; se guardaram sua palavra, também a deles guardarão (Jo 15,20). Aqui, não é necessário pensar que o mundo guardará a palavra dos discípulos, mas sim que a palavra dos discípulos suscitará as mesmas reações que a palavra de Jesus: alguns a guardarão, outros perseguirão os discípulos. Tudo isso sucederá por causa do nome de Jesus, isto é, por causa de sua pessoa, e porque o mundo não reconhece o Pai, que o enviou (Jo 15,21).

O segundo elemento a ser notado é que o mundo, depois da manifestação do Filho em palavras (Jo 15,22) e em obras (Jo 15,24), já não pode mais se pretender inocente de culpa. A recusa em acolher o enviado do Pai tornou-se manifesta. De acordo com o próprio discurso de Jesus, cumpre-se o que está escrito na Lei deles: "Odiaram-me sem motivo". Essa referência encontra-se em duas passagens no livro dos Salmos (Sl 35,19; 69,5) e serve para mostrar que, se há um amor gratuito da parte do Pai, há também um ódio sem motivo da parte do mundo. Essa não é primeira vez, no Evangelho segundo João, que uma referência textual à Lei reenvia para o livro dos Salmos. Isso também ocorreu em Jo 10,34. Ou seja, nessas passagens, a palavra "Lei" está sendo tomada como sinônimo de "Escritura".

Na sequência, reaparece a figura do Defensor (Paráclito) que é o Espírito da Verdade que procede do Pai. O Espírito dará testemunho de Jesus com os discípulos de Jesus, que também darão testemunho dele (Jo 15,26-27). Deve-se compreender aqui: testemunho diante do mundo de que Jesus é o enviado do Pai. Assim, o Espírito e os discípulos vêm se juntar aos demais testemunhos do Filho: João Batista, o Pai, as obras que o Filho realiza e as Escrituras (Jo 5,31-39).[32]

---

[32] Segundo R. E. Brown, o testemunho do Espírito e o testemunho dos discípulos não são dois testemunhos diferentes, uma vez que o Espírito falará pela boca dos discípulos. Em apoio à sua interpretação, R. E. Brown cita o comentário de Santo Agostinho: "Porque ele falará, também vós falareis: ele em vossos corações, vós com as palavras; ele com a inspiração, vós com a voz" (*Giovanni*, p. 848).

Os primeiros versículos do capítulo 16 ainda estão na continuação da mesma perícope da segunda parte do capítulo 15. O tema principal ainda continua a ser o anúncio das perseguições que sobrevirão aos discípulos: eles serão expulsos da sinagoga e enfrentarão a perseguição até a morte da parte de quem pensa estar prestando culto a Deus (Jo 16,1-3). Jesus os previne de tudo isso para que, quando aconteça, não se escandalizem e para que reconheçam sua divindade manifestada em seu poder de revelar, com antecedência, o que está para acontecer (Jo 16,4; Jo 13,19).

Dois temas desses versículos já apareceram anteriormente no Evangelho. O primeiro é a expulsão da sinagoga, presente em Jo 9,22, em Jo 12,42 e agora em Jo 16,2. Outro é o anúncio antes do acontecimento, presente em Jo 13,19, em uma sentença de tipo "Eu Sou" absoluto, e agora em Jo 16,4.

Várias edições da Bíblia encerram esta perícope em Jo 16,4a, deixando Jo 16,4b: "Não vos disse essas coisas desde o princípio porque estava convosco" para a perícope seguinte. É isso que fazem também alguns comentadores do Evangelho.[33]

Intertextualidade

São vários e significativos os paralelos de sentenças de Jesus nesta perícope e em perícopes nos evangelhos sinóticos, de modo especial, em tudo o que diz respeito ao pré-anúncio feito aos discípulos de que eles serão perseguidos por causa do nome de Jesus. Esses paralelos estão em: Mc 13,23; Mt 5,11; 10,17-25; 24,9; Lc 6,40. O motivo da perseguição é o ódio contra os discípulos: Mc 13,13; Mt 10,22; Lc 6,22; 10,16; 21,17. O testemunho dos discípulos porque conviveram com Jesus desde o princípio ou que é dado no Espírito Santo é um tema presente na obra lucana: Lc 1,2; At 1,8.21-22; 5,32.

Também há os paralelos com as cartas joaninas, frequentes no Evangelho segundo João e, sobretudo, nesse discurso de Jesus, tais como: os discípulos não são do mundo (Jo 15,19), como também não o são os destinatários da Primeira Carta de João (1Jo 4,5), ou quem odeia o Filho Jesus também odeia o Pai (Jo 15,23), assim como quem nega ou não confessa o Filho não tem o Pai (1Jo 2,23).

---

[33] Entre as edições da Bíblia que dividem Jo 16,4 em duas perícopes está a Bíblia de Jerusalém. Entre os comentadores, pode-se citar R. E. BROWN, *Giovanni*, p. 702.839.

16,5-15 O Espírito conduz na verdade

Também esta perícope, como as duas anteriores, é tomada por um discurso direto de Jesus, em continuidade narrativa com a perícope precedente. Os discípulos estão presentes, pois é a eles que Jesus se dirige.

O texto traduzido: "O Espírito recebe do que é meu e vos anunciará"

> ⁵ "Agora, no entanto, vou para junto daquele que me enviou,
>
> e nenhum de vós me pergunta: 'Para onde vais?'
>
> ⁶ Mas, porque vos disse essas coisas, a tristeza encheu vosso coração.
>
> ⁷ Mas eu vos digo a verdade: é melhor para vós que eu parta.
>
> Se eu não partir, o Defensor não virá a vós.
>
> Se eu for, eu o enviarei a vós.
>
> ⁸ Quando ele vier, arguirá o mundo
>
> a respeito de pecado, de justiça e de julgamento.
>
> ⁹ A respeito de pecado, porque não creem em mim.
>
> ¹⁰ A respeito de justiça, porque vou para o Pai
>
> e já não mais me vereis.
>
> ¹¹ A respeito de julgamento, porque o Príncipe deste mundo está julgado.
>
> ¹² Tenho ainda muitas coisas para vos dizer,
>
> mas não podeis suportá-las agora.
>
> ¹³ Quando vier o Espírito da verdade,
>
> este vos conduzirá em toda a verdade,
>
> pois não falará por si mesmo, mas falará quanto ouviu
>
> e vos anunciará as coisas que estão por vir.
>
> ¹⁴ Ele me glorificará,
>
> porque receberá do que é meu e vos anunciará.
>
> ¹⁵ Tudo quanto tem o Pai é meu.
>
> Por isso eu vos disse que o Espírito recebe do que é meu e vos anunciará".

Nota de crítica textual

Para Jo 16,13, há uma diversidade de leituras entre os testemunhos antigos. Primeiramente, essas leituras se dividem em dois grupos: aquelas com a preposição *en*, "em", e aquelas com a preposição *eis*, "para". De acordo com a leitura do primeiro grupo, o Espírito da verdade "vos conduzirá *em* toda a verdade". Entre os testemunhos desse grupo, estão o códex Sinaítico (ℵ) e o códex Bezae (D). De acordo com a leitura do segundo grupo, o Espírito da verdade "vos conduzirá *para* toda a verdade". Entre os testemunhos desse grupo, estão o códex Vaticano (B) e a tradição Bizantina. Há um terceiro grupo de testemunhos, que traz uma leitura com outro verbo. De acordo com essa leitura, o Espírito da verdade "vos *exporá* toda a verdade". Essa é a leitura presente na Vulgata e em alguns padres da Igreja, como Eusébio de Cesareia e Cirilo de Jerusalém.[34]

Comentário

Nesta perícope, o tema central do discurso de Jesus volta a ser seu retorno para o Pai e a vinda do Espírito, o Defensor. A primeira afirmação de Jesus: "Agora, no entanto, vou para junto daquele que me enviou, e nenhum de vós me pergunta: 'Para onde vais?'" (Jo 16,5) está em contradição com Jo 13,36 e Jo 14,5, possivelmente porque esta porção do discurso de Jesus teve uma origem diferente da anterior, sendo tudo depois colocado em sequência por um editor.[35] Jesus conforta seus discípulos para que não se entristeçam com sua partida (Jo 16,6). Aliás, para eles é de interesse sua partida, para que venha o Defensor, o Espírito Paráclito (Jo 16,7). O tema da promessa do Espírito já apareceu neste último discurso de Jesus, em Jo 14,15-31. Ali, no entanto, a perspectiva era do Pai que envia o Espírito (Jo 14,16.26), enquanto aqui é o Filho que o envia (Jo 16,7).

Vindo, o Espírito Defensor "arguirá o mundo a respeito de pecado, de justiça e de julgamento" (Jo 16,8). Essa afirmação merece uma explicação, que é dada nos versículos seguintes. O Espírito arguirá o mundo a respeito de pecado porque o mundo não acreditou no Filho (Jo 16,9); o pecado, pois, é a incredulidade. Quanto à justiça, porque o Filho volta para o Pai, para o

---

[34] Há ainda certa diversidade quanto à ordem das palavras nesses testemunhos (*O Novo Testamento grego*, p. 329).

[35] Como, no entanto, o verbo "perguntar", em grego, está no presente, também é possível pensar que a afirmação de Jesus não se refira ao que já passou, mas sim tão somente ao que sucede naquele mesmo momento. Ver, a esse respeito, os comentários mencionados por R. E. Brown, mas que ele próprio não subscreve (*Giovanni*, p. 860-861).

lugar que lhe é de direito (Jo 16,10). Quanto ao julgamento, porque a vitória de Jesus é a condenação do Príncipe deste mundo (Jo 16,11).

A linguagem, um tanto enigmática, desses versículos é jurídica. O Espírito assume o papel de advogado de defesa em um tribunal. Inocentando Jesus, o Espírito passa a inquirir o mundo e seu representante, o Príncipe deste mundo. O pecado do mundo é não ter acreditado em Jesus. Quanto a Jesus, ele é inocentado, justiça lhe é feita e ele volta para o Pai. O Príncipe deste mundo, por sua vez, é condenado.

Já em relação aos discípulos, a missão do Espírito será conduzir em toda a verdade, anunciando coisas futuras (Jo 16,12-15). No entanto, como compreender a afirmação de Jesus: "Tenho ainda muitas coisas para vos dizer, mas não podeis suportá-las agora" (Jo 16,12)? Haveria algo novo que não foi revelado pelo Filho e que seria revelado pelo Espírito? Não necessariamente. Essa afirmação pode ser compreendida a propósito da atualização da revelação do Filho. É o Espírito que faz compreender, em cada nova situação vivida pela Igreja, como tornar atual o ensinamento de Jesus. Isso se percebe pela própria sequência das palavras de Jesus, quando afirma que o Espírito não falará por si mesmo (Jo 16,13). De fato, há coisas que os discípulos somente serão capazes de compreender após a morte e ressurreição de Jesus, conduzidos pelo Espírito na verdade e para a verdade plena das palavras que Jesus disse. Ademais, assim como o Filho Jesus, o Espírito também pode anunciar coisas futuras (Jo 13,19; 14,29), afirmação que remete a Is 48,3-7.

A unidade entre a missão do Filho e a do Espírito também aparece na afirmação de Jesus de que o Espírito receberá do que é seu e anunciará aos discípulos (Jo 16,14). Dessa unidade, participa também o Pai, uma vez que tudo o que tem o Pai é também do Filho (Jo 16,15).

Intertextualidade

Esta perícope traz muitos elementos típicos do Evangelho segundo João, sem paralelos significativos com outros escritos bíblicos. Cumpre, no entanto, chamar a atenção para o paralelo existente entre Jo 16,6 e Mt 17,23, que diz respeito ao tema da tristeza que invadiu os discípulos quando Jesus lhes anunciou sua Páscoa. No Evangelho segundo Mateus, a reação de tristeza dos discípulos acompanha o segundo anúncio de Jesus de sua paixão (Mt 17,22-23).

16,16-33 Novo anúncio da partida

Nesta perícope, os discípulos de Jesus voltam a tomar a palavra, com discursos diretos que lhes são atribuídos. Na primeira vez, eles falam entre si.

Jesus percebe que querem interrogá-lo e lhes responde. Na segunda vez, eles se dirigem diretamente a Jesus. No entanto, mesmo com essas duas interrupções da parte dos discípulos, a perícope continua na mesma linha das anteriores, com predominância de discursos diretos de Jesus. Ainda seria de notar que, nesta perícope, os discursos diretos são atribuídos aos discípulos, sem que nenhum deles seja individuado, contrariamente ao que aconteceu anteriormente, quando foram nomeados Simão Pedro (Jo 13,36.37), Tomé (Jo 14,5), Filipe (Jo 14,8) e Judas (Jo 14,22).

O texto traduzido: "Vossa tristeza se transformará em alegria"

¹⁶ "Mais um pouco e não mais me vereis,
e ainda um pouco e novamente me vereis".

¹⁷ Alguns de seus discípulos diziam entre si: "Que é isto que nos diz? 'Mais um pouco e não mais me vereis, e ainda um pouco e novamente me vereis', e: 'Porque vou para o Pai'?"

¹⁸ Eles diziam: "Que significa isto que ele diz: 'Um pouco'? Não sabemos o que quer dizer".

¹⁹ Jesus percebeu que eles queriam interrogá-lo e lhes disse: "É porque vos disse isso que vos interrogais uns aos outros: 'Mais um pouco e não mais me vereis, e ainda um pouco e novamente me vereis'?

²⁰ Amém, amém, eu vos digo:
Chorareis e vos lamentareis, mas o mundo se alegrará.
Ficareis tristes, mas vossa tristeza se transformará em alegria.

²¹ A mulher, quando está para dar à luz,
sente tristeza porque chegou sua hora.
Mas, quando nasce a criança,
já nem mais se lembra da aflição
por causa da alegria de ter trazido alguém ao mundo.

²² Também vós, agora, sentis tristeza,
mas novamente vos verei
e vosso coração se alegrará,
e vossa alegria ninguém pode tirá-la de vós.

²³ Naquele dia, já não me perguntareis nada.

Amém, amém, eu vos digo:

o que pedirdes ao Pai em meu nome, ele vos dará.

²⁴ Até agora, não pedistes nada em meu nome.

Pedi e recebereis,

de modo que vossa alegria seja completa.

²⁵ Essas coisas eu vos digo por comparações;

vem a hora em que já não mais vos falarei por comparações,

mas o que se refere ao Pai eu vos anunciarei claramente.

²⁶ Naquele dia, pedireis em meu nome,

e não vos digo que pedirei ao Pai por vós,

²⁷ pois o próprio Pai vos ama,

porque vós me tendes amado

e acreditado que saí de junto de Deus.

²⁸ Saí de junto do Pai e vim ao mundo;

agora deixo o mundo e vou para o Pai".

²⁹ Seus discípulos disseram: "Eis que agora falas claramente e sem comparação. ³⁰ Agora sabemos que sabes tudo e não tens necessidade de que alguém te interrogue. Nisso, cremos que saíste de Deus".

³¹ Respondeu-lhes Jesus: "Agora credes?

³² Eis que vem a hora, e já chegou,

em que sereis dispersados

cada um à sua própria sorte

e me deixareis sozinho.

Eu, no entanto, não estou sozinho,

porque o Pai está comigo.

³³ Essas coisas vos digo para que tenhais paz em mim.

No mundo, tendes aflições, mas sede corajosos.

Eu venci o mundo".

Nota à tradução

Em Jo 16,23, a expressão "em meu nome" pode tanto estar ligada ao que precede: "O que pedirdes ao Pai em meu nome", quanto ao que segue: "Em meu nome ele vos dará".

Comentário

Esta perícope começa com as palavras de Jesus: "Mais um pouco e não mais me vereis, e ainda um pouco e novamente me vereis" (Jo 16,16). Essas palavras são enigmáticas para os discípulos que, entre si, começam a se perguntar o que elas podem significar (Jo 16,17-18). Jesus percebe que eles querem interrogá-lo e antecipa-se em responder-lhes (Jo 16,19). Na resposta, servindo-se de comparações, Jesus lhes anuncia sua morte e ressurreição para muito breve, a tristeza que sua morte violenta causará e a alegria que trará o reencontro. A tristeza e a alegria dos discípulos são comparadas à aflição da mulher que está para dar à luz e à alegria que sente quando nasce a criança. Essa alegria ninguém pode tirar (Jo 16,20-22). A alegria é tema recorrente neste discurso de adeus aos discípulos.[36]

Pedir a Jesus ou pedir ao Pai, diretamente ou em nome de Jesus, é outro tema frequente neste discurso de adeus (Jo 16,23-27; antes em Jo 14,13-14; 15,7.16). Esse tema está ligado à comunhão de amor que une o Pai ao Filho e o Filho a seus discípulos. É nesse contexto de amor e comunhão que os discípulos pedem ao Filho e ao Pai.

Mais uma vez, Jesus anuncia sua partida (Jo 16,28). Os discípulos intervêm para dizer que agora Jesus fala claramente, que eles compreendem que ele tudo sabe e que creem que ele saiu do Pai (Jo 16,29-30). Todavia, diante dessas afirmações de fé, Jesus prediz que está próximo o momento em que os discípulos o abandonarão. Se Jesus não fica sozinho, é porque o Pai está com ele (Jo 16,31-32). As palavras de Jesus, no entanto, não são de crítica, mas sim de encorajamento, a fim de que os discípulos tenham, nele, a paz e sejam corajosos diante das aflições que encontrarão no mundo. No confronto com o mundo, Jesus é vencedor (Jo 16,33).

---

[36] Também aqui (Jo 16,16-22), C. H. Dodd vê algo semelhante ao que via em Jo 14,1-24. A dúvida dos discípulos (Jo 16,17-18) corresponde à dúvida de Judas (Jo 14,22) e ambas remetem às dúvidas dos primeiros cristãos a respeito da parusia do Cristo. O evangelista, segundo C. H. Dodd, responde a essa dúvida interpretando a morte e ressurreição de Cristo como o evento escatológico no sentido mais pleno, oferecendo a seus leitores uma revisão da doutrina escatológica corrente na Igreja e presente nos outros evangelhos (*A interpretação do quarto evangelho*, p. 510-511).

Intertextualidade

O paralelo mais importante desta perícope com os evangelhos sinóticos está em Jo 16,32, quando Jesus anuncia a dispersão dos discípulos, que o deixarão sozinho. Esse anúncio aparece em Mc 14,27 e Mt 26,31, a partir de uma citação de Zc 13,7, que não é explicitada em Jo 16,32. Há outros paralelos sinóticos que podem ser apontados, como o tema da incompreensão dos discípulos, presente em Jo 16,18 e Lc 9,45, e a tristeza dos discípulos causada pela morte de Jesus, anunciada em Jo 16,20 e presente em Mc 16,10.

Há também os paralelos com as cartas joaninas. Eles aparecem em Jo 16,23 e 1Jo 5,14-15, com o tema da confiança para pedir ao Pai; Jo 16,24 e 1Jo 1,4, com o tema da plena alegria; e Jo 16,33 e 1Jo 5,4, com o tema da vitória sobre o mundo.

17,1-26   A oração de Jesus pelos que creem

A perícope começa com uma introdução do narrador, que marca uma interrupção, ainda que breve, em relação às perícopes precedentes. Depois, continua com um discurso direto de Jesus. Na introdução, o evangelista escreve que Jesus levantou os olhos para o céu, o que significa que ele se coloca em atitude de oração.

O texto traduzido: "Que todos sejam um"

> 17 ¹ Jesus falou essas coisas e depois, tendo levantado os olhos ao céu, disse:
>
> "Pai, é chegada a hora.
>
> Glorifica teu Filho para que teu Filho te glorifique.
>
> ² Tu lhe deste autoridade sobre toda carne
>
> para que, por sua vez, ele dê vida eterna a tudo quanto lhe deste.
>
> ³ E a vida eterna consiste em que conheçam a ti,
>
> Deus único e verdadeiro, e aquele que enviaste: Jesus Cristo.
>
> ⁴ Eu te glorifiquei na terra
>
> levando a termo a obra que me deste para realizar.
>
> ⁵ E, agora, glorifica-me junto a ti, Pai,
>
> com a glória que tinha junto de ti, antes que o mundo existisse.

⁶ Manifestei teu nome àqueles que me deste tirando-os do mundo.

Eram teus e os deste a mim, e eles têm guardado tua palavra.

⁷ Agora, reconhecem que tudo quanto me deste provém de ti.

⁸ As palavras que me deste eu lhes dei, e eles as receberam

e reconheceram, verdadeiramente, que saí de junto de ti,

e creram que me enviaste.

⁹ Eu peço por eles, não peço pelo mundo,

mas por aqueles que me deste, porque são teus.

¹⁰ Tudo o que é meu é teu, e o que é teu é meu,

e sou glorificado neles.

¹¹ Já não mais estou no mundo, mas eles estão no mundo,

e eu vou para junto de ti.

Pai santo, guarda-os em teu nome, que me deste,

para que sejam um, assim como nós somos um.

¹² Enquanto estive com eles,

guardava-os em teu nome, o qual me deste, e os defendi,

e nenhum deles se perdeu, exceto o filho da perdição,

para que a Escritura se cumprisse.

¹³ Agora, porém, vou para junto de ti e falo estas coisas no mundo

para que eles tenham, neles mesmos, minha alegria completa.

¹⁴ Eu lhes tenho dado tua palavra, e o mundo os odiou,

porque eles não são do mundo, como eu não sou do mundo.

¹⁵ Não peço que os tires do mundo, mas que os guardes do mal.

¹⁶ Eles não são do mundo, como eu não sou do mundo.

¹⁷ Santifica-os na verdade.

Tua palavra é verdade.
¹⁸ Assim como tu me enviaste ao mundo,
também eu os enviei ao mundo.
¹⁹ Por eles, eu me santifico,
a fim de que também eles sejam santificados na verdade.
²⁰ Não peço somente por eles,
mas também por aqueles que creem em mim pela palavra deles:
²¹ que todos sejam um.
Como tu, Pai, estás em mim e eu em ti,
que também eles estejam em nós,
para que o mundo creia que tu me enviaste.
²² Eu lhes tenho dado a glória que tu me tens dado
para que sejam um, como nós somos um.
²³ Eu neles e tu em mim,
para que sejam perfeitos na unidade
e para que o mundo reconheça que tu me enviaste
e que os amaste como me amaste.
²⁴ Pai, aqueles que me deste, quero que, onde eu estiver,
também eles estejam comigo, para que vejam minha glória,
que me deste porque me amaste antes da fundação do mundo.
²⁵ Pai justo, o mundo não te conheceu;
eu, porém, te conheci, e estes reconheceram que tu me enviaste.
²⁶ Eu lhes dei a conhecer teu nome e ainda lhes darei a conhecer,
a fim de que o amor com o qual me amaste esteja neles
e também eu neles".

Anotações de crítica textual e nota à tradução

Para Jo 17,11, no que diz respeito à sequência "Pai santo, guarda-os em teu nome, que me deste", também aparece a leitura: "Pai santo, guarda-os em teu nome, aqueles me deste". Essa é a leitura da Vulgata, entre outros testemunhos antigos.[37] Em Jo 17,12, há uma sequência muito semelhante: "Guardei-os em teu nome, *que me deste*", para a qual também aparece a leitura: "Guardei-os em teu nome, *aqueles me deste*". Dessa vez, a quantidade de testemunhos que trazem essa leitura é maior, incluindo a tradição Bizantina, toda a tradição latina (Antiga Versão Latina e Vulgata) e a Pechita.[38]

Jo 17,15 também pode ser lido como: "Não peço que os tires do mundo, mas que os guardes do Maligno", com uma personificação do mal, de modo especial, comparando-se este versículo com 1Jo 2,13-14; 3,12 e 5,18-19. Essa é, inclusive, a proposta de J. Beutler para a tradução deste versículo.[39]

Para Jo 17,21, há, igualmente, duas leituras entre os testemunhos antigos. Para a sequência "que também eles estejam em nós", também aparece a leitura "que também eles sejam um em nós". Essa leitura é bem difundida, uma vez que está presente nas grandes tradições textuais: Bizantina, Vulgata e Pechita.[40] Ela, contudo, pode ter surgido da presença de uma mesma sequência de palavras no início do versículo que algum escriba inadvertidamente recopiou no final do versículo.

Comentário

Com os olhos levantados para o céu, isto é, em atitude de oração, Jesus se dirige ao Pai. Doravante, ele não mais se dirige aos discípulos, que deixam de ser seus interlocutores e passam a ser tema de seu discurso. Ao Pai, Jesus pede por seus discípulos. Esses não são mencionados como discípulos. Neste capítulo, eles são "aqueles que são teus" e "aqueles que tu me deste". Ou seja: os discípulos são aqueles que o Pai atraiu para o Filho.

Em seu comentário ao Evangelho segundo João, R. E. Brown divide este capítulo em três partes. Na primeira, Jesus roga ao Pai pela sua glorificação (Jo 17,1-8). Na segunda, roga por seus discípulos (Jo 17,9-19). Na terceira, roga pelos que virão a crer por causa da palavra dos discípulos (Jo 17,20-26).[41] J. Beutler, por sua vez, divide esta última porção em duas, considerando os versículos finais (Jo 17,24-26) como uma seção à parte, na qual Jesus roga pelos dois grupos mencionados anteriormente.[42]

---

[37] *O Novo Testamento grego*, p. 333.
[38] *O Novo Testamento grego*, p. 333.
[39] J. BEUTLER, *Evangelho segundo João*, p. 396.
[40] *O Novo Testamento grego*, p. 334.
[41] R. E. BROWN, *Giovanni*, p. 912-913.
[42] J. BEUTLER, *Evangelho segundo João*, p. 388.

A oração de Jesus começa anunciando que é chegada a hora e pede ao Pai que glorifique o Filho, para que o Filho igualmente glorifique o Pai (Jo 17,1). O verbo "glorificar" e o substantivo "glória" são particularmente importantes nesta oração de Jesus, retornando nos versículos 4.5.10.22.24. É chegada a hora em que o Pai irá glorificar o Filho e o Filho glorificar o Pai, isto é: é chegada a hora da Páscoa de Jesus, de sua morte, ressurreição e volta ao Pai (Jo 13,1).

Na sequência, Jesus se refere à vida eterna. O Filho recebe do Pai autoridade para dar a vida eterna a tudo quanto recebeu do Pai (Jo 17,2). A vida eterna é o conhecimento do Pai, Deus único e verdadeiro, e de Jesus, aquele que o Pai enviou (Jo 17,3). Nesses versículos (Jo 17,1-3), o discurso direto de Jesus refere-se a si mesmo indiretamente, em terceira pessoa.

Depois, o discurso vem para a primeira pessoa, quanto ao modo como Jesus refere-se a si mesmo. Desde já, Jesus pode afirmar que concluiu a obra que o Pai lhe dera para realizar (Jo 17,4), ainda que essa somente estará completa no momento em que entregar sua vida na cruz (Jo 19,30). Jesus roga para que o Pai o glorifique com a glória que tinha junto dele, antes que o mundo existisse (Jo 17,5). O pedido de Jesus faz relembrar o prólogo do Evangelho (Jo 1,1-2) e, assim, a ideia da Sabedoria de Deus, que existia junto com Deus desde antes da criação (Pr 8,23).[43]

Jesus deu a conhecer o Pai a seus discípulos. Literalmente, o evangelista escreve: "Manifestei teu nome" (Jo 17,6). A manifestação ou o anúncio do nome de Deus é um tema recorrente no Antigo Testamento e na literatura rabínica.[44] O nome misterioso e escondido de Deus foi revelado por Jesus aos discípulos, que, neste capítulo, são aqueles que "eram teus (do Pai) e que tu me deste" (Jo 17,6). Além dos discípulos, o Pai deu ao Filho as palavras com as quais falou ao mundo, sendo ele próprio a Palavra de Deus (Jo 1,1). Os discípulos acolheram as palavras de Jesus, reconhecendo que ele saiu do Pai, como aquele que o Pai enviou (Jo 17,7-8).

Jesus pede ao Pai pelos discípulos, mas não pede pelo mundo (Jo 17,9). O mundo designa, precisamente, a atitude de fechamento a Deus, por isso, é inútil pedir pelo mundo. Já quanto aos discípulos, Jesus é glorificado neles (Jo 17,10). Por causa de sua partida para o Pai, Jesus já não está mais no mundo, mas os discípulos continuam no mundo (Jo 17,11). Enquanto esteve

---

[43] Sobre tais aproximações, ver R. E. BROWN. *Giovanni*, p. 917-918.
[44] Comentando Jo 17,6, R. E. Brown cita ainda textos apócrifos, de origem gnóstica, o Evangelho da Verdade e o Evangelho de Filipe, que tocam no tema da revelação do nome divino (*Giovanni*, p. 918-921).

com eles, Jesus mesmo os guardou (Jo 17,12). Agora, pede ao Pai que os guarde, para que sejam um, assim como o Pai e o Filho são um (Jo 17,11; 10,30). Desse modo, os discípulos terão, neles mesmos, a plena alegria que vem de Jesus (Jo 17,13).

Os discípulos permanecem no mundo, mas não são do mundo, como Jesus não é do mundo. Eles estão no mundo, mas não agem segundo os preceitos do mundo. Porque acolheram a palavra que Jesus lhes deu, o mundo os odeia. Jesus não pede ao Pai que tire seus discípulos do mundo, mas que eles sejam guardados do mal (Jo 17,14-16).

Jesus também pede ao Pai santo (Jo 17,11) que santifique os discípulos na verdade, que é a palavra do Pai que Jesus lhes anuncia (Jo 17,17). Neste capítulo, a "palavra" é do Pai (Jo 17,6.8.14.17). Em todo o Evangelho segundo João, Jesus é apresentado como o enviado do Pai. Ele é aquele que foi enviado ao mundo (Jo 3,17). Agora, ele envia seus discípulos ao mundo (Jo 17,18). Por eles, Jesus se santifica, para que também eles sejam santificados na verdade (Jo 17,19).

Jesus pede também por aqueles que crerão a partir das palavras dos discípulos: seu pedido é que todos vivam na unidade, de modo que este capítulo também pode ser caracterizado como uma oração de Jesus pela comunhão entre todos aqueles que creem (Jo 17,20-21). A comunhão na unidade é típica deste Evangelho. Ela já apareceu em Jo 10,16; 11,52; 17,11 e predomina nestes versículos (Jo 17,20-23). Assim como o Pai e o Filho são um, assim também a comunidade dos que creem deve ser uma unidade, o que é um testemunho diante do mundo.

O verbo "amar" começa a aparecer, neste capítulo, a partir de Jo 17,23 e se torna predominante até o final da perícope. O sujeito do verbo "amar" é o Pai, que ama os discípulos de Jesus, assim como o Filho Jesus (Jo 17,23). Por isso, Jesus pede para que os discípulos estejam com ele e vejam sua glória, que recebeu do Pai que o ama desde sempre (Jo 17,24). Isso, aliás, já começou a acontecer desde o início do Evangelho, quando os discípulos estavam com Jesus nas bodas de Caná. Ali, Jesus manifestou sua glória e seus discípulos creram nele (Jo 2,11).

A oração chega a seu final. Jesus dirige-se ao Pai chamando-o de "Pai justo". O verbo "conhecer" vem para o primeiro plano. O mundo não conheceu o Pai, o Filho Jesus o conheceu, e os discípulos reconheceram que Jesus é o enviado do Pai. Volta, portanto, o tema de Jesus, o enviado do Pai, frequente em todo o Evangelho. No momento em que está para começar o relato da paixão, é importante que esse tema seja explicitado.

Enfim, Jesus reafirma que deu a conhecer o nome do Pai aos discípulos, para "que o amor com o qual me amaste esteja neles e também eu neles" (Jo 17,26).

Há algumas palavras que se repetem neste capítulo. Dentre elas, uma se destaca. É a palavra "mundo", que ocorre 18 vezes (Jo 17,5.6.9.11.11.13.14.14. 14.15.16.16.18.18.21.23.24.25). Nessas ocorrências, o sentido da palavra nem sempre é o mesmo. Os vários sentidos e usos da palavra neste capítulo são:

a) A glória de Jesus junto do Pai é anterior à existência do mundo (Jo 17,5.24).

b) É do mundo que vieram aqueles que o Pai deu ao Filho (Jo 17,6). Jesus já não está no mundo, mas seus discípulos permanecem no mundo (Jo 17,11). Jesus, no entanto, ainda fala no mundo (Jo 17,13). Jesus não pede que os seus sejam tirados do mundo, mas que sejam guardados do mal (Jo 17,15).

c) Jesus não roga pelo mundo (Jo 17,9). O mundo odeia os discípulos de Jesus porque não são do mundo, como também Jesus não é do mundo (Jo 17,14.16). O mundo não conheceu o Pai (Jo 17,25).

d) Assim como Jesus foi enviado ao mundo pelo Pai, ele envia ao mundo seus discípulos (Jo 17,18).

e) A unidade entre aqueles que creem é um testemunho para o mundo (Jo 17,21.23).

Intertextualidade

A oração de Jesus começa com a constatação: "Pai, é chegada a hora". Uma frase muito semelhante se encontra nos evangelhos sinóticos, também em circunstâncias semelhantes. No horto, depois de sua oração, Jesus anuncia a seus discípulos que se aproxima a hora em que o Filho do Homem será entregue nas mãos dos pecadores (Mc 14,41; Mt 26,45).

Há outras sentenças de Jesus em Jo 17,1-26 com paralelos no Evangelho segundo Mateus, em contextos, porém, diferentes, como: "Tu lhe deste autoridade sobre toda carne" (Jo 17,2) paralela a: "Foi-me dada plena autoridade no céu e na terra" (Mt 28,18); "Não peço que os tire do mundo, mas que os guardes do mal" (Jo 17,15), paralela a: "Livra-nos do Maligno" (Mt 6,13), sentença da oração do Pai-Nosso no Evangelho segundo Mateus, com paralelos ainda em 2Ts 3,3 e 1Jo 5,18.

Em Jo 17,12, a expressão "filho da perdição", tipicamente semítica, refere-se a Judas. Essa mesma expressão encontra-se em 2Ts 2,3, um texto de estilo apocalíptico, no qual o filho da perdição, também chamado de homem da iniquidade e de adversário, é aquele que há de se manifestar antes da chegada do Dia do Senhor. De acordo com J. Beutler, Jo 17,12 e 2Ts 2,3, não usam a expressão "filho da perdição" no mesmo sentido. Em 2Ts 2,3, ele é aquele que causa a perdição; em Jo 17,12, é aquele que é atingido pela perdição.[45]

Dois temas perpassam esta perícope joanina com importantes paralelos em toda a literatura bíblica: a revelação do nome de Deus (Jo 17,6.26) e a unidade daqueles que creem em Jesus (Jo 17,11.21.23). O primeiro tema pode ser encontrado em textos como: Ex 3,13 e Hb 2,12; o segundo em At 4,32 e Gl 3,28.

A oração de Jesus (Jo 17,1-26) encerra a seção da ceia de Jesus com seus discípulos (Jo 13,1-17,26). Teve início a Páscoa de Jesus. A seção compreendeu a última ceia, durante a qual Jesus lavou os pés dos discípulos, deu-lhes o mandamento do amor e lhes anunciou sua partida para o Pai, em um longo discurso de adeus, encerrado com uma oração ao Pai pelos discípulos. Jesus lhes anunciou, de diversas maneiras, que não os deixaria órfãos: ele irá para lhes preparar um lugar e voltará para levá-los consigo (Jo 14,2-3; 17,24); ele pedirá ao Pai, que enviará outro Defensor que estará com os discípulos para sempre (Jo 14,16-17). Por sua vez, os discípulos estarão em Jesus e Jesus neles (Jo 14,20; 15,5), pois aqueles que o amam e guardam sua palavra serão amados pelo Pai, e ele e o Pai farão nele morada (Jo 14,23). A próxima seção (Jo 18,1-19,42) narra a paixão de Jesus, que, no Evangelho segundo João, começa com a prisão de Jesus.

---

[45] Ainda segundo J. Beutler, esses textos reenviam a Is 57,4, que usa a expressão "filhos da perdição" para aqueles que não observam a Lei (*Evangelho segundo João*, p. 395).

18,1–19,42

A Páscoa de Jesus
II – A paixão de Jesus

O relato da paixão de Jesus no Evangelho segundo João se desenrola numa série de perícopes, em geral, mais longas que nos evangelhos sinóticos. O início do relato se dá com a cena da prisão de Jesus. Muito material que nos outros evangelhos faz parte do relato da paixão, no Evangelho segundo João já ficou para trás. Uma das coisas que mais têm chamado a atenção no relato joanino é a presença de certos detalhes ausentes na tradição sinótica, mas que se apresentam como dignos de crédito do ponto de vista histórico. Esses detalhes são abundantes ao longo do relato.

A paixão de Jesus no Evangelho segundo João pode ser apresentada a partir da seguinte divisão em perícopes: a prisão de Jesus (Jo 18,1-14); os interrogatórios de Jesus e de Pedro (Jo 18,15-27); Jesus diante de Pilatos (Jo 18,28–19,16a); a crucifixão (Jo 19,16b-24); Jesus, sua mãe e o discípulo que ele amava (Jo 19,25-27); a morte de Jesus (Jo 19,28-30); o golpe da lança (Jo 19,31-37); e o sepultamento do corpo de Jesus (Jo 19,38-42).[1]

18,1-14 A prisão de Jesus

A perícope é um texto narrativo que conta a prisão de Jesus e sua condução à casa de Anás. A cena tem início no jardim, do outro lado do vale do Cedron, entre a cidade de Jerusalém e o monte das Oliveiras. Essa é única vez que esse ribeiro é mencionado no Novo Testamento, mas no Antigo Testamento ele é mencionado diversas vezes, tal como em 2Sm 15,23.

---

[1] É mais comum encontrar uma divisão do relato da paixão de Jesus no Evangelho segundo João em três seções: Jo 18,1-27; 18,28–19,16a; 19,16b-42 (R. E. BROWN, *Giovanni*, p. 958-959). J. Konings vê ainda que cada uma dessas três seções está subdividida em sete partes (*Evangelho segundo João*, p. 316). A divisão em três seções, subdivididas em sete partes também aparece no comentário de J. Beutler (*Evangelho segundo João*, p. 404-407).

No jardim, estão Jesus e seus discípulos. Depois, chega Judas com o destacamento e com guardas dos sumos sacerdotes e dos fariseus. Dos discípulos de Jesus, Simão Pedro é nomeado. Também são nomeados um dos servos do sumo sacerdote, que se chamava Malco, e os sumos Anás e Caifás. Também é mencionado o tribuno que estava com o destacamento e os guardas.

O texto traduzido: "A quem buscais?"

18 ¹ Tendo dito essas coisas, Jesus saiu com seus discípulos para o outro lado do vale do Cedron, onde havia um jardim, no qual entrou com seus discípulos. ² Também Judas, que o entregava, conhecia o lugar, pois várias vezes Jesus encontrara-se com seus discípulos ali. ³ Então Judas, tendo tomado consigo o destacamento e alguns guardas dos sumos sacerdotes e dos fariseus, foi para lá com tochas, lâmpadas e armas. ⁴ Jesus, sabendo de tudo o que estava por lhe sobrevir, saiu e lhes disse: "A quem buscais?"

⁵ Responderam-lhe: "A Jesus, o nazareno".

Disse-lhes Jesus: "Sou eu".

Também Judas, que o entregava, estava com eles. ⁶ Quando lhes disse: "Sou eu", recuaram e caíram por terra. ⁷ Então lhes perguntou novamente: "A quem buscais?"

Eles disseram: "A Jesus, o nazareno".

⁸ Respondeu Jesus: "Já vos disse que sou eu. Se é a mim que buscais, deixai estes irem".

⁹ Disse isso para que se cumprisse a palavra que dissera: "Não perdi nenhum daqueles que me deste".

¹⁰ Simão Pedro trazia uma espada. Ele a sacou e feriu o servo do sumo sacerdote, cortando-lhe a orelha direita. O nome do servo era Malco. ¹¹ Disse Jesus a Pedro: "Põe a espada na bainha. Acaso não beberei o cálice que o Pai me deu?"

¹² Então, o destacamento, o tribuno e os guardas dos judeus prenderam Jesus e o amarraram. ¹³ Eles o conduziram, primeiramente, a Anás, que era sogro de Caifás, o sumo sacerdote daquele ano. ¹⁴ Caifás era aquele que dera aos judeus o conselho de que convinha que um só homem morresse pelo povo.

Notas à tradução

Em Jo 18,1, a expressão "vale do Cedron" seria ainda mais bem traduzida por "uádi do Cedron". Uádi (do árabe *wadi*) é um leito de um ribeiro com águas apenas na estação chuvosa que, em Jerusalém, corresponde ao inverno. A Páscoa é uma festa celebrada no inverno em Jerusalém.

Em Jo 18,3.12, o evangelista usa o termo *speíra* (pronuncia-se *spéira*), que está sendo traduzido por "destacamento". Esse termo significa, literalmente, "uma coorte", ou seja, "um destacamento romano de 600 soldados", "um décimo de uma legião". Nos outros escritos evangélicos, o termo ocorre em Mc 15,16 e em seu paralelo em Mt 27,27: a "coorte" que se reúne para as zombarias e a flagelação de Jesus, já condenado à crucifixão. Nos Atos dos Apóstolos, o termo ocorre três vezes (At 10,1; 21,31; 27,1), sempre com o significado de "um destacamento de soldados romanos". Em Jo 18,3.12, seria preciso supor esse mesmo significado? Se a resposta for sim, seria preciso admitir a presença de soldados romanos na prisão de Jesus, uma informação própria do Evangelho segundo João. Por outro lado, o termo ocorre também em Jt 14,11 e 2Mc 8,23; 12,20.22, textos do Antigo Testamento grego. Nessas passagens, o termo *speíra* ocorre no sentido de "destacamento", sem possibilidade de que se trate de uma coorte formada por soldados romanos. Em Jo 18,12, além de *speíra*, também aparece o termo *chilíarchos*, traduzido acima por "tribuno", ou seja, o comandante de uma coorte. Esse termo ocorre diversas vezes nos Atos dos Apóstolos, sempre com esse sentido militar específico, e assim também em Ap 6,15 e 19,18, o que também pode ser o caso de sua ocorrência em Mc 6,21. Já no Antigo Testamento grego, o termo é comum e indica apenas uma função de comando, sem referência ao vocabulário militar romano. R. E. Brown pensa que seja preciso dar a esses termos, em Jo 18,3.12, seu sentido específico e supor a presença de soldados romanos na prisão de Jesus de acordo com o relato joanino.[2] Esse também é o modo de pensar de J. Beutler, para quem "João permanece fiel à sua visão de que Jesus foi preso pelo poder romano em conluio com as autoridades judaicas".[3] Permanece, contudo, a possibilidade de que o evangelista esteja usando esses termos em um sentido amplo, assim como são usados em suas ocorrências no Antigo Testamento em grego.

---

[2] R. E. BROWN, *Giovanni*, p. 987.
[3] J. BEUTLER, *Evangelho segundo João*, p. 413.

Intertextualidade e comentário

O episódio da prisão de Jesus e sua condução ao sumo sacerdote é narrado por todos os evangelistas. Os relatos paralelos estão em Mc 14,43-50.53; Mt 26,47-57; Lc 22,47-54. O relato joanino começa com a informação de que Jesus, depois de dizer essas coisas, foi com seus discípulos para o outro lado do vale do Cedron. Nos evangelhos sinóticos, aparece a informação de que, depois de cantar os salmos, Jesus e seus discípulos foram para o monte das Oliveiras (Mc 14,26; Mt 26,30; Lc 22,39), dirigindo-se ao Getsêmani (Mc 14,32; Mt 26,36). No relato joanino, não há a especificação do nome do lugar, mas apenas que ali havia um jardim, no qual Jesus entrou com seus discípulos (Jo 18,1). Esse lugar era conhecido também de Judas, uma vez que Jesus, segundo o evangelista, já se encontrara com seus discípulos ali (Jo 18,2). Judas, então, chega com um destacamento e alguns guardas dos sumos sacerdotes e fariseus (Jo 18,3).

Como é de seu costume, o evangelista insere um comentário na narrativa: Jesus sabia o que ia lhe acontecer. Por isso, é Jesus quem toma a iniciativa e pergunta: "A quem buscais?" (Jo 8,4). Assim, no relato joanino da prisão de Jesus, não há lugar para o beijo de Judas. Em vez disso, há um diálogo entre Jesus e aqueles que vêm para prendê-lo. Diante da atitude de Jesus, eles recuam e caem por terra (Jo 18,5-6).

A resposta de Jesus – "Sou eu" – é, basicamente, uma proposição de tipo "Eu sou" em seu uso simples, isto é, aquele em que a referida afirmação é esperada. A sequência do diálogo (Jo 18,4-6) o mostra. O contexto, no entanto, sugere que se está em um caso-limite entre uma proposição "Eu sou" em seu uso simples e em seu uso absoluto, isto é, aquele sem predicado (Jo 8,24.28.58; 13,19), que evoca, de modo sublime, a divindade de Jesus. E isso pela reação da guarda de recuar e cair por terra, o que deixa a impressão de uma possível atitude de adoração. Contudo, de modo mais simples, a atitude de recuo da guarda também pode ser vista como uma reação de admiração, seja pela coragem, seja pela dignidade de Jesus. Essa atitude relembra algumas passagens em que o salmista louva a Deus porque seus inimigos recuaram (Sl 56,10; 70,3 e ainda Sl 27,2).[4]

---

[4] Para R. E. Brown, se a resposta de Jesus serve simplesmente para indicar que é ele aquele a quem buscam, a reação da guarda de recuar e cair por terra não é uma simples admiração, mas sim uma prostração diante da majestade de Jesus, de modo que restam poucas dúvidas de que o evangelista intenda este Eu Sou mais como uma manifestação do nome divino (*Giovanni*, p. 1.002).

O diálogo entre Jesus e aqueles que vieram para prendê-lo prossegue. É Jesus quem toma novamente a iniciativa e reapresenta a questão de quem eles estão buscando, ao que respondem como antes: "Jesus, o nazareno" (Jo 18,7). Jesus reafirma que é ele e pede que deixem os outros irem (Jo 18,8). Nisso, o evangelista vê o cumprimento de uma palavra de Jesus: "Não perdi nenhum daqueles que me deste" (Jo 18,9). Essa palavra pode ser encontrada em Jo 6,39 e 17,12. Mais uma vez o evangelista coloca a palavra de Jesus no mesmo nível que a Escritura. Assim como esta, a palavra de Jesus também se cumpre (Jo 2,22; 18,32).

A ausência do beijo de Judas e a informação do evangelista da pré-ciência de Jesus, que sabia de tudo o que estava por vir (Jo 18,4), mostram que o Jesus joanino vai para a paixão inteiramente livre e consciente do que está para lhe acontecer. Na verdade, ele não é detido, mas se entrega, realizando o que já dissera: que ninguém toma sua vida, pois ele a entrega livremente (Jo 10,17-18).

Segue um momento de violência provocado por um discípulo de Jesus, que trazia uma espada com a qual feriu a orelha de um servo do sumo sacerdote. Esse episódio é registrado por todos os evangelistas (Mc 14,47; Mt 26,51-54; Lc 22,49-51), mas apenas no Evangelho segundo João há nomes: quem saca a espada é Simão Pedro, e o ferido se chama Malco (Jo 18,10). Jesus não aceita essa reação violenta e ordena que Pedro guarde a espada. Em uma pergunta retórica, Jesus afirma que não deixaria de beber o cálice que o Pai lhe dera (Jo 18,11). A referência à morte de Jesus a partir da imagem de "beber do cálice" também aparece nos evangelhos sinóticos (Mc 10,38-39 e seu paralelo em Mt 20,22-23, e Mc 14,36 e seus paralelos em Mt 26,39 e Lc 22,42).

Jesus é preso, amarrado (Jo 18,12) e conduzido à casa de Anás, sogro de Caifás, o chefe dos sacerdotes (Jo 18,13). Ao mencionar Caifás, o evangelista relembra que foi ele quem deu "o conselho de que convinha que um só homem morresse pelo povo" (Jo 11,49-50). Aqui é afirmado que ele deu esse conselho "aos judeus" (Jo 18,14), talvez um indício de que o termo "judeus" voltará a aparecer para caracterizar a atitude hostil das autoridades judaicas contra Jesus, uso que caracterizou a primeira parte do Evangelho (Jo 1,19–11,8).

18,15-27 Os interrogatórios de Jesus e de Pedro

O texto é narrativo. As personagens são Simão Pedro, Jesus e outro discípulo de Jesus que era conhecido do sumo sacerdote. Há uma criada que interroga Pedro, servos e guardas que tinham feito um braseiro, junto dos quais estava Pedro. Um desses servos era parente daquele de quem Pedro cortara a orelha. Há guardas ao lado de Jesus quando ele é interrogado pelo sumo sacerdote. Um desses guardas bate em Jesus. A cena se passa na casa de Anás, para onde Jesus foi conduzido e, de lá, ao final, é enviado para Caifás. Jesus é interrogado pelo sumo sacerdote.

O texto traduzido: "Não és tu também dos discípulos dele?"

> [15] Simão Pedro seguiu Jesus, e com ele estava outro discípulo. Este discípulo era conhecido do sumo sacerdote e entrou com Jesus para o pátio do sumo sacerdote. [16] Pedro, contudo, ficou junto à porta, do lado de fora. Então o outro discípulo, conhecido do sumo sacerdote, saiu, falou com a porteira e trouxe Pedro para dentro. [17] A criada que ficava à porta disse a Pedro: "Não és, tu também, dos discípulos deste homem?"
>
> Ele disse: "Não sou".
>
> [18] Os servos e os guardas que estavam ali tinham feito um braseiro, porque fazia frio, e aqueciam-se. Também Pedro estava com eles, em pé, e se aquecia.
>
> [19] Então o sumo sacerdote interrogou Jesus sobre seus discípulos e sobre seu ensinamento. [20] Respondeu-lhe Jesus: "Eu tenho falado ao mundo abertamente, sempre ensinei na sinagoga e no Templo, onde todos os judeus se reúnem. Nada falei às escondidas. [21] Por que me interrogas? Interroga aqueles que ouviram o que lhes falei. Eles sabem o que eu disse".
>
> [22] Tendo dito essas coisas, um dos guardas que estavam ao lado de Jesus deu-lhe uma bofetada, dizendo: "Assim respondes ao sumo sacerdote?"
>
> [23] Respondeu-lhe Jesus: "Se falei mal, testemunha o que foi de mal, mas, se falei bem, por que me bates?"
>
> [24] Então Anás o enviou amarrado ao sumo sacerdote Caifás.
>
> [25] Simão Pedro continuava lá, em pé, aquecendo-se. Disseram-lhe, então: "Não és, tu também, dos discípulos dele?"

> Ele negou dizendo: "Não sou".
>
> ²⁶ Disse um dos servos do sumo sacerdote, parente daquele de quem Pedro tinha cortado a orelha: "Não te vi eu no jardim com ele?"
>
> ²⁷ Pedro novamente negou e, logo, um galo cantou.

Intertextualidade e comentário

No mesmo momento em que Jesus é interrogado pelo sumo sacerdote, Pedro é interrogado pelos criados. Esses dois interrogatórios são narrados por todos os evangelistas (Mc 14,54-72; Mt 26,58-75; Lc 22,54-71), mas apenas no Evangelho segundo João os dois interrogatórios são narrados simultaneamente, formando uma só perícope.

Simão Pedro e outro discípulo seguem Jesus. Esse outro discípulo não é nem nomeado nem identificado como sendo o discípulo que Jesus amava (Jo 13,23), mas sim como alguém que era conhecido do sumo sacerdote. Jesus e esse discípulo entram no pátio do sumo sacerdote (Jo 18,15). Pedro teve que ficar do lado de fora e somente pôde entrar depois que esse discípulo conhecido do sumo sacerdote falou com a porteira e o trouxe para dentro (Jo 18,16). A presença de outro discípulo no interrogatório de Jesus, além de Pedro, é um dado particular ao Evangelho segundo João. Sua identidade não é revelada. Jesus, no entanto, tinha discípulos e admiradores entre as autoridades judaicas, como é o caso de Nicodemos (Jo 3,1) e José de Arimateia (Jo 19,38; Lc 23,50).

À porta, Pedro já é interrogado pela primeira vez, pela porteira, que lhe pergunta se ele não é discípulo de Jesus. Pedro nega (Jo 18,17). Por ocasião da festa da Páscoa, é inverno em Jerusalém e faz frio. Para se aquecer, os servos e guardas tinham feito um braseiro, e Pedro ficou com eles, aquecendo-se (Jo 18,18).

Na sequência, o evangelista começa a narrar o interrogatório de Jesus pelo sumo sacerdote, sem, contudo, nomeá-lo. Neste Evangelho, esse interrogatório é diferente daquele apresentado pelos outros evangelistas. As questões sobre a identidade de Jesus já apareceram nas diversas polêmicas dos capítulos anteriores e, especialmente, em Jo 10,24-38. Assim, as questões do sumo sacerdote, neste Evangelho, são sobre os discípulos e os ensinamentos de Jesus (Jo 18,19). Jesus responde que sempre falou abertamente, ensinando na sinagoga e no Templo (Jo 18,20). No Evangelho segundo João, Jesus apareceu ensinando em uma sinagoga uma única vez, em Cafarnaum (Jo 6,59), mas apareceu ensinando no Templo em diversas ocasiões (Jo 7,14.28; 8,20). Levando-se em conta os evangelhos sinóticos, essa relação se inverte. Em todo caso, para além de uma crônica de quando esteve ensinando em tal ou tal lugar, as palavras de Jesus significam que sua atitude não foi a de um conspirador que age em segredo. Antes, sua atitude lembra o oráculo de Isaías, que coloca na boca do *Senhor* as seguintes palavras: "Não falei em segredo, em um recanto obscuro da terra" (Is 45,19a). Nos evangelhos sinóticos, há uma afirmação semelhante de Jesus, mas no momento em que está para ser preso: "Todos os dias estive junto a vós, no Templo, ensinando, e não me prendestes" (Mc 14,49, paralelo a Mt 26,55; Lc 22,53).[5]

Se Jesus sempre falou publicamente, ele questiona o fato de estar sendo interrogado. Ademais, ele pede que sejam ouvidos aqueles que o ouviram (Jo 18,21), o que pode ser interpretado como um pedido de que haja testemunhas na audiência.[6] Mais uma vez, no entanto, o evangelista constrói seu relato com fina ironia, uma vez que, ao mesmo tempo, Pedro está sendo interrogado pelos criados e está negando que conhece Jesus.

Outra característica do relato joanino é que o Sinédrio não é mencionado, como acontece nos evangelhos sinóticos, nem as falsas testemunhas, que aparecem no Evangelho segundo Marcos e no Evangelho segundo Mateus. No Evangelho segundo João, o interrogatório é tão somente um interrogatório de Jesus pelo sumo sacerdote, não um interrogatório diante do Sinédrio.

A guarda, no entanto, está presente. Diante da resposta de Jesus ao sumo sacerdote, um dos guardas lhe dá uma bofetada (Jo 18,22). Jesus reage e o questiona: "Se falei mal, testemunha o que foi de mal, mas, se falei bem, por que me bates?" (Jo 18,23). Então aparece o nome de Anás (Jo 18,24). Aquele, pois, que interrogou Jesus foi Anás. O texto o chama de sumo sacerdote, embora, de fato, na ocasião o sumo sacerdote fosse Caifás, seu genro (Jo 18,13).[7] Anás enviou Jesus amarrado a Caifás (Jo 18,24). A menção de Anás é mais um detalhe próprio do Evangelho segundo João.

O evangelista volta, então, a narrar o interrogatório de Pedro. Mais uma vez lhe perguntam (sujeito indeterminado) se ele não era discípulo de Jesus, e ele novamente nega: "Não sou" (Jo 18,25). Pedro, contudo, é confrontado por um dos servos do sumo sacerdote. O evangelista identifica esse servo

---

[5] Texto extraído de *A Bíblia: Novo Testamento*, p. 142.

[6] R. E. BROWN, *Giovanni*, p. 1.015.

[7] No elenco de autoridades políticas e religiosas apresentado por Lucas, aparecem os nomes de Anás e Caifás, sob o título de sumo sacerdote (Lc 3,2).

com o parente daquele de quem Pedro tinha cortado a orelha. Ele afirma, fazendo uma pergunta: "Não te vi eu no jardim com ele?" (Jo 18,26). Pela terceira vez, Pedro nega. Logo, um galo cantou (Jo 18,27), anunciando que o dia estava raiando. Tudo ocorre conforme Jesus tinha predito a Pedro (Jo 13,36-38). Comparando com os evangelhos sinóticos, característico do relato joanino, de modo especial para a primeira e a segunda negação de Pedro, é que as pessoas lhe perguntam se ele não é discípulo de Jesus. É isso que Pedro nega: não que ele conheça Jesus, mas que ele seja seu discípulo. Ademais, no relato joanino, não é descrita nenhuma reação de pranto da parte de Pedro, tal como aparece nos evangelhos sinóticos (Mc 14,72; Mt 26,75; Lc 22,62).

18,28–19,16a Jesus diante de Pilatos

A próxima cena se passa no pretório, local onde o governador romano da Judeia ficava quando ia a Jerusalém. Jesus é conduzido para lá. As autoridades judaicas não entram, de modo que o governador é que entra e sai do pretório a todo momento. Dentro, acontecem os diálogos dele com Jesus; fora, os diálogos com as autoridades judaicas. As personagens do relato são: Jesus; Pilatos, o governador; as autoridades judaicas; os soldados de Pilatos; e os guardas mencionados com os sumos sacerdotes. As autoridades judaicas aparecem no texto como "os judeus" ou como "os sumos sacerdotes".

No início da perícope, há uma anotação de tempo, de que era de manhã. Próximo do final, a perícope traz outra anotação de tempo: era por volta da hora sexta. O dia era o da preparação da Páscoa; também essa informação vem dada no início e no final da perícope. Nesse ponto, o Evangelho segundo João difere dos evangelhos sinóticos, que situam a morte de Jesus no dia da Páscoa, e não no dia da preparação da Páscoa. Como, em todos os evangelhos, a ressurreição de Jesus se dá no domingo, é preciso supor, para a cronologia joanina, que a Páscoa judaica daquele ano tinha caído no sábado.

O texto traduzido: "Eis o homem!"

> [28] Conduziram Jesus de Caifás ao pretório. Era de manhã e eles não quiseram entrar no pretório para não se contaminarem e ficarem impedidos de comer a páscoa. [29] Pilatos, então, veio para fora, até eles, e perguntou: "Que acusação trazeis contra este homem?" [30] Responderam-lhe: "Se ele não fosse um malfeitor, não o teríamos entregue a ti".

³¹ Disse-lhes Pilatos: "Tomai-o vós mesmos e julgai-o segundo a vossa lei".

Disseram-lhe os judeus: "Não nos é permitido matar ninguém".

³² Isso para que se cumprisse a palavra de Jesus, a que dissera assinalando por qual morte estava para morrer.

³³ Pilatos entrou novamente no pretório, chamou Jesus e disse-lhe: "Tu és o rei dos judeus?"

³⁴ Respondeu Jesus: "Dizes isto por ti mesmo ou outros te falaram a meu respeito?"

³⁵ Respondeu Pilatos: "Acaso eu sou judeu? Tua nação e os sumos sacerdotes te entregaram a mim. Que fizeste?"

³⁶ Jesus respondeu: "Meu reino não é deste mundo. Se meu reino fosse deste mundo, meus guardas teriam combatido para que eu não fosse entregue aos judeus. Agora, porém, meu reino não é daqui".

³⁷ Disse-lhe Pilatos: "Então, tu és rei?"

Respondeu-lhe Jesus: "Tu dizes que eu sou rei. Para isto nasci e para isto vim ao mundo: para dar testemunho da verdade. Quem é da verdade ouve minha voz".

³⁸ Disse-lhe Pilatos: "O que é a verdade?"

Tendo dito isso, saiu novamente ao encontro dos judeus e lhes disse: "Eu não encontro nele culpa alguma. ³⁹ É costume entre vós que eu vos solte alguém por ocasião da Páscoa. Quereis, pois, que eu vos solte o rei dos judeus?"

⁴⁰ Eles novamente tomaram a palavra e gritaram: "Este não, mas Barrabás".

Barrabás era um bandido.

19 ¹ Então Pilatos tomou Jesus e mandou que fosse flagelado. ² Os soldados, tendo tecido uma coroa de espinhos, colocaram-na em sua cabeça e envolveram-no com um manto púrpura, ³ e vinham até ele e diziam: "Salve o rei dos judeus!"

E davam-lhe bofetadas.

⁴ Pilatos veio novamente para fora e lhes disse: "Eis que eu o trago a vós aqui fora, para que saibais que não encontro nele culpa alguma".

⁵ Então Jesus veio para fora, trazendo a coroa de espinhos e o manto púrpura. Disse-lhes Pilatos: "Eis o homem".

⁶ Assim que os sumos sacerdotes e os guardas o viram, começaram a gritar: "Crucifica, crucifica".

Disse-lhes Pilatos: "Tomai-o vós e crucificai, pois eu não encontro nele culpa".

⁷ Responderam-lhe os judeus: "Nós temos uma Lei e, segundo esta Lei, ele deve morrer, porque se fez filho de Deus".

⁸ Quando Pilatos ouviu essa palavra, temeu ainda mais.

⁹ Ele entrou no pretório novamente e disse a Jesus: "De onde tu és?"

Mas Jesus não lhe deu resposta alguma.

¹⁰ Disse-lhe, então, Pilatos: "Não falas comigo? Não sabes que tenho autoridade para te soltar e tenho autoridade para te crucificar?"

¹¹ Respondeu-lhe Jesus: "Nenhuma autoridade terias sobre mim, se não te fosse dada do alto. Por isso, quem me entregou a ti tem maior pecado".

¹² A partir desse momento, Pilatos buscava soltá-lo. Os judeus, porém, gritaram: "Se o soltas, não és amigo de César. Todo aquele que se faz rei opõe-se a César".

¹³ Tendo ouvido essas palavras, Pilatos trouxe Jesus para fora e sentou-se na tribuna, no lugar chamado Pavimento ou, em hebraico, Gábata. ¹⁴ Era o dia de preparação da Páscoa, por volta da hora sexta. Ele disse aos judeus: "Eis vosso rei!"

¹⁵ Eles, então, gritaram: "Fora com ele! Crucifica-o!"

Disse-lhes Pilatos: "Crucificarei vosso rei?"

Responderam os sumos sacerdotes: "Não temos rei senão César".

¹⁶ᵃ Então o entregou a eles para que fosse crucificado.

Notas à tradução

Em Jo 19,11, nas palavras de Jesus a Pilatos a respeito da autoridade que ele afirma ter sobre Jesus, o texto grego pode ser traduzido por: "Se não te fosse dada do alto" ou "se não te fosse dada de cima". Nesse segundo caso, a autoridade de Pilatos lhe teria sido dada por outra instância, acima do governador da Judeia, e não propriamente de Deus.

Em Jo 19,14, "por volta da hora sexta" é aproximadamente o meio-dia. A mesma expressão apareceu em Jo 4,6.

Intertextualidade e comentário

Todos os evangelistas narram o julgamento de Jesus por Pilatos, que ocupou o cargo de procurador romano da Judeia de 26 a 36 d.C. Nos evangelhos sinóticos, essas narrativas encontram-se em Mc 15,1-20; Mt 27,1-2.11-31; Lc 23,1-7.13-25. No Novo Testamento, fora dos evangelhos, Pilatos é mencionado em At 3,13; 4,27; 13,28 e em 1Tm 6,13. A apresentação do relato joanino será feita por partes, uma vez que a perícope é bastante longa, e realçando certos detalhes próprios deste relato evangélico. A divisão em partes aqui apresentada segue um esquema proposto por R. E. Brown, segundo o qual a perícope do julgamento de Jesus por Pilatos está composta de sete cenas menores, em um esquema quiástico, no qual a primeira cena corresponde à sétima, a segunda à sexta, a terceira à quinta, e a quarta cena aparece no centro da perícope.[8]

18,28-32 Jesus é conduzido a Pilatos

No final da perícope anterior, Jesus é conduzido da casa de Anás à casa de Caifás (Jo 18,24). Agora, é conduzido da casa de Caifás ao pretório. Em mais um de seus comentários, o evangelista afirma que os judeus não entraram no pretório para não se contaminarem e poderem celebrar a ceia pascal (Jo 18,28). Para os judeus, o pretório era um lugar pagão, razão pela qual eles se tornariam impuros se nele entrassem. Essa informação situa a morte de Jesus, no Evangelho segundo João, não no dia da Páscoa, mas em sua véspera, quando eram feitos os preparativos da festa.

Pilatos quer saber qual é a acusação contra Jesus (Jo 18,29). As autoridades judaicas respondem que, se Jesus não fosse um malfeitor, não o teriam levado até ele (Jo 18,30). Jesus é, pois, apresentado como um malfeitor.

Pilatos tenta se livrar do problema dizendo às autoridades judaicas que elas mesmas julguem Jesus, conforme sua lei. A resposta é que não

---

[8] R. E. BROWN, *Giovanni*, p. 1.060.

podiam condenar ninguém à morte (Jo 18,31). Esse diálogo é próprio do Evangelho segundo João, e a resposta das autoridades judaicas a Pilatos tem causado polêmica. Ela pode se referir a um eventual interdito decretado pelos romanos que estaria em vigor na ocasião, que impediria os judeus de decretar uma morte por crucifixão. Mas não é certo. O próprio texto chega a sugerir alguma coisa do gênero, uma vez que, na sequência, há mais um comentário do evangelista inserido na narrativa. Ele explica que isso se deu para que se cumprisse a palavra de Jesus a respeito do gênero de morte que iria sofrer (Jo 19,32), ou seja: por crucifixão e não por apedrejamento. A maneira como o evangelista se expressa mostra que a palavra de Jesus se cumpre, assim como as Escrituras (Jo 2,22; 18,9). Enfim, no Evangelho segundo João, algumas palavras de Jesus sugerem uma morte por crucifixão, de modo especial quando Jesus se refere ao Filho do Homem que será elevado (Jo 3,14; 8,28; 12,31-32). Já no Evangelho segundo Mateus, há duas menções explícitas à crucifixão em discursos diretos de Jesus (Mt 20,19; 26,2).

18,33-38a Primeiro diálogo entre Pilatos e Jesus

Pilatos entra para o pretório, onde está Jesus, e lhe pergunta: "Tu és o rei dos judeus?" (Jo 18,33). Essa pergunta pressupõe que as autoridades judaicas acusaram Jesus de ter-se proclamado rei ou é apenas Pilatos que deduz isso? No fundo, é essa a pergunta que Jesus lhe faz (Jo 18,34). É a primeira vez, no Evangelho, que Jesus é apresentado como "rei dos judeus", verdadeira ou pretensamente. Antes, já tinha aparecido o título de "rei de Israel", pelo qual Jesus foi chamado por Natanael (Jo 1,49) e aclamado pelas multidões em sua entrada em Jerusalém (Jo 12,13). As expressões "rei dos judeus" e "rei de Israel", contudo, não são idênticas.

Nesse início de diálogo entre Pilatos e Jesus, cada pergunta é respondida com uma nova pergunta. Agora é Pilatos quem fala. Sua primeira pergunta: "Acaso eu sou judeu?" já pressupõe uma resposta negativa. Ele afirma que foram a nação de Jesus e os sumos sacerdotes que o entregaram, e pergunta: "Que fizeste?" (Jo 18,35). Em sua resposta, Jesus diz que seu reino não é deste mundo. Essa afirmação pode ser compreendida no sentido de que ele não disputa um reino e uma realeza com os reis da terra, ou, ainda, que seu reino não é regido pelos princípios do mundo. Se o fosse, ele teria guardas que teriam combatido por ele (Jo 18,36).

Pilatos prossegue o interrogatório: "Então, tu és rei?" A resposta de Jesus permanece enigmática: "Tu dizes que eu sou rei. Para isto nasci e para isto vim ao mundo: para dar testemunho da verdade". A questão é: a sentença

"Para isto nasci e para isto vim ao mundo" liga-se ao que precede ou ao que segue? Jesus nasceu e veio ao mundo para ser rei ou para dar testemunho da verdade? Jesus completa: "Quem é da verdade ouve minha voz" (Jo 18,37). De acordo com Jo 5,33, essa também é a missão de João Batista: dar testemunho da verdade.

Pilatos lhe pergunta: "O que é a verdade?" (Jo 18,38a), mas não há resposta. Jesus não a responde, e o próprio Pilatos sai da presença de Jesus sem esperar por ela. A resposta, no entanto, foi dada várias vezes ao longo do Evangelho (Jo 1,14.17; 5,33; 8,32.44; 15,6; 17,17).

O motivo que predominou neste primeiro diálogo de Pilatos com Jesus foi sua suposta pretensão de ser rei. Esse motivo aparece em todos os relatos evangélicos. Em todos esses relatos, Pilatos interroga Jesus sobre se ele é rei, e Jesus responde evasivamente. É no Evangelho segundo João que esse diálogo é mais longo.

18,38b-40 Pilatos e as autoridades judaicas

Pilatos declara aos judeus que não encontra nenhuma culpa em Jesus (Jo 18,38b). É a segunda tentativa de Pilatos de livrar-se do problema que as autoridades judaicas lhe criaram trazendo Jesus para que fosse condenado à morte. A primeira tinha sido devolvê-lo às mesmas autoridades judaicas para que o julgassem (Jo 18,31). A segunda é tentar beneficiar Jesus com o indulto de Páscoa. Ele pergunta: "Quereis, pois, que eu vos solte o rei dos judeus?" (Jo 18,39). Nisso, o plano de Pilatos fracassa completamente, pois as autoridades judaicas pedem o indulto para Barrabás. O evangelista explica que Barrabás era bandido (Jo 18,40). O termo usado pelo evangelista é *lēités* (pronuncia-se *lestés*), que significa "alguém que age com violência", "um assaltante". De acordo com o Evangelho segundo Marcos, Barrabás tinha sido preso com alguns sediciosos que tinham cometido um homicídio durante uma revolta (Mc 15,7). Informação semelhante aparece no Evangelho segundo Lucas (Lc 23,19).

A proposta de troca de Jesus por Barrabás aparece em todos os escritos evangélicos e, desta vez, o Evangelho segundo João é o que trata do tema de modo mais breve.

19,1-3   A flagelação

Pilatos manda que Jesus seja flagelado (Jo 19,1). No Evangelho segundo João, a flagelação acontece antes da condenação à morte, como uma pena substitutiva e como mais uma tentativa de Pilatos de dissuadir as autoridades judaicas da execução de Jesus. No Evangelho segundo Marcos e no Evangelho segundo Mateus, a flagelação vem após a condenação. No Evangelho segundo Lucas, ela é apenas mencionada por Pilatos, mas não é narrada, e Jesus é zombado pela guarda de Herodes. Jesus é flagelado e escarnecido pelos soldados como "rei dos judeus" (Jo 19,2-3).

19,4-8   Novo diálogo entre Pilatos e as autoridades judaicas

O que vem a seguir é próprio do Evangelho segundo João. Pilatos traz Jesus para fora afirmando, novamente, que não encontra nele motivo algum de condenação (Jo 19,4). Pilatos, no entanto, não é consequente em seu agir, uma vez que, se não encontra culpa em Jesus, deveria soltá-lo, mas não o faz. Nisso, pode-se dizer que a intenção de Pilatos não parece ser livrar Jesus, mas sim livrar-se de Jesus.

Jesus é conduzido para fora com a coroa de espinhos e o manto que os soldados lhe puseram, sinal de sua derrisão. Pilatos o apresenta com as palavras: "Eis o homem" (Jo 19,5). Na pena do evangelista, Pilatos diz mais do que pensa: "Eis o homem" quer dizer que, em Jesus, está a plenitude do humano.

Ao verem Jesus, os sumos sacerdotes e os guardas começam a pedir, aos gritos, a crucifixão. Pilatos lhes diz que eles mesmos crucifiquem, já que não encontra em Jesus motivo de condenação (Jo 19,6). No relato joanino da paixão, a multidão não é mencionada. São os sumos sacerdotes e os guardas que pedem a crucifixão.

As autoridades judaicas respondem a Pilatos que, segundo a Lei deles, Jesus deve morrer, pois se fez filho de Deus (Jo 19,7). Aqui, aparece mais uma acusação das autoridades judaicas contra Jesus. Essa acusação já apareceu no Evangelho segundo João, em Jo 5,18 e 10,33. As palavras das autoridades judaicas deixam Pilatos com ainda mais medo (Jo 19,8).

19,9-11   Novo diálogo entre Pilatos e Jesus

Pilatos entra e interroga novamente Jesus. Neste ponto, o relato parece ter uma ruptura, pois Jesus tinha sido levado para fora (Jo 19,5). É preciso supor que Jesus foi novamente levado para dentro do pretório. Dentro, Pilatos pergunta a Jesus: "De onde és tu?" Jesus não lhe responde (Jo 19,9). A pergunta "de onde?" perpassa este Evangelho (Jo 1,48; 2,9; 3,8; 4,11; 6,5; 7,27; 8,14; 9,29-30). Ela diz respeito à origem divina de Jesus e dos sinais e obras que realiza. Aqui, refere-se à própria identidade de Jesus. O silêncio de Jesus diante de Pilatos também é registrado pelos outros evangelistas (Mc 15,5; Mt 27,14).

Pilatos insiste com Jesus dizendo ter poder para soltá-lo e para crucificá-lo (Jo 19,10). Na verdade, o relato caminha para desmentir isso, já que, embora não encontre nele motivo de condenação, Pilatos irá condená-lo pressionado pelas autoridades judaicas. A resposta de Jesus refere-se ao poder que vem do alto e ao maior culpado que Pilatos nesta história (Jo 19,11). Esse maior culpado poderia ser ou as autoridades judaicas que conduziram Jesus a Pilatos ou, o que parece mais de acordo com o conjunto do Evangelho, o Príncipe deste mundo (Jo 12,31; 14,30; 16,11).

De acordo com R. E. Brown, a afirmação de Jesus de que Pilatos não teria nenhuma autoridade sobre ele se não lhe fosse dada do alto não se refere nem a uma instância política acima de Pilatos, que o teria nomeado governador da Judeia, nem deve ser colocada em paralelo com a afirmação de Paulo de que toda autoridade tem sua origem em Deus (Rm 13,1). A afirmação deve ser compreendida em paralelo com as palavras de Jesus de que ninguém tira sua vida, pois ele a dá livremente (Jo 10,18). Assim como Caifás profetizou a morte de Jesus porque era o sumo sacerdote daquele ano (Jo 11,51), assim também, analogamente, Pilatos tem autoridade para condenar Jesus à morte porque é o governador naquele ano.[9]

19,12-16a Pressão final sobre Pilatos

Pilatos, enfim, decide soltar Jesus, mas é pressionado pelas autoridades judaicas a condená-lo. A pressão é feita apelando-se para César. O raciocínio é que, fazendo-se rei, Jesus se opõe a César; portanto, se Pilatos solta Jesus, ele se coloca a favor de Jesus e contra César (Jo 19,12). Pilatos trouxe – novamente? – Jesus para fora e sentou-se no lugar do julgamento (Jo 19,13). O evangelista aponta a hora: próximo do meio-dia, no dia da preparação da Páscoa.[10] Pilatos apresenta Jesus como "vosso rei" (Jo 19,14). As autoridades judaicas pedem a crucifixão de Jesus. Pilatos lhes pergunta se pode crucificar "vosso rei". Os sumos sacerdotes respondem que não têm outro rei senão César (Jo 19,15). A ironia do evangelista é imensa. Ao rejeitar Jesus como rei, os sumos sacerdotes traem seu povo, reconhecendo a realeza de um rei estrangeiro. Então Pilatos lhes entregou Jesus para que fosse crucificado (Jo 19,16a).

---

[9] R. E. Brown, *Giovanni*, p. 1.087, 1.107-1.108.

[10] A anotação da hora do relato joanino de que Jesus foi condenado por volta do meio-dia (Jo 19,14) não concorda exatamente com a anotação da hora do relato do Evangelho segundo Marcos, segundo o qual Jesus foi crucificado às nove horas da manhã, ou seja, à hora terceira (Mc 15,25). A esse respeito, pode-se ver R. E. BROWN, *Giovanni*, p. 1.093-1.094.

19,16b-24 A crucifixão

Nesta perícope, há um deslocamento de ambiente, para um lugar chamado Gólgota, nome hebraico que significa "Lugar do Crânio". Lá, Jesus é crucificado entre outros dois. Pilatos e os sumos sacerdotes continuam a interagir, por causa do letreiro colocado sobre a cruz. Os soldados presentes são em número de quatro, uma vez que dividem as vestes de Jesus em quatro partes, uma para cada um. Também há as pessoas que passavam pelo lugar, mencionadas como "muitos dentre os judeus".

O texto traduzido: "Jesus Nazareno, rei dos judeus"

> [16b] Eles, então, tomaram Jesus. [17] E, carregando ele mesmo a cruz, saiu para o chamado Lugar do Crânio, que se diz, em hebraico, Gólgota, [18] onde o crucificaram, e, com ele, outros dois, um de um lado, um do outro lado, e no meio Jesus.
>
> [19] Pilatos escreveu um letreiro e colocou-o sobre a cruz. Nele, estava escrito: "Jesus Nazareno, o rei dos judeus". [20] Muitos dentre os judeus leram esse letreiro, uma vez que o lugar onde Jesus foi crucificado ficava próximo da cidade, e ele estava escrito em hebraico, latim e grego. [21] Os sumos sacerdotes dos judeus diziam a Pilatos: "Não escrevas: 'O rei dos judeus', mas sim que ele disse: 'Sou rei dos judeus'".
>
> [22] Respondeu Pilatos: "O que escrevi, escrevi".
>
> [23] Os soldados, quando crucificaram Jesus, tomaram suas vestes e as repartiram em quatro partes, a cada soldado uma parte, e a túnica. A túnica era sem costura, uma só peça, de alto a baixo. [24] Disseram, então, entre si: "Não a rasguemos, mas tiremos sorte sobre ela para ver de quem será".
>
> Isto para que se cumprisse a Escritura que diz:
>
> *Repartiram entre si minhas vestes, sobre minha roupa lançaram a sorte.*
>
> Assim fizeram os soldados.

Intertextualidade e comentário

A perícope narra a crucifixão de Jesus e tem seus paralelos em Mc 15,20-28; Mt 27,32-38; Lc 23,26.33-34. O relato joanino começa em Jo 19,16b, onde aparece a forma verbal "tomaram". Qual é o sujeito dessa forma verbal? O último sujeito plural no texto é "os sumos sacerdotes" (Jo 19,15), de modo que, no texto do Evangelho segundo João, tal como está, tem-se a impressão de que quem toma Jesus para crucificar são as autoridades judaicas. Por outro lado, na continuidade do relato, são mencionados "os soldados", que são soldados romanos (Jo 19,23.24.32.34 e, já antes, em Jo 19,2), e não membros da guarda judaica (Jo 7,32.45.46; 18,3.12.18.22; 19,2).

Carregando a cruz, Jesus sai para o Gólgota, onde é crucificado entre outros dois sentenciados. No Evangelho segundo João, esses não são referidos como bandidos (Mc 15,27; Mt 27,38) ou malfeitores (Lc 23,33). Simão Cireneu também não é mencionado. O próprio Jesus carrega sua cruz, assim como Isaac, que levou a lenha de seu próprio sacrifício (Gn 22,6).

Para o letreiro, João é o único a mencionar que ele foi escrito por Pilatos ou por uma ordem sua, que estava escrito em hebraico, latim e grego e, ainda, que muitos o leram porque o lugar em que Jesus foi crucificado era próximo da cidade (Jo 19,19-20). De acordo com essa informação, o Gólgota não estava longe de uma das portas da antiga cidade de Jerusalém. A menção das três línguas (hebraico, latim e grego) pode ser vista como um pré-anúncio de que, após a morte de Jesus, o Evangelho será proclamado nestas três línguas.

Os sumos sacerdotes protestam a Pilatos contra o que está escrito no letreiro, mas Pilatos se recusa a mudá-lo, mantendo o que escreveu: "Jesus Nazareno, o rei dos judeus". Mais uma vez, da parte de Pilatos, vem a expressão "rei dos judeus".

Em Jo 19,23-24 são mencionados os soldados. Eles também repartem entre si as vestes de Jesus, traço comum a todos os relatos evangélicos, mas apenas no Evangelho segundo João é narrado que os soldados tiraram a sorte somente sobre a túnica de Jesus (Jo 19,23-24). Era uma túnica sem costura, uma peça única. Nisso, o evangelista vê o cumprimento da Escritura: "Repartiram entre si minhas vestes, sobre minha roupa lançaram a sorte" (Sl 22,19).[11]

---

[11] Haveria aqui uma referência indireta à túnica do sumo sacerdote (Ex 28,4; 39,7; Lv 16,4) ou à túnica de José, espoliada por seus irmãos (Gn 37,3.23)? Ver a esse respeito R. E. BROWN, *Giovanni*, p. 1.146-1.147. Por sua vez, J. Beutler menciona a interpretação dos Padres da Igreja de que a unidade da túnica poderia aludir à unidade do corpo de Jesus e de sua Igreja. Recentemente, essa interpretação foi retomada por A. A. Culpepper (J. BEUTLER, *Evangelho segundo João*, p. 439).

19,25-27 Jesus, sua mãe e o discípulo que Jesus amava

A perícope traz como personagens Jesus e algumas mulheres: sua mãe, a irmã de sua mãe, Maria de Cléofas, e Maria de Mágdala. Elas são três ou quatro mulheres, dependendo se se toma o nome Maria de Cléofas como sendo o nome da irmã da mãe de Jesus, ou o nome de outra mulher aí presente. Elas estão junto à cruz de Jesus. Também é mencionado aquele discípulo que Jesus amava. Ele está ao lado da mãe de Jesus.

O texto traduzido: "Eis tua mãe"

> ²⁵ Estavam junto à cruz de Jesus sua mãe, a irmã de sua mãe, Maria de Cléofas, e Maria de Mágdala. ²⁶ Jesus, tendo visto a mãe e, a seu lado, aquele discípulo que ele amava, disse à mãe: "Mulher, eis teu filho".
> ²⁷ Depois, disse ao discípulo: "Eis tua mãe".
> A partir daquela hora, o discípulo a tomou consigo.

Intertextualidade e comentário

Esta perícope tem seus paralelos em Mc 15,40-41; Mt 27,55-56; Lc 23,49 quanto à presença, na crucifixão de Jesus, de discípulos, parentes e conhecidos de Jesus. O relato joanino, no entanto, traz muitos detalhes que lhe são inteiramente próprios.

No Evangelho segundo Marcos e no Evangelho segundo Mateus, na crucifixão de Jesus, aparecem apenas discípulas que observam tudo de longe. No Evangelho segundo Lucas, também de longe, elas estão acompanhadas de conhecidos de Jesus. No Evangelho segundo João, estão presentes a mãe de Jesus e outras duas mulheres (Maria de Cléofas e Maria de Mágdala) e o discípulo que Jesus amava. Eles não estão longe, mas junto à cruz.

O Evangelho segundo João é o único a registrar a presença da mãe de Jesus no momento da morte de seu filho. Ela já tinha aparecido uma vez neste Evangelho, em seu início, nas bodas de Caná (Jo 2,1-5), e volta a aparecer agora (Jo 19,25-27), quando o Evangelho caminha para seu final. Depois da mãe de Jesus, aparece a sequência: "A irmã de sua mãe, Maria de Cléofas". Trata-se, provavelmente, de uma pessoa só, uma vez que, no texto grego, não há a conjunção *kaí*, "e", entre as duas partes dessa sequência, o que, se assim fosse, levaria a pensar em duas pessoas: "A irmã de sua mãe e Maria de Cléofas". Maria de Cléofas significa, provavelmente, Maria, esposa de Cléofas. Maria de Mágdala é citada, neste Evangelho, pela primeira vez.

Mágdala era o nome de uma localidade às margens do lago da Galileia. Essa Maria era provavelmente dessa localidade. O discípulo que Jesus amava já tinha aparecido no Evangelho, na última ceia de Jesus com seus discípulos, reclinado ao lado de Jesus (Jo 13,23-25). Aqui, ele aparece pela segunda vez.

Este relato tem uma grande significação simbólica: Jesus entrega o Discípulo Amado à sua mãe, e sua mãe ao Discípulo Amado. Tomando-se em consideração que o Discípulo Amado representa a comunidade da qual provém este Evangelho, isso significa que essa comunidade fica sob a proteção da mãe de Jesus, que guardará a memória dela como mãe.[12]

19,28-30 A morte de Jesus

A única personagem nomeada nesta perícope é Jesus. Há também aqueles que levaram até a boca de Jesus uma esponja embebida de vinagre, mas o sujeito do verbo está implícito. Tudo e todos desaparecem. A pena do evangelista focaliza somente Jesus.

O texto traduzido: "Tudo está consumado"

> [28] Depois disso, sabendo Jesus que tudo já estava consumado, para que se cumprisse a Escritura, disse: "Tenho sede".
> [29] Havia ali um jarro com vinagre. Então levaram até a boca de Jesus uma esponja embebida de vinagre colocada em um ramo de hissopo. [30] Quando tomou o vinagre, Jesus disse: "Está consumado".
> E, tendo inclinado a cabeça, entregou o espírito.

Nota à tradução e de crítica textual

Para Jo 19,29, a leitura mais amplamente difundida é aquela que traz a palavra "hissopo". Uma esponja embebida de vinagre fixada em um ramo de hissopo é levada à boca de Jesus. O hissopo é uma planta de haste fina, típica da região mediterrânea, usada também como planta medicinal. Um manuscrito grego e alguns manuscritos da Antiga Versão Latina, em lugar de

---

[12] Há várias outras interpretações simbólicas atribuídas ao relato. J. Konings apresenta duas delas, certamente, as principais: (1) Maria, mãe da Igreja, e (2) Maria, novo Povo de Deus. Na primeira, o Discípulo Amado e sua comunidade representam toda a Igreja, que recebe Maria como mãe. Na segunda, Maria é a mulher que, em Jo 2,4 representa Israel, e, em Jo 19,26, representa a Igreja (*Evangelho segundo João*, p. 341, n. 29).

hissopo, trazem o termo correspondente a "dardo". Outros manuscritos, que não chegam a ser numerosos mas estão distribuídos em diversos idiomas, trazem a leitura de que a esponja estava embebida de vinagre misturado com fel e hissopo. A menção do fel é, provavelmente, uma influência do paralelo em Mt 27,34.[13]

Intertextualidade e comentário

Esta perícope narra o momento da morte de Jesus na cruz. Os textos paralelos estão em Mc 15,34-37; Mt 27,46-50; Lc 23,46. No Evangelho segundo João, as palavras de Jesus na cruz são: "Tenho sede" e "Está consumado". Um comentário do evangelista precede a palavra de Jesus "Tenho sede". O evangelista escreve que Jesus sabia que tudo já estava consumado e que disse essa palavra para que se cumprisse a Escritura (Jo 19,28).

No relato da paixão de Jesus no Evangelho segundo Marcos e no Evangelho segundo Mateus, Jesus, na cruz, diz as primeiras palavras do Salmo 22: "Meu Deus, meu Deus, por que me abandonaste?" (Sl 22,2; Mc 15,34; Mt 27,46). No relato do Evangelho segundo João, o mesmo Salmo é evocado: "Tenho sede" (Sl 22,15). Este Salmo é uma oração confiante do justo perseguido que se coloca nas mãos de Deus.

O cumprimento da Escritura está não apenas nas palavras de Jesus. Também o que é relatado, que lhe deram para beber vinagre (Jo 19,29), remete ao Sl 69,22.

A outra palavra de Jesus na cruz é: "Está consumado". Esta palavra indica a realização plena da obra que o Pai concedeu ao Filho Jesus (Jo 4,34; 7,38-39; 17,4). Segue um gesto: Jesus inclina a cabeça. Para afirmar que Jesus morreu, o evangelista escreve que "entregou o espírito" (Jo 19,30). Não se trata apenas de um eufemismo. É nesse momento que, na perspectiva joanina, terminada a obra do Filho e começa a obra do Espírito.

19,31-37 O golpe da lança

As personagens mencionadas nesta perícope são as autoridades judaicas, Pilatos, os soldados e um dos soldados, que fere o lado de Jesus com uma lança; Jesus, que já está morto; aquele que viu e dá testemunho; e um "vós" a quem esse testemunho se dirige. Há uma anotação de tempo: era o dia da preparação de um sábado solene.

---

[13] *The Greek New Testament*, p. 407; B. M. METZGER, *A Textual Commentary on the Greek New Testament*, p. 217-218.

O texto traduzido: "Aquele que viu dá testemunho"

> ³¹ Então os judeus, porque era o dia da preparação, para que os corpos não ficassem na cruz durante o sábado, pois aquele sábado era um grande dia, pediram a Pilatos que lhes fossem quebradas as pernas e retirados dali. ³² Os soldados vieram e quebraram as pernas do primeiro e do outro, daqueles que tinham sido crucificados com ele. ³³ Chegando a Jesus, como vissem que já estava morto, não lhe quebraram as pernas, ³⁴ mas um dos soldados feriu-lhe o lado com uma lança, e logo saiu sangue e água.
>
> ³⁵ Aquele que viu dá testemunho, e seu testemunho é verdadeiro. Ele sabe que diz a verdade para que também vós creiais. ³⁶ Essas coisas aconteceram para que se cumprisse a Escritura: *"Não lhe será quebrado osso algum"*.
>
> ³⁷ E ainda outra passagem da Escritura que diz:
> *"Olharão para aquele a quem traspassaram"*.

Comentário

Esta perícope é própria do Evangelho segundo João. As autoridades judaicas pedem a Pilatos que sejam quebradas as pernas dos supliciados, o que apressaria a morte deles, e os corpos poderiam ser retirados dali. Agiram assim porque aquele dia era o da preparação. Diferentemente de Jo 19,14, quando o evangelista explicita que se trata da preparação da Páscoa, aqui ele se refere à preparação do sábado, assim como Mc 15,42; Mt 27,62; Lc 23,54. No Evangelho segundo João, contudo, trata-se de um "sábado que era um grande dia", o que, provavelmente, signifique que se tratava da coincidência, naquele ano, do sábado e da Páscoa.

Os soldados quebram as pernas daqueles que foram crucificados com Jesus, mas não quebram as pernas de Jesus, porque viram que já estava morto (Jo 19,32-33). Nisso, o evangelista vê o cumprimento da profecia: "Nenhum osso lhe será quebrado" (Jo 19,36), isto é, Ex 12,46, passagem que trata do modo como deve ser preparado o cordeiro pascal (ver também Nm 9,12). O evangelista retoma, assim, mais um tema do começo de seu Evangelho: Jesus é "o Cordeiro de Deus que tira o pecado do mundo" (Jo 1,29). A citação também pode se referir ao Sl 34,21, passagem que trata do modo como o Senhor protege o justo.

Um dos soldados fere o lado de Jesus com a lança (Jo 19,34). Nisso, o evangelista vê o cumprimento da profecia: "Olharão para aquele que traspassaram" (Jo 19,37), que remete a Zc 12,10, um oráculo de salvação que se refere a uma figura enigmática, uma vítima pela qual vem a salvação, mesma ideia que se encontra no oráculo do Servo Sofredor em Is 52,13–53,12.[14] No interior do próprio Evangelho, Jo 19,37 reenvia para Jo 3,14-15.

Ferido pela lança, do lado de Jesus saiu sangue e água (Jo 19,34). Essa água é de suma importância no Evangelho. Ela relembra a água mencionada nos relatos de Jesus e Nicodemos (Jo 3,5), Jesus e a Samaritana (Jo 4,10), e Jesus na festa das Cabanas (Jo 7,37-38) e representa o Espírito que Jesus entrega na cruz (Jo 19,30) e que, depois, soprará sobre seus discípulos (Jo 20,22). Ela é a água que jorra do novo santuário, que é o corpo de Jesus (Jo 2,21), e leva vida por onde passa (Ez 47,1-12). Juntos, sangue e água podem também fazer referência à Eucaristia e ao Batismo, reenviando, respectivamente, a Jo 6,53-56 e Jo 3,5.

O testemunho daquele que viu (Jo 19,35) não é menos importante. O relato é interrompido para que esse testemunho seja apresentado. Ele é verdadeiro e tem como finalidade levar o leitor a crer. Sobre esse testemunho se apoia a fé da comunidade para a qual este Evangelho foi escrito. De acordo com a sequência narrativa do próprio Evangelho, esse testemunho é o do discípulo que Jesus amava, ali presente, ao lado da mãe de Jesus que, com as outras mulheres, estava junto à cruz (Jo 19,25-26). Outra interpretação também é possível: a de que esse seja o testemunho do soldado que feriu o lado de Jesus, algumas vezes identificado com o centurião de Mc 15,39, que confessa que Jesus é verdadeiramente o Filho de Deus. De acordo com essa interpretação, Jo 19,35 refere-se a duas pessoas: aquele que viu e dá testemunho e aquele que atesta que este testemunho é verdadeiro. Este seria o evangelista, identificado ou não com o discípulo que Jesus amava.[15]

---

[14] Esse texto de Zacarias foi interpretado como se referindo ao Messias, filho de José, em certos textos da literatura judaica, como o tratado *Sukkah* 52a do Talmud Babilonense. Contudo, não é certo que o evangelista compartilhe tal interpretação (R. E. BROWN, *Giovanni*, p. 1.194). M.-É. Boismard retoma essa interpretação para argumentar que Jesus morre como o Messias, filho de José, e, daí, apresentar a hipótese de um cristianismo samaritano na base do Evangelho segundo João (L'Évangile de Jean et les samaritains, p. 86-96).

[15] Tal é, por exemplo, a interpretação de H. Thyen, citado por L. DEVILLERS. Les trois témoins, p. 53.

Intertextualidade

O pedido das autoridades judaicas a Pilatos para que os corpos dos supliciados não permanecessem na cruz pode remeter à prescrição de Dt 21,22-23. De acordo com esse texto, o cadáver não deve permanecer suspenso até a noite, devendo ser sepultado no mesmo dia. Aquele que for suspenso é um maldito de Deus. Na Carta aos Gálatas, Paulo retoma esse texto para argumentar que Jesus tomou sobre si a maldição para redimir os que estavam sob a maldição da Lei (Gl 3,7-14).

Do lado de Jesus ferido com uma lança saiu sangue e água. Essa anotação, própria do relato joanino da paixão, é retomada em 1Jo 5,6-8. Esses versículos foram glosados do decurso da tradição manuscrita. Tal como é atestado pelos manuscritos mais antigos, seu texto é assim:

> ⁶ Ele é aquele que veio pela água e sangue: Jesus Cristo. Não somente com água, mas com água e com sangue. É o Espírito que testemunha, porque o Espírito é a verdade. ⁷ São três os que testemunham: ⁸ o Espírito, a água e o sangue, e os três convergem para um só.[16]

Esse contato mostra uma estreita ligação entre a Primeira Carta de João e o Evangelho segundo João, dois escritos que provêm de um mesmo ambiente. Na sequência, aparece um contato também estreito entre o Evangelho e o Apocalipse, ambos fazendo referência à profecia de Zacarias: "Olharão para aquele a quem traspassaram" (Zc 12,10; Jo 19,37), que assim é mencionada no Apocalipse: "*Eis que vem com as nuvens, e todo olho o verá*, inclusive os daqueles que o *traspassaram*. *E vão se lamentar sobre ele todas as tribos da terra*. Sim, Amém!" (Ap 1,7).[17]

19,38-42 O sepultamento do corpo de Jesus

A perícope é toda ela uma narrativa, e nenhum diálogo é reportado. As personagens são: José de Arimateia, Pilatos e Nicodemos. Há uma anotação de lugar: um jardim, no mesmo lugar em que Jesus foi crucificado e onde havia um sepulcro novo. Repete-se a anotação de tempo da perícope anterior: aquele era o dia da preparação.

---

[16] Texto extraído de *A Bíblia: Novo Testamento*, p. 591.
[17] Texto extraído de *A Bíblia: Novo Testamento*, p. 610.

A PÁSCOA DE JESUS: II – A PAIXÃO DE JESUS   18,1–19,42

O texto traduzido: "Veio também Nicodemos"

> ³⁸ Depois disso, José de Arimateia, que era discípulo de Jesus às escondidas por medo dos judeus, pediu a Pilatos para retirar o corpo de Jesus, e Pilatos permitiu. Então ele veio e retirou o corpo de Jesus. ³⁹ Veio também Nicodemos, aquele que, antes, viera procurar Jesus à noite, trazendo cerca de cem libras de uma mistura de mirra e aloés. ⁴⁰ Tomaram, então, o corpo de Jesus e o envolveram em panos de linho, com os bálsamos, como é o costume de sepultar dos judeus.
>
> ⁴¹ Havia um jardim no lugar onde Jesus fora crucificado e, no jardim, um sepulcro novo no qual ninguém ainda tinha sido colocado. ⁴² Então, por ser, para os judeus, o dia da preparação e porque o sepulcro era próximo, ali colocaram Jesus.

Nota à tradução

Em Jo 19,39, cem libras correspondem a aproximadamente 33 quilos.

Intertextualidade e comentário

A perícope do sepultamento de Jesus está presente em todos os evangelhos. Nos sinóticos, a perícope está em Mc 15,42-47; Mt 27,57-61; Lc 23,50-56. José de Arimateia está presente em todos esses relatos. É ele que vai a Pilatos pedir para retirar o corpo de Jesus, recebe a permissão e retira o corpo de Jesus da cruz. Cada evangelista o apresenta a seu modo. No Evangelho segundo João, ele "era discípulo de Jesus às escondidas por medo dos judeus" (Jo 19,38).

A expressão "por medo dos judeus" ocorre pela terceira vez neste Evangelho. Ela já tinha aparecido em Jo 7,13, na perícope da festa das Cabanas. No início da festa, havia comentários a respeito de Jesus entre a multidão, mas ninguém dizia nada abertamente "por medo dos judeus" (Jo 7,11-13). Também já tinha aparecido em Jo 9,22, a respeito dos genitores daquele que nascera cego e de quem Jesus tinha aberto os olhos. Interrogados, eles afirmam nada saber sobre o fato de seu filho ter começado a ver. O evangelista comenta que eles responderam assim "por medo dos judeus" (Jo 9,18-23). Como em todas essas passagens todas as personagens são judeus, é preciso admitir que, nelas, o termo tem o sentido de "autoridades", e não se trata de um gentílico.

Quanto a José de Arimateia, sua apresentação no Evangelho segundo João coincide com a feita no Evangelho segundo Mateus: ele era discípulo de Jesus. Por outro lado, parece contrastar com sua apresentação no Evangelho segundo Marcos e no Evangelho segundo Lucas, que afirmam que José de Arimateia era membro do Sinédrio (Mc 15,43; Lc 23,50). Se era assim, ele próprio seria uma autoridade judaica, discípulo de Jesus às escondidas por medo das autoridades judaicas. Tal situação parece concordar com a afirmação de que "muitos dentre os chefes acreditaram nele, mas, por causa dos fariseus, não o confessaram publicamente, para não serem expulsos da sinagoga" (Jo 12,42). O contexto dessa afirmação é a comunidade joanina, expulsa da sinagoga (Jo 9,22). José de Arimateia é apresentado como exemplo para aqueles, isto é, exemplo de um chefe que, de discípulo às escondidas, rompendo o medo, torna-se publicamente discípulo.

Se essa pode ser a situação de José de Arimateia, hipótese à qual se chega juntando-se dados de outros evangelhos, essa seria a situação de Nicodemos, o que se percebe a partir de dados do próprio Evangelho segundo João. Nicodemos é uma figura típica deste Evangelho. Ele vem para fazer o sepultamento de Jesus juntamente com José de Arimateia. Ao introduzi-lo na narrativa, o evangelista relembra o leitor de que ele é aquele que viera procurar Jesus à noite (Jo 3,1-2). Nicodemos apareceu também no final da perícope da festa das Cabanas, quando dizia aos fariseus que, segundo a Lei, um homem não pode ser julgado sem ser ouvido (Jo 7,47-52). A última aparição de Nicodemos no Evangelho (Jo 19,39) completa um itinerário. Nicodemos representa aquela pessoa que exerce autoridade em seu meio e, gradualmente, toma posição por Jesus, ainda que essa posição coloque em risco sua condição social.

Nicodemos traz consigo uma quantidade não pequena de uma mistura de mirra e aloés (Jo 19,39).[18] Ele e José de Arimateia realizam o sepultamento do corpo de Jesus segundo o costume dos judeus (Jo 19,40). Apenas o Evangelho segundo João relata um sepultamento do corpo de Jesus com os rituais próprios de um sepultamento. De acordo com os outros evangelistas, o corpo de Jesus é sepultado sem ritual.

Na sequência, há mais alguns dados típicos do Evangelho segundo João: que o sepulcro ficava em um jardim e que este jardim ficava próximo do

---

[18] A grande quantidade da mistura tem sido interpretada como a indicação de que Jesus é sepultado como um rei. No Sl 45,9, mirra e aloés são os perfumes de um rei em suas núpcias. Ver a este respeito J. KONINGS, *Evangelho segundo João*, p. 343-344.

lugar onde Jesus fora crucificado, o qual, por sua vez, ficava próximo da cidade (Jo 19,20). No jardim, havia um sepulcro novo (Jo 19,41). Ali, o corpo de Jesus foi depositado (Jo 19,42).

Chega ao fim a seção da paixão de Jesus (Jo 18,1-19,42), a segunda do conjunto da Páscoa de Jesus (Jo 13,1-21,25). Nesta seção, deu-se a elevação do Filho do Homem na cruz. O Filho inicia sua volta para junto do Pai após ter realizado a obra para a qual foi enviado. Começa a missão do Espírito, que Jesus entrega no momento de sua morte. Na próxima seção (Jo 20,1-21,25), estão os relatos das manifestações de Jesus ressuscitado, antes de sua partida para o Pai.

20,1–21,25

A Páscoa de Jesus
III – Jesus ressuscitado

O Evangelho segundo João é o único a dedicar dois capítulos às manifestações de Jesus ressuscitado; os outros evangelhos dedicam-lhes apenas um capítulo. Nesse sentido, em uma ponta está o Evangelho segundo Marcos, com apenas oito versículos para o anúncio de que Jesus ressuscitou, descontados os versículos que compõem seu final canônico (Mc 16,9-20). Na outra ponta, está o Evangelho segundo João, com cinquenta e seis versículos, em dois capítulos.[1]

Os dois capítulos do Evangelho segundo João que narram as manifestações de Jesus ressuscitado são distintos entre si. O capítulo 20 traz a conclusão do Evangelho (Jo 20,30-31). Antes da conclusão, há três cenas, cada uma delas com uma personagem principal: a primeira, o Discípulo Amado (Jo 20,1-10); a segunda, Maria de Mágdala (Jo 20,11-18); a terceira, Tomé (Jo 20,19-29). O capítulo 21 tem como cenário as margens do mar de Tiberíades, também com três cenas interligadas: a pesca abundante (Jo 21,1-14), que continua no diálogo entre Jesus e Simão Pedro (Jo 21,15-19), que continua com uma mudança de tema e passa a tratar do testemunho do Discípulo Amado (Jo 21,20-25). É com esse testemunho que o Evangelho termina.

20,1-10 O Discípulo Amado testemunha a ressurreição de Jesus

A primeira cena do capítulo 20 começa com Maria de Mágdala, depois aparecem Simão Pedro e o discípulo que Jesus amava. Há uma anotação de tempo: o primeiro dia da semana, bem cedo, quando estava ainda escuro,

---

[1] O Evangelho segundo Mateus dedica vinte versículos para as manifestações de Jesus ressuscitado e, no Evangelho segundo Lucas, são cinquenta e três versículos, quase o mesmo que no Evangelho segundo João.

e uma anotação de lugar: o lugar do sepulcro de Jesus. Também é preciso supor o local onde estavam os discípulos quando Maria foi até eles.

O texto traduzido: "Ele viu e acreditou"

> **20** ¹ No primeiro dia da semana, Maria de Mágdala foi ao sepulcro bem cedo, quando ainda estava escuro, e viu a pedra retirada do sepulcro. ² Foi, então, correndo até Simão Pedro e até o outro discípulo, aquele que Jesus amava, e disse-lhes: "Levaram o Senhor do sepulcro e não sabemos onde o puseram".
>
> ³ Saiu, então, Pedro e, com ele, o outro discípulo, e foram ao sepulcro. ⁴ Os dois corriam juntos, mas o outro discípulo depressa passou à frente de Pedro e chegou primeiro ao sepulcro. ⁵ Tendo-se inclinado, viu os panos de linho depostos. Ele, todavia, não entrou. ⁶ Chegou, então, Simão Pedro, que o seguia, e entrou no sepulcro. Também ele viu os panos de linho depostos, ⁷ e o sudário, que tinha estado na cabeça de Jesus, o qual não estava com os panos de linho, mas dobrado e deposto em um lugar à parte. ⁸ Então aquele outro discípulo que tinha chegado primeiro também entrou no sepulcro. Ele viu e acreditou. ⁹ De fato, ainda não tinham compreendido a Escritura: que era preciso que ele ressuscitasse dos mortos. ¹⁰ Então os discípulos voltaram para onde estavam os outros.

Comentário

Como nos outros evangelhos (Mc 16,1-4; Mt 28,1-2; Lc 24,1-2), também no Evangelho segundo João os relatos da ressurreição começam com uma visita de mulheres ao sepulcro de Jesus. Neste Evangelho, a visita acontece de madrugada, quando ainda estava escuro, e apenas uma mulher é mencionada: Maria de Mágdala. É a segunda vez que ela é mencionada neste Evangelho; a primeira foi junto à cruz de Jesus, com as outras mulheres (Jo 19,25). Se agora apenas ela é mencionada, no discurso direto que vem a seguir há um "não sabemos", na primeira pessoa do plural, que parece pressupor uma tradição da ida de várias mulheres ao sepulcro (Mc 16,1; Mt 28,1; Lc 24,1). Ela chega e vê que a pedra fora retirada do sepulcro (Jo 20,1).

Depois, corre e vai dizer a Simão Pedro e ao discípulo que Jesus amava que o corpo de Jesus tinha sido levado do sepulcro (Jo 20,2).

À notícia, os dois discípulos vão ao sepulcro. Eles correm, mas não chegam juntos, uma vez que o outro discípulo ultrapassa Pedro e chega primeiro ao sepulcro (Jo 20,4). Ele se inclina e vê os panos de linho arrumados, mas não entra (Jo 20,5). Se ele se inclina, é possível pensar que o sepulcro de Jesus fosse pequeno, com uma entrada baixa.

Depois, chega Simão Pedro e entra. Ele constata que todos os panos que serviram para o sepultamento de Jesus estão lá (Jo 20,6-7), isto é, os sinais da morte de Jesus ficaram no sepulcro. Depois, entra o outro discípulo, e o evangelista conta que ele "viu e acreditou" (Jo 20,8). O que o Discípulo Amado vê – como também Simão Pedro – são os panos de linho e o sudário que tinham envolvido o corpo de Jesus colocados ali, em ordem. É uma ausência o que vê: Jesus não está ali, somente os panos foram deixados no sepulcro. Para crer, ele não precisa ver Jesus ressuscitado. Os panos deixados no sepulcro também significam que Jesus não vai mais precisar deles, de modo diverso de Lázaro, que sai do sepulcro com as vestes de morto (Jo 11,44). Jesus ressuscitado não morre mais, pois sua ressurreição é vitória sobre a morte.

Em seguida, vem um comentário a respeito da Escritura que também testemunha que Jesus devia ressuscitar dos mortos (Jo 20,9). O Discípulo Amado é capaz de crer sem ter visto Jesus ressuscitado. Ele chega à fé pelo sepulcro vazio e pelo testemunho da Escritura. Depois, os discípulos voltam para casa (Jo 20,10).

Intertextualidade

Os evangelistas Marcos e Mateus desconhecem completamente uma ida de discípulos ao sepulcro de Jesus; são apenas as discípulas que vão até lá. Já Lucas relata uma visita de Pedro ao sepulcro (Lc 24,12) e menciona a ida de alguns (Lc 24,24). Na Primeira Carta aos Coríntios, Paulo refere-se a uma aparição de Jesus, primeiramente, a Cefas e, depois, aos Doze (1Cor 15,5). No Evangelho segundo João, o Discípulo Amado acompanha Pedro ao sepulcro (Jo 20,3).

O recurso à Escritura, segundo a qual "era preciso que ressuscitasse dos mortos" (Jo 20,9), encontra-se também em Lc 24,25-27 e 1Cor 15,4. Todavia, nenhuma passagem da Escritura é citada. Por outro lado, em At 2,27.31, também se recorre à Escritura que preanunciava a ressurreição do Cristo e, então, é citado o Sl 16,10, de acordo com o texto grego da Septuaginta:

"Porque não abandonarás minha alma no Hades, nem permitirás que teu santo veja a corrupção".[2] No Evangelho segundo João, é possível que a Escritura esteja sendo mencionada enquanto tal, sem referência a uma passagem específica.[3]

20,11-18 Maria de Mágdala testemunha a ressurreição de Jesus

As personagens desta perícope são Maria de Mágdala, dois anjos e Jesus ressuscitado. Ao final, também os discípulos são mencionados. A cena principal se passa diante do sepulcro de Jesus, no jardim onde ficava o sepulcro (Jo 19,41). No início da perícope, aparece apenas o nome Maria. Uma antiga tradição identificou essa Maria com a mãe de Jesus. Essa tradição é atestada no *Comentário ao Evangelho Concordante*, escrito por Efrém de Nisibe.[4] Efrém, no entanto, não está comentando o Evangelho segundo João, mas sim uma antiga Harmonia Evangélica, em siríaco, composta por Taciano, o sírio, a partir dos quatro evangelhos canônicos e ainda, possivelmente, integrando outros relatos evangélicos.

No relato joanino, os dois anjos que falam com Maria a chamam de "Mulher", e assim também Jesus, quando se dirige a ela pela primeira vez, do mesmo modo como, neste Evangelho, se dirigiu à sua mãe, em Caná (Jo 2,4) e aos pés da cruz (Jo 19,26). No final do relato, qualquer ambiguidade se esvai quando o evangelista escreve que Maria de Mágdala foi anunciar aos discípulos que tinha visto o Senhor. Além disso, seria preciso considerar que, no Evangelho segundo João, nos episódios citados, a mãe de Jesus não é mencionada por seu nome, mas sempre como "a mãe de Jesus" (Jo 2,1.3.5.12; 19,25.26).

O texto traduzido: "Mulher, por que choras?"

> [11] Maria, porém, ficou ali, em frente ao sepulcro, do lado de fora, chorando. Enquanto chorava, inclinou-se para o sepulcro [12] e viu dois anjos em vestes brancas, sentados

---

[2] Texto de At 2,27 extraído de *A Bíblia: Novo Testamento*, p. 308.

[3] J. Konings apresenta um breve elenco de textos do Antigo Testamento mencionados no Novo Testamento a partir de releituras que preanunciariam a ressurreição de Cristo. Essas releituras são mais frequentes nos Atos dos Apóstolos (*Evangelho segundo João*, p. 350).

[4] ÉPHREM DE NISIBE, *Commentaire de l'Évangile concordant ou Diatessaron*, p. 75.109.390.

> no lugar onde tinha sido colocado o corpo de Jesus: um à cabeceira e outro aos pés. ¹³ Eles lhe disseram: "Mulher, por que choras?"
>
> Disse-lhes: "Porque levaram meu Senhor e não sei onde o puseram".
>
> ¹⁴ Tendo dito isso, virou-se para trás e viu Jesus ali, em pé, mas não reconheceu que era Jesus. ¹⁵ Disse-lhe Jesus: "Mulher, por que choras? A quem buscas?"
>
> Ela pensou que fosse o jardineiro e disse-lhe: "Senhor, se tu o levaste, dize-me onde o puseste, e irei pegá-lo".
>
> ¹⁶ Disse-lhe Jesus: "Maria".
>
> Ela, tendo-se voltado, disse-lhe em hebraico: "Rabuni", que quer dizer: Mestre.
>
> ¹⁷ Disse-lhe Jesus: "Não me detenhas, pois ainda não subi ao Pai. Vai, porém, a meus irmãos e dize-lhes: 'Subo a meu Pai e vosso Pai, meu Deus e vosso Deus'".
>
> ¹⁸ Maria de Mágdala foi anunciar aos discípulos: "Vi o Senhor" e as coisas que ele lhe dissera.

Nota de crítica textual

Para Jo 20,16, ao final do versículo, um grupo de testemunhos textuais acrescenta que Maria, depois de reconhecer o Mestre, "correu para tocá-lo". Esse grupo de testemunhos é reduzido, mas compreende manuscritos em três idiomas: grego, siríaco e georgiano. Entre esses manuscritos estão o códex Sinaítico, onde a leitura foi inserida pelo primeiro corretor (א*), o códex Koridethi (Θ) e o códex Siro-sinaítico.[5] Esse acréscimo pode ter sido originado de uma influência de Mt 28,9, em preparação às palavras de Jesus que virão a seguir.

Comentário

O evangelista passa a narrar a aparição de Jesus ressuscitado a Maria de Mágdala, sem dizer como Maria voltou ao sepulcro. Ela está do lado de fora chorando e inclina-se para o sepulcro (Jo 20,11). O modo como se inclina para olhar para o sepulcro, como também já fizera o Discípulo Amado (Jo 20,5), deixa a impressão de que se trata de um sepulcro simples, baixo,

---

[5] *The Greek New Testament*, p. 410.

como eram os sepulcros dos pobres. Ela vê dois anjos que estão dentro do sepulcro, sentados onde o corpo de Jesus tinha sido colocado, um à cabeceira, outro no lugar dos pés (Jo 20,11-12). Eles lhe perguntam: "Mulher, por que choras?" Ela responde que é porque levaram seu Senhor e não sabe onde o puseram (Jo 20,13). Sua resposta se assemelha às palavras que já dissera a Simão Pedro e ao discípulo que Jesus amava (Jo 20,2).

Depois, voltando-se, isto é, deixando de olhar para o sepulcro, ela vê Jesus em pé, mas não o reconhece (Jo 20,14). Assim como os anjos, ele lhe pergunta: "Mulher, por que choras?", e acrescenta: "A quem buscas?" Essa pergunta faz lembrar a pergunta que Jesus fez a André e seu companheiro, no começo do Evangelho, quando os discípulos começavam seu seguimento: "Que buscais?" Agora, já não é um "que", mas "quem".

Pensando que fosse o jardineiro, Maria lhe pergunta: "Senhor, se tu o levaste, dize-me onde o puseste, e irei pegá-lo" (Jo 20,15). Maria não reconhece Jesus de imediato, assim como não o reconhecem de imediato os discípulos à beira do lago (Jo 21,4) e os discípulos de Emaús (Lc 24,16). Ela, no entanto, o reconhecerá quando ele pronunciar seu nome, o que faz lembrar as palavras de Jesus de que as ovelhas conhecem a voz de seu pastor, ele as chama pelo nome e elas o seguem porque conhecem sua voz (Jo 10,3-4).

Ela se volta novamente e lhe chama de *Rabuni* (Jo 20,16). O evangelista explica que ela falou, em hebraico, "Mestre". O mesmo termo ocorre no Evangelho segundo Marcos, quando Jesus é assim chamado por Bartimeu, o cego mendigo de Jericó (Mc 10,51). No Evangelho segundo João, já tinha aparecido a forma *Rabi*, que também é traduzido por "Mestre", em Jo 1,38. A diferença entre *Rabi* e *Rabuni* é que a segunda forma seria, literalmente, um diminutivo. O evangelista, no entanto, traduz ambas as formas do mesmo modo.

Na sequência, é Jesus quem fala. Suas primeiras palavras são: "Não me detenhas". Essas palavras tornaram-se conhecidas em sua versão latina: *Noli me tangere*, ou seja: "Não me toques". No texto grego, a forma verbal está no imperativo presente e pode ser compreendida como um pedido para que ela deixe de tocá-lo.[6] A frase seguinte é: "Pois ainda não subi ao Pai". O vínculo dessa frase com a anterior não parece forte. Não se deve pensar que Jesus queira dizer que Maria poderia impedi-lo de subir ao Pai. Antes, é preferível pensar em um vínculo com a frase seguinte, à qual prepara,

---

[6] M. ZERWICK and M. GROSVENOR, *A Grammatical Analysis of the Greek New Testament*, p. 345; M. ZERWICK, *Biblical Greek*, p. 79-80.

quando Jesus dá a Maria a missão de ir aos discípulos anunciar-lhes que ele estava para subir ao Pai.[7]

Na missão que dá a Maria, Jesus chama os discípulos de irmãos e acrescenta o que ela lhes deve anunciar: "Subo a meu Pai e vosso Pai, meu Deus e vosso Deus" (Jo 20,17).[8] É por essa ordem que Jesus lhe dá que Maria de Mágdala recebeu na Igreja o título de "Apóstola dos Apóstolos".

No Evangelho segundo João, Maria de Mágdala é a primeira a ver Jesus, mas não deve detê-lo. Ela vai e anuncia aos irmãos: "Vi o Senhor", e conta o que ele lhe disse (Jo 20,18). Nesse brevíssimo discurso direto de Maria, reportado pelo evangelista, já se pode ver a força da palavra *Senhor* (em grego *Kýrios*). Trata-se do Senhor Jesus, o ressuscitado, presente nas comunidades cristãs. O que Jesus disse a Maria e ela deve anunciá-lo é sua ascensão ao Pai, ou seja, ressurreição e ascensão aparecem juntas, de modo que a ressurreição também significa um novo modo de Jesus se fazer presente: pelo Espírito.[9]

Intertextualidade

O relato joanino da aparição de Jesus a Maria de Mágdala tem seu paralelo em Mc 16,5-8; Mt 28,5-10; Lc 24,3-11, e, de modo especial, em Mc 16,9-10, versículos do final canônico do Evangelho segundo Marcos:

> [9] Tendo ressuscitado na manhã do primeiro dia da semana, manifestou-se, primeiramente, a Maria de Mágdala, de quem expulsara sete demônios. [10] Ela foi anunciar àqueles que estiveram com ele, que estavam aflitos e lamentando-se.[10]

---

[7] C. H. Dodd afirma que o sentido da frase "não é sem ambiguidade" e que não é necessário pressupor que Maria o estava tocando, como sugeriria sua tradução por "cessa de tocar-me". Tampouco na perícope seguinte é afirmado que Tomé chegou a tocá-lo (*A interpretação do quarto Evangelho*, p. 568-569, e p. 569, n. 549).

[8] Uma possível interpretação desse texto é que Jesus ordena a Maria que anuncie a seus irmãos, aqueles citados em Jo 7,1-10, que chegou a festa em que ele subirá. Nesse caso, porém, seria preciso dizer que Maria não compreendeu o que Jesus lhe pediu, uma vez que se dirigiu aos discípulos (Jo 20,18). A respeito dessa interpretação, ver R. E. BROWN, *Giovanni*, p. 1.248.

[9] R. E. Brown (*Giovanni*, p. 1.272) refere-se a um artigo de P. Benoit a propósito de dois significados da ascensão no Novo Testamento: o de glorificação de Jesus na presença do Pai, presente no Evangelho segundo João, e o de subida aos céus, que simboliza o término das aparições de Jesus ressuscitado (P. BENOIT, L'Ascension, p. 161-203).

[10] Texto extraído de *A Bíblia: Novo Testamento*, p. 147.

Assim como esses versículos do final canônico do Evangelho segundo Marcos, o relato joanino também se centra na figura de Maria de Mágdala. A busca de Maria por seu Senhor relembra a busca do amado pela amada, no Cântico dos Cânticos, de modo especial Ct 3,1-4:

> 3 ¹ Em meu leito, pela noite, procurei o amado da minha alma. Procurei-o e não o encontrei! ² Vou levantar-me, vou rondar pela cidade, pelas ruas, pelas praças, procurando o amado da minha alma... Procurei-o e não o encontrei!... ³ Encontraram-me os guardas que rondavam a cidade: "Vistes o amado da minha alma?" ⁴ Passando por eles, contudo, encontrei o amado da minha alma. Agarrei-o e não vou soltá-lo, até levá-lo à casa da minha mãe, ao quarto da que me levou em seu seio.[11]

Em Jo 20,17, Jesus chama seus discípulos de irmãos. No mesmo contexto de manifestações de Jesus ressuscitado, ele chama os discípulos de irmãos em Mt 28,10, quando assim se dirige às mulheres: "Ide anunciar a meus irmãos que se dirijam à Galileia; ali me verão".[12] Um texto significativo a esse respeito é Hb 2,11-12: "Com efeito, o santificador e os santificados, todos provêm da mesma origem; por essa razão, não se envergonha de chamá-los irmãos, dizendo: '*Anunciarei teu nome a meus irmãos e no meio da assembleia cantarei teus louvores'*".[13]

20,19-29 Tomé testemunha a ressurreição de Jesus

As personagens deste relato são os discípulos e Jesus. Dentre os discípulos, um é nomeado: Tomé. Não há uma anotação explícita de lugar, mas se supõe que seja uma casa, cujas portas estavam trancadas. Há duas anotações de tempo, e o relato está estruturado em três momentos: na tarde do primeiro dia da semana; depois disso, quando os discípulos se encontraram com Tomé, que não estava com eles no primeiro momento, e oito dias depois, ou seja, no domingo seguinte.

O texto traduzido: "Meu Senhor e meu Deus"

> ¹⁹ Chegando a tarde daquele dia, o primeiro da semana, e estando as portas trancadas do lugar onde estavam os

---

[11] Texto extraído de *A Bíblia de Jerusalém*, p. 1.188-1.189.
[12] Texto extraído de *A Bíblia: Novo Testamento*, p. 97.
[13] Texto extraído de *A Bíblia: Novo Testamento*, p. 537.

discípulos por medo dos judeus, veio Jesus e colocou-se de pé no meio deles e disse-lhes: "Paz a vós".

[20] Tendo dito isso, mostrou-lhes as mãos e o lado. Então, tendo visto o Senhor, os discípulos se alegraram. [21] Disse-lhes, novamente, Jesus: "Paz a vós. Assim como o Pai me enviou, também eu vos envio".

[22] Tendo dito isso, soprou sobre eles e disse-lhes: "Recebei o Espírito Santo. [23] Aqueles a quem perdoardes os pecados, eles lhes estão perdoados. Aqueles a quem retiverdes, estão retidos".

[24] Tomé, um dos Doze, chamado Gêmeo, não estava com eles quando veio Jesus. [25] Diziam-lhe, então, os outros discípulos: "Vimos o Senhor".

Ele, porém, lhes disse: "Se eu não vir em suas mãos a marca dos cravos, se não puser meu dedo na marca dos cravos e se não puser minha mão em seu lado, não crerei".

[26] Oito dias depois, os discípulos estavam novamente dentro e Tomé estava com eles. Estando as portas trancadas, veio Jesus, colocou-se de pé no meio deles e disse: "Paz a vós".

[27] Depois, disse a Tomé: "Estende teu dedo até aqui e vê minhas mãos, e estende tua mão e coloca-a em meu lado, e não sejas incrédulo, mas crédulo".

[28] Respondeu-lhe Tomé: "Meu Senhor e meu Deus!"

[29] Disse-lhe Jesus: "Porque me viste, creste. Felizes aqueles que não viram e creram".

Nota de crítica textual

Para Jo 20,23, há diversas leituras entre os manuscritos antigos para a forma verbal da segunda atestação do verbo "perdoar". O verbo está na voz passiva. Um grupo de testemunhos traz uma forma de perfeito, a ser traduzida por "estão perdoados". Entre esses testemunhos estão o códex Bezae (D), em seu texto grego, e as citações de Crisóstomo. Outro grupo traz uma forma de presente, ou seja: "são perdoados". Essa é a leitura mais difundida, presente na tradição textual Bizantina, na Vulgata e na Pechita, sendo atestada também em várias citações patrísticas, como, por exemplo, em João Basílio. Outro grupo ainda traz uma forma de futuro: "serão perdoados", presente, em grego, na leitura original do códex Sinaítico (א), em vários manuscritos da Antiga Versão Latina e em vários padres da Igreja latina, como Novaciano e Cipriano.[14]

Comentário

Na tarde daquele mesmo dia, o domingo da ressurreição, os discípulos estavam trancados por medo das autoridades judaicas. O evangelista escreve: "Por medo dos judeus". É a quarta vez que usa essa expressão (Jo 7,13; 9,22; 19,38; 20,19). A insistência parece indicar que essa seria uma situação experimentada pela comunidade do evangelista: o medo das autoridades judaicas nas sinagogas. É preciso vencer essa situação de medo (Jo 16,33).

Jesus vem mesmo estando as portas fechadas e coloca-se de pé no meio deles. Em pé é a posição que indica Jesus ressuscitado. É a mesma posição em que ele se apresenta a Maria (Jo 20,14). Jesus saúda os discípulos "a paz esteja convosco". É uma saudação habitual, mas que não deixa de remeter ao dom da paz que Jesus dá a seus discípulos (Jo 14,27), encorajando-os a vencer o medo (Jo 16,33).

Jesus entra estando as portas fechadas, o que um corpo físico não pode fazer (1Cor 15,44). Ele mostra suas mãos e seu lado aos discípulos. Mãos e lado de Jesus trazem as marcas da crucifixão. O ressuscitado é, pois, o mesmo crucificado. Os discípulos se alegram ao ver Jesus (Jo 20,20), assim como ele lhes prometera que aconteceria (Jo 16,20.22).

Desejando-lhes novamente a paz, Jesus envia seus discípulos, assim como foi enviado pelo Pai (Jo 20,21). Jesus sopra sobre os discípulos o Espírito Santo (Jo 20,22). O Pentecostes joanino acontece ao mesmo tempo em que a Páscoa. Na cruz, ao morrer, Jesus entrega o espírito (Jo 19,30) e, no domingo da ressurreição, envia seus discípulos e sopra sobre eles o Espírito Santo, relembrando o sopro de Deus sobre o homem que modelara do barro da terra, tornando-o um ser vivente (Gn 2,7; Sb 15,11). Pelo Espírito Santo, os discípulos recebem autoridade para perdoar e para reter os pecados.

As perícopes do capítulo 20 até aqui anunciam a ressurreição de Jesus (Jo 20,9), a ascensão de Jesus (Jo 20,17) e o dom do Espírito Santo (Jo 20,22).

O segundo momento do relato começa com a informação de que Tomé não estava com os discípulos quando Jesus veio (Jo 20,24). Esta é a terceira menção de Tomé neste Evangelho. As outras estavam em Jo 11,16 e 14,5. Ele

---

[14] *O Novo Testamento grego*, p. 344.

ainda aparecerá em Jo 21,2. Desta vez, porém, Tomé é a figura principal. Os outros discípulos lhe contam que viram o Senhor. Tomé, porém, para crer, quer ver e tocar as marcas do crucificado (Jo 20,25). A dúvida de Tomé está relacionada à identidade entre o crucificado e o ressuscitado.

O terceiro momento do relato se dá no domingo seguinte.[15] Os discípulos estão novamente reunidos, mas desta vez Tomé está com eles. Como oito dias antes, Jesus vem, estando as portas trancadas, coloca-se ressuscitado entre eles e saúda-os novamente com a paz (Jo 20,26). Depois, passa a dialogar com Tomé e lhe censura a falta de fé (Jo 20,27). Tomé lhe responde: "Meu Senhor e meu Deus!" (Jo 20,28).[16] A confissão de fé de Tomé pode ser vista como o ponto mais alto da cristologia do Evangelho segundo João, mas que, ao mesmo tempo, retoma o primeiro versículo do Evangelho: "No princípio, era a Palavra, e a Palavra estava voltada para Deus, e a Palavra era Deus" (Jo 1,1).

A confissão de fé de Tomé é o reconhecimento da divindade de Jesus. Para chegar a isso, no entanto, ele desejou ver e tocar Jesus ressuscitado. Tomé completa uma tríade neste capítulo do Evangelho. O primeiro da tríade é o Discípulo Amado, que não vê, nem toca, mas crê, tornando-se modelo para aqueles que creem. A segunda é Maria de Mágdala, que vê, toca e vai anunciar aos discípulos que Jesus ressuscitou. O terceiro é Tomé, que, para crer, quis ver e tocar, mas que, por outro lado, chegou à mais perfeita formulação de fé dentro os três. Essa tríade lembra, em certos aspectos, outra, presente nos capítulos 3 e 4 do Evangelho, formada por Nicodemos (Jo 3,1-11), a Samaritana (Jo 4,1-42) e o funcionário real (Jo 4,46-54).

A perícope termina com a segunda bem-aventurança do Evangelho segundo João. A primeira estava no contexto do lava-pés, dirigida aos discípulos e formulada em uma oração condicional: "Se compreenderdes isso, sereis felizes se o praticardes" (Jo 13,17). Aqui, são proclamados felizes aqueles que não viram e creram (Jo 20,29), ou seja, o Discípulo Amado (Jo 20,8) e todos aqueles que crerão pela palavra dos discípulos. Tomé torna-se assim um exemplo, às avessas, de gerações e gerações de cristãos que crerão à espera da visão do Senhor.

---

[15] Para J. Konings, a menção do domingo, em Jo 20,19.26, já mostra que esse era o dia que a comunidade joanina se reunia para a celebração da ressurreição de Jesus (*Evangelho segundo João*, p. 354-355.358-359).

[16] J. Konings chama a atenção de que há, no capítulo 20, sete atestações da palavra Senhor (em grego, *Kýrios*): Jo 20,2.13.15.18.20.25.28 (*Evangelho segundo João*, p. 359).

Intertextualidade

Na primeira parte da perícope (Jo 20,19-23), é narrada a primeira manifestação de Jesus ressuscitado aos discípulos no Evangelho segundo João. Nos outros relatos evangélicos, a primeira manifestação de Jesus ressuscitado aos discípulos reunidos é narrada em Mt 28,16-20; Lc 24,36-49; Mc 16,14-18. O relato joanino (Jo 20,19-23) encontra mais paralelos no relato lucano, em Lc 24,36-42, de modo especial a saudação com a paz, Jesus que mostra suas mãos e pés, e a alegria dos discípulos.

As palavras de Jesus sobre o perdão e a retenção dos pecados (Jo 20,23) têm seu paralelo no Evangelho segundo Mateus, nas palavras de Jesus ditas primeiramente a Pedro (Mt 16,19) e depois aos discípulos (Mt 18,18).

O desafio de Tomé de ver e tocar Jesus ressuscitado (Jo 20,25) encontra eco no primeiro versículo da Primeira Carta de João: "O que era desde o princípio, o que ouvimos, o que vimos com nossos olhos, o que contemplamos e nossas mãos tocaram da Palavra da Vida" (1Jo 1,1).[17] Por outro lado, a censura à incredulidade de Tomé (Jo 20,27) ressoa na censura de Jesus à incredulidade dos Onze em Mc 16,14. Enfim, a bem-aventurança dirigida àqueles que não viram e creram (Jo 20,29) se assemelha à bem-aventurança pronunciada por Isabel a Maria: "Bem-aventurada aquela que acreditou que se cumprirá o que lhe foi dito da parte do Senhor" (Lc 1,45).[18]

20,30-31 Conclusão do Evangelho

A perícope é formada por apenas dois versículos. Trata-se de um texto editorial, colocado no final da obra, a modo de conclusão.

O texto traduzido: "Para que, crendo, tenhais vida em seu nome"

> ³⁰ Jesus fez muitos outros sinais diante de seus discípulos que não estão escritos neste livro. ³¹ Estes foram escritos para que creiais que Jesus é o Cristo, o Filho de Deus, e para que, crendo, tenhais vida em seu nome.

Comentário, nota de crítica textual e intertextualidade

Em uma nota editorial, o evangelista explica que "Jesus fez muitos outros sinais diante de seus discípulos que não estão escritos neste livro" (Jo 20,30). Ou seja, o evangelista sabe de outros sinais que Jesus realizou. Também o

---

[17] Texto extraído de *A Bíblia: Novo Testamento*, 585.
[18] Texto extraído de *A Bíblia: Novo Testamento*, 154.

sabem seus discípulos, diante dos quais esses sinais foram realizados. Ademais, quando afirma que "não estão escritos neste livro", parece sugerir que estão escritos em outros livros. Se assim for, o evangelista teria conhecimento ou, ao menos, notícia de outros livros com relatos a respeito de Jesus.

Os sinais que escreveu têm como finalidade levar a crer. Neste ponto, novamente os manuscritos antigos do Evangelho se dividem. Há duas leituras: uma, mais difundida, com o verbo "crer" no aoristo grego, o que poderia ser traduzido como "para que comeceis a crer". Essa leitura é atestada, por exemplo, no códex Alexandrino (A) e na tradição Bizantina. A outra leitura traz o verbo "crer" no presente grego, o que poderia ser traduzido como "para que continueis a crer". Essa leitura é atestada, entre outros, pelo códex Sinaítico (ℵ), em sua leitura original, pelo códex Vaticano (B), e, por quanto se pode ver, pelo papiro $\mathfrak{P}^{66}$.[19] A quantidade de testemunhos é menor, mas são testemunhos importantes. Essa distinção de modalidade verbal permanece própria do grego.

De acordo com uma e outra das leituras elencadas acima, o público-alvo do evangelista são os que ainda não creem, "para que comecem a crer", ou os que já creem, "para que continuem a crer", sendo confirmados em seu já crer.[20]

O conteúdo do crer é que Jesus é o Cristo, o Filho de Deus, mas não se trata apenas de um conhecimento intelectual, uma vez que aquele que crê passa a ter a vida em nome dele (Jo 20,31). Essa vida é vida em plenitude (Jo 10,10).

O conteúdo do crer, no modo como é formulado, lembra o primeiro versículo do Evangelho segundo Marcos: "Princípio do Evangelho de Jesus Cristo, Filho de Deus" (Mc 1,1). Já o aspecto vivencial do crer tem seu paralelo em um dos versículos finais da Primeira Carta de João: "Isso vos escrevi para que saibais que tendes vida eterna, vós que credes no nome do Filho de Deus" (1Jo 5,13).[21]

21,1-14 A pesca abundante

A perícope começa com uma anotação de tempo: "Depois disto", que não deixa de ser genérica.[22] No decorrer do relato, aparecem outras duas ano-

---

[19] *O Novo Testamento grego*, p. 345.
[20] B. M. METZGER, *A Textual Commentary on the Greek New Testament*, p. 219-220.
[21] Textos extraídos de *A Bíblia: Novo Testamento*, p. 591.
[22] Ela ocorre no Evangelho diversas vezes (Jo 3,22; 5,1.14; 6,1; 7,1; 19,38; 21,1) como um recurso do narrador para iniciar uma nova seção ou dar continuidade à sua narrativa.

tações temporais: à noite e quando já tinha amanhecido. Há uma mudança de cenário em relação ao capítulo anterior. Antes, a cidade de Jerusalém (capítulo 20), agora as margens do lago de Tiberíades (capítulo 21). São mencionados Jesus e alguns de seus discípulos: Simão Pedro, Tomé, Natanael, os filhos de Zebedeu e outros dois. Entre eles, está o discípulo que Jesus amava. É ele que reconhece que é o Senhor que está na praia.

O texto traduzido: "É o Senhor"

21 ¹ Depois disso, Jesus manifestou-se novamente a seus discípulos, às margens do mar de Tiberíades. Ele se manifestou do seguinte modo. ² Estavam juntos: Simão Pedro; Tomé, chamado Gêmeo; Natanael de Caná da Galileia; os filhos de Zebedeu; e outros dois discípulos. ³ Disse-lhes Simão Pedro: "Vou pescar".

Eles lhe disseram: "Também nós vamos contigo".

Foram e subiram na barca, mas naquela noite nada apanharam. ⁴ Bem cedo, Jesus estava em pé na praia; os discípulos, contudo, não reconheceram que era Jesus. ⁵ Disse-lhes, então, Jesus: "Rapazes, tendes algo para comer?"

Eles lhe responderam: "Não".

⁶ Ele lhes disse: "Lançai a rede para o lado direito da barca e encontrareis".

Eles, então, lançaram e quase não tinham força suficiente para puxá-la pela quantidade de peixes. ⁷ Aquele discípulo que Jesus amava disse a Pedro: "É o Senhor".

Simão Pedro, tendo ouvido que era o Senhor, vestiu a túnica, pois não estava vestido com ela, e atirou-se ao mar. ⁸ Os outros discípulos vieram com a barca. Eles não estavam longe da terra, apenas cerca de duzentos côvados, e vieram arrastando a rede dos peixes. ⁹ Quando desceram em terra, viram ali um braseiro e um peixe sobre ele, e pão. ¹⁰ Disse-lhes Jesus: "Trazei alguns dos peixes que apanhastes agora".

¹¹ Então Simão Pedro subiu e arrastou para a terra a rede cheia de peixes grandes: cento e cinquenta e três. Mesmo sendo tantos, a rede não se rompeu. ¹² Disse-lhes Jesus: "Vinde comer".

A PÁSCOA DE JESUS: III – JESUS RESSUSCITADO   20,1-21,25

> Nenhum dos discípulos ousava interrogá-lo: "Quem és tu?" Eles reconheceram que era o Senhor. [13] Veio Jesus e tomou o pão e lhes deu, e o peixe igualmente. [14] Esta foi a terceira vez que Jesus se manifestou aos discípulos, ressuscitado dos mortos.

Notas à tradução

Em Jo 21,7, o texto afirma, literalmente, que, na barca, Pedro estava nu. Talvez estivesse usando uma veste menor, mais apropriada para o trabalho da pesca que a túnica que os homens de sua época habitualmente usavam.

Em Jo 21,8, os discípulos estavam a cerca de duzentos côvados da margem, ou seja, aproximadamente cem metros.

No texto grego da perícope, há duas palavras distintas, que estão sendo traduzidas por "peixe". A primeira é *ichthýs*, em Jo 21,6.8.11; a outra é *opsárion*, em Jo 21,9.10.13. A palavra *opsárion* já tinha aparecido, em Jo 6,9.11. A palavra *ichthýs* ocorre, no Evangelho segundo João, somente nesta perícope. Embora possa haver alguma nuança de significado entre elas, nesta perícope estão sendo usadas indistintamente, talvez apenas como uma variação de vocabulário.

Comentário

A perícope narra uma manifestação de Jesus aos discípulos na Galileia, mais precisamente às margens do lago de Tiberíades (Jo 21,1). Esse lago já deu o cenário para o relato que narrava como Jesus saciou uma multidão com cinco pães de cevada e dois peixes (Jo 6,1-15). Agora, depois da ressurreição, volta a ser cenário de uma refeição de Jesus, mas, desta vez, somente com alguns de seus discípulos.

Três desses discípulos são nomeados. O primeiro é Simão Pedro, que será a figura central neste capítulo. Simão Pedro foi nomeado várias vezes no decorrer deste Evangelho e, pela última vez, na visita dos discípulos ao túmulo de Jesus (Jo 20,1-10). O segundo é Tomé, personagem importante no capítulo anterior do Evangelho (Jo 20,24-29). O terceiro é Natanael, que tinha aparecido no início do Evangelho (Jo 1,45-51). Aqui, aparece a informação de que ele é de Caná da Galileia. Essa informação relembra ao leitor os dois sinais que Jesus realizou em Caná, narrados no início do Evangelho (Jo 2,1-11 e 4,46-54). Depois, são mencionados os filhos de Zebedeu somente aqui neste Evangelho. Pelos outros evangelhos, sabe-se que eles são Tiago e João (Mc 1,19 e paralelos). No relato joanino, ainda são mencionados outros dois discípulos, sem nomeá-los (Jo 21,2). Chega-se, assim, ao número de sete discípulos. Por iniciativa de Simão Pedro, eles vão pescar, mas não apanham nada naquela noite (Jo 21,3).

No segundo momento do relato, de manhã bem cedo, Jesus estava na praia, em pé, ou seja: ressuscitado (Jo 20,14.19.26). Eles não reconhecem que é Jesus (Jo 21,4; ver 20,14). Jesus toma a iniciativa e lhes pergunta se eles têm algo para comer. A resposta é negativa (Jo 21,5). Jesus lhes diz que lancem a rede do lado direito. Eles o fazem e apanham tantos peixes que nem podiam puxar a rede (Jo 21,6). Nisso, o discípulo que Jesus amava o reconhece e diz a Pedro: "É o Senhor" (Jo 21,7). É a primeira vez que o discípulo que Jesus amava é expressamente mencionado no relato. Isso significa que ele é um dos quatro discípulos que não foram nomeados no início do relato (Jo 21,2), o que aparece como um indício de que ele possa ser João, irmão de Tiago, um dos filhos de Zebedeu.

O relato continua narrando que Pedro, ao ouvir que era o Senhor, vestiu a túnica e atirou-se ao mar (Jo 21,7). Os outros discípulos também vieram para a margem, trazendo a barca e a rede cheia de peixes (Jo 21,8). Ali, eles já encontraram uma refeição sendo preparada: um peixe sobre um braseiro e pão (Jo 21,9). Jesus lhes diz para trazer alguns peixes daqueles que tinham sido apanhados por eles (Jo 21,10).

Simão Pedro traz a rede na qual estavam centro e cinquenta e três peixes grandes (Jo 21,11).[23] Depois, Jesus os convida para vir comer. Agora, os discípulos já reconheceram que é Jesus. O primeiro a reconhecê-lo, no entanto, foi o Discípulo Amado (Jo 21,7). Apesar de reconhecê-lo, os discípulos não ousam interrogá-lo (Jo 21,12). Algo semelhante já tinha acontecido anteriormente, quando os discípulos encontraram Jesus conversando com a Samaritana (Jo 4,27).

Jesus, então, tomou o pão e lhes deu, e também o peixe (Jo 21,13). Nos relatos pós-pascais, é frequente o tema da refeição de Jesus com seus discípulos (Lc 24,30.42-43; Mc 16,14). Esses relatos reenviam tanto às refeições de Jesus antes de sua morte quanto à Eucaristia, celebrada pela Igreja como memorial de Jesus em seu meio.

O relato termina com um comentário do evangelista de que esta foi a terceira vez que Jesus, ressuscitado, se manifestou aos discípulos (Jo 21,14). A primeira vez foi na tarde do domingo da ressurreição (Jo 20,19-23) e a

---

[23] Para um possível simbolismo do número cento e cinquenta e três, podem-se ver as diversas propostas apresentadas por R. E. Brown; nenhuma delas, porém, mostra-se convincente (*Giovanni*, p. 1355-1358).

segunda vez foi no domingo seguinte (Jo 20,26-29). Esse comentário do evangelista é o vínculo mais forte que une os capítulos 20 e 21 do Evangelho segundo João. Por outro lado, essa maneira de contar faz lembrar o modo como foram narrados os dois primeiros sinais de Jesus neste Evangelho, ambos realizados em Caná da Galileia (Jo 2,11 e 4,54). Ali, no entanto, era o início do ministério de Jesus.

Esta perícope, como um todo, tem uma dimensão simbólica muito forte. Primeiramente, o simbolismo se direciona para a dimensão missionária da Igreja. De um modo geral, essa dimensão não é posta em destaque no Evangelho segundo João. A exceção mais significativa é esta perícope. Os peixes trazidos pelos discípulos representam aqueles que serão atraídos por eles para Jesus. A perícope apresenta uma segunda dimensão simbólica importante: a eucarística, ou seja, a presença de Jesus ressuscitado na Igreja que se reúne para a fração do pão.

Intertextualidade

Nesta perícope, é narrada uma pesca prodigiosa realizada pelos discípulos por intervenção de Jesus. Um episódio muito semelhante é narrado pelo evangelista Lucas (Lc 5,1-11), mas logo no início do ministério de Jesus, e a pesca prodigiosa serve de enquadramento para o chamado de Pedro. Esse paralelo faz pensar que, no Evangelho segundo João, este episódio possa ter sido deslocado propositadamente para depois da ressurreição. Nesse sentido, a pesca representaria a missão da Igreja que está para começar.[24]

Por outro lado, o Evangelho segundo João se põe ao lado do Evangelho segundo Marcos, que também se refere a um retorno dos discípulos à Galileia depois dos acontecimentos pascais em Jerusalém (Mc 16,7), e, ainda mais, ao lado do Evangelho segundo Mateus, que, além de se referir ao retorno à Galileia (Mt 28,7), narra uma aparição de Jesus ressuscitado aos discípulos na própria Galileia. A aparição, contudo, acontece em um monte, e não às margens do lago (Mt 28,16-20).

Um traço característico deste relato joanino é a refeição que Jesus partilha com os discípulos (Jo 21,9-10.12-13). No Evangelho segundo Lucas, também há uma refeição de Jesus ressuscitado com os discípulos (Lc 24,41-43). Há, contudo, algumas diferenças. No relato joanino, é o próprio Jesus que lhes dá o alimento, o que vale de modo especial para o pão (Jo 21,13),

---

[24] R. E. Brown pensa justamente o contrário: que Lucas tenha deslocado esse episódio para o tempo do ministério de Jesus (*Giovanni*, p. 1.376-1.381).

ausente no relato lucano. Por sua vez, a partilha do pão e do peixe relembra o relato da distribuição do pão e do peixe para a multidão (Jo 6,1-15).

21,15-19 O diálogo de Jesus com Simão Pedro

A perícope começa com uma anotação temporal: quando terminaram de comer. Então tem início um diálogo entre Jesus e Simão Pedro. A iniciativa do diálogo é de Jesus.

O texto traduzido: "Apascenta minhas ovelhas"

> [15] Quando terminaram de comer, Jesus disse a Simão Pedro: "Simão, filho de João, tu me amas mais do que estes?"
>
> Ele lhe disse: "Sim, Senhor, tu sabes que te amo".
>
> Disse-lhe Jesus: "Apascenta meus cordeiros".
>
> [16] Depois, Jesus lhe disse pela segunda vez: "Simão, filho de João, tu me amas?"
>
> Ele disse: "Sim, Senhor, tu sabes que te amo".
>
> Disse-lhe Jesus: "Pastoreia minhas ovelhas".
>
> [17] Disse-lhe pela terceira vez: "Simão, filho de João, tu me amas?"
>
> Entristeceu-se Pedro porque lhe perguntava pela terceira vez: 'Tu me amas?' E disse-lhe: "Senhor, tu sabes tudo. Tu sabes que eu te amo".
>
> Disse-lhe Jesus: "Apascenta minhas ovelhas. [18] Amém, amém, eu te digo: quando eras jovem, tu te cingias a ti mesmo e ias para onde querias; quando, porém, te tornares velho, estenderás tuas mãos, e outro te cingirá e te levará para onde não queres".
>
> [19] Disse isso para assinalar por qual morte ele glorificaria a Deus. Tendo dito isso, disse-lhe: "Segue-me".

Notas à tradução e comentário

O texto grego destes versículos traz uma variação de vocabulário cujo significado nem sempre é claro. Três vezes Jesus se dirige a Simão Pedro, interrogando-o (Jo 21,15-17). Segue a resposta de Pedro e uma afirmação de Jesus. Nas perguntas de Jesus e nas respostas de Pedro, há dois verbos para exprimir a ideia de "amar": *agapáō* e *philéō*. Embora haja matizes diferentes de significado entre eles, neste contexto, são, simplesmente, tomados um pelo outro. O verbo *agapáō* é usado na primeira e na segunda vez que Jesus interroga Pedro. Na terceira vez, é usado o verbo *filéō*. Nas três respostas de Pedro, é usado o verbo *filéō*. No limite, seria possível traduzir as duas primeiras perguntas de Jesus por "Simão, tu me amas?", e a resposta de Pedro seria: "Sim, Senhor, tu sabes que sou teu amigo". Já a terceira pergunta de Jesus seria: "Simão tu és meu amigo?", ao que Pedro responderia do mesmo modo que nas vezes anteriores. No entanto, essa distinção cairia com a afirmação de que Pedro ficou entristecido porque Jesus lhe perguntava, pela terceira vez, a mesma coisa. O melhor é tomar os dois verbos como exprimindo o mesmo significado e isso, neste contexto, como, de um modo geral, em todo o Evangelho segundo João. O uso de dois verbos para exprimir a mesma ideia seria uma questão de estilo, próprio do evangelista.[25] Na afirmação de Jesus que segue a resposta de Pedro, também há uma variação de vocabulário no texto grego mais fácil de ser percebida na tradução em português. Há dois verbos usados para "apascentar" e dois termos usados para "ovelhas". Mais uma vez, essa variação de vocabulário pode ser creditada ao estilo do evangelista.

No diálogo, Jesus se dirige a Simão Pedro chamando-o de "Simão, filho de João" (Jo 21,15.16.17). Essa mesma expressão foi usada quando Jesus se dirigiu a Simão Pedro pela primeira vez (Jo 1,42). O modo como Simão Pedro responde a cada vez que é interrogado por Jesus tem algo de sutil e sublime. Ele não apenas responde que ama Jesus, mas que Jesus sabe que ele o ama. Isso se torna ainda mais explícito na terceira vez, quando responde: "Senhor, tu sabes tudo" (Jo 21,17).

Este diálogo é bem o oposto da tríplice negação de Pedro. Aqui, por três vezes, Pedro exprime seu amor por Jesus, que também, por três vezes, exprime sua confiança em Pedro. Jesus não dá a Pedro suas ovelhas, mas o chama para que cuide delas. As ovelhas de Jesus são aqueles que conhecem sua voz e o seguem (Jo 10,4).

Na sequência, Jesus faz um anúncio a Pedro. Seu discurso direto começa com "Amém, amém". É o último discurso de Jesus, neste Evangelho, começando assim. As palavras de Jesus parecem indicar a oposição entre a juventude e a velhice. O jovem se veste por si mesmo e vai para onde quer. O velho estende as mãos para que outro o vista e o leve quiçá para onde não deseja ir (Jo 21,18). Segue um comentário do evangelista que, no entanto, não se refere à oposição entre a juventude e a velhice, mas sim à morte.

---

[25] Para uma abordagem mais detalhada da questão, pode-se ver R. E. BROWN, *Giovanni*, p. 1.394-1.395.

O modo como está estruturada a frase do comentário do evangelista (Jo 21,19a) é o mesmo como estava estruturado outro comentário dele, a respeito do anúncio que Jesus fizera de sua própria morte (Jo 12,33). É interessante colocar esses dois versos em paralelo:

> Jo 12,33: Dizia isso para assinalar por qual morte estava para morrer (ver também Jo 18,32).
>
> Jo 21,19a: Disse isso para assinalar por qual morte ele glorificaria a Deus.

A diferença mais notável fica por conta do uso do verbo "glorificar" no caso da morte de Pedro, verbo diversas vezes usado, em outras passagens, para fazer referência à morte de Jesus (Jo 7,39; 11,4; 12,16.23.28; 13,31-32; 17,2.4-5). O modo como se dará a morte de Pedro glorificará a Deus, assim como a obra realizada por Jesus glorificou o Pai. O martírio de Pedro tornará verdadeiras suas palavras, quando disse que daria sua vida por Jesus (Jo 13,37).

Dito isso, Jesus diz a Pedro: "Segue-me" (Jo 21,19). O chamado de Pedro, no Evangelho segundo João, se dá aqui. Esse seguimento irá até a entrega de sua vida no martírio.

Intertextualidade

A perícope é inteiramente joanina, sem paralelos diretos com os outros escritos evangélicos. Pode-se notar, no entanto, certa semelhança temática com uma exortação aos presbíteros presente na Primeira Carta de Pedro: "Apascentai o rebanho de Deus que vos foi confiado, cuidando dele não por coação, mas respeitosamente, como Deus quer; não por ambição, mas livremente" (1Pd 5,2).[26] A semelhança torna-se ainda maior com outra passagem da Segunda Carta de Pedro que se refere à morte de Pedro e parece depender de Jo 21,18. Eis a passagem: "Sabendo que é iminente a remoção de minha tenda, assim como o Senhor nosso Jesus Cristo me declarou" (2Pd 1,14).[27]

21,20-25 O Discípulo Amado

O diálogo entre Jesus e Pedro continua, mas aparece outra personagem: o discípulo que Jesus amava. Depois, o diálogo termina, e aparecem alguns comentários, ora em primeira pessoa do plural, ora em primeira pessoa do singular.

---

[26] Texto extraído de *A Bíblia: Novo Testamento*, p. 573-574.
[27] Texto extraído de *A Bíblia: Novo Testamento*, p. 578.

O texto traduzido: "É este o discípulo que dá testemunho"

> ²⁰ Tendo-se voltado para trás, Pedro viu que seguia também o discípulo que Jesus amava, aquele que na ceia reclinara-se sobre o lado de Jesus e lhe dissera: "Senhor, quem é que está para te entregar?" ²¹ Ao vê-lo, Pedro disse a Jesus: "Senhor, que será deste?"
>
> ²² Disse-lhe Jesus: "Se eu quero que ele permaneça até que eu venha, que te importa? Quanto a ti, segue-me".
>
> ²³ Espalhou-se, então, entre os irmãos a notícia de que este discípulo não morreria. Jesus, porém, não disse que ele não morreria, mas: "Se eu quero que ele permaneça até que eu venha, que te importa?"
>
> ²⁴ Esse é o discípulo que testemunha a respeito dessas coisas e que as escreveu. Sabemos que é verdadeiro seu testemunho. ²⁵ Há ainda muitas outras coisas que Jesus fez, as quais, se fossem escritas, uma por uma, penso que no mundo não caberiam os livros que seriam escritos.

Comentário

Na continuidade do diálogo, Pedro volta-se para trás e vê que o discípulo que Jesus amava os seguia (Jo 21,20). Um comentário do evangelista explica quem é o discípulo que Jesus amava, remetendo para a primeira vez em que ele é mencionado no Evangelho, na última ceia de Jesus com seus discípulos, estando ele reclinado ao lado de Jesus (Jo 21,20). Pedro pergunta a Jesus a respeito desse discípulo, o que será dele (Jo 21,21). A resposta de Jesus não é muito delicada. Literalmente, Jesus responde: "Se eu quero que ele permaneça até que eu venha, que te importa? Quanto a ti, segue-me". Há, na resposta de Jesus, uma afirmativa sobre si mesmo, uma oração condicional sobre o discípulo e um convite a Pedro (Jo 21,22).

A afirmação sobre si mesmo é sobre sua vinda. A afirmação remete às palavras de Jesus de que na casa do Pai há muitas moradas, de que ele iria preparar um lugar aos discípulos e de que então viria e os levaria para junto de si (Jo 14,2-3). A oração condicional sobre o Discípulo Amado remete à possibilidade de que ele permaneça até que Jesus venha. Se assim for ou não, isso não importa a Pedro. O modo como essa frase está construída não é igual, mas lembra as palavras de Jesus a sua mãe, nas bodas de Caná: "Que isso importa a mim e a ti?", ou mais literalmente: "Que há entre mim e ti?" Segue o convite a Pedro: "Quanto a ti, segue-me".

Vem, então, um comentário de que essas palavras de Jesus fizeram com que se espalhasse a notícia de que esse discípulo não morreria, embora não tenha sido isso exatamente o que Jesus teria dito (Jo 21,23). Comentários como esse são comuns ao longo de todo o Evangelho. Este comentário, no entanto, parece pressupor que a morte do Discípulo Amado já tivesse ocorrido, assim como esses versículos como um todo (Jo 21,18-22) parecem pressupor que o martírio de Pedro também já tivesse ocorrido. Isso significa ou que esse comentário não é do evangelista, ou que o evangelista não é o Discípulo Amado.

O versículo seguinte faz a balança pender para a primeira possibilidade. Construído na primeira pessoa do plural, esse texto apresenta um testemunho a respeito do Discípulo Amado. Há um "nós" que atesta que seu testemunho é verdadeiro e que esse testemunho está posto por escrito (Jo 21,24). Esse "nós" é o que tem sido chamado, na sequência de R. E. Brown, de a comunidade do Discípulo Amado. Paralelamente, e não menos importante, é a autenticação que essa comunidade dá ao escrito, escrito este que permanece até que Jesus venha (Jo 21,22.23).

No último versículo do Evangelho, o discurso volta à primeira pessoa do singular em um novo comentário do narrador. O texto remete à conclusão do Evangelho (Jo 20,30-31), ao afirmar que nem tudo o que Jesus fez encontra-se escrito, nem neste escrito, nem em nenhum outro, e que, inclusive, não caberiam no mundo os livros que teriam que ser escritos para registrar tudo o que Jesus fez (Jo 21,25).

No mais, esses versículos finais (Jo 21,23-25) funcionam como uma nota editorial ao Evangelho. Há alguns elementos importantes a serem destacados nestes versículos. O primeiro é que eles servem para a datação do Evangelho, que teria sido concluído após a morte do Discípulo Amado. O segundo é que a autoridade do Evangelho repousa sobre o testemunho do Discípulo Amado, testemunho esse que é autenticado pela comunidade que guardou seus ensinamentos e continuou sua missão, herdeira de seu testemunho. A última palavra, contudo, não é da comunidade, mas de alguém, seja ele o próprio evangelista ou o editor do Evangelho. A afirmação final de que Jesus fez ainda muitas outras coisas que não foram escritas é importante por não encerrar o Evangelho em um livro. De fato, o Evangelho em si é maior que qualquer escrito que o apresente.

Intertextualidade

Toda a perícope é bem própria do Evangelho segundo João. Há que notar somente que Jo 21,24, o penúltimo versículo do Evangelho, tem um palavreado muito semelhante a 3Jo 12, versículo em que o presbítero, autor da Carta, apresenta o testemunho a favor de Demétrio: "Demétrio é testemunhado por todos e pela própria verdade, e também nós testemunhamos e sabes que nosso testemunho é verdadeiro".[28]

O testemunho do Discípulo Amado é diferente e complementar em relação ao testemunho de Pedro. O testemunho de Pedro será o martírio; o testemunho do Discípulo Amado é o amor que perdura para sempre, mesmo para além dele mesmo, permanecendo em forma de escrito na comunidade que formou. Essa comunidade atesta que é verdadeiro o testemunho que esse discípulo dá de Jesus, apresentando-se como um novo elo na corrente de transmissão do Evangelho. Já é a segunda geração de cristãos: aquela que recebeu o testemunho daqueles que conviveram com Jesus e agora o transmite às gerações seguintes.

---

[28] Texto extraído de *A Bíblia: Novo Testamento*, p. 559-560.

Considerações finais

Ao final deste percurso, a abundância de observações nos comentários de cada perícope parece um empecilho para uma síntese conclusiva. É possível, inclusive, que tal síntese nem tenha o mesmo valor que as observações deixadas por si próprias na ordem dada pelas perícopes do Evangelho. Uma síntese final, no entanto, se impõe.

Essa síntese pode ser feita a partir da finalidade e dos destinatários deste Evangelho. Em seu volumoso comentário ao Evangelho segundo João, R. E. Brown trata dessa questão, levantando diversas hipóteses: finalidade apologética dirigida aos seguidores de João Batista, controvérsia contra os judeus, disputa contra os cristãos que haviam cedido às heresias, encorajamento dos cristãos.[1]

De acordo com a conclusão do próprio Evangelho, a finalidade deste escrito é "que creiais que Jesus é o Cristo, o Filho de Deus, e para que, crendo, tenhais vida em seu nome" (Jo 20,31). Do vocabulário típico do Evangelho, aparecem aqui o verbo "crer" e o substantivo "vida". Da cristologia, aparecem os títulos: "Cristo" e "Filho de Deus". O aparecimento de "crer" e de "vida" em um mesmo versículo mostra que "crer" se traduz em estilo de "vida".

À primeira atestação do verbo "crer" neste versículo segue uma oração relativa objetiva, que expressa o conteúdo do crer, ou seja, que Jesus é o Cristo, o Filho de Deus. O conteúdo é, pois, cristológico e exprime, ao mesmo tempo, um conhecimento e uma adesão. Ambos desembocam em um estilo de vida: a vida no nome de Jesus, modo semítico para expressar a própria pessoa de Jesus. Crer se traduz, assim, em opções de vida, aquelas que foram as opções de Jesus: pela vida e não pela morte, pela luz e não pelas trevas, pelo amor e não pelo ódio, pela verdade e não pela mentira.

Tais devem ser as opções dos cristãos de todos os tempos e, nesse sentido, o Evangelho segundo João é dirigido também aos cristãos de hoje, que, em sua maioria, vivem situações inteiramente diversas daquelas em que

---

[1] R. E. BROWN, *Giovanni*, p. LXXVI-XCII. Também J. Beutler trata do tema (*Evangelho segundo João*, p. 20-24).

o Evangelho surgiu: a expulsão da comunidade joanina da sinagoga. Em contexto menos hostil, os cristãos podem acabar se descuidando dos valores que regem a vida cristã, assumindo um estilo de vida híbrido, optando ora pela vida, ora pela morte; ora pela luz, ora pelas trevas; ora por amar, ora por odiar; ora pela verdade, ora pela mentira. Que a leitura constante do Evangelho segundo João nos ajude a assumir uma postura constante de firmeza em favor da vida.

Enfim, o Evangelho segundo João é conhecido como evangelho espiritual ou como evangelho do amor. Tudo correto. É preciso, porém, acrescentar que este é também o Evangelho da encarnação, o que faz da vida espiritual uma vida concreta de amor, vivida em comunidade e a serviço dos menos favorecidos.

Referências bibliográficas

Edições do texto bíblico

A Bíblia de Jerusalém. São Paulo: Edições Paulinas, 1992.

A Bíblia de Jerusalém: Novo Testamento. São Paulo: Paulinas, 1979.

A Bíblia: Novo Testamento. São Paulo: Paulinas, 2015.

Bíblia de Jerusalém. São Paulo: Paulus, 2002.

Bíblia Sagrada. Traduzida em português por João Ferreira de Almeida. Revista e atualizada no Brasil. Barueri: Sociedade Bíblica do Brasil, 2009. 2ª edição.

Bíblia Sagrada: tradução da CNBB, com introduções e notas. Brasília: CNBB; São Paulo: Canção Nova, sem data. 11ª reedição.

Comparative Edition of the Syriac Gospels: Aligning the Sinaiticus, Curetonianus, Peshîttâ and Harklean Versions. By George Anton KIRAZ. Volume Four: *John*. Leiden: Brill, 1996. New Testament Tools and Studies 21,4.

Novum Testamentum Graece post Eberherd et Erwin NESTLE. Communiter ediderunt Barbara et Kurt ALAND, Johannes KARAVIDOPOULOS, Carlo M. MARTINI, Bruce M. METZGER. Apparatum criticum novis curis elaboraverunt Barbara et Kurt ALAND una cum INSTITUTO STUDIORUM TEXTUS NOVI TESTAMENTI MONASTERII WESTPHALIA. Stuttgart: Deutsche Bibelgesellschaft, 1993. Editione vicesima septima revisa.

O Novo Testamento grego: com introdução em português e dicionário grego-português. Barueri: Deutsche Bibelgesellschaft e Sociedade Bíblica do Brasil, 2009. 4ª edição revisada.

Targum du Pentateuque. Traduction des deux recensions palestiniennes complètes avec introduction, parallèles, notes et index par Roger LE DÉAUT, avec la collaboration de Jacques ROBERT. Tome I: *Genèse*. Paris: Cerf, 1978. Sources Chrétiennes, 245.

The Greek New Testament. Edited by Kurt ALAND; Matthew BLACK; Carlo M. MARTINI; Bruce M. METZGER; Allen WIKGREN in cooperation with THE INSTITUTE FOR NEW TESTAMENT TEXTUAL RESEARCH. Münster/Westphalia. Sociedades Bíblicas Unidas, 1975. Tercera edición (con introducción en castellano).

Tradução Ecumênica da Bíblia: Novo Testamento: edição integral. São Paulo: Loyola, 1987.

Instrumentos de trabalho com o texto bíblico

(THE) INSTITUTE FOR NEW TESTAMENT TEXTUAL RESEARCH AND THE COMPUTER CENTER OF MÜNSTER UNIVERSITY. *Concordance to the Novum Testamentum Graece of Nestle-Aland, 26th edition, and to the Greek New Testament, 3rd edition*, with the collaboration of H. BACHMANN and W. A. SLABY. Berlin: Walter de Gruyter, 1987; 3rd edition.

METZGER, Bruce M. *A Textual Commentary on the Greek New Testament*. A Companion Volume to the United Bible Societies' Greek New Testament (Fourth Revised Edition). Stuttgart: Deutsche Bibelgesellschaft, 1994. Second edition.

ZERWICK, Max and GROSVENOR, Mary. *A Grammatical Analysis of the Greek New Testament*. Roma: PIB, 1993. 4th revised edition.

ZERWICK, Max. *Biblical Greek*: Illustrated by Examples. English Edition Adapted from the Fourth Latin Edition by Joseph SMITH. Roma: PIB, 1990. Scripta Pontificii Instituti Biblici, 114.

Patrística

ÉPHREM DE NISIBE. *Commentaire de l'Évangile concordant ou Diatessaron*. Traduit du syriaque et de l'arménien. Introduction, traduction et notes par Louis LELOIR. Paris: Cerf, 2008. Sources Chrétiennes, 121.

EUSÉBIO DE CESAREIA. *História eclesiástica*. Tradução Monjas Beneditinas do Mosteiro de Maria Mãe de Cristo. São Paulo: Paulus, 2000. Coleção Patrística, 15.

IRINEU DE LIÃO. *Contra as heresias*: denúncia e refutação da falsa gnose. Introdução, notas e comentários Helcion RIBEIRO. Organização das notas bíblicas Roque FRANGIOTTI. Tradução Lourenço Costa. São Paulo: Paulus, 1995. 2ª edição. Coleção Patrística, 4.

Comentários ao Evangelho segundo João

BEUTLER, Johannes. *Evangelho segundo João*: comentário. Tradução Johan Konings. São Paulo: Loyola, 2015. Bíblica Loyola, 70.

BOISMARD, M.-É. et LAMOUILLE, A. *Synopse des quatre évangiles*. Tome III – *L'évangile de Jean*. Paris: Cerf, 1977.

BROWN, Raymond E. Evangelho segundo João. Em: *Introdução ao Novo Testamento*. Tradução de Paulo F. Valério. São Paulo: Paulinas, 2004; p. 459-518. Coleção Bíblia e história. Série Maior.

BROWN, Raymond E. *Giovanni*: comento al Vangelo spirituale. Traduzione di Anita Sorsaja e Maria Teresa Petrozzi. Assisi: Cittadella, 1979.

DODD, Charles Harold. *A interpretação do quarto evangelho*. Tradução José Raimundo Vidigal. São Paulo: Teológica, 2003.

KERMODE, Frank. João. Em: ALTER, Robert; KERMODE, Frank (Orgs.). *Guia literário da Bíblia*. Tradução Raul Fiker. Revisão de tradução: Gilson César Cardoso de Souza. São Paulo: Editora da UNESP, 1997; p. 473-499.

KONINGS, Johan. *Evangelho segundo João*: amor e fidelidade. São Paulo: Loyola, 2005.

MAGGIONI, Bruno. O Evangelho de João. Em: FABRIS, Rinaldo; MAGGIONI, Bruno. *Os evangelhos (II)*. Tradução Johan Konings. São Paulo: Loyola, 1995; p. 249-497. 2ª edição. Coleção Bíblica Loyola, 2.

RIDDERBOS, Herman N. *The Gospel according to John*: a Theological Commentary. Translated by John Vriend. Grand Rapids, Eerdmans, 1997.

WIKENHAUSER, Alfred. *El Evangelio según san Juan*. Barcelona: Herder, 1978.

Estudos sobre o Evangelho segundo João

BROWN, Raymond E. *A comunidade do Discípulo Amado*. Tradução de Euclides Carneiro da Silva. São Paulo: Paulus, 1999. 6ª edição de 2011. Nova coleção bíblica.

DEVILLERS, Luc. *A saga de Siloé*: Jesus e a festa das Tendas (João 7,1–10,21). Tradução Tiago José Risi Leme. São Paulo: Paulinas, 2015.

MALZONI, Cláudio Vianney. *Jesus: Messias e Vivificador do mundo*. Paris: Gabalda, 2005. Cahiers de la Revue Biblique, 59.

MATEOS, Juan; BARRETO, Juan, e outros. *Vocabulário teológico do Evangelho de são João*. Tradução Alberto Costa. Revisão Honório Dalbosco. São Paulo: Paulus, 2005. 2ª edição.

PETERSEN, Norman R. *The Gospel of John and the Sociology of Light*: Language and Characterization in the Fourth Gospel. Valley Forge: Trinity Press, 1993.

TUÑÍ VANCELLS, José O. *O testemunho do Evangelho de João*: introdução ao estudo do quarto evangelho. Tradução Jaime A. Clasen. Petrópolis: Vozes, 1989.

Artigos e capítulos temáticos sobre o Evangelho segundo João

BOISMARD, M.-É. Bethzatha ou Siloé?. *Revue Biblique* 106-2 (1999) 206-218.

BOISMARD, M.-É. L'Évangile de Jean et les samaritains. Em: MIMONI, Simon Claude. *Le judéo-christianisme dans tous ses états*: actes du Colloque de Jérusalem, 6-10 juillet 1998. Paris: Cerf, 2001. Lectio Divina, hors série.

BOISMARD, M.-É. Le prince de ce monde sera jeté en bas: Jn 12,31. *New Testament Textual Criticism and Exegesis*. Festschrift J. DELOBEL. Edited by A. DENAUX. Leuven: University Press, 2002; 175-181. Bibliotheca Ephemeridum Theologicarum Lovaniensium, CLXI. DAUBE, D. Jesus and the Samaritan Woman: the Meaning of sugcravomai. *Journal of Biblical Literature* 69 (1950) 137-147.

DEVILLERS, Luc. Les trois témoins: une structure pour le quatrième évangile. *Revue Biblique* 104-1 (1997) 40-87.

DEVILLERS, Luc. O tema da água no Evangelho de João: interpretação simbólica de realidades materiais. *Revista Dominicana de Teologia*, 3/6 (2008) 31-50.

DEVILLERS, Luc. Une piscine peut en cacher une autre. À propos de Jean 5,1-9a. *Revue Biblique* 106-2 (1999) 175-205.

FILSON, Floyd V. Who was the Beloved Disciple? *Journal of Biblical Literature* 68 (1949) 83-88.

MALZONI, Cláudio Vianney. " Moi, je suis la résurrection ", Jean 11,25 dans la Tradition Syriaque Ancienne. *Revue Biblique* 106-3 (1999) 421-440.

OLIVEIRA, C. J. P. de. Le verbe ΔΙΔÓNAI comme expression des rapports du Père et du Fils dans le IVe évangile. *Revue des Sciences Philosophiques et Théologiques*, 49 (1965) 81-104.

PARDINI, A. Gv 4,29: una precisazione grammaticale. *Annali di Storia dell'Esegese* 17 (2000) 217-219.

Outros

ALEXANDER, Patrick H. et al. *The SBL Handbook of Style*: for Ancient Near Eastern, Biblical, and Early Christian Studies. Peabody: Hendrickson, 1999.

REFERÊNCIAS BIBLIOGRÁFICAS

BENOIT, P. L'Ascension. *Revue Biblique* 61 (1949) 161-203.

KÜMMEL, Werner Georg. *Introdução ao Novo Testamento*. Tradução da 17ª edição inteiramente refundida e aumentada por Paulo FEINE e Johannes BEHM por Isabel Fontes Leal e João Paixão Neto. São Paulo: Paulus, 1982.

MALZONI, Cláudio Vianney. *Jesus em Betânia (Mc 14,3-9)*: um gesto de generosidade e ternura no início do relato da Paixão. São Paulo: Paulinas, 2010. Coleção Exegese.

Índice remissivo

Antigo Testamento

Gn

1,1	59
1,1–2,3	60
1,3-5	60
2,7	38, 308
3,1-5	173
4,1-8	173
17,10-13	150
17,17	175
21,8-21	172
22,6	288
24	104
26,19	105
28,12	75, 76
29,1-14	104
33,19	104
37,3.23	288
41,55	78
48,22	104

Ex

2,15	103
2,15-22	104
3,13	270
3,13-15	171
4,1-9.30-31	79
4,22	173
12,1-14	70
12,46	292
17,1-7	156

20,5 180
24,12 160
28,4 288
31,18 160
33,7-11 62
34,1 160
34,6 63
39,7 288

Lv

12,3 150
16,4 288
20,10 160
23,39-43 146
24,16 195

Nm

9,12 292
20,1-13 156
20,8-13 156
21,4-9 .... 93, 95
27,16-17 189
35,30 169

Dt

1,16 157
17,4 157
17,6 169
18,15-19 .... 49, 67, 76, 129, 156, 226
18,18 226
19,15 169
21,22-23 294
22,22 160
27,26 157
28,15 157
29,1-3 226
29,3 226
32,6 173

Js

7,19	182
19,50	207
24,32	104

Jz

9	104
13,7	142
16,17	142

1Sm

9,15-16	70
10,1	72
16,13	72

2Sm

7,16	222
15,23	271

1Rs

8,10-13	62
12	104

2Rs

4,42-44	128
17,24-41	105

2Cr

30,1-27	212

Ne

9,36	172

Jt

14,11	273

1Mc

4,36-59	191
4,54	195

2Mc

1,9	191
3,12.18.30	207

7,9	203
8,23	273
12,20.22	273

Jó

1–2	221

Sl

1,6	243
2,7	49
16,10	301
22,2	291
22,15	291
22,19	288
23	189
23,1	189
27,2	274
34,21	292
35,19	255
41,10	232
45,9	296
56,10	274
69,5	255
69,10	84, 85
69,22	291
70,3	274
78,16-20	156
78,24	134, 136, 137
80,9-18	252
82,6	195
89,5.37	222
110,4	222
118,25	218
118,26	218

Pr

8,22-26	57
8,22-31	57

8,23 267
8,27-29 57
8,30 57
9,5 135
18,4 157

Ecl

3,1-8 145

Ct

3,1-4 306

Sb

2,18 49
6,12 152
7,22–8,1 58
15,11 308

Eclo

15,3 135
24,1-12.16-17.19-22 57
24,8 ....58, 62
24,9 58
24,17-21 252
24,21 135
50,25-26 105

Is

5,1-7 252
6,1 225
6,1.5 225
6,5 225
6,9-10 227
6,10...225
8,6 176
9,6 222
40,3 67
40,11 189
42,1 69
43,11 171

45,19a	278
48,3-7	234, 259
49,9-10	189
52,13–53,12	208, 293
53	70
53,1	224, 225, 227
53,4-6	208
53,7.12	70
54,13	135, 137
55,1a	157
55,10-11	56
56,7	85
56,8	189
57,4	270
58,11	157
63,16	173
64,7	173

Jr

7,11	85
23,1-2	188
23,3	189
31,29-30	180
31,33-34	135, 137

Br

3,29–4,4	59

Ez

18,1-4	180
34	187
34,1-10	188
34,14-15.23	189
37,24	189
47,1-12	106, 156, 293

Dn

7,13-14	49, 222
12,2-3	121, 203
13	160

Os

1–3	173
11,1	173

Jl

4,18	157

Am

9,11.13-14	78
9,11-15	78

Mq

5,1	156

Sf

3,16	218

Zc

9,9	218
12,10	293, 294
13,1	157
13,7	263
14,8	157
14,21	83

Novo Testamento

Mt

2,4-6	151, 156
3,1-12	68
3,7	99
3,9	176
3,10	253
3,13-17	70
4,13	79
4,18-22	72
5,11	256
6,13	269
7,7-11	243
7,19	253
7,28-29	152

8,5-13	111
9,14-16	97
9,18-19.23-26	206
9,34	152
9,36-38	108
10,3	246
10,17-25	256
10,22	256
10,39	223
10,40	234
11,25-27	189
11,27	189, 243
12,10	161
12,11-12	152
12,24	152
12,38-42	137
13,14-15	227
13,30.40.42	253
13,54	152
13,55	138, 246
13,57	110
14,13-21	127
14,22-33	129
15,13	253
15,14	184
15,32-39	127
16,1-4	138
16,13-16	142
16,16	139, 204
16,17	72
16,18	72
16,19	310
16,21-23	142
16,24-26	223
17,22-23	259
17,23	259
18,3	90

ÍNDICE REMISSIVO

18,5	234
18,18	310
19,16	89
20,2	126
20,19	283
20,22-23	275
20,29-34	184
21,1-11	217
21,5	218
21,9	218
21,12-17	85
21,13	85
21,23	85
22,15	161
22,34-40	239
23,16.24.26	184
24,9	256
25,46	121
26,2	283
26,3-5	208
26,6-13	214
26,13	68
26,20-25	237
26,26	136
26,30	274
26,31	263
26,31-35	240
26,36	274
26,38	223
26,39	275
26,45	269
26,46	248
26,47-57	274
26,51-54	275
26,55	278
26,58-75	277
26,61	85

26,62-68	196
26,63	194
26,65	195
26,75	279
27,1-2.11-31	282
27,14	285
27,27	273
27,32-38	287
27,34	291
27,38	288
27,40	85
27,46	291
27,46-50	291
27,55-56	289
27,57-61	295
27,62	292
28,1	300
28,1-2	300
28,5-10	305
28,7	315
28,9	303
28,10	306
28,16-20	310, 315
28,18	269

Mc

1,1	311
1,2-8	68
1,9-11	70
1,16-20	72
1,19	313
1,22	152
1,24	142
2,1-12	118
2,18-20	97
2,22	79
3,1-6	118

ÍNDICE REMISSIVO

3,16	72
3,18	246
3,21	150
3,22	152
4,12	227
5,21-24.35-43	206
6,2	152
6,3	138, 246
6,4	110
6,21	273
6,30-44	127
6,45-52	129
8,1-10	127
8,11-13	137
8,22-26	184
8,27-30	141
8,31-33	142
8,34-37	223
9,37	234
9,43	89
10,1	104
10,15	90
10,38-39	21, 275
10,45	234
10,46-52	184
10,51	304
10,52	184
11,1-11	217
11,9	218
11,15-19	85
11,17	85
11,27-28	85
12,13-17	160
12,28	239
12,28-34	239
12,41.43	169
13,13	256

13,23	256
14,1-2	208
14,3-9	214
14,17-21	237
14,22	136
14,26	274
14,27	263
14,27-31	240
14,32	274
14,34	223
14,36	275
14,41	269
14,42	248
14,43-50.53	274
14,47	275
14,49	278
14,54-72	277
14,58	85
14,60-64	196
14,61	194
14,64	195
14,72	279
15,1-20	282
15,5	285
15,7	284
15,16	273
15,20-28	287
15,25	286
15,27	288
15,29	85
15,34	291
15,34-37	291
15,39	293
15,40-41	289
15,42	292
15,42-47	295
15,43	296

ÍNDICE REMISSIVO

16,1	300
16,1-4	300
16,3	205
16,5-8	305
16,7	315
16,9-10	305
16,9-20	299
16,10	263
16,14	310, 314
16,14-18	310

Lc

1,2	256
1,45	310
2,47	152
3,1-18	68
3,2	278
3,7	99
3,8	176
3,21-22	70
4,22	138
4,32	152
4,34	142
4,44	110
5,1-11	72, 315
5,33-35	97
6,16	246
6,22	256
6,40	256
7,1-10	111
7,11-17	206
7,36-50	214
7,37-38	214
7,37-39	161
8,10	227
8,40-42.49-56	206
9,10-17	127

9,18-20	142
9,23-25	223
9,45	263
9,48	234
10,2	108
10,16	234, 256
10,18	220, 222
10,21-22	189
10,22	243
10,25-28	239
10,38-42	206
11,9-13	243
11,15	152
11,28	235
11,29-32	138
12,15	89
13,1-5	184
13,10-17	118
13,15	152
14,1-6	118
14,5	152
16,19-31	206
16,22	56
16,31	206
17,33	223
18,35-43	184
19,28-40	217
19,38	218
19,45-46	85
19,46	85
20,1-2	85
21,1	169
21,17	256
21,37-38	161
21,38	158, 161
22,1-2	208
22,3	237

ÍNDICE REMISSIVO

22,19	136
22,21-23	237
22,31-34	240
22,39	274
22,42	275
22,44	223
22,46	248
22,47-54	274
22,49-51	275
22,53	278
22,54-71	277
22,62	279
22,66-71	196
22,67	194
23,1-7.13-25	282
23,19	284
23,26.33-34	287
23,33	288
23,46	291
23,49	289
23,50	277, 296
23,50-56	295
23,54	292
24,1	300
24,1-2	300
24,3-11	305
24,12	301
24,16	304
24,24	301
24,25-27	301
24,30.42-43	314
24,36-42	310
24,36-49	310
24,41-43	315
24,50-53	198

At

1,8.21-22	256
1,13	246
1,14	146
2,27	302
2,27.31	301
3,1-10	184
3,11	196
3,13	282
4,27	282
4,32	270
5,12	196
5,32	256
6,5	107
6,13-14	207
6,14	85
8,4-8	107
8,4-25	108
8,14-17	107
8,19-20	105
10,1	273
11,14	110
13,28	282
16,15	110
16,32-34	110
21,31	273
24,15	121
27,1	273
28,26-27	227

Rm

1,3	90
1,18	99
4,11	150
5,1	249
6,1–8,17	172
6,8	203
6,12-23	176

7,5	168
8,5-13	90
8,14-17	176
10,16	227
13,1	286

1Cor

3,1-4	168
3,5-9	108
10,4	156
11,24	136
15,4	301
15,5	301
15,36	221
15,44	308

2Cor

6,16	248
11,22	172

Gl

2,16	134
2,20	234
3,7-14	294
3,28	270
4,21-31	172
5,16-26	90
6,12	172

Ef

2,14-18	249
3,17	249

Fl

2,5	234
2,6-11	64
2,7a	234
4,7	249

Cl

1,15	244
1,15-20	64
1,18	205

2Ts

2,3 .... 269, 270
3,3 269
3,16 249

1Tm

6,13 282

2Tm

2,11 203

Hb

1,1-3 64
1,3 244
2,11-12 306
2,12 270
5,7-8 223
9,1-5 83
10,19-20 244
13,20 189

Tg

1,25 235

1Pd

2,21 234
2,25 189
5,2 318

2Pd

1,14 318
2,19b 176

1Jo

1,1 310
1,1-4 64
1,4 .... 253, 263
1,5 .... 36, 95
1,6 95
2,7-8 35

2,10-11	95
2,13-14	266
2,23	256
2,27	137
3,4-6	41
3,7-15	174
3,11.23	253
3,12	266
3,15	38
3,16	253
4,5	256
5,3	248, 253
5,4	42, 263
5,6-8	294
5,13	311
5,14-15	263
5,18	269
5,18-19	266

2Jo

3	45
5	253
6	248

3Jo

12	321

Ap

1,7	294
3,20	249
6,15	273
7,17	189
12,9	220
19,18	273
20,13	121
21,6	157
22,17	158

Antiguidades judaicas

1Henoc

42,1-2 59

Fílon de Alexandria 59

Talmud Babilonense

Sukkah 52a 293

Targum Neophyti 1 59

Antiguidades cristãs

Agostinho 30, 127, 145, 231, 255
Ambrósio 69, 127
Cânon de Muratori 20
Cipriano 308
Cirilo de Jerusalém 258
Clemente de Alexandria 20
Crisóstomo 30, 66, 145, 151, 158, 307
Efrém 155, 302
Epifânio 66
Eusébio de Cesareia 20, 66, 258
Heracleão 30
Inácio de Antioquia 29, 136
Irineu 20, 155
Jerônimo 116, 127
João Basílio 307
Justino 29, 136
Novaciano 308
Orígenes 30, 66, 155, 158, 167, 180, 231
Papias 20
Policarpo 20
Taciano 29, 102, 302
Teodoro de Mopsuéstia 110
Tertuliano 116, 127

Rua Dona Inácia Uchoa, 62
04110-020 – São Paulo – SP (Brasil)
Tel.: (11) 2125-3500
http://www.paulinas.com.br – editora@paulinas.com.br
Telemarketing e SAC: 0800-7010081